프로파일러 추적

이건수 저

정독
DEEP READING

머리말

모든 사건에 중심에는 '실종'이라는 단어가 있습니다. '실종'이라는 단어 속에는 살인, 유기, 학대, 성폭력 등 많은 사건이 내재되어 있습니다. 가족의 누군가가 갑자기 사라지는 것은 무서운 일입니다. 매년 평균 1만 3천 명 실종신고가 접수되고 있는 현실에서 우리는 더욱 이분들에 대해시 관심을 가지고 살펴보아야 합니다. 우리 모두의 아픔이고 고통이기에 함께 해결해야 합니다.

책의 제목을 '프로파일러 추적'이라고 표현한 이유는 우리들의 모든 오감으로 실종자를 찾아보고, 현대사회에서 이용가능한 빅데이터, 휴대폰, 현장 증거자료, AI기술 등을 이용하여 실종자를 추적·발견하는 것입니다. 원래 '프로파일러'라는 것은 각종 현장 증거자료를 통해 사건의 진실과 범인을 발견하려는 기법의 연속으로 보아야 합니다.

이 책을 통해서 한 명의 실종자를 발견하고 사건을 하나라도 해결할 수 있다면 소임을 다했다고 봅니다.

저의 목표는 많은 사람들이 삶의 현장에서 자신의 사명과 꿈과 희망을 심는 것입니다. 이웃들에게 봉사를 통해 사랑을 실천하는 많은 사람들이 배출되길 소망해봅니다.

2023년 5월

저 자

차 례

제2장 인공지능 검색기능

제3장 외부망 활용 실종수사시스템

제4장 휴대전화 활용 실종자 추적

제5장 초기 실종사건 대응

제6장 빅데이터를 통한 추적

제7장 182·112 추적

제8장 감시 카메라 추적

제9장 IT 추적

제10장 전자감시 추적

제11장 드론 추적

제12장 탐정 추적

제13장 데이터 융합 추적

제14장 변사체 추적

제15장 AI 복합인지 추적

제 1 장

얼굴인식 기술을 이용한 수사기법

제1장

얼굴인식 기술을 이용한 수사기법

Ⅰ. 개 요

한국의 CCTV 설치는 설치 주체를 불문하고 도시지역을 중심으로 급속히 확산되어 왔으며,[1] 그로부터 사람의 얼굴 화상을 포함한 방대한 영상이 나날이 취득되고 있다.[2] 입수된 영상을, 밤낮으로 진화를 계속하는 AI에 의한 얼굴인증 기술을 이용해 처리·해석함으로써, 광범위하고 용이하고 정확하게 인물 특정을 실시하는 것이 가능해진다.[3] 얼굴인증 기술이란 영상이나 이미지 속에서 사람을 판단하는 기술로 이미지 속에서 '얼굴이 어디에 있는가'를 검출하고 눈동자, 코, 입 등 '그 사람 얼굴의 특징적인 포인트가 어디에 있는가'를 찾아내고(얼굴 특징량 데이터의 검출), 검출된 얼굴의 특징점에서 '누구인가'를 판정하는 것을 말한다.[4]

최근, 얼굴인증 기술을 이용한 수사방법이 주목받고 있다. 일본 경찰에서는 얼굴인증 시스템을 '3차원 얼굴 형상 데이터베이스'로 표기하고 있으며, 경찰청은 체포한 모든 피의자의 얼굴 데이터베이스화를 추진하고 있다. 이 얼굴인증 데이터베이스와 민간 사업자이 간

1) 백영민·김경운·박현호, "CCTV 실지현황에 대한 인식과 CCTV 치안효과 인식이 거주민의 체감안전도에 미치는 효과", 경찰대학 경찰학연구편집위원회 경찰학연구 18(3), 2018. 9, 9~38면.

2) 이러한 상황에 위기감을 갖고 적절한 규제, 통제를 요구하는 것으로서, 예를 들면, 일본변호사연합회에 의한 얼굴인증시스템에 대한 법적 규제에 관한 의견서 "얼굴인증시스템에 대한 법적 규제에 관한 의견서" 2016년 9월 15일이 있다. https://www.nichibenren.or.jp/library/ja/opinion/report/data/2016/opinion_160915_2.pdf

3) 장성걸·박종일, "보안시스템을 위한 자동 얼굴인증 시스템", 대한전자공학회 대한전자공학회 학술대회, 2016. 6, 908~909면.

4) 얼굴인증 기술에 대한 설명에 대해서, 니혼전기 주식회사 홈페이지를 참조했다. https://jpn.nec.com/biometrics/face/history.html(최종검색일: 2022년 10월 11일).

시 카메라와 연동하기 위한 비상시 영상전송 시스템이 준비되어 있어 사업자가 가진 감시 카메라 영상을 경찰이 실시간 일원적으로 감시하고 얼굴인증할 수 있도록 되어 있다. 사업자는 구체적으로는 대중교통(도쿄 메트로, JR 동일본, 도영 지하철)을 가리킨다.

경찰의 얼굴인증 시스템 이용에 대해서 일본에서는 2014년 단계에서 경찰청, 이바라키현경, 군마현경, 기후현경, 후쿠오카현경에 '가반형 얼굴화상 검출 대조장치'가 도입된 것으로 알려졌다.[5] 그 후 민간 감시 카메라를 활용할 수 있는 비상 영상전송 시스템이 만들어졌다. 이러한 시스템 외에도 민간이 설치한 얼굴인증 데이터베이스는 법원의 판단에 의하지 않고 수사사항 조회서 제시로 열람하고 있는 것으로 보인다.[6]

이상과 같이 일본에서는 얼굴인증 기술을 이용한 수사기법은 폭넓게 경찰수사에서 도입되고 있는 것으로 생각되지만, 얼굴인증 기술을 포함한 AI 기술 등 첨단기술을 이용한 우리나라 경찰수사에서 개인정보보호를 배려한 대응이 충분히 이루어지고 있다고는 말하기 어려운 실정이 있다.

유럽연합(EU)은 2022년 3월 21일 주요국가에서 처음으로 인공지능(AI) 사용에 관한 규정 초안을 발표했다. 원칙적으로 공공장소에서 안면인식 시스템을 사용하는 경찰수사는 이것이 '감시사회'로 이어질 것이라는 우려로 인해 세계적인 논쟁이 되었다. 목표는 시민의 권리침해를 방지하고 기업이 안심하고 AI를 사용할 수 있는 규칙을 만드는 데 세계를 선도함으로써 투자를 유치하는 것이다.

EU의 집행기관인 유럽연합 집행위원회(European Commission)는 AI 사용으로 인한 위험을 규정 초안에서 네 단계로 분류했다. 가장 위험한 '금지해야 할 위험' 중에는 실시간으로 안면인식과 같은 생체인식 기술을 사용하는 경찰 및 기타 공공기관의 공개조사와 정부의 개인 신용등급이 있다.

두 번째로 위험한 '고위험' 분류는 기업 면접, 교육환경에서의 채점 시험, 국경통제 등의 예를 제공하며 사전에 사용을 검토할 필요가 있다고 말했다. 금지 위반은 또한 최대 3천만 유로(약 400억원) 또는 세계 매출의 6% 중 더 높은 금액까지 벌금이 부과된다. 제안된 규정의 목적은 시민의 기본권을 보호하고 AI를 안심하고 사용할 수있는 환경을 조성하는 것이다. 특히 안면인식 기술을 이용한 경찰수사가 필요했다.

얼굴인식 기술에서 AI는 카메라로 캡처한 많은 사람들의 얼굴 이미지를 분석한다.[7] 사

---

5) 일본변호사연합회, 전게주 2), 3면.

6) 일본경찰에서의 얼굴인증 기술의 이용상황에 대해서, 이치다 카즈키(一田和樹), "일본경찰은 세계에서도 유례없는 거대한 얼굴인증 감시망을 갖게 되는가?"를 참조했다. Newsweek 일본판 2020년 9월 8일 18:00 전달. https://www.newsweekjapan.jp/ichida/2020/09/post-7.php(최종검색일: 2022년 10월 11일).

7) 배경율, "분산형 인공지능 얼굴인증 시스템의 설계 및 구현", 한국지능정보시스템학회 지능정보연구

전에 준비한 얼굴영상과 특성을 일치시켜 특정 인물을 식별할 수 있기 때문에 전 세계 경찰이 이를 깡패 수사에 활용할 것으로 예상된다. 그러나 유럽 집행위원회는 실종아동을 수색하고 임박한 테러 위협을 예방하기 위해 대중의 사용을 제한해야 한다고 말했다.

안면인식 기술이 보안 카메라 등에 설치되면 공공장소에서 사전고지 지식없이 얼굴을 스캔할 수 있으며 개인정보가 침해될 수 있다.8) '감시사회로 이어질 것'이라는 우려가 있다. 또한 AI에 의한 '오인'은 인종에 따라 발생할 가능성이 더 높다는 지적이 제기되었다. 백인 경찰관에 의한 흑인 용의자에 대한 차별이 문제가 된 미국에서는 IBM, 아마존, 마이크로소프트와 같은 IT 대기업이 지난해 경찰에 안면인식 기술을 잇달아 제공하지 않았다. IBM 지도자들은 의회에 입법을 촉구하고 있었다.

안면인식은 중국에서 널리 사용되고 있으며, 인권단체와 다른 사람들은 감시사회의 과잉을 비판했다. AI가 개인정보를 기반으로 사람들의 순위를 매기는 '신용점수'도 널리 퍼져 있으며 중국은 EU가 금지한 정부 신청에 대해 야심찬 태도를 취하고 있다.

베스티어 수석 부통령은 성명에서 'EU는 AI에 대한 신뢰를 구축하기 위해 새로운 글로벌 규범을 수립하는 데 앞장설 것'이라고 말했다. 그것은 유럽의회에 의해 논의될 것이며 법안을 통과시키는 데 몇 년이 걸릴 것으로 예상된다.

Ⅱ. 일본의 개인정보보호 현황

1. 고전적 사생활 보호와 자기정보 결정권

일본의 개인정보보호 현황에 대해서 대강 다음과 같이 요약할 수 있다.9) 일본의 개인정보보호에 대해서 우선 중요한 것은 이른바 '잔치가 끝난 후'의 판결이다.10) 이 판결에서 '사생활을 함부로 공개하지 않는 법적 보장 내지 권리'가 승인되었는데, 이는 고전적인 사생활의 선례라고 여겨진다. 그 후, 대상자의 의사에 반하여 개인정보를 취득할 경우, 이를 사생활 침해로 파악하는 자기정보통제권설이 주장되기에 이른다.11)

10(1), 2004. 6, 65~75면.

8) 이명원, "연속적인 얼굴영상으로부터 효율적인 얼굴인증에 관한 연구", 제어로봇시스템학회 제어로봇시스템학회 국내학술대회 논문집, 2011. 5, 363~365면.

9) 일본에서의 프라이버시권의 발전에 대해서, 小山剛, "転換点としてのGPS捜査判決?", 法学研究 第91巻 第1号, 2018年, 3~6頁을 참조하였다.

10) 東京地判 昭和 39年 9月 28日 下民集 第15巻 第9号, 2317頁.

11) 佐藤幸治, "プライヴァシーの権利(その公法的側面)の憲法論的考察", 『現代国家と人権』(有斐閣, 2008年), 259頁 以下(初出 1970年).

이는 프라이버시를 '프라이버시 고유정보'와 '프라이버시 외연정보'로 구분하고, 전자는 대상자의 의사에 반하여 취득되는 경우 모두 프라이버시권 침해가 되지만, 후자에 대해서는 정당한 목적과 방법으로 정보를 취득·이용하는 한 위법한 프라이버시 침해는 발생하지 않는다고 한다. 그렇다고 해도, '프라이버시 외연 정보'에 대해서도 이것이 악용 또는 집적된다면 개인의 자율적 생존에 영향을 미치기 때문에 정보의 수집·관리·이용·공개·제공 모두에 대해 원칙적으로 대상자의 동의가 필요하다고 여겨진다.

자기정보 통제권의 의미는 단순한 개인정보로 헌법적 보호를 확대했다는 데 있지만, 사생활 외연 정보의 제약에는 반드시 법적 근거가 요구되지 않는다는 데 문제가 있다. 이것은 정보 자체의 가치에 착안하여 보호의 정도를 결정하는 사고방식인데, 최근의 기술혁신, 특히 컴퓨터 처리의 고속화와 그에 따른 AI를 이용한 빅데이터 활용을 고려했을 때 중요한 정보와 그렇지 않은 정보로 나눈다는 발상이 가장 먼저 과거의 일이 되고 있어 정보 자체의 가치는 물론이지만 정보의 취급방식이 어떤 것인지를 물어야 한다.[12)]

2. 사진·영상 촬영과 프라이버시

사진·영상 촬영과 프라이버시를 생각할 때 중요한 것이 이른바 '교토부 학련 사건' 판결이다.[13)] 여기에서는 헌법 제13조를 인용하여 개인에게 '아무렇게나 용맹 등을 촬영하지 않을 자유'가 있음을 인정하면서 한편으로 경찰 등 국가활동에 필요한 범위에서 해당 자유가 제약될 것이 명언되어 있다. 또한 본 판결에 따라 오사카지방법원 1994년 판결은 방범목적의 CCTV 설치 허용성 판단에 대해 ① 목적의 정당성, ② 객관적·구체적 필요성의 검토, ③ 설치 상황의 타당성, ④ 설치 사용에 의한 효과의 존재, ⑤ 사용방법의 상당성이 있는지의 기준을 제시했다.[14)]

거리에 설치되는 카메라의 대부분은 '범죄의 예방, 진압'이라는 경찰의 직무수행을 목적으로 한다(경찰법 제2조, 경찰관직무집행법 제1조 제1항).[15)] 여기서는 행정경찰활동과 사법경찰활동의 구별이 문제가 된다. 우리나라에서는 전자에는 법률의 유보와 비례원칙에 따른 통제가, 후자에게는 강제처분 법정주의와 영장주의에 의한 통제가 이루어지는 것으로 설명되는 것이 일반적이다. 경찰의 감시카메라의 설치 및 이용에 대하여 판례, 판례에서 이용목

12) 박인규·안보혁·최규석, "얼굴인증을 위한 형태학적 형상분해의 특징추출에 관한 연구", 한국인터넷방송통신학회 한국인터넷방송통신학회 논문지 9(2), 2009. 1, 7~12면.

13) 最大判 昭和44年 12月 24日 刑集 第23巻 第12号, 1625頁.

14) 大阪地判 平成 6年 4月 27日 判時 第1515号, 116頁.

15) 星周一郎, "防犯カメラ·ドライブレコーダー等による撮影の許容性と犯罪捜査·刑事司法における適法性の判断", 警察学論集 第70巻 第11号, 2017年, 47頁.

적과 대상자의 권리보장을 배려하면서 허용성 판단이 이루어진다는 취지가 판시되었으나, 우리나라에서 사진촬영, 영상기록을 수행하는 수사기법에 관한 형사소송법상 규정은 존재하지 않고 사법경찰활동으로서의 감시카메라 설치 및 이용에 대한 통제가 충분히 이루어지지 않고 있는 실정이다. 행정경찰 활동으로서의 CCTV 설치에 대해서 개인정보보호법에 의한 통제가 이루어지고는 있지만,[16] 여기에서도 CCTV 설치 및 그 이용에 대한 개별법은 존재하지 않는다.

경찰의 수사 및 범죄예방 목적으로 기존의 감시 카메라의 설치 및 이용, 즉 사람의 손에 의한 기록 영상과 인물 특정에 대한 개별법조차 존재하지 않는 상황에서 AI 알고리즘을 이용한 얼굴인증 소프트웨어를 이용한 보다 광범위하고 정확성 높은 감시행동을 허용하는 것이 허용되는가?

확실히 CCTV에 의한 영상의 기록 및 해당 영상을 이용한 감시는 눈에 보이는 프라이버시 침해를 야기하는 것은 아니며,[17] 체포, 수색·압류, 신체검사·감정처분 등 및 직무질문이나 소지품 검시 등 경찰의 행동에 의해 침해되는 정보: 프라이버시에 비해 침해의 정도가 낮다고 판단되는 경우도 있을지도 모른다.[18] 그러나 여기서 문제가 되어야 할 것은 침해되는 정보의 가치뿐만 아니라 정보의 취급방식이다. 왜냐하면, 종래, 반드시 보호해야 할 가치가 높지 않다고 여겨졌던 정보라도, 대상자에 대한 침해가 쌓여감으로써 결과적으로 개인의 프라이버시에 대해 간과할 수 없는 침해가 되는 것이 인식되어야 하기 때문이다.[19] 이는 정보통신수단의 비약적인 발달로 정보수집수단이 발전하여 빅데이터라고 불리는 방대한 정보가 용이하게 수집되게 된 점, 더욱 고도로 발달된 컴퓨터에 의해 AI 알고리즘을 이용하여 빅데이터를 처리·해석함으로써 인간이 깨닫지 못한 상관관계까지 밝힐 수 있게 된 현대에 있어서는 더욱 의식되어야 할 것이다.[20] 독일의 개인정보보호 논의는 이 문제에 참고할 수 있다.

---

16) 일본의 CCTV에 관한 법 정비 및 현행법 해석에 대하여 水野陽一, "刑事手続におけるAI 実装と個人情報保護に関する諸問題―刑事捜査·訴追機関の情報収集·処理に関するものを中心に", 北九州市立大学法政論集 第47巻 第1/2号, 2019年, 90~92頁 参照.

17) 기민송·최영우, "적외선 카메라를 이용한 비제약적 환경에서의 얼굴 인증", 한국정보처리학회 정보처리학회논문지 소프트웨어 및 데이터 공학 10(3), 2021. 1, 99~108면.

18) 그런 의미에서 감시카메라를 이용한 사람의 손(눈)에 의한 '감시만을 행하는' 것이라면 개인정보보호의 일반적 규정과 인권보장을 배려한 해석운용으로 이를 최소한 적절하게 통제할 수 있을 가능성은 있다.

19) 山本龍彦, 『プライバシーの権利を考える』(信山社, 2017年), 48頁 以下 参照.

20) 이건수, "법집행 실종조사에서 안면인식 적용사례에 대한 책임제한을 위한 정책 프레임워크", 한국법이론실무학회 법이론실무연구 10(1), 2022. 2, 275~312면.

Ⅲ. 유럽연합 개인정보보호와 얼굴인증기술 통제에 관한 논의

1. 독일의 개인정보보호에 대한 기본적인 생각

EU의 집행기관인 유럽연합 집행위원회(European Commission)는 AI 사용으로 인한 위험을 규정 초안에서 네 단계로 분류했다. 가장 위험한 '금지해야 할 위험' 중에는 실시간으로 안면 인식과 같은 생체인식 기술을 사용하는 경찰 및 기타 공공기관의 공개조사와 정부의 개인 신용등급이 있다. 두 번째로 위험한 '고위험' 분류는 기업 면접, 교육환경에서의 채점 시험, 국경통제 등의 예를 제공하며 사전에 사용을 검토할 필요가 있다고 말했다. 금지위반은 또한 최대 3천만 유로(약 420억원) 또는 세계 매출의 6% 중 더 높은 금액까지 벌금이 부과된다.

제안된 규정의 목적은 시민의 기본권을 보호하고 AI를 안심하고 사용할 수 있는 환경을 조성하는 것이다. 특히 안면인식 기술을 이용한 경찰수사가 필요했다.

얼굴인식 기술에서 AI는 카메라로 캡처한 많은 사람들의 얼굴 이미지를 분석한다. 사전에 준비한 얼굴영상과 특성을 일치시켜 특정 인물을 식별할 수 있기 때문에 전 세계 경찰이 이를 깡패 수사에 활용할 것으로 예상된다. 그러나 유럽 집행위원회는 실종아동을 수색하고 임박한 테러 위협을 예방하기 위해 대중의 사용을 제한해야 한다고 말했다. 또한 AI에 의한 '오인'은 인종에 따라 발생할 가능성이 더 높다는 지적이 제기되었다. 백인 경찰관에 의한 흑인 용의자에 대한 차별이 문제가 된 미국에서는 IBM, 아마존, 마이크로소프트와 같은 IT 대기업이 지난해 경찰에 안면인식 기술을 잇달아 제공하지 않았다. IBM 지도자들은 의회에 입법을 촉구하고 있었다. 안면인식은 중국에서 널리 사용되고 있으며, 인권단체와 다른 사람들은 감시사회의 과잉을 비판했다. AI가 개인정보를 기반으로 사람들의 순위를 매기는 '신용점수'도 널리 퍼져 있으며 중국은 EU가 금지한 정부 신청에 대해 야심찬 태도를 취하고 있다.

독일에서의 개인 데이터 보호에 대해 법적으로 중요한 의미를 갖는 것은 데이터와 정보를 구별하는 그 자체로는 의사결정의 근거가 될 수 없다고 생각되던 데이터 자체를 보호 대상으로 해야 한다는 것이다. 독일 연방 헌법재판소에 있어서 이른바 국세조사 판결에서, '자동 데이터 처리라는 조건 아래에서 사소한 데이터는 이미 존재하지 않는' 것으로 인식되었다.[21)]

모든 데이터, 정보는 개인에 전속하는 것이라는 정보 자기결정권의 존중을 전제로, 개인

---

21) BVerfGE 65, 1.

의 프라이버시 영역에 개입을 위해서는 비례의 원칙에 입각한 법적 근거를 마련할 필요가 있고(법률의 유보), 데이터의 이용범위는 당초 정한 이용목적에 한한다(목적 외 이용의 금지).[22]

2. 정보 자기결정권

개인은 '자기 개인 데이터의 공개 및 사용에 대해서, 원칙으로서 스스로 결정하는 권한'을 가지며, 어떤 자가 자기에 관해서 무엇을 알고 무엇을 이용하느냐는 것을, 각 개인이 광범위하게 인식하며 이를 스스로 결정하는 것이 인정되고 있다(정보 자기결정권: 기본법 제2조 제1항, 제1조 제1항, 유럽 기본권 헌장 제8조). 또, 데이터 취득 목적이 무엇이냐는 것, 취득된 데이터가 어떤 결합 가능성 및 이용 가능성을 가지고 있는지가 드러나고 처음, 정보 자기결정권의 제한이 어디까지 허용되는지가 그렇다고 한다.[23]

정보 자기결정권은 타자와의 관계에서 무제한으로 인정되지는 않는다. 개인은 자신에 관한 데이터, 정보에 관한 권한이 전담하는 것이지만, 개인생활이 사회 공동체에서 타자와의 관계를 전제로 하는 것인 이상, 개인에게 인정되는 정보 자기결정권은 공익에 따른 제한을 감수해야 한다. 이상으로부터, 정보 자기결정권은 실질적으로 '우월적인 공익에 의해서 요구되지 않는 한에서, 언제, 어떤 범위 내에서 개인의 생활 상황을 밝힐지를 스스로 결정하는 권한'이다.

정보 자기결정권의 제한에는 이보다 우월하는 공적인 이익의 존재가 필요로 하며 법률에 의한 근거 규정이 요구된다. 여기에서는 정보의 중요성의 정도라는 가치판단이 이루어질 수 없을 뿐 아니라 기본권 주체가 실제에 불이익을 당할지도 기본권 침해의 유무의 평가에는 관계없는 것으로 알려졌다. 또, 물리적 강제력의 유무도 정보 자기결정권에 대한 침해가 자행되었는지 여부의 판단에 영향을 주지 않고, 중요한 것은 침해의 성질과, 침해의 계기를 만든 게 누구냐는 것이다.[24]

국가가 개인정보에 대한 개입할 경우, 리스크 기반 접근을 전제로 한 입법에 의한 통제가 이루어질 필요가 있다. 이는 원칙으로서 대상자들에게 강한 기본권 침해를 하기 쉬운 형사법무 영역에서는 특히 중요하며, 형사수사 소추기관이 어떤 개인정보를 대상으로 하고, 처리, 가공 등을 실시하고, 이를 수사 소추에 이용하는 경우에는 기본권 침해로 되는 해당 수사 소추기법이 허용될지가 논의되어 허용된다고 판단된 경우에도 구체적인 통제 방법을

---

22) 유명현·박정선·양희덕 외 1명, "얼굴인식 기술의 연구현황 및 구현 사례", 한국통계학회 한국통계학회 학술발표논문집, 2002. 1, 105~112면.

23) 小山剛, 前掲註 9), 7頁.

24) 이상 정보 자기결정권에 관한 논의로서, 玉蟲由樹, 『人間の尊厳保障の法理—人間の尊厳条項の規範的意義と動態』, 281頁 以下(尚学社, 2013年); 小山剛, 前掲註 9), 6頁 以下를 참조하였다.

정한 근거 규정이 마련돼야 한다.

독일 형사소송법 제160조 제4항은 독일 연방법과 주법에 맞지 않는 수사기법을 사용하는 것이 허용되지 않는다고 규정한다. 본 조의 규정에서도 독일 경찰은 형사소송법뿐만 아니라 개인정보보호에 관한 일반적 규정인 독일연방데이터보호법 및 EU법에 적합한 행동을 하도록 요구받게 된다. 최근 몇 년 동안 유럽 연합 내에서 국내법에만 의거해 국가 활동을 하는 것은 더 이상 현실적이지 않다.

EU 회원국의 국내법은 모두 EU가 제시한 최소기준을 충족시켜야 한다.[25] 이와 관련하여 AI를 비롯한 정보기술 혁신을 배경으로 EU에서의 개인정보보호 관련 입법이 활발히 이루어지고 있으며, EU 데이터 보호 일반규칙(GDPR)이 대표적이다.[26] 게다가, AI의 인간중심주의 원칙에 뿌리를 둔 원활한 활용을 위해[27] 유럽위원회의 AI 백서가 제시되고, 본고에서 문제 삼는 얼굴인식 기술을 이용한 경찰의 수사 활동도 이에 따른 운용이 요구될 것이다.

3. EU의 AI 규제와 데이터 보호 정책

1) AI에 관한 백서

2020년 2월 유럽연합 집행위원회는 데이터 전략, 보안 및 책임문제에 대한 보고서, AI 백서로 구성된 디지털 전략을 발표했다.[28]

백서에서 EU 집행위원회는 고위험 애플리케이션에 대한 구속력 있는 법적 요건을 제시하고 EU 전역에서 AI 개발자와 사용자가 충족해야 하는 AI 요건을 제시했다. 이것은 AI의 특수성에 적응하는 규제 체계를 만들고 AI가 제공할 가능성에 대한 사회의 신뢰를 높이는 것을 목표로 한다.

백서에 있어서의 이해관계자로서, AI의 개발자나 사업자, AI를 이용하고 있는 기업이나 개인, 또는 AI에 영향을 받고 있는 사람 등, 대략 AI와 관련된 모든 인간이 상정된다. 백서의 특징으로는 위험 기반 접근법에 대한 제안이 있다. 이것은 AI 이용자에의 잠재적인 영향은 AI 알고리즘과 그것이 사용되고 있는 장면에 의존한다며, AI에는 내재적인 리스크가 존

---

25) 水野陽一, "ヨーロッパ連合における刑事訴訟の共通基準について－被疑者·被告人の防御権保障に関するものを中心に", 広島法学 第35巻 第2号, 2011年, 87~122頁.

26) GDPR에 대해서는 水野陽一, 前掲註 16), 77頁 以下 参照.

27) 2019년 4월 8일 EU 위원회에 의해 신뢰할 수 있는 AI를 위한 윤리 가이드라인(AI 원칙)이 제시되었다. 아래 홈페이지에서 EU 회원국 각 언어로 참조 가능. https://digital-strategy.ec.europa.eu/en/library/ethics-guidelines-trustworthy-ai(최종검색: 2022년 10월 11일)

28) 2020년 2월 19일, 유럽연합 집행위원회는 신뢰할 수 있는 인공지능 활용 정책을 제시하는 AI 백서를 발표했다. 아래 홈페이지에서 참조할 수 있다. https://ec.europa.eu/info/sites/default/files/commission-white-paper-artificial-intelligence-feb2020_en.pdf

재함을 전제로 한다.

구체적인 규제 방법으로는 고위험 AI 애플리케이션에 대해서는 법적 규제, 저위험 AI 애플리케이션에 대해서는 자율 규제가 필요하다. '고위험, 저위험'의 정의는 모호하지만, 본고에서 문제 삼는 얼굴인증 기술을 포함한 생체인증 기술의 이용은 원칙적으로 고위험이 있다고 여겨지고 있다.

2) 유럽연합 집행위원회의 모라토리엄 보류

이상의 위험기반 접근 방식을 이용한 효과적인 AI 규제 실현을 위해 EU 집행위원회는 민·관을 불문하고 이용되고 있는 얼굴인증 기술을 한시적으로 금지하는 조치를 검토하고 있었다(모라토리엄). 공공 공간에서의 민간 또는 공적인 주체에 의한 얼굴인증 기술의 사용은 일정 기간(예를 들면, 3년에서 5년)은 금지하고, 이 기술의 영향을 평가하기 위한 건전한 방법론과 가능한 리스크 관리 방법의 개발 등을 실시할 계획이 있었지만, 이는 결국 미뤄졌다. 모라토리엄 조치의 보류는 독일을 포함한 EU의 AI 전략에 상당한 영향을 미칠 것으로 예상된다.

3) 백서에 대한 독일 정부의 반응

독일 연방정부 내에서는 노동, 경제, 교육 등 세 부처와 내무부, 법무부가 백서 수용과정에 참여하고 있다. AI 규제 프레임워크를 위한 EU 내 공통개념이 합의되고 보호목표와 보호대상 명확화, 투명성 및 추적성 확보, 최종 결정과정에 인간의 참여를 필수화하기 위한 조치들이 마련될 예정이다. 자연과학, 사회과학 등 분야에 국한되지 않고 공통적인 법적 틀을 만들 필요성에 대한 인식이 표명되었다.[29)]

4) 얼굴인증 기술의 규제 방법과 문제점

현재의 규제 방법으로는 개인 식별부호가 있는 데이터와 그렇지 않은 데이터로 구별하여 전자 보호에 중점을 둔 규제 방법이 채택되는 것이 일반적이다. 여기에는 일정한 효과가 있을 것으로 생각되지만, AI 관계 기술의 급속한 발전으로 여러 가지 문제점이 부상하고 있다. 예를 들면, 개인 식별부호가 없는 데이터가 대량으로 축적되어 AI를 이용한 해석을 실시함으로써 개인의 재특정이 가능해진다는 지적이 있어, 개인 식별 부호의 유무에 착안한 발상이 오래되었다는 지적이 있다.[30)] 이상과 관련하여 얼굴인식 기술에 특화된 법적 규제의 필요성이 인식되고 있다.

유럽연합 레벨에서는 생체 데이터 전반에 대한 법적 규제가 명문화되어 있지만 얼굴인

---

29) 독일 정부의 AI 백서 대응에 대해 독일 법무부 홈페이지를 참조했다. https://www.bmjv.de/SharedDocs/Artikel/DE/2020/062920_BReg_Weissbuch_KI.html(최종검색: 2022년 10월 11일)

30) 방광민·김남호, "실시간 영상에서의 얼굴 인식", 한국멀티미디어학회 학술발표논문집, 2006. 11, 892~896면.

증에 특화된 명문 규정이 없다. 이는 독일 국내에서도 마찬가지이며 얼굴인증에 특화된 규정을 창설하기 위해 독일 연방 데이터 보호법 및 형사소송법의 규정을 개정할 필요가 있다는 지적이 나오고 있다.[31] 이상의 정보 자기결정권 및 EU의 데이터 보호에 관한 최근의 동향을 바탕으로, 이하에서는 독일 법원에서 처음으로 문제가 된 경찰의 대규모 얼굴인증 시스템을 이용한 수사 활동에 대해 개관하고 분쟁된 법적 문제에 대해 검토한다.

4. 독일 형사절차에서의 얼굴인증 기술

1) 함부르크 G20 정상회의 경비 사례

문제가 된 사건은 독일 경찰이 수행한 얼굴인식 기술을 이용한 수사활동 중 가장 큰 사건이다.[32] 2017년 함부르크에서 열린 주요 20개국(G20) 정상회의를 경비하면서 15,157건의 영상 데이터 및 16,480건의 사진 데이터, 총 17테라바이트에 달하는 데이터가 함부르크 경찰에 의해 취득되었다(1단계). 이것들은 경찰이 자체적으로 촬영하고 녹화한 것, 경찰에 제공된 사적 녹화, 주요 20개국(G20) 정상회담 전후 5일 동안 8개의 다른 도시고속철도(S-Bahn) 역에서 촬영된 모든 감시 카메라 영상들로 구성된다.

데이터베이스 입력 전에 경찰과 개인 녹취록이 스크리닝되었지만 S-Bahn의 CCTV 영상은 필터 없이 입력되었다. 이 기본파일을 바탕으로 경찰은 민간에서 개발한 얼굴인식 소프트웨어를 사용하여 대조적인 데이터베이스를 만들었다(2단계). 이것은 수집된 사진과 영상에 포함된 얼굴 특징량 데이터를 추출하여 작성된 것이다.

경찰은 추출된 얼굴 특징량 데이터의 정확한 총 수를 인식하지 못하지만 생성된 대조원 데이터베이스에 포함된 얼굴 특징량 데이터는 10만 건이 넘을 것이라고 말한다.[33] 이 대조원이 되는 데이터베이스를 사용하여 경찰은 수사절차에서 피의자의 얼굴 이미지를 개별적으로 검색했다(3단계).[34] 534건의 구체적인 얼굴 이미지 검색이 이루어졌고, 2018년 9월까지 32건의 수사 단초가 되었고, 결국 9건의 수사절차가 시작되었다.

함부르크 데이터 보호 감독관은 이 경찰들의 얼굴인식 기술사용을 금지하는 명령을 내렸지만 함부르크 경찰은 이 명령에 대해 이의를 제기했다. 그 결과 함부르크 행정법원은 금

---

31) 예를 들어, Heckmann, Editorial 16/2020-Gesichtserkennung muss streng reguliert warden, juris PR-ITR 16/2020 Anm. 1.

32) 본 사례 검토에 있어서 Mysegades, NVwZ 2020, 852ff.가 소개하는 사실의 개요, 함부르크 행정법원이 제시하는 문제점을 참조하였다.

33) 정택준·문용선, "얼굴의 다중특징을 이용한 인증 시스템 구현", 한국정보통신학회 한국정보통신학회 논문지 6(5), 2002. 8, 777~782면.

34) 본 건에서의 일련의 개인정보 수집 및 처리에 대한 3단계 단계로 분류하는 것에 대해서 Mysegades (Fn. 32), S.852를 참조.

지령이 위법하다고 판단하고 함부르크 경찰의 수사활동을 적법하다고 판결했다.

2) 함부르크 행정법원의 판단 개요

함부르크 행정법원의 판단은 세 가지 전제 하에 있다. 첫째, 데이터 보호 감독관의 삭제명령이 인정된 법적 권한에서 벗어난다고 가정한다. 또한 독일 연방 데이터 보호법 제48조 제1항이 본 건에 있어서의 경찰의 행동 전체를 근거짓기에 충분하다고 하고, 해당 행동은 본 조에서 말하는 '절대적으로 필요'라는 요건을 충족한다고 한다.

함부르크 행정법원은 함부르크 데이터 보호 감독관이 '구체적' 데이터 보호 위반을 입증하지 못한 것을 문제 삼았으며, 법률 위반을 지적할 뿐만 아니라 데이터의 구체적인 이용, 그로 인한 손해를 적시하지 않았다고 판결한다. 그리고 본건에서의 경찰의 행동을 앞서 보여준 3단계의 개별적인 것이라고 생각하지 않고 공통된 목적을 위해 행해지는 종합적 행동, 통합된 프로세스라고 보고 있다.

아울러 함부르크 데이터 보호감독관은 연방헌법재판소가 요구하는 정보자기결정권에 대한 침해를 긍정할 만한 규율의 밀도가 독일 연방데이터보호법 제48조 제1항에 갖추어져 있는지를 판단할 수 없다며 헌법적 검토를 할 권한이 없다고 밝혔다. 또한 독일 연방데이터보호법 제48조는 독일 내 생체 데이터 처리에 관한 기준으로 마련되었으므로 데이터 보호 감독관도 이러한 입법자의 의사에 따를 필요가 있다고 하고 있다. 그리고 우리는 이 사건에 대한 경찰의 일련의 행동에 도달하기 위해 얼굴인식 시스템을 사용하는 것이 절대적으로 필요했다고 결론지었다.

3) 함부르크 행정법원의 판단의 법적 문제점

데이터 보호에 관한 헌법적 기준과 비교하면 이번 함부르크 행정법원의 결정에 대해 몇 가지 의심이 든다. 첫째, 데이터 보호 감독관은 경찰의 행동에 대한 헌법적 문제에 대한 심사권한이 없다고 명시하고 있는데, 이는 잘못된 것이다. 더욱이 함부르크 행정법원이 소송 대상인 얼굴인증의 실제 효과와 위험성을 과소평가하고 있는 것도 문제로 여겨진다.

첫 번째 문제에 대해, 데이터 보호 감독관이 데이터 보호에 관한 개별 법률에 대해서만 심사권한을 갖는다는 것은 유럽연합 법적 관점에서도 의문이다.

두 번째 문제에 대해 EU법원과 연방헌법재판소는 정보주체의 자기결정을 무시한 개인정보 처리는 정보주체의 기본권리 침해에 해당한다고 보고 있다(유럽기본권 헌장 제8조).

실제로 불이익이 발생하는지 여부는 정보 자기결정권에 대한 침해 여부에 대한 평가와 관련이 없다. 이것은 데이터베이스를 이용한 조회를 할 때 불일치했던 비교 대상자에 대해서도 기본권 침해가 긍정된다는 것을 의미하며, 이 경우에도 법적 근거가 필요하다.

구체성이 결여된 일반 규정에서는 법적 근거가 부족한 경우가 많이 존재하며, 특히 경찰법에서 경찰의 일반적인 행동원칙, 지침 등을 근거로 개인의 정보 자기결정권에 대한 침해를 긍정할 수 없다. 이 점에 대하여 EU재판소 및 연방헌법재판소의 판단에 의하면 문제되는 규정들이 조치의 범위와 적용에 관한 명확하고 성격적인 규칙을 두고 있으며, 남용의 위험으로부터 스스로의 데이터를 효과적으로 보호할 수 있는 충분한 보호 수단을 갖추고 있는 경우에 비로소 정보 자기결정권을 제한할 법적 근거가 될 수 있다고 한다.[35)]

본질성 이론에 근거하면, 입법자에 의해 기본권 침해가 명확하게 통제되어야 하며, 통제의 대상이 되는 행동의 기본권에 대한 침해가 강할수록, 해당 행동의 근거가 되는 규정은 보다 정확하고 구체적일 것이 요구된다. 행정기관은 구체성이 결여된 일반 권한에 근거하여 개인에 대해 강력한 침해를 수반하는 행동을 할 수 없으며, 행정기관 스스로 사전에 법적 근거가 갖추어져 있는지를 판단해야 한다고 여겨진다.

4) 법적 근거의 결여

독일 연방 데이터 보호법 제48조는 안면인식 기술을 이용한 수사 근거규정으로는 불충분하고 함부르크 행정법원의 판단에는 문제가 있다. 국가 감시조치가 비밀리에 수행되고 관련이 없는 제3자를 대상으로 하는 경우에 연방 헌법재판소는 정보자기결정에 관한 기본권에 대한 중대한 침해를 수반하는 규범의 확정성과 정확성을 엄격히 요구하고 있기 때문이다. 감시 카메라의 기록 영상에 얼굴인증 소프트웨어를 이용하여, 비디오 감시에 의한 기본권에 대한 침해는 더욱 심각한 것이 될 것으로 예상되기 때문에 이러한 운용을 데이터 보호법의 일반조항에 의해서 정당화하는 것은 어렵다.[36)]

이상에 관하여 연방헌법재판소는 자동차 번호 자동판독장치(한국의 방범용 차량번호판 판독시스템, 일본에서의 N시스템에 상당)를 둘러싼 판결에서 데이터 이용과 감시에 관한 절차 규정을 포함한 개별 근거규정이 마련될 것을 요구했다. 또, 본 판결에서는 공공 공간에서 취득한 화상의 이용은 침해의 실체적인 무게를 저감시키되, 한편으로 정보수집 수단의 은닉성, 넓은 범위를 대상으로 하는 것에서 오는 감시되고 있다는 감각은 침해의 실체적인 무게를 높인다고 한다.[37)]

경찰이 실제로 얼굴인식 시스템을 부정 사용했는지는 이 사건에서 중요하지 않다. 앞

---

35) Mysegades, (Fn 32), S.853.

36) 조동욱·신승수, “얼굴 생체 특징을 이용한 인증 시스템의 제안과 구현”, 한국콘텐츠학회 한국콘텐츠학회논문지 3(2), 2003. 6, 24~30면.

37) BVerfGE 150, 244 = NJW 2019, 827. 본 판결에 관한 한국어 문헌으로서, 實原隆志, “判例研究 自動車ナンバー認証システムの合憲性: ドイツ連邦憲法裁判所·第二次‘N システム’決定[連邦憲法裁判所 2018.12.18. 決定]”, 福岡大學法學論叢 第65巻 第1号, 2020年, 175~194頁.

서 살펴본 바와 같이 EU 회원국들은 데이터 보호정책, 입법 및 법률해석을 위해 위험기반 접근법을 채택할 것임을 분명히 하고 있다. 그러므로 유럽기본권 헌장 제8조 및 정보자기결정권의 핵심요소는 데이터 남용, 등록, 데이터베이스화의 위험으로부터 개인을 보호하는 데 있다고 이해하게 된다.

함부르크 행정법원은 경찰이 얼굴인식 시스템을 사용하기 위해 수행한 세 단계를 통합된 개인정보에 대한 처리로 간주한다. 확실히 독일 연방 데이터 보호법 제46조 제2항에 따르면 처리란 '수집, 기록, 정리, 파일링, 보관, 적응, 변경, 검색, 상담, 사용, 송신에 의한 개시, 보급, 기타 이용 가능한 상태로 하는 것, 정렬, 결합, 제한, 소거 또는 파괴 등 자동화되어 있는지 여부에 관계없이 개인 데이터에 대해 행해지는 모든 조작 또는 일련의 조작을 의미한다'고 여겨진다. 다만, 정보 자기결정권의 이해에 있어서 단순한 개인정보에 대한 여러 가지 침해가 쌓여가는 것으로 이루어져 있는 것이 국가에 의한 데이터 처리의 전형임을 전제로 해야 한다. 즉, 모든 데이터의 수집과 비교는 원칙적으로 각각이 기본권의 침해를 구성하는 것으로 이해해야 한다. 따라서 본건에서와 같은 일련의 절차 중의 개별적인 단계는 기술적, 조직적, 시간적으로 스텝이 서로 명확하게 구별될 수 있는 경우에는 특히 개별적으로 기본권에 대한 침해의 정도가 고려되고 각각 법적 근거에 근거해야 한다.

구체적으로는 1단계(기본파일 작성)와 2단계(참조용 데이터베이스 작성)라도 충분히 정확한 법적 근거와 그에 대응하는 절차에 따라 실시되어야 하며, 제3단계 조치가 허용되는지 여부에 대한 판단은 제1단계, 제2단계에서의 개인에 대한 침해를 고려하여 결정되어야 할 것이다. 이상의 판단에 있어서 특히 중요한 것은 데이터 이용목적의 검토와 목적 외 이용금지 원칙이다.

본건에서의 제3단계 조치는 형사수사·소추 목적이라는 개인의 기본권에 대한 침해정도가 특히 강한 것으로, 앞서 제시한 연방헌법재판소의 기준에 근거하면 그 근거규정에 요구되는 명확성, 정확성은 특히 높을 것으로 예상된다. 특히 독일 연방 데이터 보호법 제48조에서 말하는 민감한 데이터의 취급이 문제가 될 경우 당국은 목적을 정확하게 정의하고 추구하는 구체적인 경찰의 임무에 비추어 비례성을 담보해야 한다. 그러나 본건에서와 같이 데이터보호의 일반규정인 독일 연방데이터보호법의 규정을 근거로 데이터베이스 구축을 목적으로 하고 있다고 이해한 후 제1단계에 있어서 지극히 광범위하고 대상자의 제한을 하지 않는 개인정보의 수집을 정당화할 것, 이를 해시·처리하여 데이터베이스를 구축한 후 개인에 대한 침해 정도가 가장 높다고 여겨지는 경찰의 수사·소추 이용을 허용하는 것은 개인의 기본권 침해를 긍정할 정도로 규율된 근거규정에 근거한 것이라고 보기 어려워 보인다.

이 사건 함부르크 행정법원의 판단은 경찰의 명확한 근거규정에 근거하지 않은 얼굴인증 기술의 이용에 따른 영향의 경중을 잘못 읽고 있다. 본 판결에서는 경찰의 얼굴인증 기술 남용에 대한 현실적인 위험성을 부인하고 있으나, 본건에서 문제가 된 얼굴인증 데이터베이스의 이용 이력 등이 충분히 기록되어 있지 않음을 밝히고 있다. 외부로부터의 무단접근 가능성도 부인되고 있지만, 이 시스템의 이용 이력이 충분히 기록되지 않은 이상 이 문제를 검증하는 것은 사실상 어렵다. 더욱이 본건에서와 같은 명확한 근거 규정에 근거하지 않는 경찰의 얼굴인증 기술의 이용이 긍정된다는 선례가 생겨 버리면, 불특정 다수인에 대한 행동 위축 효과 등 바람직하지 않은 결과를 초래할 수도 있다.

이상과 같은 관점에서도, 본건의 같은 최종적으로 형사수사 소추목적에서 열리는 민감한 개인정보의 수집·처리·관리·사후적 이용은 이를 종합적으로 통제할 수 있도록 구체적인 형사소송법 규정을 두고 여기에 판단이 근거되어야 할 것이다. 이 사건 이후 EU는 공공공간에서의 얼굴인식 기술을 이용한 수사를 원칙적으로 금지했다. 이에 따라 EU 회원국들은 법 정비와 같은 대응을 강요받을 것이기 때문에 독일의 대응이 주목된다.[38)]

5. 얼굴인식 기술에 대한 규제정책

최근 몇 년 동안 모션 감지 카메라 및 얼굴인식 기능을 갖춘 카메라와 같은 인공지능(AI) 소프트웨어가 장착된 새로운 유형의 카메라 개발이 주목할 만했다. 얼굴과는 조금 떨어져 있지만 자동차, 자전거 및 보행자의 교통량을 실시간으로 측정하고 지나가는 사람의 속성을 즉시 캡처하며 광고 및 간판의 레이아웃을 변경할 수 있다.[39)] 미국에서는 2020년 5월 이른바 Black Lives Matter 운동이 일어나면서 안면인식 기술을 규제하는 법을 제정하려는 노력이 급속히 확산되고 있다.[40)] 유럽에서는 얼굴 이미지와 같은 생체인식 데이터의 취급이 GDPR(일반 데이터 보호규정)에 따라 원칙적으로 '특수 범주 개인 데이터'로 금지되어 있다. 또한 2022년 5월 유럽 데이터 보호위원회(European Data Protection Commission)는 법 집행에서 안면인식 기술사용에 대한 지침을 채택했다. 말할 필요도 없이, 이러한 개발 뒤에는 DB에서 Clearview AI의 사용에 대한 우려가 있다.[41)] 2021년 4월에 발표된 유럽 AI 규정 초

---

38) EU의 얼굴인증기술 이용원칙 금지에 대하여, 朝日新聞, デジタル版 2021年 4月 22日 配信. https://www.asahi.com/articles/ASP4Q3QHNP4QULFA002.html(최종검색: 2022년 10월 11일)

39) Dadong Zhao, Jeong-Young Song, "The Facial Expression Recognition using the Inclined Face Geometrical Information", 한국정보기술학회 한국정보기술학회논문지 10(12), 2012. 12, 205~211면.

40) 미국의 안면인식 기술규정에 대한 자세한 내용은 다음 문서를 참조. Aimi Ozaki, "얼굴인식 기술규제의 최신동향", Digital Forensics Study Group Column No.677(2022년 8월 10일에 마지막으로 확인함), "범죄수사를 위한 얼굴인식기술 사용에 관한 법적 규정: 미국에서의 논의 참조", Information Network Law Review, Vol.19, 2020, pp.30~46.

41) 얼굴인식 기술을 개발하고 전 세계 법 집행기관에 얼굴 사진의 소프트웨어 및 데이터베이스를 제공

안은 원격 생체인식 시스템에 대한 엄격한 제한을 제안하였다.

프랑스 데이터 보호 당국 CNIL은 2022~2024년 새로운 전략 계획에서 AI 소프트웨어(소위 증강 카메라 또는 지능적인«지능적» 카메라)가 장착된 카메라를 포함하여 개인정보 침해위험이 높은 기술에 대한 규제 조치를 강화할 것이라고 밝혔다. 2022년 7월, 기술운영과 관련하여 슈퍼마켓, 서비스 제공업체 등의 요청에 응하여, (1) 범죄를 예방, 탐지 및 기소하기 위한 법 집행기관의 확장 카메라 사용은 현행 법적 틀(레드라인 확인의 필요)에 따라 허용되지 않으며, (2) 마케팅 목적과 같은 기타 사용 상황의 경우, 시스템이 추구하고자 하는 목적에 따라 시행조건을 사전에 시연한 후, 각 사례에 대한 법령(시범 및 개인정보 침해평가에 의한 설계에 의한 개인정보보호 관행),[42] (3) 통계적 목적으로만 사용되는 경우 익명화된 데이터를 사용하는 한 허용되며, 마지막으로, 의회와 정부 사이의 선택은 광범위한 논의 후에 이루어져야 한다고 결론지었다.[43]

입법을 향한 움직임에 관해서는 전망은 여전히 불확실하다. 인권단체들이 안면인식 기술의 사회적 구현에 항의하는 한편, 산업계의 입법에 대한 강력한 요구도 존재하며, 정부는 2023년 럭비 월드컵과 2024년 올림픽을 앞두고 디지털 전환 및 전자통신 차관의 지휘 하에 대규모 시범실험을 실시할 계획이다. 그러나 코로나 재해와 유럽 AI 규정의 제안에 대응하여 시범실험은 탈선되어 이민 검사 자동화 게이트 PARAFE 및 행정절차 단순화 응용 프로그램 AliceM과 같이 이미 시작된 것들을 남겼다. 2022년 5월, 상원은 "공공장소에서의 생체인식: 감시사회의 위험을 제거하기 위한 30가지 권고안"을 작성하여 기술 및 산업발전에 대응하는 법안을 제정할 필요성을 강조했지만, 시민사회가 합의에 도달했다고 말하기는 여전히 어렵다.

일본에서는 2021년 9월 JFBA가 "정부 및 민간부문에서 사용하는 얼굴인식 시스템에 관한 법률 규정에 관한 서면 의견"을 작성했지만 현재 안면인식 기술전문 법률과 "카메라 이

하는 미국의 민간 기업인 Clearview AI는 해당 사용자의 동의 없이 소셜 미디어에서 200억 개 이상의 얼굴 이미지를 수집하고 데이터베이스를 구축했다. 인터넷에 정보를 공개하더라도 개인정보보호 및 개인정보보호 요청이 적용되는 것으로 간주되어 유럽과 미국 여러 지역에 소송이 제기되고 있으며 데이터 보호 당국이 벌금 등의 조치를 취해 큰 문제가 되고 있다.

42) 2021년 3월, 프랑스는 차량과 기차역에 설치된 비디오 카메라를 사용하여 대중교통 이용자의 마스크 착용률을 측정할 수 있는 '교통시설에서 마스크 착용률을 측정하기 위한 지능형 비디오 사용에 관한 법령'을 제정했다. 1년 제한 법률로 제정된 선언적인 선언문은 획득한 이미지가 타사에 의한 저장 또는 전송의 대상이 되지 않으며, 즉시 익명화되고, 사람들을 분류하고 재식별할 수 있는 데이터가 제거되는 등의 구현 조건을 가지고 있으며, 장치 개발자인 Datakalab의 Cannes에서 시연 실험이 사전에 수행되었다.

43) 2022 CNIL report (Caméras dites « intelligentes » ou « augmentées » dans les espaces publics : position sur les conditions de déploiement, 19 juillet 2022).

미지 활용 가이드 북"[44]을 기반으로 한 느슨한 거버넌스 시스템이 채택되었다. 개인정보보호에 관한 법률에 의거하여, 특정 데이터 등 생체정보는 원칙적으로 취득해야 하는 '특별관리가 필요한 개인정보'에는 포함되지 않지만, 얼굴 영상을 옷이나 행동 등 다른 정보와 연결하여 개인의 가장 사적인 영역에 개입하는 일이 발생할 수 있으므로, 가이드북은 개인정보보호의 관점에서뿐만 아니라, 사업자에게 개인정보보호의 관점에서 고려하도록 요청하고 있다. 한편, 프라이버시를 '개인이 인식하는 방식의 차이'와 '시간과 맥락의 흐름'에 따라 바뀔 수 있는 상대적인 개념으로 인식하는 경향이 있으며, '사업자 등과 소비자 간의 신중한 소통'이 소비자의 기본권 보장에 기여하는 척도로 간주될 수 있을지는 의문이다.[45]

Ⅳ. 한국의 얼굴인증 기술을 이용한 수사방법의 통제에 관한 검토

1. 실무에 있어서의 종래의 이해

한국 실무에서 사진촬영, 영상기록을 하는 수사기법에 관한 형사소송법상 규정은 존재하지 않으며 판례법리에 따라 누구라도 그 승낙 없이, '멋대로' 그 외모 등을 촬영당하지 않을 자유를 가지고 있는 것을 전제로 하고, 현행범 내지 준현행범 상황의 존재, 증거보전의 필요성 및 긴급성의 존재, 촬영이 일반적으로 허용되는 한도를 넘지 않는 상당한 방법으로 이루어지는 것을 요건으로 하여 개별 사진촬영의 허용성이 판단된다.

최근에는 CCTV 등의 설치 수가 극적으로 증가하고 있어 지속적인 영상 촬영에 관한 문제가 표면화되고 있는데, 한국의 형사소송법 및 경찰법, 개인정보보호 관련 법규의 해석에 의하면 민간으로부터의 영상 제공 및 감시 카메라의 설치, 영상의 취득, 취득 영상의 처리·보존, 사후적 이용에 대해 강제처분성이 인정되진 않았다고 생각하는 것이 일반적인 이해일 것이다.[46] 이상의 점에 대해서, 일본 도쿄고등법원 N시스템 판결에서 제시된 기준이 참고가 될 수 있다.[47]

본 판결은 N시스템이 기록하는 것은 개인의 용모가 아닌 번호판에 한정된다는 기술적인 전제를 취하면서, 개인정보를 수집하고 관리하는 것은 범죄예방, 수사목적에서 정당한 것이라고 한다. 게다가 번호판의 성질 및 정보수집 장소가 공공도로상이기 때문에 취득되는 개인

---

44) 카메라 이미지 사용상황의 기본용어의 정의는 IoT 프로모션 컨소시엄=내무부 및 통신부=경제, 무역 및 산업부의 "카메라 이미지 활용 가이드북 Ver. 3.0"(3월 Reiwa 4)을 기반으로 한다.

45) 이승호, "얼굴영상의 얼굴인식 적합성 판정 방법", 한국산학기술학회 한국산학기술학회 논문지 19(11), 2018. 11, 295~30면.

46) 星周一郎, 前掲註 15), 54頁.

47) 東京高判 平成 21年 1月 29日 [LEX [文献番号] 25450986].

정보는 공권력에 대해 은닉되어야 할 정보가 아니라고 여겨진다. 그리고 수집, 관리 방법은 주행 중에 자동으로 카메라로 촬영하고 데이터를 컴퓨터로 처리함으로써 이루어지기 때문에 유형력 행사에 의하지 않고 국민에게 특별한 부담을 지우는 것이 아니라, 취득한 데이터는 경찰의 목적 달성에 필요한 단기간 보존될 수는 있지만 소거될 전제가 있다는 것, 목적 외에 사용되지 않는다는 것이므로, 공권력이 함부로 국민의 정보를 수집, 관리할 수는 없다고 한다.

여기에서 찾을 수 있는 것은, 우선 한국 실무에 있어서의 개인정보보호의 방법으로서 취득되는 장소의 공공성, 정보의 성질 등의 요소가 고려되고, 독일과 달리 보호의 필요성에 강약이 되는 것을 전제로 하는 것이다. 그리고 보호받아야 할 개인정보라 하더라도 공익의 확보와 개인정보보호 요청이 충돌할 경우 전자가 우선되는 경향이라고 할 수 있다.

경찰이라고 해도 '아무렇게나' 개인을 촬영·기록하는 것은 허용되지 않지만, 경찰의 행동을 통제하는 개별법에 의하지 않더라도[48] 공공성이 높은 장소이자 강제력을 수반하지 않는다면, 그 목적달성의 범위에서 행해지는 한, '아무렇게나' 개인정보를 취득한 것은 아니라고 보는 것이 종래 판례법리인 것 같다. 또한 경찰에 의한 취득정보의 보존, 데이터베이스 형식에 의한 사후적 운용에 대해 법적 통제에 의하지 않더라도 목적 외 이용, 남용의 우려가 없다고 판단하고 있는 점도 주의를 요한다.

2. 형사절차에서의 개인정보보호에 관한 이해의 변화 계기로서의 GPS 수사와 판결

일본 대법원 1966년 결정은 '강제처분이란 유형력의 행사를 수반하는 수단을 의미하는 것이 아니라 개인의 의사를 제압하고 신체, 주거, 재산 등에 제약을 가하여 강제로 수사목적을 실현하는 행위 등 특별한 근거규정이 없으면 허용하는 것이 상당하지 않은 수단을 의미한다'고 한다.[49]

'개인의 의사를 세압'하는 것의 의의를 눌러싸고 다툼이 있었지만, GPS 수사 판결에서 GPS 수사가 '합리적으로 추론되는 개인의 의사에 반하여' 사적 영역에 침입하는 것이라고 한 후,[50] 이것이 '개인이 의사를 제압하는 것'이라고 판단됨에 따라, '개인의 의사를 제압한다'는 것은 '개인의 의사에 반한다'는 것을 의미하는 것으로 나타났다. 이러한 이해에 따르면 강제처분 법정주의는 개인에게 의사에 반하여 그 '권리·이익'을 침해하는 수사기관의 행

48) 이 점에 대하여 도쿄고등법원 N시스템 판결은 '일본에서는 경찰이 경찰법 제2조 제1항의 규정에 따라 강제력을 수반하지 않는 한 범죄수사에 필요한 제반 활동을 하는 것이 허용되고 있다고 해석된다'고 한다.

49) 最決 昭和 51年 3月 16日 刑集 第30巻 第2号 187頁.

50) 最大判 平成 29年 3月 15日 刑集 第71巻 第3号 13頁.

동을 강제처분으로 간주하는 것을 의미하게 된다.

권리·이익의 내용이 문제가 되는데 GPS 수사가 '개인의 행동을 지속적, 망라적으로 파악하는 것을 필연적으로 수반하므로 개인의 프라이버시를 침해할 수 있는 것이다. 또, 그러한 침해를 가능하게 하는 기기를 개인의 소지품에 몰래 장착함으로써 행하는 점에 있어서, 도로상의 소재를 육안으로 파악하거나 카메라로 촬영하는 방식과는 달리 공권력에 의한 사적 영역 침입이 수반된다'고 한 것을 어떻게 파악해야 하는가?

'개인의 행동을 지속적, 망라적으로 파악하는 것을 필연적으로 수반한다'는 실질적 측면에 착안할 경우, 종래에는 공공도로상에서 인정되지 않았던 사생활 침해 가능성을 인정하고 GPS 수사가 '개인의 의사를 제압하여 헌법이 보장하는 중요한 법적 이익을 침해한다'며 그 강제처분성을 인정한 것으로 볼 수도 있다. 그렇다면 강제처분성 판단에 있어서 중요한 권리·이익의 해석에 있어서, 프라이버시권의 근거가 되는 헌법 제13조를 매개로 정보 프라이버시에 관한 요소를 도입하는 것이 가능할 수도 있고, GPS 판결의 범위를 가장 넓게 잡으면 독일의 정보 자기결정권 요소를 도입할 수도 있다. 이 경우 대법원에서 "GPS 수사가 검증으로는 파악할 수 없는 성질을 가진다"고 판시한 점에 비추어, 경찰의 새로운 수사방법, 특히 정보 자체는 물론 그 취급에 관한 권리와 이익에 대한 침해를 수반하는 수사방법 통제를 할 때에도 입법적 조치가 취해져야 한다고 생각할 수 있다.[51)]

3. 감시카메라 설치 및 얼굴인증 기술을 이용한 수사방법 통제에 필요한 규율요소

1) 정보 프라이버시에 대한 침해가 수반되는 수사기법에 대한 입법적 통제의 필요성

공공과 민간을 막론하고 감시 카메라 설치를 통한 영상 취득과 경찰의 AI 얼굴인증 기술이 수행된다면 이것이 개인정보에 어떤 침해를 줄 것이라는 점은 의심의 여지가 없다.[52)] 그러나 종래에는 경찰이 범죄 예방이나 수사목적으로 개인의 용모를 영상에 기록하는 것이 경찰법 제2조 제1항에 의해 정당화되고 '멋대로' 행해지는 것은 아니라고 여겨져 왔다. 그러나 앞서 검토한 GPS 판결에 의하면, 강제력을 수반하지 않는 공공 도로상의 정보 프라이버시에 대한 침해에 대해서도 강제처분성이 인정될 가능성이 있어 개별법에 의한 입법적 통

---

51) 무엇보다, 이러한 이해는 GPS 수사 판결의 사정거리를 가장 넓게 잡은 것이다. GPS 발신기의 장착을 중시한 판결이라면, GPS 수사의 위법성은 사적 영역에 대한 의사에 반하는 침입을 의미하는 것에 그치고, 판결의 사거리는 개인의 정보 프라이버시에까지는 미치지 못한다는 것이다. 이상에 관하여 小山剛, 전게주 9), 14~15면.

52) Imran Fareed Nizami, Sungje An, Sungjun Hong 외 3명, "얼굴과 발걸음을 결합한 인식", 한국지능시스템학회 한국지능시스템학회 논문지 18(1), 2008. 2, 72~77면.

제가 이루어지는 것이 바람직하다고 하였다.

정보 프라이버시를 이해하는 방법에 대해서 한국의 자기정보 결정권적인 것인가, 나아가 독일의 자기정보 결정권적인 것인가에 대해 개별 사안에 있어서의 결론이 나뉜다고 상정되지만,[53] 어쨌든 우리는 우리 형사절차에서 개인정보보호의 기본자세를 한 걸음 더 진전시킬 것으로 기대한다.

2) 얼굴인증 기술을 이용한 수사기법의 구체적인 통제

(1) 총 설

현재의 기술적 수준에서, 감시 카메라와 얼굴인증 기술에 의한 개인식별을 반복함으로써, 쉽게 개인의 위치정보를 포함한 개인정보를 얻을 수 있다. 더욱이 일단 개인식별 부호인 얼굴 특징량 데이터가 취득되고 데이터베이스화되면, 지속적으로 개인의 행동을 추적하고 행동 패턴을 파악, 거기에서 성격, 기호 등을 추정하는 것조차 어려운 일이 아니게 된다. 감시 카메라의 설치 및 취득한 영상에 대한 얼굴인식 기술을 사용하여 수행되는 개인식별은 물론 이를 다른 첨단기술과 결합함으로써 대상자에 대한 프라이버시 침해는 더욱 심각해진다.

이상의 내용에서도 눈에 보이는 강제력을 수반하지 않는 방법을 이용하는 것이라 하더라도 경찰 등 국가적 기관에 의해 이러한 기술이 이용될 경우 해당 수법에 의해 개인에게 줄 수 있는 침해의 정도를 상정하고, 또한 이것을 사용하는 경우에도 가능한 한 침해의 정도를 낮출 수 있도록 개별법에 의한 통제가 필요하다. 어떤 규제방법이 이용되어야 하는 것인가를 묻지만, 정보의 취득 단계, 취득 정보 처리·해석 단계, 처리·해석된 정보의 데이터베이스 등록 단계, 데이터베이스에 등록된 정보의 사후적 이용 단계로 분류된 논의가 이뤄져야 한다. 그리고 각 단계에서 취득, 처리·해석, 보존, 사후적 이용 범위와 적용에 관한 명확하고 정확한 규정을 두고 있고 남용의 위험으로부터 대상자의 데이터를 효과적으로 보호할 수 있는 조치가 반드시 뒤따라야 한다.[54]

---

53) 자기정보통제권은 개인정보 중에서도 인격적 자율에 관련된 것에 법적 보호의 필요성을 인정한다. 한편, 정보 자기결정권은 정보 자체의 가치판단에 근거하지 않고 정보의 취급방식을 중요시한다. DNA형 감정을 둘러싼 문제에 대해, 어느 생각에 근거한 경우라도 법적 보호의 필요성을 긍정할 수 있지만, 위치정보나 공공 도로상에서의 용모 촬영 등, 종래 단순한 개인정보로 이해되는 것에 대해 보호의 필요성에 관한 결론이 나뉜다고 상정된다. AI를 비롯한 고도의 정보 기술을 이용한 수사 방법을 효과적으로 통제하기 위해서는 자기정보 결정권적 발상이 바람직해 보인다.

54) 이 점에 대해 예를 들어, IoT 추진 컨소시엄, 총무성, 경제산업성에 의한 '카메라 이미지 활용 가이드북'이 있다. 민간 이용 범위라면 여기서 제시하는 가이드라인에 따른 이용을 실시함으로써 일정 정도 적정한 운용을 기대할 수 있다. 또한 기술발전 속도를 고려할 때 의회법에 의한 통제가 아닌 가이드라인을 사용하여 유연한 운영을 할 수 있으며, 기술의 발전을 저해하지 않고 경제적 이점을 누릴 수

(2) 정보 취득단계

우선, 감시 카메라 설치(정보수집)주체가 민간, 경찰 등 국가기관인 것인지 명확히 구별되어야 한다. 민간설치 카메라의 허용조건에 대하여 설치주체(사업자명 등), 설치목적(방범인지 상용인지), 설치기간, 설치장소, 취득영상의 재사용가능성 명시(AI 등에 의한 해석 여부), 취득영상의 보관방법, 보관기간, 문의처의 명시, 대상자에 의한 이의신청 등에 관한 고지를 한 후에 대상이 되는 개인의 동의가 추정적으로라도 담보될 수 있도록 배려해야 한다.

감시 카메라 설치 수로 보면, 경찰 이용 시 민간설치 카메라의 영상을 제공 받는 횟수가 상당수에 달할 것으로 예상되지만, 현재 대부분의 경우, 임의처분으로서 수사사항 조회서의 제시로 영상의 제공을 받고 있다고 생각한다. 이 점에 있어서 현행법에 의한 통제를 생각한 경우에도 임의처분에 의한 것이 아니라 휴대 전화 위치정보와 마찬가지로 원칙적으로 검증영장에 따른 사법적 점검이 들어가는 것이 최소한 필요하다.

정보취득 목적의 명확화와 목적 외 이용을 원칙적으로 금지해야 하는 것이 개인정보보호의 본래 있어야 할 모습인 것을 고려한다면 장래적으로 개별법이 마련될 때는 정보취득의 단계에서 얼굴인증 기술의 이용 목적인 것으로 명시되어야 한다.

장래의 데이터베이스 등록을 할 경우, 다른 근거규정에 의거 다시 법원의 사법심사가 필요하다. 경찰에 의해서 감시 카메라가 설치되는 경우, 그것이 사람의 눈에 의한 것으로 한정되어 영상의 기록, 보존이 열리지 않으면, 사생활에 대한 영향은 크지 않다고 판단하는지도 모른다. 그러나 현상 카메라의 설치를 하는 경우, 영상기록이 실행되지 않을 것은 이미 상정하지 못하고, 영상이 얼굴인증 기술을 이용하고 해석, 처리되는 것을 전제로 하는 것이 현실적이다.

감시 카메라의 설치와 관련, 취득 영상 처리, 해석, 또는 보존, 사후적 이용까지 내다본 경찰의 감시, 추적에 관한 일련의 프로세스의 통제를 가능하게 하는 입법이 이뤄질 필요가 있다. 먼저 언급했듯이, 범죄예방 목적과 수사목적의 통제방법이 각 다른 것이 우리나라의 현행법의 특색이지만, 범죄예방을 위해서 취득된 영상이 생각지 않게 장래의 수사에 이용되는 경우는 종종 있는 것이다. 그래서 범죄예방 목적으로 감시 카메라 설치 및 운용에 대한 행정법적 성격을 가진 개별법이 마련되는 경우에는 수사목적에서 열리는 설치에 관한 형사소송법의 개별규정과 연속성이 고려된 입법이 이루어져야 한다.

여러 가지 방법이 생각할 수 있지만, 수사목적에서의 재이용에는 별개의 사법심사가

있다는 장점이 있는 것으로 보인다. 그러나 대상자에게 가장 고위험이 되는 유형 중 하나인 경찰 이용에 대해서는 행정경찰, 사법경찰 쌍방의 활동영역에서 아래에서 검토하는 내용을 토대로 한 개별법에 의한 통제가 이루어져야 한다.

필요하다는 것을 취지로 하고, 수사이용 시 취득 영상의 스크리닝 조치가 이뤄지는 건 필요하다.

범죄예방 목적으로 감시 카메라를 설치하는 영상을 취득하는 경우에도, 설치장소나 기간에 대해서 기본적으로는 민간설치의 경우와 마찬가지로, 대상자의 동의가 담보되는 틀을 만들어 적용함이 필요하다. 또, 일정 기간마다 설치 및 운용의 타당성을 모니터링할 수 있는 제도설계가 중요하다. 또한 수사목적의 경우 은닉하여 카메라 설치를 실시할 필요가 있는 장면이 상정되지만, 대상 범죄의 한정, 촬영 대상자가 무관한 것으로 너무 확산되지 않도록 한정적인 운용이 필요하다.

(3) **정보처리, 해석단계**

민간기관의 경우 대상자의 동의 없이 중요한 개인식별 부호인 안면특징료 데이터를 포함한 영상을 저장하는 것, 이를 얼굴인증 소프트웨어를 통해 처리·해석, 데이터베이스 하는 것은 금지되어야 한다. 한편, 경찰이 범죄예방 활동으로서 얼굴인증 소프트웨어를 사용하여 위험인물 등을 식별하는 경우, 범죄예방 목적과 대상이 되는 개인의 침해되는 기본권이 비례 관계에 있어야 한다. 이를 충족시키기 위해서는 우선 대상자, 장소 제한 등이 이루어져야 한다.

범죄예방 목적이라는 아직 구체적인 법익침해 등이 발생하지 않은 상태에서 이루어지는 불특정 다수인을 대상으로 하는 경찰의 감시행동을 정당화하기 위해서는 대상자가 과거에 중대범죄를 저지른 경우 테러범죄 등으로 대표되는 중대한 범죄발생 개연성이 인정되는 장소 등으로 설치, 운용장소가 한정될 필요가 있다(대규모 역, 공항 등). 그래도 가능한 한 광범위한 영상을 입수하고 방대할 것으로 예상되는 위험인물 명단과 대조를 한다는 감시 카메라와 얼굴인증 기술을 이용한 활동의 성질에 비추어 보면, 실제의 규제에 어려움을 수반하는 것이 예상된다. 이 문제는 범죄수사 목적으로 이용 시에 현저하게 된다.

우선, 얼굴인증 기술의 이용은 오인증을 일으키기 쉬운 문제가 지적되고 있으며[55] 알고리즘의 오작동에 의한 수사대상으로 된 개인에게 심각한 침해를 주는 결과가 된다. 이것은 범죄의 경중을 기준으로 대상 범죄의 명확화를 하는 등의 소지가 강구된 경우에도 마찬가지이며, 얼굴인증 기술을 지나치게 신뢰하지 않고 인간의 손(눈)으로 최종적 판단이 이루어져야 한다.[56] 게다가, 종래의 수사라면 대상자의 제한이 이루어지지만, 얼굴인증 기술을

55) 예를 들어, 독일에서 마스크를 정확하게 착용할 경우 오인증을 일으키기 쉬운 것으로 보고되었다. Vgl. Heckmann, (Fn 31), S.1.

56) 예를 들어, GDPR 22조에 의하면, 중요한 사항의 최종 판단은 알고리즘에 의한 프로파일링 결과에만 근거해 행해져서는 안 된다고 하자.

이용한 수사기법은 그 특성상 무관한 불특정 다수인에게 간과할 수 없는 프라이버시 침해를 줄 수 있다. 이를 피하기 위해 관련자를 제외하는 작업이 이루어져야 하지만, 인적 모니터링, 스크리닝은 현실적이지 않으며 소프트웨어 처리를 통해 대상자 이외의 개인식별 부호의 즉시 폐기 등의 조치가 강구될 필요가 있다.

(4) 저장, 사후적 이용: 데이터베이스 운용단계

민간기관에서 대상자의 동의를 받지 않는 얼굴 특징량 데이터를 저장하고 데이터베이스화하는 것은 허용되어서는 안 된다. 경찰에 따르면 개인정보의 보존, 사후 이용은 대상자에게 더 심각하고 지속적인 침해를 줄 가능성이 높으며, 현재 조사에 비해 더 엄격한 통제가 필요하다. 구체적으로는 대상 범죄의 제한, 데이터의 보존기간, 소거 조건, 특히 소거의무가 명확하게 규정된 개별법이 마련되어야 한다.[57)]

대상범죄는 소위 중대범죄에 국한될 것이고, 데이터 보존기간에 대해서도 EU, 독일법 등을 참고할 경우 일정기간 경과 후에 해당 데이터를 계속 보존할 수 있는지 여부를 판단할 필요가 있다. 그리고 수사 과정에서 얻은 데이터를 무제한, 무조건 저장하는 것은 허용되지 않으며, 수사대상에 피의사실의 개연성이 인정되지 않는 경우, 추후 재판에서 무죄가 확정된 경우 등은 즉시 해당 데이터의 데이터베이스에서 삭제되어야 할 것이다.

Ⅴ. 마치며

전통적으로 형사절차에서 단순한 개인정보에 대한 조사는 광범위하고 관용적으로 인정되어 왔다. 그러나 오늘날과 같이 AI의 가속도적 발전을 본 사회에서 개인정보에 인정되는 가치를 사전에 견적하여 법적 보호를 받아야 하는지 아닌지를 판단하는 방법으로는 때때로 대상자들에게 당초 예상치 못한 과도한 침해를 주게 된다. 대상이 되는 개인정보의 가치판단을 통해 형사절차에서 보호받아야 할 권리·이익인지를 판단하는 것이 아니라, 어떤 방법으로 정보가 취급되고 있는가 하는 관점에서 법적인 통제의 필요성 및 구체적 방법을 생각해야 한다.

얼굴 이미지와 AI를 이용한 신원확인 및 범죄수사 기술이 매일 어지러운 속도로 발전하고 있지만 얼굴인식, 얼굴식별 및 얼굴인식과 같은 용어는 모호한 정의와 함께 자주 사용

---

57) 이 점에 대해서 DNA형 데이터베이스에 대한 통제 방법이 참고가 된다. 水野陽一, "無罪判決確定者による警察 DNA 型データベースに登録された個人情報の抹消請求について(무죄 판결 확정자에 의한 경찰 DNA형 데이터베이스에 등록된 개인정보의 말소 청구에 대하여)," 北九州市立大学 法政論集 第47巻 第3/4号, 2020年, 95頁 이하 참조.

된다. 코로나 참사 당시 개최된 도쿄 2020년 올림픽에서는 대회 관계자에게 입장하기 위해 얼굴 이미지를 이용한 신원확인 시스템을 사용했지만, 그 당시에는 사람의 얼굴을 감지하고, 신분증에 등록된 이미지를 게이트를 통과하려는 사람의 이미지와 비교하고, 게이트를 통과하려는 사람이 신분증에 등록된 사람과 동일한지 여부를 판단하는 기술이었다. 일대일 데이터 정렬이라고 한다. 본인확인을 위해, 게이트를 통과할 수 있도록 허용된 다수의 사람의 데이터베이스(DB)가 미리 생성되고, DB에 등록된 영상과 게이트를 통과하고자 하는 사람의 촬영된 이미지는 등록된 영상의 수로 정리되고, 특징량의 유사성이 가장 높은 사람(개인의 얼굴의 차이를 나타내는 수치 데이터)은 동일한 사람으로 판단되며, 어느 누구에게도 적용되지 않는 경우 때로는 등록 DB에 존재하지 않는 사람을 고려하는 기술을 사용한다. 이러한 방식으로 얼굴인증은 컴퓨터로 얼굴을 분석하고 특성을 도출하며 특성을 사용하여 사람이 특정된 사람이라고 주장하는 사람인지 확인하는 기술이다. 이를 얼굴인증이라고 한다.

한편, 카메라 영상에 반영된 불특정 인물의 얼굴을 범죄 DB로부터 구축된 DB의 데이터와 함께 또는 인터넷에서 수집된 얼굴 이미지(일대다 데이터 정렬 또는 다대다 데이터 정렬)함으로써, DB에 알려진 인물로 식별하는 기술을 얼굴식별이라고 한다.

카메라 영상에서 추출한 피처 수량 데이터는 본인확인을 위해 시행되는 경우와 같이 개인정보보호에 관한 법률에 따른 '개인식별코드'에 해당하지만, 본인이 DB에 등록하기로 동의하고 본인의 동의 없이 카메라 앞에 서 있는 경우, 본인의 동의 없이 얼굴영상이나 특정 데이터를 저장하지 않는 한, 개인정보보호 또는 개인정보보호의 관점에서 큰 문제는 없다. 한편, 범죄수사를 목적으로 공공장소에 설치된 감시 카메라를 이용하여 얼굴식별을 실시하는 경우, 매장 입구에 설치된 카메라는 과거 매장을 방문한 고객을 식별하고, 이를 이용해서 데이터 및 매장 내 구매 내역과 연동한 후 구매의도를 분석하고, 점원이 제품을 추천하도록 요청한다. 이는 카메라에 의해 캡처된 범위 내에 나타나는 모든 사람이 그 사람의 지식 없이 특징 데이터를 획득하거나 프로파일링할 수 있는 가능성이 있고, 그 사람 자신이 카메라의 존재 및 사용 목적에 동의하더라도, 프로파일링 기술의 진행은 사실 이후 초기 추정 범위를 훨씬 넘어서는 정보를 드러낼 수 있기 때문이다. 이는 기술과 관련된 위험이 명확하지 않기 때문이다.

이 논문에서 '얼굴인식'이라는 용어는 광범위하게 '얼굴을 기반으로 사람을 인식하고 그 사람을 개인으로 인증하거나 식별하는 컴퓨터 기반 확률론적 방법'을 지칭하고 그러한 기술을 둘러싼 헌법상의 문제를 검토하였다. 물리적 또는 디지털 공간, 공공장소(도로, 공공시설 등) 또는 반 공공장소(역, 도로를 마주보는 상점 앞 공간 등) 표현의 자유, 집회의 자유, 사상과 양심의 자유, 종교활동의 자유 등 다양한 자유가 행사된다. 그리고 익명으로 이러한 자유를 행사할 자유는 헌법에 의해 보장되는 것으로 간주된다. 인터넷 비방과 같이 익명성으로 인한 문제가 지적되고 있지만, 신원을 공개하지 않거나 인터넷상의 모든 발언에 실명을 표시하도록 요구하지 않는 한 표현활동을 제한하면 표현활동이 크게 줄어들 것이다. 얼굴 이미지가 개인을 식별할 수 있을 만큼 생체인식이며 원격으로 쉽게 얻을 수 있다는 점을 고려할 때 공공장소에서 안면인식 기술을 구현하면 익명성에 대한 타협의 위험이 있다. 아무도 매초마다 시선과 위치에 의해 식별되고 추적되고, 범죄의도와 구매의지로 추론되는 것에 익숙하지 않다.

생각과 양심의 자유는 내면의 마음 속에 남아있는 한 절대적으로 제한되지 않으며, 이것을 효과적으로 보장하기 위해 침묵의 자유가 보장된다. 그러나 시선과 흐름선의 프로파일링은 사람이 침묵하더라도 자신의 내면의 생각을 추론할 수 있게 한다. 안면인식 및 프로파일링과 같은 기술적 진보는 주목할 만하며, 무의식적인 행동을 포함한 정보가 카메라 이미지를 통해 획득되고, 사람이 인식하지 못하는 영역으로 분석되고, 잠재의식에 대해 작업할 것이라고 생각할 수 있다. 그러한 노력은 피험자의 내적 마음의 조작과 내적 형성 과정에 대한 간섭으로 이어질 수 있다. 최근 몇 년 동안인지 자유라는 새로운 개념의 자유가 신경법학에서 개발되었으며 인지과정에 개입할 위험이 무시할 수 없다. 내면의 마음은 사람의 가장 사적인 영역이며, 동시에 자율적인 자기결정은 내면의 정신행동이 자유로울 때만 가능하다.

안면인식 기술의 적용은 사상과 양심의 자유와 자기 결정권을 즉시 침해하기 때문에 위헌은 아니지만 공공 당국의 기술을 사용할 때는 매우 신중한 조치가 필요하다. 또한 사생활 보호 및 자기결정권은 개인적 이익 또는 개인적 권리로서 법적 보호를 받을 가치가 있는 것으로 간주되므로 개인이 받고 싶지 않거나 스스로 결정을 내리는 데 방해가 되는 민간기업에 의해 접근하지 않도록 주의를 기울여야 한다. 예를 들어, 한국방송협회가 준비한 방송표준은 '시청자가 정상적으로 인식할 수 없는 방식으로 일부 메시지를 전달하기 위한 방법(소위 잠재의식 표현방법)은 방송에 공정하지 않고 부적합하다'고 규정하고 있다. 기업과 산업에 대한 자율규제에 맡겨도 괜찮은지, 직접규제가 필요한지, 아니면 공동규제 방법을 모색할 것인지는 향후 고려해야 할 사항이다.

또한, 안면인식 카메라의 특성으로 인한 비접촉 및 유비쿼터스의 문제도 있다. 생활환경 전체에 설치된 카메라를 사용하여 소비자의 얼굴 이미지를 획득하여 클라우드에 저장하며 이미지 데이터가 여러 데이터베이스에 사용된다. 사람이 눈치 채지 않고 완전히 원격으로 수행하는 것은 기술적으로 쉽다.

위험평가 항목의 비율은 표현의 자유와 마음의 자유에 대한 침해, 편견과 차별의 문제,

공공장소에서의 익명성 저하, 감시사회에 대한 불안, 획득해야 할 정보의 거대성 등 사회의 문화적, 역사적 배경에 따라 다르지만, 선진국에서는 안면인식 기술에 대한 예방조치의 필요성이 인정되고 있다. 반면에 기술의 사회적 구현은 국가의 산업 및 경제 전략과 밀접한 관련이 있으며 이해 관계자 또한 다양하다. 윤리적, 사회적, 기술적 문제에 대응하면서 입법을 개발하는 기술이 목하 개발과정에 있다.

참고문헌

<국내문헌>

Dadong Zhao, Jeong-Young Song, The facial expression recognition using the inclined face geometrical information. 한국정보기술학회 논문지 10(12), 2012, 205~211면.

Imran Fareed Nizami, Sungje An, Sungjun Hong 외 3명, 얼굴과 발걸음을 결합한 인식. 한국지능시스템학회 논문지 18(1), 2008, 72~77면.

기민송 · 최영우, 적외선 카메라를 이용한 비제약적 환경에서의 얼굴 인증, 소프트웨어 및 데이터 공학 10(3), 2021, 99~108면.

박인규 · 안보혁 · 최규석, 얼굴인증을 위한 형태학적 형상분해의 특징추출에 관한 연구, 한국인터넷방송통신학회 논문지 9(2), 2009, 7~12면.

방광민 · 김남호, 실시간 영상에서의 얼굴 인식, 한국멀티미디어학회 학술발표논문집, 2006, 892~896면.

배경율, 분산형 인공지능 얼굴인증 시스템의 설계 및 구현, 지능정보연구 10(1), 2004, 65~75면.

백영민 · 김경운 · 박현호, CCTV 설치현황에 대한 인식과 CCTV 치안효과 인식이 거주민의 체감안전도에 미치는 효과, 경찰학연구 18(3), 2018, 9~38면.

유명현 · 박정선 · 양희덕 외 1명, 얼굴인식 기술의 연구현황 및 구현 사례, 한국통계학회 학술발표논문집, 2002, 105~112면.

이건수, 법집행 실종조사에서 안면인식 적용사례에 대한 책임제한을 위한 정책 프레임워크, 법이론실무연구 10(1), 2022, 275~312면.

이명원, 연속적인 얼굴영상으로부터 효율적인 얼굴인증에 관한 연구, 제어로봇시스템학회 국내학술대회 논문집, 2011, 363~365면.

이승호, 얼굴영상의 얼굴인식 적합성 판정 방법, 한국산학기술학회 논문지 19(11), 2018, 295~302면.

장성걸 · 박종일, 보안시스템을 위한 자동 얼굴인증 시스템, 대한전자공학회 학술대회, 2016, 908~909면.

정택준 · 문용선, 얼굴의 다중특징을 이용한 인증 시스템 구현, 한국정보통신학회 논문지 6(5), 2002, 777~782면.

조동욱 · 신승수, 얼굴 생체 특징을 이용한 인증 시스템의 제안과 구현, 한국콘텐츠학회 논문지 3(2),

2003, 24~30면.

<외국문헌>

Heckmann, Editorial 16/2020-Gesichtserkennung muss streng reguliert warden, juris PR-ITR 16/2020 Anm. 1.

Mysegades, NVwZ 2020, 852ff.

BVerfGE 150, 244=NJW 2019, 827.

2022 CNIL report (Caméras dites « intelligentes » ou « augmentées » dans les espaces publics : position sur les conditions de déploiement, 19 juillet 2022).

佐藤幸治, “プライヴァシーの権利(その公法的側面)の憲法論的考察”, 『現代国家と人権』(有斐閣, 2008年), 259頁 以下(初出 1970年).

이치다 카즈키(一田和樹), “일본경찰은 세계에서도 유례없는 거대한 얼굴인증 감시망을 갖게 되는가?”를 참조했다. Newsweek 일본판 2020년 9월 8일.

小山剛, “転換点としてのGPS捜査判決？”, 法学研究 第91巻 第1号 (2018年), 3~6頁.

星周一郎, “防犯カメラ·ドライブレコーダー等による撮影の許容性と犯罪捜査·刑事司法における適法性の判断”, 警察学論集 第70巻 第11号 (2017年), 47頁.

水野陽一, “刑事手続におけるAI 実装と個人情報保護に関する諸問題—刑事捜査·訴追機関の情報収集·処理に関するものを中心に”, 北九州市立大学法政論集 第47巻 第1/2号(2019年), 90~92頁 参照.

水野陽一, “ヨーロッパ連合における刑事訴訟の共通基準について－被疑者·被告人の防御権保障に関するものを中心に”, 広島法学 第35巻 第2号 (2011年), 87~122頁.

水野陽一, “無罪判決確定者による警察 DNA 型データベースに登録された個人情報の抹消請求について(무죄 판결 확정자에 의한 경찰 DNA형 데이터베이스에 등록된 개인정보의 말소 청구에 대하여)”, 北九州市立大学 法政論集 第47巻 第3/4号 (2020年), 95頁.

山本龍彦, 『プライバシーの権利を考える』(信山社, 2017年), 48頁 以下 参照.

玉蟲由樹, 『人間の尊厳保障の法理—人間の尊厳条項の規範的意義と動態』, 281頁 以下(尚学社, 2013年).

實原隆志, “判例研究 自動車ナンバー認証システムの合憲性: ドイツ連邦憲法裁判所·第二次‘N システム’決定[連邦憲法裁判所 2018.12.18. 決定]”, 福岡大學法學論叢 第65巻 第1号 (2020年), 175~194頁.

Aimi Ozaki, “얼굴인식 기술규제의 최신동향”, Digital Forensics Study Group Column No.677 (2022년 8월 10일에 마지막으로 확인함), “범죄수사를 위한 얼굴인식기술 사용에 관한 법적 규정: 미국에서의 논의 참조”, Information Network Law Review, Vol.19 (2020), pp.30~46.

<인터넷자료>

https://digital-strategy.ec.europa.eu/en/library/ethics-guidelines-trustworthy-ai

https://ec.europa.eu/info/sites/default/files/commission-white-paper-artificial-intelligence-feb2020_en.pdf

https://jpn.nec.com/biometrics/face/history.html

https://www.asahi.com/articles/ASP4Q3QHNP4QULFA002.html

https://www.bmjv.de/SharedDocs/Artikel/DE/2020/062920_BReg_Weissbuch_KI.html

https://www.nichibenren.or.jp/library/ja/opinion/report/data/2016/opinion_160915_2.pdf

<일본 판례>

大阪地判 平成 6年 4月 27日 判時 第1515号, 116頁.

東京高判 平成 21年 1月 29日 [LEX [文献番号] 25450986].

東京地判 昭和 39年 9月 28日 下民集 第15巻 第9号, 2317頁.

最決 昭和 51年 3月 16日 刑集 第30巻 第2号 187頁.

最大判 昭和 44年 12月 24日 刑集 第23巻 第12号, 1625頁.

最大判 平成 29年 3月 15日 刑集 第71巻 第3号 13頁.

제 2 장

인공지능 검색기능

제2장

인공지능 검색기능

Ⅰ. 개 요

경찰은 실종관련 실시간 신고를 받고 있으며, 상황에 따른 실종관련어 검색시스템에 대해 정보검색 시스템 사용의 편리, 신속한 검색과 신뢰성 있는 결과를 필요로 하고 있다. 이에 따른 실종관련 단순 정보의 나열이 아닌 실종관련 요구 정보에 대한 정확한 공급과 함께 정보의 연관성, 문서별 정리까지 필요로 한다. 현재 경찰이 사용하고 있는 프로파일링 시스템은 단순검색 기능만을 활용하고 있기 때문에 실종관련 자료를 확인하는데 한계점에 와 있다. 또한 통신 모바일 장비가 확대되어 있음에도 모바일에 대한 전용 검색엔진도 없는 실정이다. 따라서 모바일 하드웨어의 시스템 호환성 강화 및 프로파일링 시스템DB의 활용성을 높여야 한다.

최근 3년간 발생한 실종아동 등 사건 현황을 살펴보면 2018년도에 총 42,992건이 발생하였고 미발견은 18건이다. 그중 정상아동 21,980건(미발견 6건), 지적장애 8,881건(미발견 9건), 치매환자 12,131건(미발견 3건)이다. 2019년도에는 42,390건 발생하였고 미발견은 33건이다. 그중 정상아동 21,551건(미발견 9건), 지적장애 8,360건(미발견 21건), 치매노인 12,479건(미발견 3건)이다.[1] 2020년도에는 총 38,496건이 발생하였고, 미발견은 161건이다. 그중 정상아동 19,146건(미발견 105건), 지적장애 7,078건(미발견 47건), 치매환자 12,272건(미발견 9건) 등이다.[2] 2020년도에 특별하게 보아야 할 점은 미발견이 대폭증가했다는 사실이다.

---

1) 경찰청, 2019경찰백서.

2) e-나라지표,실종아동등 신고접수및처리현황, https://www.index.go.kr/potal/main/EachDtlPageDetail.do?idx_cd=1610(2021.7.20. 검색)

인터넷의 발달과 데이터베이스 구축에 따른 정보시스템 발달을 통해 경찰은 엄청난 양의 사건관련 정보를 축척하게 되었고 실시간 사건접수에 따른 현시점에도 관련 정보가 생성되고 있다. 그러나 이러한 환경에도 불구하고 경찰이 필요한 정보를 정확히 전체 데이터에서 빠르게 모두 찾지를 못하고 있다. 프로파일링 시스템에서 실종자 관련 정보검색은 이러한 대량의 정보로부터 실종담당 경찰관이 원하는 정보를 효율적으로 실시간 검색할 수 있도록 하는 필요성이 크게 증가하였다. 프로파일링 시스템 내에서 현재 자연어 단어검색 기능을 통해 관련 자료를 확인하고 파악하는 한정된 내용으로 검색이 이루어지고 있다. 프로파일링 시스템 내에서 실종담당 경찰관의 필요에 따른 실종관련 다양한 정보검색시스템이 개발되어야 한다. 실종관련 문서에 대한 검색, 실종관련 사건 문서검색, 웹 문서 검색, 질의와 문서의 언어가 서로 다른 경우의 검색을 수행하는 교차언어검색시스템, 질의 응답, 실종사건 형태별 문서분류, 실종정보 요구자들로 하여금 정보서비스를 보다 편리하고 효율적으로 사용하도록 도와주는 사용자 인터페이스 기술, 실종 문서요약 시스템 등은 경찰의 정보 기술의 발달에 따른 정보검색 기술의 콘텐츠가 급속히 증가하고 있는 추세이다. 이러한 상황에서 경찰은 인공지능 분류 검색시스템을 구축하여 일반적 키워드 검색, 분류형 검색 등을 통한 실종수사 활성화할 수 있도록 방안을 제안하고자 한다.

Ⅱ. 프로파일링 시스템 실종사건 검색 현황

1. 프로파일링 시스템 실종사건 검색

실종 프로파일링 시스템 검색기능은 자연어 검색형태의 칸을 통해서 문자를 입력하고 그 문자에 해당하는 자료를 확인하는 형태의 검색 프로그램으로 이루어져 있다. 일반 네이버, 구글, 다음에서 자료검색과는 전혀 다른 형태이다. 즉 실종프로파일링 시스템 자연어 검색은 관련 단어를 중심으로 해당되는 내용만 검색되는 아주 소극적·한정적인 검색시스템이다. 또한 시간을 다투는 실종담당 현장경찰관이 하나하나 단어를 입력하고 확인하고 구별하는 과정을 거치게 되는 시간과 인력 투입을 요하는 검색시스템이다. 하지만 실종 프로파일링 시스템에서 필요로 하는 검색기능은 실종담당 경찰관이 요구하는 키워드와 관련된 모든 실종관련 정보를 제공해주는 프로그램을 말한다. 실종관련 프로파일링 시스템에서 요구되는 검색의 범위는 실종자 관련자료, 신고자 관련자료, 보호자 관련자료, 용의자 관련자료, 유사실종사건사례, 유사범죄의심 패턴 일치 실종사건사례, 수사보고, 사전지문등록자료, 복지부산하 보호시설 자료, 대외기관요청 문서, 실종자 조기 발견을 위한 경찰 내부 시스템 연계를 구축,[3] 등 모든 자료를 검색하고 추출할 수 있는 기능이 되어야 할 것이다. 또한 자체 사이트 검색, 데이터베이스 검색, 디렉토리 서비스 검색, 웹 검색, FTP 검색, 메타 검색 등도 기능이 이루어지면 좋을 것으로 본다.

2. 실시간 자동분류를 통한 실종수사 활용

실종사건의 경우에는 현장출동 실종담당 경찰관들이 초동조치와 동시에 실종조치에 필요한 실종사건 관련 검색을 실시하면 관련정보가 신속하고 정확하게 요약되어 제공되어야 한다. 현재 경찰은 경찰용 휴대폰 조회기와 연계되어 현장에 임장한 경찰관의 직접 조회가 가능해졌으며, 순찰 시 실종아동등으로 의심되는 자를 발견한 경우 즉각적인 조회를 가능하게 하였다.[4] 그러나 사용면에서 현재 실종프로파일링 시스템 검색은 자연어 검색 형태로 운영되고 있으며 검색을 클릭하는 순간 기존의 입력자료에서 동의어 중심으로 확인이 되고, 관련정보가 나열되는 형태이다. 이러한 나열된 정보의 문제점은 동일한 단어로 수천 건이 검색이 될 때 한건 한건 모두 확인해야 하고 많은 시간과 인력이 낭비되어야 한다. 그러나 이러한 검색 부분에 대해 인공지능 기술을 추가하여 사건관련내용에 대한 정확한 자동분류와 자동요약기술이 적용되어야만 현장에서 제역할을 할 수 있다. 경찰의 특수한 업무상 온라인 또는 오프라인 실시간 자동분류는 실종관련 많은 자료를 실시간으로 모든 자료를 수집 및 분석하고 분류해주는 기능이다. 현재 경찰이 사용하고 있는 실종 프로파일링 시스템에 추가되어야 할 인공지능 자연어 검색기술은 인덱싱 정보, 퍼지집합을 통한 통계적 확률기법 등이 가능하고, 입력당시 실종내용에 대해 철저한 베이스 구축 등을 통해 나타나는 모든 정보를 대상으로 하는 것이다.

3. 프로파일링 검색 종류에 따른 활용현황

현재 운용되는 프로파일링 시스템은 웹을 활용하는 기능이 없다. 웹은 하이퍼텍스트 문서 형태를 통하여 한 문서에서 다른 문서로 이동할 수 있게 해준다. 이러한 실종관련 웹 문서들을 확인하고 볼 수 있도록 하는 도구가 웹 브라우저이다. 실종 프로파일링 시스템에는 이러한 기능이 전혀 없다. 따라서 실종사건 관련 서류수사에 한계가 발생하고 있다. 왜냐하면 한국에서 실종된 사람이 일본 바닷가에서 발견되어 신원확인요청이 문서로 접수되고 있다. 예를 들어 2006년 11월 30일 일본 나가사끼현 쓰시마 해상에서 발견된 변사체는

3) 박종철·장일식, “경찰의 실종사건 대응 효과성 제고방안”, 한국경찰연구학회, 제17권 제3호, 2018, p.45.
4) 차종진·이진국·권건보, “실종자 수색제도에 관한 비교법적 연구”, 경찰법연구, 제18권 제1호, 2020, p.148.

추자도 해안가 갯바위서 낚시하다 실종된 유모씨(42세, 부산시)로 확인되었다. 일본 제7관구 해상보안본부는 일본 쓰시마 해상에서 신원을 알 수 없는 한국인 추정 변사체를 발견, 우리 측 영사관을 통해 서류통보해왔다. 처음에는 안면부패가 심하고 신원을 확인할 수 있는 특징을 발견할 수 없어, 당시 동행하였던 목격자 및 가족들을 상대로 확인해 보았으나, 진술이 서로간 틀려 신원확인에 어려움을 겪었으나, 지문 대조 결과 실종된 유씨의 지문과 동일하여 유족에게 인계되었다.[5] 이러한 유사사건이 2014년도에 경찰청에 접수되는 등 계속 발생하고 있다. 향후 이러한 웹문서 검색은 실종 키워드 활용 검색뿐만 아니라, 주제별 디렉토리의 경우 실종사건 발생에 대한 특정부분에 대한 실종정보를 제공하고 관련사건에 대한 자료를 모두 제공할 수가 있다.

4. 실종사건 내용에 따른 철자중심 검색의 한계성

그동안 실종프로파일링 시스템에서 사용하는 키워드 중심 검색방법은 관련 단어들을 인덱싱하여 보여주는 기법이었다. 이러한 검색방법은 키워드 중심인 철자를 중심으로 실종자료, 관련 단어 사건 등을 추출하는 방법이다. 철자를 중심으로 하기 때문에 실종관련 막연한 사실을 확인하고자 하는 경우에는 적절한 방법이 아니다. 프로파일링 시스템의 자연어 검색에서 철자중심 검색은 한계가 발견된다. 단어의 순서, 조합만 잘못되어도 원치않는 자료가 추출되고 필요한 자료를 확인하지 못하게 되어 있기 때문이다. 이러한 이유로 실종사건 담당경찰은 사건의 내용을 직접 읽어보고, 확인하는 작업을 해야 하는 등 많은 시간과 인원을 필요로 한다. 이러한 문제점을 해결하기 위해서는 개념 추가기반 검색기법은 경찰 실종수사에 반드시 필요한 방법이다.

Ⅲ. 프로파일링 시스템 검색기능의 문제점

1. 프로파일링 검색 기능의 활용 문제점

실종업무처리 담당경찰관에게 프로파일링 시스템에 실종관련 정보검색 중요성 인식이 낮고, 중요성을 인식하지 못하고 있다. 또한 프로파일링 시스템 검색인식 기능은 보관된 실종데이터를 자동으로 분류할 수 있도록 하여야 함에도 일부 호환자료를 제외하고는 실제로 제 기능을 못하고 있다. 이러한 사실을 볼 때 현재 운용되고 있는 프로파일링 시스템의 검색기능은 현 시대 변화에 따라가지 못하고 있으며, 정보처리의 검색기능의 한계성을 나타

---

5) 미디어제주(http://www.mediajeju.com), 2006. 11. 30, 17:31 보도.

내고 있다. 네이버, 구글, 다음에서 원하는 정보를 찾기 위해서 관련 검색어를 입력하게 되면 관련사건, 관련 뉴스, 관련 학술지, 정책자료 등 많은 자료를 한눈에 확인할 수 있다. 이러한 자료활용도를 통해 독자를 확보하고 활용도, 효율성을 더욱 확장하고 있는 현실과 달리 실종 프로파일링 시스템은 점점 검색기능의 낙후로 실종수사에 도움을 주지 못하고 있는 실정이다. 향후 프로파일링 시스템에서 검색기능을 통해 실종자의 관련자료, 신고자 관련자료, 용의자 관련자료, 피해내용, 실종사건 관련내용, 추적기법, 관련실종사건 대응방법, 실종사건 해결사례, 문헌연구 등을 통해 폭넓게 실종사건에 대한 대비책을 준비할 필요가 있다.

2. 프로파일링 시스템 기능의 문제

대부분의 검색기능은 사건관련 정보검색, 인공지능분류 검색, 자연언어처리, 패턴인식 등으로 활용되어지고 있다. 프로파일링 시스템의 실종정보검색은 관련단어를 입력하고 일치단어 중심으로 관련내용만 추출되는 형태로 이용되고 있어서 실종관련 관련 사건, 추적내용, 문서분석, 용의자 추적, 실종자 관련 내역, 수사기법 등은 검색분야에 해당하지 않아서 검색추출 자체가 불가능하다. 기존의 실종프로파일링 시스템 정보처리 과정은 수집된 데이터들에서 단어들을 중심으로 실종사건 현장담당 경찰관이 검색어를 요청하였을 때 일치 여부를 확인하며 일치된 단어의 데이터를 정리하여 나열해주도록 하였다. 그리고 상기의 정보검색기술은 단어들을 중심으로 사용자가 검색어를 요청했을 때 제공되는 데이터들이 그 주제내용과는 관계없이 일방적으로 선택되어 서비스되었고, 검출된 자료에 대하여 현장경찰관이 제공된 데이터와의 관련성을 일일이 확인해야 한다는 문제점이 존재한다. 인공지능 검색기능은 퍼지 시스템, 신경회로망, 전문가 시스템, 유전자 알고리즘 등으로 구성되고 있다. 그중에서 신경회로망은 인간의 학습과정과 뇌의 신호전달과정을 모방하여 모델링함으로서 인공지능의 본질에 가장 충실한 알고리즘이라 할 수 있다. 인공지능 검색에서 자연언어처리 기술의 핵심 구성 요소는 형태소 분석기, 구문 분석기, 의미 분석기 3가지로 정리할 수 있다. 패턴인식분야로서 패턴인식의 가장 주요한 목적은 주어진 데이터들 간의 관계를 통하여 여러 형태의 특징들을 파악하는 것이다.

3. 프로파일링 시스템의 빅데이터 자료 정보인식과 정보처리 한계

실종업무처리에 있어서 실종과련 자료 확인은 사람의 도움 없이도 현장경찰관이 자료를 입력하면 스스로 언어를 인식하고 그 의미를 통해 데이터를 자동으로 분류할 수 있도록 해야한다. 그러나 현재 운용 중인 실종프로파일링 시스템은 이러한 필요한 정보처리를 하고, 자료를 제공하지 못하고 있다. 실종담당 경찰관이 실종자료를 입력하고 관련사건에 대해 확인을 하기 위해 수천만 건의 자료를 일일이 확인해야 한다는 큰 문제점이 있다. 즉 빅데이터 자료를 전혀 활용하지 못하고 있다. 실종사건 현장 담당경찰관이 자료 검색을 요청했을 때 제공되는 데이터들이 그 중요도에 따라 선택되어 제공되어지고, 신속하게 관련 데이터들을 분류하여 시각적 형태의 구조로 보여주도록 함으로써 활용도를 높여야 함에도 이러한 기능과 작동이 전혀 이루어지지 않아서 실종관련 많은 데이터들이 잘 활용되지 못하고 있다. 프로파일링 시스템이 제 기능을 하기 위해선 실종관련 수집된 데이터의 대주제, 중주제, 소주제를 추출하고 이들 주제와 관련된 관련 주제와 관련어들을 함께 추출하여 구조적·시각적으로 보여주어 현장경찰관이 원하는 정보에 신속하고 빠르게 접근하여 사건처리에 도움이 되어야 한다.

4. 유사 실종사건 패턴인식 프로그램을 통한 실종사건 수사 접근 불능

실종사건은 18세 미만 아동, 지적·정신 장애인, 치매노인, 성인실종이 있다. 이러한 실종사건 발생원인은 학대로 인한 실종, 유기, 납치, 자살, 성폭력, 살인, 길잃음, 각종 사건연루 등 많은 원인이 있다. 사건의 대상자와 실종원인이 비슷한 경우에는 일정한 사건의 패턴과 수사방법을 연결할 수가 있다. 상습적인 실종자인 경우 실종사건의 원인과 발견 등의 패턴을 빅데이터로 분석하여 차후 실종사건에 활용할 수도 있다. 이러한 유사 실종사건은 패턴 인식에서도 비슷한 부분이 있기 때문에 주어진 데이터들 간의 관계를 통하여 여러 가지 실종사건의 패턴형태의 특징을 파악하는 능력을 배가시키기 위해 실종 패턴인식 기술에 직접적인 영향을 미치는 패턴인식 기술을 발전시켜서 활용해야 한다. 그러나 현재로서는 단순한 자연어 검색기능만으로는 이러한 발전된 기술과 자료를 전혀 활용할 수가 없다.

Ⅳ. 인공지능을 활용한 실종사건 검색 시스템 개선방안

1. 인공지능 프로파일링 시스템 검색 활용

프로파일링 시스템 검색기능에서 인공지능을 통한 지능형 검색 시스템, 자연어 검색, 자동분류시스템, 검색결과 시각화하는 기술로 검색이 이루어져야 한다. 실종사건별 자동 분류시스템 부분에 인공지능을 기술을 통한 검색 개발은 상습범 검거, 실종자 발견, 관련 수사발달 등을 기대할 수 있다. 인공지능을 활용한 실종 검색기능 특징 중 하나는 인덱스 사전을 생성시킨다는 점과 하드웨어 장비의 호환성, 대용량 DB일수록 더욱 정확한 분류 결과를 도출해 낼 수 있다. 실종관련 자료 인공지능 자동분류는 대용량 정보를 수집하여 동시에 많은 정보를 주어진 시간 내에 원하는 방식으로 분류해 주는 시스템을 말한다. 실종사건별 자동분류의 경우는 전자문서, 사건문서, 실종사건 수사기법, 지식관리 등에 큰 역할을 할 수 있다. 또한 실종사건 현장담당 경찰관이 직접 활용이 가능한 인공지능 검색시스템을 모바일 인터페이스 환경에 맞게 자동 분류화하여 PDA 인터페이스와 같이 검색 결과 화면을 클릭형 카테고리 형태로 보여주어 현장에서 신속하게 활용하고 실종사건 대응에 가능하다.

실종사건은 실시간 접수되고 있으며, 시스템의 통합관리, DB량의 급증, 인위적인 수작업을 통한 분류 작업은 불가능한 상황이다. 따라서 실종사건 현장출동 경찰관이 관련 사건을 입력한 자료를 통한 DB 구축 및 운영, 모바일 하드웨어 장비 호환, 프로파일링 시스템 대용량 DB의 활용, 사건검색기능, 대용량 DB 분류 등이 모두 가능하도록 해야 한다.

인공지능 정보인식시스템은 수집 및 구축된 실종정보를 새로운 형태의 인식방식을 이용하여 스스로 정보를 인식하고 데이터를 자동으로 분류될 수 있도록 하는 것이다. 지금까지 프로파일링 시스템은 관련 정보를 확인하기 위하여는 실종담당 경찰관이 직접 입력한 정보를 하나하나 검색하고 분류함으로써 전문지식, 인력 및 시간상의 문제점을 가지고 있을 뿐 아니라 키워드 검색의 한계, 자료확보에 많은 문제점을 가지고 있다. 그러므로 인공지능을 활용한 정보인식 시스템은 스스로 실종관련 사건 단어, 범행방법, 피해상황, 추적내용, 관련문서 추출 등 패턴의 유사성을 구하면서 단어와 단어의 밀접성과 관계성, 동의 및 복합명사를 통해 구조를 파악하여 처리하는 단계를 통해 실종사건 정보를 인식하고 처리하는 것이 가능하도록 한 것이다.

2. 인공지능 분류형 검색기능 활성화

인공지능 정보인식시스템은 신경회로망 알고리즘인 ART(Adaptive Resonance Theory), SOM(Self Organized Map), LVQ(Learning Vector Quantization), BAM(Bidirectional Associative Memory) 등이 있으며, 실종 입력데이터들의 특징을 추출하고 나타낼 수 있도록 이루어져야 한다. 또한 이러한 시스템은 실종사건 관련사료 및 유사한 자료를 검색하여 신속하게 제공되어야 한다. 지금까지 프로파일링 시스템은 단순하게 자료검색만을 활용함으로써 실제로 확인되어야 할 많은 데이터를 잘 활용하지 못하고 있다. 즉 검색기능에 한계가 많다. 검색어를 통해 검색을 할 경우에는 관련실종사건, 피해자, 가해자, 실종피해내용, 추적기법, 관련사건 보고내용, 유사사건, 프로파일링에 인적, 병명, 가족관계 등을 입력하여 경찰과 전국사회복지망 시스템의 연계[6] 등이 모두 추출될 수 있어야 한다. 기존의 프로파일링 시스템은

6) 정명숙·조성제, “RFID/USN 환경에서 치매환자 실종자 찾기 시스템 모델”, 글로벌사회복지연구, 제1권 제2호, 2011호, p.81.

Query Processor의 속도개선, 검색시간 단축화, 불필요한 index가 전체의 80% 이상을 차지하는 매우 소모적이고 낭비적인 indexing 기술을 구사하고 있다. 하루에도 수천 건씩 접수되는 실종사건에 대한 인공지능 검색시스템은 Pattern Matching 기술과 AI 기술을 접목하여 가장 효율적이고 정확한 indexing 기술을 구현하도록 이루어져야 한다.

3. 인공지능 실종사건 분류 검색기능 시각화

실종사건 인공지능 분류시스템의 구축을 위해서는 인공지능 시스템전문가, 자료분류 전문가, 시스템 관리자, 웹 프로그램 전문가, DB 제작 전문가와 함께 인공지능 분류 검색시스템 형태로 구성되어야 한다. 실종사건은 형태별로 실종아동 해당사건, 지적장애인 실종사건, 치매노인 실종사건, 성인 실종사건 분류를 하고, 실종사건 가해자, 피해자, 목격자 분류, 실종사건 피해내용 분류, 실종추적기법 방법 분류, 실종사건 유사내용 분류, 관련 변사자료 분류 등 다양한 형태로 목록별 분류, 내용별 분류, 사건형태별 분류, 관련 문서별 분류, 추적기법별 분류 등 다양한 형태 및 시각화 형태로 이루어지도록 해야 한다. 또한 현장출동 경찰관이 바로 신속한 검색과 확인자료를 통해 실종수사가 가능하도록 프로그램을 확대 및 추가 보완하여 구현하여야 한다.

4. 실종사건 내용에 따른 분류기반과 개념기반 검색기능 추가

그동안 실종프로파일링 시스템에서 사용하는 키워드 중심 검색방법은 관련단어들을 인덱싱하여 보여주는 기법이었다. 이러한 검색방법은 키워드 중심인 철자를 중심으로 실종자료, 관련 문서 등을 추출하는 방법이다. 철자를 중심으로 하기때문에 실종관련 막연한 사실을 확인하고자 하는 경우에는 적절한 방법이 아니다. 실종프로파일링 시스템에서 적용되어야 할 것은 개념기반 검색과 분류기반 검색방법이다. 개념기반 검색은 경찰이 지금까지 사용하던 철자중심 검색기법이 아닌 실종관련 단어의 의미를 분석하고 개념을 통한 관계를 이용하여 검색기능을 확장하는 것이다. 즉 단어의 유사어, 중의어 등을 포함하기 때문에 실종수사에 큰 역할을 할 수 있다. 철자중심 검색은 한계가 발견된다. 단어의 순서, 조합만 잘못되어도 원치않는 자료가 추출되기 때문이다. 따라서 개념 추가기반 검색기법은 경찰 실종수사에 반드시 필요한 방법이다.

경찰 실종 프로파일링 시스템에 추가되어야 할 분류기반 검색방법은 실종아동별, 치매노인별, 지적장애인별, 성인실종자별로 대주제를 정하고 관련 특징, 실종형태, 실종수법, 기술감식 단서, 분석자료 단서 등을 분류하는 방법이다. 또한 피해자별, 가해자별, 목격자별, 관련자별로 구축하여 차후 수사에 활용이 가능해야 한다. 수사기법별로 분류가 되어야 한다. CCTV기법, 부정계좌추적 기법, 통신수사 기법, 사실조사 기법, 감식형태별 기법, 차량조회별 기법, 건강보험관리공단 자료 분석기법, 노동 자료 추적기법, 지문자료 추적기법, 환경조사 분석기법 등 다양하게 기법과 함께 분류되고 활용되어야 한다.

5. 모바일 검색 시스템 개발 활용

현장출동 경찰관들에게 가장 필요한 모바일 시스템 호환성을 통해서 실종자료 검색기능 지원, 다른 시스템과의 완벽한 연동 등을 통해 실종추적, 수사, 자료확인 등 목적에 맞는 기능 및 성능 구현이 가능하도록 구현되어야 한다. 현장출동하여 신속하게 모바일검색을 통한 실종사건 검색과 조치, 사건대응능력을 향상시킬 수 있으며, 실종사건 검색을 통한 분류방법은 인공지능시스템을 통해 적합하게 분류 결과를 보여주어 현장출동한 경찰관이 바로 사건에 활용하도록 이루어져야 한다.

6. 실종담당 경찰관 사용관련 설문조사 측정도구 시스템 개발 활용

실종관련 업무처리는 사건별 현장출동경찰관의 의견을 통해 계속 보완이 이루어져야 한다. 따라서 현장출동 실종수사경찰의 의견을 수집하고 측정을 할 수 있는 인공지능시스템 개발이 필요하다. 이러한 실종담당 현장경찰관에 대한 설문조사는 PDA 및 모바일 서비스에서 검색 콘텐츠가 활성화되어야 한다. 그러나 지금은 이러한 시스템이 이루어지지 않는 상황이다. 현장출동 실종담당 경찰이 편리하게 이용가능하고 적절한 내용구분으로 이용할 수 있도록 함으로써 효율성을 높일 수 있다.

첫째, 실종담당 경찰관의 설문에 항목들이 간결한 내용을 기록할 수 있어야 편리성 및 만족성을 높일 수 있다. 중복자료는 모두 배제되어야 한다.

둘째, 설문용어의 적절성이다. 시스템 구성결과에 사용된 용어의 적절성은 실종사건관련 아주 중요한 문제이다. 만약 결과의 구성 용이에 부적질한 용어 사용과 어려운 전문용어의 사용으로 인하여 검색결과의 사용이 용이하지 못할 수 있기 때문이다.

셋째, 설문조사 결과의 시각화 추출이다. 한눈에 확인할 수 있도록 축소된 화면 크기에 시각화 추출이 가능한 검색시스템에서 사용자의 중요한 사용 만족도의 기준이 될 것이다.

넷째, 검색 처리속도의 신속성이다. 실종수사 경찰관의 하드웨어 환경, 거주지 지역 네트워크 수준, 온라인 통신망의 부하 등 여러 불안정 요인이 있으나 신속하게 추출하고 검색이 가능해야 한다.

다섯째, 실종관련 검색결과에 대한 이동 편리성이 있어야 한다. 실종사건 관련내용 검색결과에서의 이동을 통하여 유사실종 등 관련한 적절한 정보를 찾아야 한다.

마지막으로 실종관련 검색 결과에 대한 화면 구성이 적절하게 이루어져야 한다. 인공지능 검색결과에서 리스트 형식의 결과 화면과 자동 분류를 통한 카테고리 형식의 결과 화면은 기존의 하드웨어 인터페이스와 적절하게 조화를 이루어야 한다.

Ⅴ. 마치며

현대사회는 인공지능 등 디지털 정보기술의 발달로 인하여 모든 분야에 있어서 융복합화기능이 급속도로 성장하고 있다. 실종업무처리를 담당하는 프로파일링 시스템의 검색 시스템 정보는 실종수사에 중요한 역할을 담당하고 있음에도 자료활용을 실제로 하지 못하고 있으며, 실종담당 경찰관 중에서도 프로파일링 시스템 검색기능이 있는지도 모르는 경찰도 발견이 되었다. 인공지능검색기능 활용이 가능하다면 실종사건에 대해 신속하고 정확한 정보를 검색하고 관련내용을 현출함으로써 실종업무처리에 큰 역할을 담당할 수 있는 것이다. 따라서 정보 저장 시스템, 네트워크 시스템 기술 확장, 모바일 시스템의 확장 및 기술발전, 인공지능 하드웨어 발전 등으로 인한 인공지능 검색시스템의 무한한 활용이 가능하도록 하여야 한다. 이러한 장점을 활용한 인공지능 실종검색시스템의 개선을 통해 초기 현장출동 경찰관이 신속하고 편리하게 실종수사에 적용함으로써 수많은 실종사건을 해결할 수 있을 것으로 기대하고 있다. 또한 단순한 검색결과보다는 각종 실종사건에 연계가 가능하도록 현출하고 적용함으로써 분류형 형태의 검색시스템을 통해 상습사건, 미제사건, 실종관련 용의자, 피해자 형태, 추적기법, 실종관련 지역별 정책수립, 실종예방에도 적용이 가능할 수 있는 것이다.

참고문헌

<국내문헌>

박종철 외, "경찰의 실종사건 대응 효과성 제고방안", 한국경찰연구학회, 제17권 제3호, 2018, p.45.

정명숙 외, "RFID/USN 환경에서 치매환자 실종자 찾기 시스템 모델", 글로벌사회복지연구, 제1권 제2호, 2011호, p.81.

차종진 외, "실종자 수색제도에 관한 비교법적 연구", 경찰법연구, 제18권 제1호, 2020, p.148.

<참고자료>

경찰청, 2019경찰백서.

e-나라지표(2020. 12. 31일자).

<인터넷자료>

http://www.mediajeju.com(제주미디어, 2006년 11월 30일자 보도. 최종방문 2021년 7월 20일).

제 3 장

외부망 활용 실종수사시스템

제3장

외부망 활용 실종수사시스템

Ⅰ. 개 요

실종아동보호 및 지원에 관한 법률 제8조의2(실종아동 등 신고·발견을 위한 정보시스템의 구축·운영)에 따르면, 경찰청장은 실종아동 등에 대한 신속한 신고 및 발견 체계를 갖추기 위한 정보시스템을 구축·운영하여야 하고, 실종아동 등의 조속한 발견을 위하여 「사회복지사업법」 제6조의2 제2항에 따라 구축·운영하는 사회복지업무 관련 정보시스템과 연계하여 해당 정보시스템이 보유한 실종아동등의 신상정보의 내용을 활용할 수 있다고 명시되어 있다.[1] 현재 경찰청은 실종사건이 발생한 경우, 내부망 중심으로 프로파일링 시스템을 사용하고 있으며 경찰관 대부분이 내부망을 통해 소통, 자료공유, 수사협력을 하고 있다. 그리고 사용하는 외부망으로는 안전Dream(아동·여성·장애인 지원센터)을 사용하고 있으나 형식적 의미가 강하며 실제 실종사건수사 활용도는 거의 없는 수준이다. 경찰청 내부망에는 자녀를 잃어버리는 경우에 부모가 신고하는 찾기신고, 유기되어 길거리에서 발견되었거나 시설에서 발견된 경우에 신고하는 보호신고, 사전지문등록자료, 복지부 실종아동전문기관 등 유관기관 연계 자료 등이 포함되어 있다. 지금까지 경찰청 운영형태를 살펴보면, 외부망은 해킹 등에 따른 보안사고의 위험으로 일부 부모가 원하는 장기실종아동에 대해서만 정보를 공개하는 형태로 소극적으로 운영되고 있어서 실종부모도 모를 정도로 활용도가 많이 떨어지고 있다. 따라서 적극적인 실종아동 사건을 해결하기 위해서는 과거의 소극적인 외부망 시스템 운영을 개선해야 한다. 따라서 외부망의 운영상 문제점이 무엇인지 우선 확인하고 개선해야 할 필요가 있다.

---

1) 경찰청 아동청소년과, 실종수사 업무 매뉴얼, 2020년 1월, p.49.

Ⅱ. 외부망 활용 시스템 법적 적용범위·보완 및 선진사례 검토

1. 외부망 활용 시스템 적용범위

실종아동보호 및 지원에 관한 법률 제8조의2(실종아동 등 신고·발견을 위한 정보시스템의 구축·운영) 규정을 살펴보면, 실종아동 등 발견을 위해서 적극적으로 정보시스템을 구축·운영하여 실종자를 발견하도록 규정하고 있는 것이다. 그러나 이러한 법적 규정과 IT기술 발달에도 불구하고 그동안 경찰청은 실종아동 찾기 관련하여 운영하고 있는 '안전Dream' 외부망은 보안기능 유지에 초점이 되어있고 소극적으로 운영되었다. 따라서 외부망에 이러한 홈페이지가 있다는 사실도 모를 정도로 홈페이지에 대한 개선투자, 실종자 발견에 활용도, 효율성이 많이 떨어진다. 정보통신망법은 2013년 2월 18일부터 전년도 말 기준 직전 3개월간의 이용자의 개인정보가 저장되어 있고, 이용자의 수가 일일 평균 100만 명이 넘거나 전년도 매출액이 100억원 이상인 정보통신 서비스 제공자는 반드시 망 분리 조치를 의무화하고 있다.[2)]

그동안 경찰 운영 내부망 '실종프로파일링 시스템'에만 많은 인력과 예산을 투자하여 왔을 뿐이다. 지금까지 운영되어 오던 실종문제는 경찰의 문제만이 아니다. 우리 모두의 문제이고 사회적, 국가적 문제라는 인식전환이 필요한 때이다. 따라서 그동안 운영해오던 내부망 중심의 운영이 아닌 외부망 운영의 중심으로 변환되어야 한다.

2. 선진사례의 검토

1) 영국사례 검토

영국의 경우는 경찰발전연구청(National Policing Improvement Agency) 실종 전담국(Missing Persons Bureau, MPB)에서 실종신고 자료 및 무연고자, 실종 아동의 범죄 자료 등에 대해 정부 및 민간 등의 구분 없이 통합·관리하여 관리하고 있다. 우리나라와 비교해보면 영국도 해마다 범죄피해로 의심되는 아동, 여성, 장애인, 성인실종 등 사건이 다양하게 발생하고 있다. 우리나라 제도와 비교를 해보면 우리나라는 경찰중심의 실종신고 자료 보관과 이용이 되고 있으며, 민간인에게는 발견을 위한 실종자료 열람, 자료공개가 차단되고 있다. 애타는 실종가족과 사회적 피해비용을 감안한다면 영국의 경우처럼 경찰발전연구청, 실종전담국 형태의 민·관 협력체계를 만들어 가야 한다. 시대흐름에 따른 민간주도, 관의 협력형태로 실종문제를 접근하고 해결하는 것이 맞다고 생각한다. 영국 외부망 실종관리국 홈페이지[3)]

---

2) 임병훈, "악성코드 감염을 통한 내부 업무망의 해킹에 대응하기 위한 하이브리드 망분리 시스템에 관한 연구", 숭실대학교 정보과학대학원, 석사학위논문, 2013, p.6.

를 방문해보면, 실종신고, 미확인 사례 검색, 세부조사, 최신추가자료 등으로 구성되어 있다. 특히 실종자에 대한 자세한 사실 공지, 신고입력, 협력요청사항 등은 우라나라가 적극 참고할 만하다.

2) 미국사례 검토

미국 FBI는 외부망 홈페이지[4]에 개인적 특징, 이름, 취향 등까지 적극적으로 실종자 발견을 위한 자료를 공지하고 있다. 또한 매년 미국도 60만 명 실종신고가 접수되고 있다. 따라서 미국은 외부망 형태로 운영되는 'NamUs 프로그램'[5]은 미국 전역의 실종, 미확인 및 미 청구 사건에 대한 전국 정보를 제공하고 있다. 여기에는 미국 법무부(National Institute of Justice)가 자금을 지원하고 텍사스 포트 워스(Fort Worth)에 있는 UNT Health Science Center와의 협력 계약을 통해 이루어진다. 모든 NamU 자원은 법 집행 기관, 의료 검사관, 검시관, 연합 법의학 전문가 및 가족에게 상호 무료로 이용할 수 있도록 제공된다. 실종자가 많은 우리나라가 적극 주목하고 도입해야 할 필요가 있다.

미국 사회에서 우리나라와 다르게 주목할 점은 만 10세 이하 어린이에 대해서는 절대 혼자 귀가하지 못하도록 법으로 규제함으로써 실종아동의 예방과 부모에 책임을 부과하였다. 또한 백화점이나 놀이공원 등 공공장소에서 실종사건이 발생하면 아동의 인상착의 등을 방송하고, 출입구를 차단해 외부로 나가는 아동을 확인한 뒤 부모에게 인계하는 비상 안전경보시스템인 코드 아담(Code Adam)제도를 적극적으로 운영하고 있다.[6] 우리가 미국과 영국에서 눈여겨 볼 점은 실종자 발생 시 지역 내의 TV 등 매체와 각 기관들과의 적극적인 협력을 통해 초동 수사의 집중도를 높이고 있다는 점이다. 우리나라도 미국처럼 실종정보를 통합하여 관리하고 기관 간 자료협력이 절실한 상황이다. 또한 코드 아담형태의 적극적인 외부망을 활용하고 TV 등 매체와 적극 연계할 필요가 있다. 우리나라의 경우 실종자 광고형태는 지금까지 폐쇄적으로 외부망 정보이용을 제한해 왔는데 이러한 부분은 적극 개선할 필요가 있다.

3) 벨기에사례 검토

벨기에는 전 유럽에 걸친 조직망을 형성해 실종된 아동을 찾고 있으며, 동시에 성적 착취를 예방하는 활동까지 전개하고 있다. 이러한 조직망은 '실종 및 성적 착취 아동을 위한 유럽 센터(The European Centre for Missing and Sexually Exploited Children)'로 불리고 있으며 범

---

3) http://missingpersons.police.uk/en-gb/home
4) https://www.fbi.gov/wanted/kidnap
5) https://www.namus.gov
6) 복지부, '실종아동 및 실종 장애인 찾아주기 종합대책', 2005. 11. 30. 보도자료.

죄뿐만 아니라 법률 등 다양한 분야의 전문가들로 구성되어 사건 해결을 돕고 있다.[7] 우리나라 교민들은 전 세계에 거주하고 있고 실종 및 사건도 다양한 형태로 나타나고 있다. 따라서 법률, 범죄분석, 수사, 상담 등 다양한 전문가를 통한 사건예방, 실종신고 접수 및 추적 등 활동이 이루어져야 한다.

3. 외부망 활용 문제점과 보완 필요성

외부망 활용에 대해 살펴보면 지금까지의 네트워크 보안은 내부 IT자원을 보호하기 위한 차단과 탐지에 주목적이 있었다.[8] 그러나 실종자 찾기 관련하여서는 차단과 탐지보다는 활용, 협력, 보완형태로 적용되어야 한다. 실종자 찾기 관련하여 경찰청에서 운영하는 외부망 홈페이지 '안전Dream'을 살펴보면 크게 실종아동신고, 사전등록신청, 나의신고확인, 실종아동 등 검색, 아동안전지킴이집, 생활안전지도 등으로 한정적으로 구성되어 있다. 홈페이지 방문객들의 참여 효율성, 호응도, 필요성 등은 상대적으로 미비하다고 볼 수 있다. 참여 효율성과 호응도를 위해서는 실종자 찾기 관련 광범위한 정보제공과 직접 참여유발을 통한 실종자 찾기 해결이 필요하다. 또한 필요성 부분은 민원24를 통한 실시간 민원처리를 해 줄 필요가 있다. 실종자 찾기 신고접수증 발부, 사건 진행상황 여부 파악 등이다. 외부망에서 운영하는 실종자관련 '찾고 있어요', '보호하고 있어요' 단순한 정보제공과 한정된 신고 개념보다는 인적사항이 확인된 민원인들의 경우에 직접 실종경위에 대한 정보제공과 토론, 호응도, 경찰의 실종자 찾기 진행과정을 통해 함께 의견제시를 하고 실종사건을 해결할 수 있도록 해야 한다. 경찰의 무연고자 사망자료 및 변사자 자료 공개와 시민들의 신고 및 자료제공이 이루어져야 하며, 이러한 자료들은 자연어 검색 등을 활용할 수 있는 상호 자료호환 검색기능이 이루어져야 한다. 이제는 국제화 사회이다. 우리나라도 해마다 해외여행, 유학, 사업관련하여 수많은 사람이 해외로 출국하고 있다. 통계청의 국제인구이동통계는 매년 들고나는 출·입국자 수를 성과 연령별로 제시한다. 하지만 한국인이 어디로 나갔는지에 대한 정보는 없다. 2018년 국제인구이동통계상 '90일 이상 해외 체류 내국인'은 29만 7,000명에 이르지만 해외 영주권을 땄다는 해외이주신고자는 6,330명에 그쳤다.[9] 90일 이상 해외 체류 내국인과 해외 이주자를 단순 비교하긴 어렵지만 수치 자체가 너무 크게 차이난다는 점을 부인할 수 없다. 외교부가 격년으로 내놓는 재외동포현황 통계도 마찬가지다. 2017년

---

7) 정경옹·박은숙·나현민·박정연, "실종아동 보호 및 지원에 관한 방안연구", 보건복지부·한국복지재단, 2005, p.10.

8) 소호경, "학내망 PC를 보호하기 위한 격리서버와 보안 에이전트의 설계 및 구현", 이화여자대학교 교육대학원, 2005, p.2.

9) 통계청, '2018년 국제인구이동 통계 발표자료'.

기준 해외로 나간 우리 동포를 743만 명이라 했는데, 언제 얼마나 어떻게 나갔는지 알 수가 없다. 이중에 실종자가 몇 명인지 등은 신고가 들어올 때까지는 알 수가 없으며, 공식적인 발표나 노력이 없다는 점도 큰 문제이다. 따라서 실종자 찾기 관련하여 외부망을 국제적 망으로도 활용할 필요도 있다.

Ⅲ. 외부망 활용에 따른 실종사건 효율적인 대응 방안

1. 외부망 활용한 자료구축을 통한 찾기

최근 공급망(Supply Chain Management, SCM)은 "각종 기관 내부 또는 각종 기관 간의 다양한 활동의 정보프로세스를 공유하거나 자료를 통합적으로 관리하여 효율성을 높이는 것을 말한다. 5차 산업혁명 등 급격하게 발달하는 환경에서 실종과 관련된 기관간의 자료제공과 협력은 민·경의 소통과 정보교류를 활성화하고, 실종자 발견에 관한 첨단기술발전을 야기할 수 있다. 따라서 이제는 보안이라는 작은 틀에서 나와서 협력이라는 SCM의 실종사건에 대응하는 시스템 형태의 제도를 구현해야 할 필요가 있다. 이러한 협력을 위해서는 경찰청의 적극적인 자료공개, 국내 수많은 기관 간 협력체계 구축, 민간인들의 자발적 참여를 적극적으로 유도할 필요가 있다고 본다. 특히 기관 간 자료 협력체계구축은 쉽지 않는 일이다. 따라서 실종자 찾기 관련 법적 내용을 명확히 규정하고 활용할 수 있도록 규정이 이루어 져야 한다.

2. 외부망과 프로파일링 시스템 연계 및 112 IDS시스템 연계망

경찰청 안전드림 홈페이지를 통해 외부인과 기관들이 보낸 많은 정보가 축적이 되고 이러한 정보는 프로파일링 시스템과 연동이 되어 신속하게 아동 등을 찾아주는데 역할이 되어야 함에도 불구하고 전혀 활용되지 못하고 경찰에 의해 일방적으로 광고형태로만 외부망 홈페이지가 운영되고 있는 실정이다. 미국, 영국, 벨기에 등 수많은 외국에서도 살인의심 피해자, 실종아동, 지적·정신 장애아동, 여성, 성인실종자 등 수많은 정보를 개방하고 민간인들도 관련 자료를 홈페이지에 개시를 해서 적극 공개 활용하고 실종자 발견에 주력하고 있다. 실종자 가족의 동의를 받고 실종자를 발견하는 데는 큰 법적 문제는 없는 것으로 파악된다. 따라서 이에 대한 철저한 법적·제도적 개선안이 마련되어야 한다.

3. 외부망 정보 공유 시스템

관계기관 간에 협력으로 실종자 발견을 위한 정보공유 등 범사회적 네트워크를 구축하여야 하며, 실종예방과 발견을 위해서 공동대응을 하여야 한다. 연계해야 할 기관의 내용을 살펴보면 행정안전부가 가지고 있는 주민등록 사진정보 연계(인적사항은 이미 연계) 및 가족관계등록부 조회를 통해 실종자를 발견할 수 있으며, 보건복지부가 보유하고 있는 무연고 사망자(장사시스템), 치매노인(보건소 통합정보시스템), 장애인 정보 등을 연계하여야 하며, 중앙입양정보원의 입양아동정보를 관리하는 '통합관리망'(국내·외 입양인) 정보 등이다. 특히 중앙입양정보원의 입양아동정보는 통계상 35만 명으로 파악된다. 이러한 자료를 경찰과 적극 자료통합 연계하여 실종자 발견에 주력하여야 함에도 불구하고 전혀 이루어지지 않고 있다.

현재 연계되고 있는 기관과 자료는 법무부 외국인 출·입국자 정보, 가족관계등록부 정보, 자치단체 및 보호시설에 문서로 보존된 무연고 아동카드 정보, KICS 유치인·수형자 및 교통 TCS 운전면허 사진 등 정보 등은 연계를 통해 실종자 발견에 활동되고 있다.

4. 외부망을 통한 24시간 민원처리 시스템

실종사건이 발생하면 경찰은 '프로파일링 시스템'에 찾기신고, 보호신고 형태로 자료를 입력한다. 이 자료를 활용해서 전국의 수많은 경찰은 실종자 또는 가족들을 찾아주고 있다. 특히 실종신고자의 경우에는 실종신고접수증을 발급받아서 학교, 회사 등 관계기관에 제출하고 있다. 신고접수증을 받기 위해서는 신고자는 가까운 경찰서 또는 파출소를 방문하여 직접 발급을 받아야 하는 불편을 감내하고 있다. 외부망을 실종자를 발견하는데 적극 활용하기 위해서는 '외부망을 통한 24시간 민원처리 시스템'을 구축하여 운영하여야 한다. 따라서 향후 개발을 통해 연계해야 할 것은 실종신고 건에 대한 중요 구간 녹취로 사후 서비스 제공하여야 하며, 실종신고서 페이지 출력에 대한 위·변조 방지 및 진본확인 서비스 제공도 향후 법적소송 관련하여 적극적으로 제공할 필요가 있다.

5. 외부망 서비스 영역 개선을 통한 초국가적 실종자 찾기 대응

현재 안전Dream 앱을 개선하여 안전정보, 실종아동 등 경보발령 및 이용자 거주 지역에 따른 맞춤형 정보제공 등 개인화 서비스 개선하고, 카카오톡 등 기존 MIM사업자와 정보 및 기능공유가 가능하도록 업무제휴로 공익채널 확대, 스마트 공익채널시스템(안전드림 모바일앱 고도화) 개발을 하여야 한다. 또한 다국어(영어, 중국어, 일본어, 불어)로 신고 기능 등 안내서비스 제공, 실종, 가출, 사람 찾기 등 주요 검색어 활용 '뉴스피커' 기능 개발, 키보드 보안, 웹 구간 암호화를 통한 보안성 강화 등을 할 필요가 있다.

실종사건 해결을 위해서는 초국가적 차원에서 대응을 해야 한다고 본다. 중국인 등 해외관광객의 증가와 국제결혼, 산업연수 등이 증가하고 있어서 실종사건의 실질적 수사와 근절을 위해서는 지속적인 국가 간 협력수사가 활성화 되어야 한다. 이러한 초국가적 범죄는 종래의 국제성 범죄와 달리 단순히 국경을 넘나드는 장소적 이동에 머물지 않고 초국가적 네트워크를 기반으로 시간적 공간적으로도 국경을 초월하여 활동할 수 있는 새로운 초국가적 범죄활동을 마련해 나가고 있는 것이다.[10] 따라서 실종자 문제는 한 가정, 한 나라의 문제가 아닌 국제적인 범죄·문제로 인식하고 국가 간 실종자 발견을 위한 협력 체계구축이 필요하다.

6. 실종사건 발생과 해결에 대한 분포에 따른 실종자 찾기 정보제공

외부망에 실종자 프로파일링 시스템을 통한 실종사건 발생과 해결에 대한 지역적 분포의 확인하고 실종의 위험이 높은 지역을 핫스팟분석을 통하여 도출해 내고 지역적 요인을 살펴볼 수 있으며, 실종자가 발견된 지역 등을 통해 실종자 발견에 분석적 토대를 제공할 수 있다. 실종자 관련수사는 개인의 정보와 담당자의 실무경험을 도대로 한 직관에 의지하는 경향이 많아 실종수사에 있어 경험적 근거가 부족했다. 따라서 개인정보 외에 외부의 특성을 파악하여 실질적으로 실종에 영향에 미치는 요인을 경험적으로 확인, 빅데이터 실종자 프로파일의 고도화를 위한 대안을 제시할 수 있다. 또한 실종사건 발생과 해결에 따른 분포 자료제공, 범죄예방을 위한 지역별 범죄 발생빈도, 시간대별 실종범죄 현황 정보를 제시함으로써 사건예방에도 큰 도움을 줄 수 있다.

Ⅳ. 외부망 '실종자 빅데이터 프로파일링 시스템' 운용방안

1. 신원미상의 변사자 자료 공유 시스템 구축 운용

지금까지 원인불명으로 발견된 변사자는 7~8만 명 정도 되며, 2018년 경찰청이 발표한 실종자 통계에 따르면 성인이 실종되어 10년 동안 생활반응 없는 사람이 6천 명 정도로 추정된다. 2014년 9월에 경찰청은 경찰수사의 대국민 신뢰 제고를 위해 변사사건 업무체계 개선관련 종합계획을 발표했다. 그 이유는 변사사건의 업무체계 개선으로 유병언 변사 사건 처리의 문제점 진단 및 업무체계를 개선하고자 하였기 때문이다. 주요 내용은 모든 변사사건은 형사사법정보시스템(KICS)에서 등록 처리하고 프로파일링 시스템에서는 신원미상의 변사자 정보를 실시간 조회하도록 기능을 구축하는데 있다. 기존과 다른 점은 프로파일링

10) 황문규, "초국가적 범죄의 개념과 우리나라 경찰의 대응 방향", 「경찰학 연구」, 11(4), 2011, p.5.

시스템 및 형사사법정보시스템(KICS)에서 이중으로 등록하였던 변사사건을 일원화함으로써 이중적인 업무처리 개선을 통해 실종업무의 효율성을 높이는 것이다. 앞으로 개선해야 할 점은 독립된 외부망 형태의 별도의 신원불상 변사자 연계 시스템 구축을 통해 보호시설 등에서 행정변사 처리되었거나 경찰에서 변사처리되어 있는 신원 불상자에 대해 사진과 신체적 특징, 발견일시 및 장소를 모두 기록하여 외부망에서 일반인에게 모두 공개하는 것이다. 또한 일반인도 이 시스템에 접속하여 찾지 못한 가족사진은 자료를 등록시켜 서로 공유한다면 많은 신원불상의 변사자 문제도 효율적으로 해결될 것으로 본다.

2. 무연고자 자료 외부망 공유 시스템 구축 운용

과거에 실종된 아동 등은 대부분 시설에 있을 가능성이 많다고 본다 따라서 이러한 보호시설에 있는 무연고자를 대상으로 철저히 자료를 확인할 필요가 있다. 실종아동 보호및 지원에 관한 법률 제8조(정보연계시스템의 구축·운영), 제10조(출입조사)에 따라, 경찰은 기관과 시스템 연결을 통해 정보를 공유하고 있다. 경찰청에서 운용중인 실종자프로파일링자료에 연계된 인원은 서울시 무연고자 2,087명, 복지부 무연고자 185,045명, 실종아동전문기관 무연고자 17,327명, 해외입양인 연대 2,610명 등이다. 무연고자 자료 공유부분은 아직 부족하다고 본다. 왜냐하면 보건복지부 산하 중앙입양기관이 보유하고 있는 입양자료는 미혼모 등 보호자의 신원보호를 위해 공유할 수 없다는 주장을 하고 있어서 자료공유를 하지 못하고 있는 실정이다. 실종자 문제 해결을 위해 앞으로 개선해 나가야 할 부분이다. 무연고자 자료공유를 통해 가족을 찾은 사례를 살펴보면, 1981년 2월 조○○(41세, 남) 씨는 당시 5살 때 어머니와 서울에 왔다가 길을 잃은 잃고, 경기청 안산경찰서에 신고접수가 되었다. 보호시설에서 바로 미국으로 입양되어 살던 중 경찰청 실종아동찾기센터를 방문하여 가족을 찾고자 민원을 제출하였다. 경찰은 보호시설 관련 자료를 확인한바, 실종당시 처음 발견되어 경찰에게 아버지가 조귀동, 모친이 안순자라고 진술한 내역을 확인하여 모친 안순자, 형 조찬영과 36년 만에 상봉을 하게 되었다. 이와 같이 보호시설의 무연고자 자료는 실종아동 등의 가족을 찾는데 활용될 수 있다. 따라서 향후 각 기관에 보관되어 있는 보호시설 자료를 철저히 관리하고 공익적 목적으로 적극적으로 외부망에 공유할 수 있도록 노력해야 한다.

3. 외부망 종합지원 포털서비스화 시스템 구축 운용

외부망에 누구나 접속하여 실종신고를 자유롭고 신속하게 직접 접수하고 자료보강, 확인, 요청 등을 민·관이 자유롭게 소통될 수 있도록 종합지원 포털 서비스화가 이루어져야 한다. 또한 명확한 신원확인을 위해서는 처음 외부망에 접속 할 경우 실명인증, 사진 및 인적사항 등 정보 보안 등 관리 기능을 강화해야 한다. 이를 위해서는 외부망 종합지원 시스템을 적극 관리하고 지원하는 전문가를 배치하여 적절한 운영이 되도록 하여야 한다. 우리나라도 미국, 영국, 캐나다 등 외국처럼 경찰중심의 실종수사제도가 아닌 민간주도형, 경찰참여형 형태로 외부망 종합지원 포털서비스화가 이루어지고 실종수사구조개혁이 필요하다. 또한 경찰관은 외부망 형태에서 신고접수하고 접수단계에서 위험 체크리스트 자동분석 기능설치, 실종자 CCTV 확인 시에 공문 및 절차를 거치지 않고 영상이 확인되어야 한다. 영상기능은 반드시 1:1 비교기능이 있는 신원확인용 자동분석 된 영상을 확인할 수 있도록 기능개선이 이루어져야 한다.

4. 자료통합 연계 공유범위 확대 시스템 구축 운용

외부망 연계 자료의 범위는 법적내용 허용범위 안에서 변사자, 무연고사, 신원확인요청자 등 일정한 신원확인이 필요한 경우에는 관련부처가 적극적으로 협력하는 형태로 이루어져야 한다. 관련부처에는 경찰청, 보건복지부, 법무부 등이 해당된다. 필요할 경우에는 상호 데이터 연계, 백업자료 등 구축된 시스템 점검, 관리에 따른 적절한 권한 부여가 이루어져야 한다. 지금까지 경찰청 내부 간, 기관 간, 사회기관 간에 자료통합, 시스템 연계가 잘 이루어지지 않고 협조도 쉽지 않다. 따라서 이러한 부분에 강제성을 부여하는 방법도 필요하다.

Ⅴ. 마치며

실종자를 발견하기 위해서는 관계기관 간에 협력으로 실종자 발견을 위한 외부망 '실종자 빅데이터 프로파일링 시스템'을 구축하여야 하며, 실종예방과 발견을 위해서 공동대응을 하여야 한다. 연계해야 할 기관이 내용을 살펴보면 행정안전부가 가지고 있는 주민등록 사진정보 연계(인적사항은 이미 연계) 및 가족관계등록부 조회를 통해 실종자를 발견할 수 있으며, 보건복지부가 보유하고 있는 무연고사망자(장사시스템), 치매노인(보건소 통합정보시스템), 장애인 정보 등을 연계하여야 하며, 중앙입양정보원의 입양아동정보를 관리하는 '통합관리망'(국내·외 입양인) 정보 등이다.

현재 연계되고 있는 기관과 자료는 법무부 외국인 출·입국자 정보, 가족관계등록부 정보, 자치단체 및 보호시설에 문서로 보존된 무연고 아동카드 정보, KICS 유치인·수형자 및 교통 TCS 운전면허 사진 등 정보 등은 연계를 통해 실종자 발견에 활동되고 있다. 향후 개발을 통해 연계해야 할 것은 실종신고 건에 대한 중요 구간 녹취로 사후 서비스 제공하여야 하며, 실종신고서 페이지 출력에 대한 위·변조 방지 및 진본확인 서비스 제공 도 향후 법적소송 관련하여 필요하다.

경찰은 2013년부터 건강보험공단, 연금공단과 협업을 시작했고, 2015년도에는 한국고용정보원과도 정보공유 협력을 시작했다. 공유체계는 국민건강보험공단의 진료정보, 한국고용정보원의 고용정보를 경찰청이 실종자 발견에 활용하는 것이다. 공유성과를 보면 '13년부터 '15년도 10월까지 총 16,386명을 발견하였다. 또한 경찰청의 실종자 정보를 국민연금, 공무원연금공단이 부정수급 조사에 활용하여 1억 3천만원의 부정수급을 환수했고, 1백 60여 건의 지급정지를 하였다.[11)]

실종사건을 대비해 구축된 사전등록자료, 실종자와 신고자 정보, 휴대전화 위치정보를 활용한 위치정보시스템 구축, 182, 112 시스템 간 연계를 통해 신속한 현장 출동 및 실종 현장에 실종자 정보를 주기적으로 전파하여 발견율 및 신속도 향상, 입양자, 다문화 가정 자녀 등 사회 소수자 보호를 위한 다국어 서비스 등 지원방안을 마련하고, 안전Dream(인터넷)과 실종자 프로파일링 시스템(경찰망)을 상호 연계하여 빅데이터 치안인프라 구축하는 것이다. 각 기관 간에 협력 빅데이터를 통해 실종자 발견과 업무행정의 효율성을 높일 수 있다면 더욱 적극적으로 추진할 필요가 있다.

참고문헌

<논문집 기타 정기간행물에 게재된 논문>

소호경, "학내망 PC를 보호하기 위한 격리서버와 보안 에이전트의 설계 및 구현", 이화여자대학교 교육대학원, 2005, p.2.

정경웅·박은숙·나현민·박정연, "실종아동 보호 및 지원에 관한 방안연구", 보건복지부·한국복지재단, 2005, p.10.

황문규, "초국가적 범죄의 개념과 우리나라 경찰의 대응 방향", 「경찰학 연구」, 제11권 제4호, 2011, p.5.

<학위논문>

임병훈, "악성코드 감염을 통한 내부 업무망의 해킹에 대응하기 위한 하이브리드 망분리 시스템에 관한 연구", 숭실대학교 정보과학대학원, 석사학위논문, 2013, p.6.

11) 경찰청, "2014 경찰백서."

<자 료>

경찰청, “2014 경찰백서.”

경찰청 아동청소년과, 실종수사 업무 매뉴얼, 2020년 1월.

경찰청, 주요국 치안시책, 2014.

복지부, ‘실종아동 및 실종 장애인 찾아주기 종합대책’, 2005. 11. 30. 보도자료.

통계청, ‘2018년 국제인구이동 통계 발표자료’.

http://missingpersons.police.uk/en-gb/home

https://www.fbi.gov/wanted/kidnap

https://www.namus.gov

제 4 장

휴대전화 활용 실종자 추적

제4장

휴대전화 활용 실종자 추적

Ⅰ. 개 요

2019년도 3월 말 기준하여 스마트폰과 피처폰 가입자 수는 4,944만 1,647명과 622만 8,978명을 기록했다. 휴대폰은 우리 일상생활에 필수품으로 자리를 잡았으며, 휴대전화가 가까이에 없으면 초조해하거나 불안감을 느끼는 증상인 '노모포비아(Nomophobia, 노 모바일 폰 포비아)' 증상을 겪는 사람이 증가하고 있다. 따라서 휴대전화를 활용한 실종자 찾기는 중요한 수사기법이다.

실종아동보호 및 지원에 관한 법률 제9조 제2항(수색 및 수사의 실시)에 따르면, 경찰관서의 장은 실종아동등(범죄로 인한 경우를 제외한다. 이하 이 조에서 같다)의 조속한 발견을 위하여 필요한 때에는 「위치정보의 보호 및 이용 등에 관한 법률」 제5조에 따른 위치 정보사업자에게 실종아동등의 개인위치정보의 제공을 요청할 수 있으며 실종아동등의 조속한 발견을 위하여 실종아동등의 위치정보를 활용할 수 있다고 명시되어 있다.1)

현재 경찰은 실종자를 찾기위해 통신사에 보관된 자료를 확인하고 3~5km이 범위에 통화된 기지국 중심 위치추적을 해오고 있다. 그러나 기지국 주변을 수색하기 위해 방문을 해보면 도심지역이거나 야산일 경우에 실종자를 발견하는 것은 불가능하다. 휴대전화를 통한 위치추적 기술은 활용하지 못하고 있다. 휴대전화에는 GPS 수신기를 활용하여 위치를 파악하는 방법 등 다양한 활용방안이 있다. 이러한 휴대폰을 통한 정밀한 위치추적 활용 방인 문제점을 확인·개선하고 융복합적으로 활용함으로써 실종사건 수사방법을 질적 향상시킬 것으로 본다.

---

1) National Police Agency, "Missing and Child Safety Task Manual", November 5-6, 2016.

Ⅱ. 휴대전화 활용 실종자 찾기 법적 적용범위·보완 및 선진사례 검토

1) 휴대전화 활용 실종자 찾기 법적 적용범위

위치는 또는 장소(場所)는 지구 표면의 지점이나 면적을 식별하기 위해 사용되는 지리학 용어이다. 유의어로 입지(立地)라고도 한다. "위치"라는 용어는 일반적으로 장소보다 확실성이 더 높으며, 기하학보다 장소의 정체성(place identity), 장소감(sense of place)에 대한 사람, 사회적 특성에 더 의존한다.[2] 현행 '위치정보의 보호 및 이용 등에 관한 법률 제2조 제1호'에서 "위치정보"라 함은 이동성이 있는 물건 또는 개인이 특정한 시간에 존재하거나 존재하였던 장소라고 정의하고 있다.

실종아동보호 및 지원에 관한 법률 제9조(수색 또는 수사의 실시 등)에는 '경찰관서의 장은 실종아동등의 발생 신고를 접수하면 지체 없이 수색 또는 수사의 실시 여부를 결정하여야 하고, 경찰관서의 장은 실종아동등(범죄로 인한 경우를 제외한다. 이하 이 조에서 같다)의 조속한 발견을 위하여 필요한 때에는「위치정보의 보호 및 이용 등에 관한 법률」제5조 제7항에 따른 개인위치정보사업자, 정보통신망 이용촉진 및 정보보호 등에 관한 법률」제2조 제1항 제3호에 따른 정보통신서비스 제공자 중에서 대통령령으로 정하는 기준을 충족하는 제공자,「정보통신망 이용촉진 및 정보보호 등에 관한 법률」제23조의3에 따른 본인확인기관, 개인정보 보호법」제24조의2에 따른 주민등록번호 대체가입수단 제공기관의 어느 하나에 해당하는 자에게 실종아동등의 위치 확인에 필요한「위치정보의 보호 및 이용 등에 관한 법률」제2조 제2호에 따른 개인위치정보,「인터넷주소자원에 관한 법률」제2조 제1호에 따른 인터넷주소 및「통신비밀보호법」제2조 제11호 마목·사목에 따른 통신사실확인자료(이하 "개인위치정보등"이라 한다)의 제공을 요청할 수 있다. 이 경우 경찰관서의 장의 요청을 받은 자는「통신비밀보호법」제3조에도 불구하고 정당한 사유가 없으면 이에 따라야 한다'고 규정되어 있다. 즉 긴급하게 생명구조 등을 목적으로 하는 경우에 위치정보 활용이 가능하다고 볼 수 있다. 그러나「실종아동 등 보호 및 지원에 관한 법률」에는 오히려 범죄혐의가 있는 경우에는 위치추적을 할 수 없도록 되어 있다. 즉 현실과 역행하는 법률규정내용이 포함되어 있다. 그 이유를 살펴보면 위치추적을 할 경우 실종아동 등에게 문자가 통보되어지고 범죄로 이어질 수 있다는 우려이다. 대부분의 실종사건은 범죄혐의가 있는 경우이다. 위치추적이 가능하도록 법이 규정되어 있으나 실제로 현장에서는 위치추적을 할 수 없도록 하고 있는 것이다. 범죄위험이 있을 경우에 생명을 구하기 위해 오히려 적극적으로 위치를

2) Simandan, "Making sense of place through multiple memory systems", Dragos April 2011 issue, New Zealand Geographer 67, 2011, pp.21~24.

추적을 할 수 있도록 해야 하며, 실종자에게 문자가 통보되지 않도록 해야 할 것이다. 현재 전국에 실종담당경찰은 이러한 조항으로 인해서 112신고형태로 재접수하여 위치추적을 하고 있는 실정이다.

2) 휴대전화 활용 및 법적 문제점 보완 필요성

최근 18세 미만 아동, 지적·정신장애인, 치매어르신 보호자들은 실종예방을 위해 휴대폰을 소지하게 하여 실종예방을 위해 노력하는 모습을 흔히 볼 수 있다. 최첨단 IT기술에 따른 위치추적은 더욱 신속하고 정확하게 위치를 확인하여 실종아동 등을 발견하는데 도움을 주어야 하나, 현실은 그렇지 않다. 112신고를 통해 위치를 추적하면 기지국을 중심으로 1km 반경에 있다는 사실만 통보를 한다. 실종아동을 찾아내는 방법은 정확한 좌표중심으로 특정이 되어야만 찾는데 도움이 될 수 있다. 즉 현재 실종자를 찾고 있는 위치추적은 큰 도움을 주지 못하고 있는 한계에 있다. 휴대폰 위치추적을 통해 신속하고 정확하게 위치정보를 제공받고 실종자의 특정위치를 확인하는 시스템 구축이 필요하다. 또한 위치추적 수사는 개인의 동선을 실시간으로 확인한다는 점에서 수사의 목적달성 이상의 기본권 침해소지가 크다.[3] 왜냐하면 위치정보와 결합된 개인정보는 유출되거나 오·남용 시, 즉시 혹은 장래에 있어서 생명·신체에 대한 물리적 침해의 유발위험성이 높은 '민감정보(sensitive information)'에 해당한다.[4] 실종사건은 빠른 시간 내에 수사를 통해 실종아동 등을 찾아야 하고 가능하면 증거물을 확보해야 한다. 실종은 생명과 연관되어 있다. 신속하게 발견하지 못하면 사망가능성이 높고 2차범죄로 인해 피해를 당하게 된다. 즉 경찰은 정확한 위치를 추적하여 신속하게 실종아동 등을 발견해야 한다. 증거확보에 있어 신속한 행동은 아무리 강조해도 지나치지 않을 정도로 매우 중요하다.[5]

3) 선진사례의 검토

(1) 영국사례 검토

영국은 매년 약 200,000명의 실종자가 발생하는 것으로 파악되고 있다. 특히 실종되기 쉬운 아동과 청소년이 실종자 수의 2/3를 차지하는 것으로 파악되고 있다.[6] 영국의 경우는

---

3) Hyun-joon and Lee Sang-jin, "Measures to minimize infringement of basic rights of investigative agencies by introducing procedures for providing non-conformized' telecommunication business room confirmation", and criminal policy research No. 30, 2019, pp.101~102.

4) Kim Bong-su, "Criminal Review for the Protection of Location Information", the 32nd largest law court, and the Institute of Law at Chonnam National University, 2012, pp.274~275.

5) Shin Seong-sik, "Measures to Strengthen Response in Public Security Field by Changing the Police Box in the District", "Research on Self-Governing Police", Volume 4, 65, 2011, Korean Association of Autonomous Police.

경찰발전연구청(National Policing Improvement Agency) 실종 전담국(Missing Persons Bureau, MPB)에서 실종신고 자료 및 무연고자, 실종 아동의 범죄 자료 등에 대해 정부 및 민간 등의 구분 없이 통합관리하여 관리하고 있으며, 2003년 발생한 아동 납치·살해사건을 계기로 희망하는 어린이의 팔에 위치 추적용 마이크로칩을 이식하는 시스템을 도입하여 발신하는 전파가 휴대전화 통신망으로 포착되어 아이의 위치 파악 가능하게 하고 있다.[7] 〔8〕 물론 이러한 시스템을 우리나라에 바로 도입하기에는 어려움이 있다. 왜냐하면 위치 추적용 마이크로칩을 팔에 이식하는 것에 대해 유교문화, 종교적 관념 등 우리나라 정서상 실제 도입까지는 현실상 어렵다고 생각이 된다. 그러나 이러한 시스템을 휴대폰이나 생활시설에 도입하는 것은 가능하다고 생각된다.

(2) 미국사례 검토

2003년에 설립된 미국의 Skyhook Wireless사는 구글맵과 연동하여 상용으로 위치정보 제공 서비스를 하고 있는 업체이다. 사용자가 비용을 지불하고 Wi-Fi를 이용해 위치정보 제공 서비스를 요청하게 되면 현 위치를 구글맵을 통해 보여준다. 일반적으로 위치정보가 20m 정도의 정확도를 가지고 있으나 경우에 따라 5km 정도의 오차가 발생하기도 한다. 사용자가 자신의 위치를 구글맵에서 확인하고 무선랜에 접속되어 있는 자신의 맥주소(MAC address)를 Skyhook사에 제공하게 되면 10일 내에 해당 네트워크(WLAN의) 맥주소를 DB화하여 정확도가 수십 미터 내의 위치서비스를 제공한다.[8] 미국의 이러한 시스템에 대해 실종아동 등이 1년에 2만 명, 성인실종 신고가 6만 명 이상 접수되는 현시점에서 우리나라는 이러한 위치서비스를 적극적으로 활용할 필요가 있다고 본다.

Ⅲ. 휴대전화 활용에 따른 실종사건 효율적인 대응

1) 휴대전화 위치추적(Wifi, Gps) 활용을 통한 찾기

현대사회에서 초등학생부터 노년부에 이르기까지 대부분 휴대폰을 소지하고 있다. 휴대폰 설정기능을 확인해보면 위치정보확인 선택이 있다. 18세 미만, 청소년, 지적·정신장애, 치매노인 등 보호자는 위치정보확인이 가능하도로 동의를 미리 해 놓을 필요가 있다. 이러한 휴대폰에 GPS수신기 등이 포함되어 있어서 실종자 발견에 큰 역할을 할 수 있다.

---

6) U.K. Home Office, supra note 5, at §2.1.
7) Main Commissioner of Police, United Kingdom - 80 (5.1, 2013). Internal reporting.
8) Chae Yong-tae, "Analysis and Compensation of RSSI on Wi-Fi based indoor location determination", Seoul City University Graduate School, Master's Degree, 14, 2010.

이러한 최첨단 기술이 결합하여 기기와 사람 등이 소통하는 사물인터넷(IOT) 등 융복합은 사물과 사람에 대한 위치정보 활용까지 포함되며, 이러한 정보는 실종자 발견에 활용가능 할 수 있다. 청소년 등은 와이파이(Wifi)를 많이 사용하고 있으며, 이러한 사용정보를 활용하여 실종자의 위치를 추적 할 수 있다. 와이파이(Wifi)를 이용하여 핸드폰을 사용할 때, 그 장소가 식당, 영화관, 카페 등일 경우, 현장에 설치되어 있는 공유기에 실종자의 기기 정보, 접속단말기의 IP, 사용시간 등이 표시되고, 실종자의 핸드폰에도 공유기(AP)의 주소 등 자료가 남게 된다. 또한 이러한 자료는 실종자의 실시간 위치 정보를 활용한 동선 분석 및 행동분석, 범죄성여부 파악, 공범자 파악 등을 파악하고 정확한 실내 위치에 기반하여 실시간 실종자 추적을 실행할 수 있다.

GPS(Global Positioning System)는 위성항법장치라고도 하며, 인공위성을 통해 사람, 자동차, 선박, 비행기 등의 위치를 10~15m 오차 범위 내에서 파악할 수 있다. 또한 사물인터넷 장비를 통해 주변 건물, 회사, 정보 등을 취득할 수 있으며, 실종자의 현 상황 등을 확인할 수 있다. 최근에는 초정밀 위성기반 위치보정시스템(SBAS, Satellite Based Augmentation System)을 통해 실종자의 위치 정보 오차를 3m 이하까지 줄일 수가 있어서 실종자 발견에 활용된다면 치매노인, 지적·정신장애인, 6세 이하 아동 발견에 큰 효과가 있을 것으로 보인다.

2) 112 IDS시스템, 경찰소지 휴대폰, 프로파일링 시스템 자동 연계망 구축

실종사건이 발생한 경우에는 신고한 내용이 즉시 관할 순찰차 IDS와 경찰관 소지 휴대폰으로 즉시 자료가 전송되어 신속한 현장 출동 및 초동조치를 통해 실종자가 조속하게 발견되도록 해야 한다. 그러나 현재는 112에 실종자 가족이 전화를 하면, 접수경찰관이 신고내용을 별도기록하고 체크리스트로 확인하여 실종경보를 파출소에 발령하고 있다. 이후 경찰서 실종팀에 전화 또는 무전을 통해 재차 내용을 알리고 신고출동을 명한다. 파출소에서는 신고자를 면담하고 프로파일링 시스템에 신고내용을 입력한 후 현장 출동하여 수색을 하고 있다. 실종사건은 시간과의 싸움이다. 시간은 생명이라고 볼 수 있다. 신고자는 112신고 후에 다시 파출소에서 신고내용을 반복신술하고 파출소 경찰관은 프로파일링 시스템에 신고내용을 입력하는 등 같은 행동을 반복하면서 시간을 낭비하고 있다. 이러한 문제점을 해결하기 위해서는 신고초기에 112신고접수요원이 최초 실종신고내용을 112신고사건 접수시스템에 입력을 하면, 자동으로 프로파일링 시스템에 자료입력 및 코드발령이 자동 계산되어 신고내용이 전파되도록 해야 한다. 또한 현장 출동하는 경찰관에게 전송되어야 하는 자료는 실종아동 사진, 인상착의, 특징 등을 상세하게 기록하여 전달할 수 있어야 하며, 또한 미발견 실종아동 등 정보를 관할 경찰서 순찰차에서 지속적으로 확인할 수 있는 "알리미" 기능 개발도 이루어져야 한다. 이러한 조치를 통해 경찰에서 실종사실을 바로 확인하고 실종자를 가족의 품으로 신속히 복귀하도록 할 수 있으며, 실종 후 보호자를 확인하지 못해 시설로 입소됨으로써 아동 등이 받는 육체적·정신적 피해 최소화할 수 있는 것이다. 단 1분이라도 더 빨리 아동 등을 찾아줌으로써 아동 등을 잃어버렸다는 죄책감으로 인한 부모들의 고통을 경감하는 것이다.

3) 휴대폰 실종 코드경보 자동계산 앱 활용 필요

현재 실종사건 코드경보는 18세 미만 실종아동, 지적·정신장애인, 치매노인에 한정되어 있다. 이로 인한 경찰의 출동조치 문제점이 발생되고 있다. 제주도에서 발생한 고유정 전남편 실종사건에 대한 늑장대처로 실종자의 시신 미발견 등으로 국민들의 불신이 이루어졌다. 실종사건 코드경보 발령 판단을 사람이 아닌 핸드폰 자동 앱 기능을 통해서 어디든지 파악하고 대처할 수 있도록 해야 객관적인 대처가 가능할 것으로 본다. 실종사건의 첫걸음은 신속한 출동과 현장조치, 증거보존이다. 지금까지 경험으로 볼 때, 서울에서 발생한 어금이 아빠 실종사건 대처, 부산 부부실종사건대처, 부천 미람이 사건, 청주 이다현 양 사건, 강진 여고생 사건 등 현장출동에 많은 문제점이 노출되었고 이러한 문제점을 해결하기 위해서는 신고 접수 시에 성인 등 모든 실종자에 대해 시스템상 핸드폰 자동 코드경보기능이 추가되어야 하고, 핸드폰에 자동 코드발령 앱 기능이 활용되면 신속한 출동과 대처로 사건 해결이 가능할 것으로 본다.

4) 휴대전화 서비스 영역 개선을 통한 실종자 찾기

실종사건 해결을 위해서는 초국가적 차원에서 대응을 해야 한다고 본다. 중국인 등 해외관광객의 증가와 국제결혼, 산업연수 등이 증가하고 있어서 실종사건의 실질적 수사와 근절을 위해서는 지속적인 국가 간 협력수사가 활성화되어야 한다. 이러한 초국가적 범죄는 종래의 국제성 범죄와 달리 단순히 국경을 넘나드는 장소적 이동에 머물지 않고 초국가적 네트워크를 기반으로 시간적 공간적으로도 국경을 초월하여 활동할 수 있는 새로운 초국가적 범죄활동을 마련해 나가고 있는 것이다.[9] 즉 실종사건이 발생할 경우에 휴대폰사용자에 대해 초국가적 위치추적, 이동자료교환, 실종관련 협력체계를 통해 신속하게 실종자를 발견할 수 있는 시스템 체계가 갖추어져야 한다.

5) 휴대폰과 CCTV-WASS 결합한 위치정보 제공 시스템 구축

전국 지방자치단체에는 CCTV센터 통합플랫폼을 운영하고 있고, 경찰은 수배차량 검색시스템(WASS) 활용하고 있다. 이러한 시스템은 휴대폰을 통한 실종자 위치파악과 파악된

9) Hwang Moon-gyu, "The Concept of Transnational Crime and the Direction of Korean Police Correspondence", "The Study of Police in Korea" 11(4), 2011.

주변의 CCTV 등을 통해 실종자의 안면인식 비교·검색기능을 통해 실종자로 확인될 경우 현 상황을 정확히 파악한 후 신속 출동하여 실종자 등을 구조하게 된다. 이러한 시스템은 실종자를 대상으로 한정해 운용되어야 하고, 기능의 효과는 외곽도로, 골목길, 광장, 버스터미널, 전철역 등 다양하게 활용할 수가 있다. 특히 실종사건은 생명과 직결되어 있고 신속한 발견이 우선이다. 따라서 실종자의 이동경로, 범죄혐의 실종사건의 경우에는 지역경찰관의 협력을 통한 신속한 출동 및 구출 및 범인검거, 증거자료 확보 등을 통해 지원할 수가 있다.

6) GPS 강제 활용 기능 추가

현재 재난구호를 위해 112에서 강제로 GPS기능을 켜서 위치를 확인할 수 있다. 향후 이러한 긴급 구조 시 구조대상자 휴대전화의 GPS 및 Wi-Fi가 비활성화된 경우 수색반경이 넓어져 구조활동이 지연되고 있어, 긴급구조상황이 명백한 경우 구조대상자의 GPS와 Wi-Fi 등 위치정보 수집장치를 강제로 활성화해 구조 활동의 효율을 도모하기 위한 것이다. 긴급구조기관과 경찰서는 위치정보사업자에게 긴급구조 위치정보 조회 시 구조대상자의 GPS 및 Wi-Fi 등 위치정보 수집 장치를 강제로 활성화해 제공할 것을 요청할 수 있고, 긴급구조요청자와 개인위치정보 주체 간의 관계를 확인하기 위해 등록전산정보 자료를 이용할 수 있도록 하는 등 개인 위치정보와 가족관계등록부 같은 개인 정보를 이용할 수 있도록 하는 내용으로 구성되어야 한다. 또한 개인위치정보주체의 동의가 있거나 긴급구조 활용을 위하여 불가피한 경우 외에는 관련 내용을 제3자에게 알리지 못하도록 하고 있으며, 허위로 긴급구조요청을 할 경우 과태료를 1,000만원에서 2,000만원으로 상향 조정하는 내용도 담고 있다. 우리나라의 경우 2012년 10월 이후 출시된 삼성과 LG등 국내 제조사 단말기는 이동통신사에서 해당 기능의 강제 활성화가 가능한 것으로 알려졌다. 긴급 상황에서 국민 생명을 보호하기 위함이지만, 수사 목적을 가진 경찰청이 해당 시스템을 이용할 경우 영장없이 신청만으로 위치정보를 받을 수 있도록 해야 한다.

2012년 4월1일 경기 수원에서 발생했던 '오원춘 성폭행·살해 사건'이다. 경찰은 이후 112 신고체계와 대응전략을 대폭 수정했다. 위치를 모르는 곳에서 긴급한 내용의 신고가 들어올 경우 곧바로 위성항법장치(GPS)를 이용한 위치추적 시스템을 가동해 신고자의 휴대전화 위치를 추적하는 내용을 추가했다. 그러나 휴대전화 사용자 중 상당수가 GPS나 '무선랜(Wi-Fi)'을 꺼두는 경우가 많은 탓에 정확한 위치추적이 힘들었다. GPS와 무선랜이 꺼져 있는 휴대전화의 경우 이동통신사에 해당 휴대전화 번호의 위치추적을 의뢰해 위치를 전송받는데, 신고자가 있는 곳에 있는 기지국만 검색된다. 기지국의 반경은 넓게는 2㎞에 이른다. 경찰청이 지난 한 해 동안 이동통신사에 요청해 받은 8만 3,265건의 위치정보 중 7만 8,447건(94%)이 GPS와 무선랜이 안되어 기지국만 통보받은 것으로 확인됐다. 현재 경찰청은 신고자 휴대전화기의 GPS와 무선랜을 원격으로 제어하는 시스템이다. 즉, 112로 신고하면 경찰이 임의적으로 신고자의 휴대전화 위치를 파악할 수 있다. 경찰은 방송통신위원회, 이동통신사들과 협의해 원격 GPS·무선랜 온·오프 시스템을 가동시켰다.

7) 실종자에 대한 1시간단위 위치정보 활용방안

현재 경찰은 실종사건이 발생하면 현장을 방문하여 주변을 탐문하고 관련자를 만나보고 수색에 집중해왔다. 그러나 이러한 자료만으로는 실종자를 신속하게 발견하기에는 역부족이다. 실종이후 살해당하거나 실족사, 강간 및 교통사고 등 2차사고, 장기미제 사건 등으로 남겨지고 있다. 따라서 실종자를 발견하는 가장 효율적인 방안의 하나는 실종이후 실시간 실종자의 핸드폰 위치정보와 이동경로를 파악하고, 주변의 CCTV자료를 확인하는 것이다. 이러한 조치는 실종자가 어떤 이유로 누구와 함께 이동했으며, 실종사건이 범죄로 인한 실종인지, 자발적 가출인지 등을 확인하여 신속하게 대처하고 실종자를 발견할 수 있기 때문이다. 그동안 경찰은 실종자에 대해 1시간단위 위치정보를 활용하지 못함으로써 많은 실종자를 양산해왔으며, 2018년도 경찰청 업무편람 실종사건 발표자료에 따르면 실종아동 등 장기미발견아동이 900명, 성인실종사건의 경우 최근 10년간 생활반응이 없는 실종인원이 5천 600명으로 파악되었다. 실종사건은 생명과 직결되어 있는 만큼 더욱 적극적으로 실시간단위로 핸드폰위치정보 활용방안을 도입해야 할 것으로 본다.

Ⅳ. 휴대폰위치탐지 드론·로봇·AR 활용한 '실종자 안전 시스템 구축'

1) 목표시스템 개념

최근 청주 야산에서 실종됐던 지적장애 여중생 조은누리 양이 11일 만에 기적적으로 생환하면서 실종에 대한 실효성 있는 시스템이 필요하다는 목소리가 커지고 있다. 조은누리 양은 연인원 5,000여 명 이상이 투입되는 대대적인 수색 끝에 다행히 가족을 만날 수 있었다. 하지만 한해 전국 수만 건에 달하는 실종사건에 매번 이런 대규모 인원을 투입하는 것은 현실상 불가능하다. 이런 경우에 실종자를 찾기 위해 무인 비행선 드론 '스카이십'이 출동한다. 상공을 떠돌며 실종자를 탐색하고 구별해내는 '스카이스캔' 작업을 통해 실종자를 찾는 것이다. 실종자의 휴대폰 신호를 통신사 데이터와 연동해 신원을 확인하고, 그동안 지상에 내려온 '스카이십 로봇'은 현장 경찰관이 도착하기 전 비상구호 물품을 조난자에게 전달하는 것이다. 무인 비행선과 드론을 활용해 실종자를 발견하는 '실종자안전 플랫폼'을 만드는 것이다. 스카이십 플랫폼은 무인 비행체, 이동형 원격 관제센터(C3 스테이션), 드론, 로봇 등으로 구성된다. 헬륨가스를 채운 무인 비행선은 통신모듈과 고해상 열화상 카메라 등을 탑재하고, 초속 13m의 바람을 견디며 최대 시속 80㎞로 6시간 비행이 가능하다. 여기에 상세 위치 파악용 드론과 휴대전화 신호 기반의 실종자 탐색 솔루션을 추가하는 것이다. 실종자를 발견하는 스카이십 조종은 이동형 관제센터인 C3 스테이션에서 이뤄지고, 경찰청의 CSI버스트럭처럼 5t 트럭을 개조한 스테이션 내부에는 9개의 모니터가 설치돼 현장 상황을 실시간으로 볼 수 있는 형태로 이루어져야 한다.

2) 주요기능

(1) 이동형 통제센터 'C3스테이션(Command, Control & Communication)'

비행선과 드론의 장점을 결합해 무인 비행선 드론인 '스카이십'과 원격제어 및 신속한 상황전개를 위한 이동형 통제센터 'C3스테이션(Command, Control & Communication)'으로 구성되며 재난안전에 특화된 ICT기술을 결합해 시속 80㎞/h 최대 6시간 동안 비행이 가능하기 때문에 신속하게 재난 현장출동이 가능해 촬영한 영상을 C3스테이션으로 실시간 전송, 신속한 현장 상황 통제가 가능하다.

(2) 실종사 발견용 드론과 스카이십

실종자 발견용 드론과 스카이십은 통신모듈, 열화상카메라 등이 설치되어야 한다. 인공지능형 드론을 통해서 눈에 보이지 않는 산악, 하천, 강, 바다 등 지역에서 실종자 관련 자료를 실시간 수집하고 조치를 할 수 있다.

국내에서 사용되는 드론은 항공안전법, 항공사업법, 공항시설법의 규율을 적용받고 있다. 국내법상 드론이 고도 150m 이상 비행하려면 국토부 시험비행허가가 있어야 하고, 공역 사용허가를 위해서는 국토부와 국방부 허락이 필요하며, 사진촬영에는 비행 허가와 별도로 국토부의 사전 허가가 필요하다. 전파 출력의 일반기준을 초과시에는 미래부의 사전 허가가 있어야 한다. 국토교통부는 지난 2017년 11월에 드론 규제 개선과 드론 산업 육성을 위한 제도인 '드론 특별 승인제'를 시행했다. 이 제도는 운행이 금지된 야간 시간대에 안전기준을 충족하면 허용하는 제도로, 현재 일몰 전까지 유항할 수 있는 드론의 운영 시간 늘어나 활용성이 높아질 것으로 기대되고 있다.

(3) 실종자 발견을 위한 수사지원 시스템 구축과 지원

실종자에 대한 실시간 사건정보 제공과 새로운 자료조회 기능, 위치추적과 실시간 CCTV 정보자료 비교지원, 동일인 여부 매핑(찾는 대상자 정보와 보호 대상자 정보 매핑)시스템을 도입하여 동일인 여부 확인, 관련기관 간 협력체계 구축이 이루어져야 한다.

(4) 경찰청-이동통신사간 연계망 구축

실종자 프로파일링 시스템(내부망, 외부망)에 SKT, KT, LGT 전산망(인터넷망)간 실시간 위치정보 등을 요청 및 전송할 수 있는 기능을 설치하여야 한다. 경찰에서는 이동통신사에 실종자에 대한 위치정보 요청 시 전화번호 이외 해당 실종자의 사진, 인적사항, 실종관련 자료 등을 통보하는 기능이다. 정보를 받은 SKT, KT, LGT 등에서는 실종자 휴대폰을 통해 실시간 위치이동 자료, 새로운 실종자에 관련된 정보 등을 제공하는 형태이다.

(5) 시스템 등 관리

경찰청, 지방경찰청 등에서는 수집된 데이터 정제와 통합, 데이터 보호 등이 이루어져야 하며, 원활한 실종수사 진행을 위해 주요사항을 결정, 운영관리, 장애발견 시 신속하게 HW, SW 유지보수 및 시스템 관리 등이 이루어 져야 한다. 또한 수시로 구축된 시스템의 취약성을 점검하고, 운영 시 적절하게 법령과 규정을 준수하는지 여부도 점검되어야 한다.

V. 마치며

한 가정에 실종사건이 발생하면 가족 모두가 생업을 전폐하고 실종자를 찾기 위해 길거리로 나서고 있다. 또한 대부분의 실종가족들은 실종에 대한 아픔으로 경제적 어려움, 정신적 트라우마 호소, 자살, 이혼 등의 과정을 겪으면서 가정이 파탄되고 사회문제로 번지고 있다. 이러한 실종사건을 해결하기 위해서는 융복합적인 기술발달을 통한 해결방법으로 휴대폰 위치추적을 적극적으로 활용할 필요가 있다. 현대사회에서 초등학생부터 노년부에 이르기까지 대부분 휴대폰을 소지하고 있다. 최첨단 기술이 결합하여 기기와 사람 등이 소통하는 사물인터넷(IOT) 등 융복합은 사물과 사람에 대한 위치정보 활용까지 포함되며, 이러한 정보는 실종자 발견에 활용가능 할 수 있다. 첫째, 112 IDS시스템, 경찰소지 휴대폰, 프로파일링 시스템 자동 연계망 구축이다. 실종사건이 발생한 경우에는 신고한 내용이 즉시 관할 순찰차 IDS와 경찰관 소지 휴대폰으로 즉시 자료가 전송되어 신속한 현장 출동 및 초동조치를 통해 실종자가 조속하게 발견되도록 해야 한다. 둘째, 핸드폰 실종 코드경보 자동계산 앱 활용이 필요하다. 실종사건 코드경보 발령 판단을 사람이 아닌 핸드폰 자동 앱 기능을 통해서 어디든지 파악하고 대처할 수 있도록 해야 객관적인 대처가 가능할 것으로 본다. 셋째, 휴대전화 서비스 영역 개선을 통한 실종자 찾기이다. 실종사건이 발생할 경우에 휴대폰사용자에 대해 초국가적 위치추적, 이동자료교환, 실종관련 협력체계를 통해 신속하게 실종자를 발견할 수 있는 시스템 체계가 갖추어져야 한다. 넷째, 휴대폰과 CCTV·WASS 결합한 위치정보 제공 시스템 구축이다. 전국 지방자치단체에는 CCTV센터 통합플랫폼을 운영하고 있고, 경찰은 수배차량 검색시스템(WASS) 활용하고 있다. 이러한 시스템은 휴대폰을 통한 실종자 위치파악과 파악된 주변의 CCTV 등을 통해 실종자의 안면인식 비교·검색

기능을 통해 실종자로 확인될 경우 현 상황을 정확히 파악한 후 신속 출동하여 실종자 등을 구조하게 된다. 다섯째, GPS 강제 활용 기능 추가이다. 현재 재난구호를 위해 112에서 강제로 GPS기능을 켜서 위치를 확인할 수 있다. 향후 이러한 긴급 구조시 구조대상자 휴대전화의 GPS 및 Wi-Fi가 비활성화된 경우 수색반경이 넓어져 구조활동이 지연되고 있어, 긴급구조상황이 명백한 경우 구조대상자의 GPS와 Wi-Fi 등 위치정보수집장치를 강제로 활성화해 구조 활동의 효율을 도모하기 위한 것이다. 여섯째, 실종자에 대한 1시간단위 위치정보 활용방안이다. 실종자를 발견하는 가장 효율적인 방안의 하나는 실종 이후 실시간 실종자의 핸드폰 위치정보와 이동경로를 파악하고, 주변의 CCTV자료를 확인하는 것이다. 마지막으로 휴대폰위치탐지 드론·로봇·AR 활용한 '실종자 안전 시스템 구축'방안이다. 이러한 형태로 휴대폰에 융복합 기술을 통한 실종자 찾기 시스템을 구축하여 실종사건에 적극적으로 활용해야 할 것으로 본다.

참고문헌

National Police Agency, "Missing and Child Safety Task Manual", November 5~6, 2016.

Simandan, "Making sense of place through multiple memory systems", Dragos April 2011 issue, New Zealand Geographer 67, 2011, pp.21~24.

Hyun-joon and Lee Sang-jin, "Measures to minimize infringement of basic rights of investigative agencies by introducing procedures for providing non-conformized' telecommunication business room confirmation", and criminal policy research No. 30, 2019, pp.101~102.

Kim Bong-su, "Criminal Review for the Protection of Location Information", the 32nd largest law court, and the Institute of Law at Chonnam National University, 2012, pp.274~275.

Shin Seong-sik, "Measures to Strengthen Response in Public Security Field by Changing the Police Box in the District", "Research on Self Governing Police", Volume 4, 65, 2011, Korean Association of Autonomous Police.

U.K. Home Office, supra note 5, at §2.1.

Main Commissioner of Police, United Kingdom - 80 (5.1, 2013). Internal reporting.

Chae Yong-tae, "Analysis and Compensation of RSSI on Wi-Fi based indoor location determination", Seoul City University Graduate School, Master's Degree, 14, 2010.

Hwang Moon-gyu, "The Concept of Transnational Crime and the Direction of Korean Police Correspondence", "The Study of Police in Korea" 11(4), 2011.

제 5 장

초기 실종사건 대응

제5장

초기 실종사건 대응

Ⅰ. 개 요

경찰청에 따르면 2018년 접수된 실종아동 등 신고 건수는 총 42,992건으로 2016년 38,789건에 비해 4,203건(10.8%) 증가하였다. 실종아동 등이 접수되었을 경우에 신속하게 대처하는 것이 생명을 보호할 수 있다. 따라서 실종사건은 12시간 내에 실종아동 등이 발견될 수 있도록 해야 하는 골든타임이 가장 중요하다. 골든타임을 놓칠 경우 장기미제로 남을 가능성이 크다. 실종아동 등 사건은 초기 대응에 따라 적게는 몇 분, 많게는 수십 년의 시간이 걸린다. 실종사건의 형태는 단순 실종사건, 살인 등 강력범죄 형태의 형사사건 연계 가능성을 배제할 수 없다. 최근 발생한 전주 실종관련 연쇄살인범 최신종과 지난해 청주에서 전남편 실종관련 살인으로 검거된 고유정 사건이 실종사건을 통해 밝혀진 잔혹 범죄 사건이었다. 따라서 초기 실종사건 위험도에 대한 분석에 따라 대응방법도 새롭게 정립될 필요가 있다. 기존 단순 성인남성(저위험군), 장애인·치매노인(중위험군), 아동·성인여성(고위험군)으로 분류되어 조치가 이루어졌으나 문제점이 발견되었다. 객관적인 초기 실종사건 위험성 판단 체크리스트와 현장중심의 수색 기법을 토대로한 수색 현장 적용 가능 매뉴얼이 필요하다. 실종사건이 발생할 때마다 여전히 실종수사에 대하여 국민적 우려가 제기되고 있다.

Ⅱ. 초기 실종사건 위험성 판단 대응 현황

1. 실종사건 초기대응

시대변화와 사회문화 변화에 따라 실종사건의 형태가 달라진다. 최근 들어 인권보호가 강화되고 치료자의 자유의사를 존중함에 따라 시설에 대한 강제치료, 강제입원 등이 줄어들면서 지적·정신장애인 실종, 고령화로 인한 치매환자 수가 증가하고 있다. 그 이유는 실종예방에 대한 사전대처가 부족하고 실종에 대한 대응능력이 뒤떨어진 결과이다. 실종사건이 발생하면 가족체계의 붕괴를 가져오고 실종자를 찾기 위하여 그 가족의 생계마저도 지장을 초래하는 등 현대사회의 심각한 사회문제로 대두되고 있다. 실종사건이 발생하면 실종자의 나이, 성별, 가정환경, 실종원인, 장소, 유류물 등 여러 상황들을 종합적으로 분석하여 경찰수사의 신속한 진행방향을 결정하는 것이 무엇보다 중요하다. 실종사건에 대한 다양한 발생 원인을 정확하게 진단하지 못하면 중요 단서를 놓치는 결과를 초래하고 실종자가 납치 유괴, 감금, 협박 등 현실적인 긴박한 위험에 처함으로 생명을 잃게 만든다. 실종사건이 발생하여 신고접수시 관할 불문하고 최고 신고접수 경찰관은 먼저 흥분한 신고자를 안정시킨 후, 경찰관이 신속히 대응하고 있다는 점을 상기시켜 신뢰관계를 형성하고 신고자의 반응과 답변을 살펴가며 미리 준비된 소재발견을 위한 기초질문지와 체크리스트에 따라 응대해야 한다. 실종사건은 사소한 내용도 자세히 기록하고 체크하여 실종의 위험도를 분석하는 것은 무엇보다 중요한 일이다. 초동 대응과 수사담당경찰관이 실종자 발견과 피해를 최소화하는데 있다. 따라서 위험한 실종사건이라고 판단될 경우에는 공조수사 및 용의자에 대한 가택수사 등 신속한 대처가 필요하다.

2. 관련 법률과 규칙

실종아동에 대한 관련 법률은 「실종아동등의 보호 및 지원에 관한 법률」, 규칙으로는 「실종아동 및 가출인 업무처리 규칙」 등이 있다. 「실종아동등의 보호 및 지원에 관한 법률」은 18세 미만의 아동, 지적·자폐성·정신장애인, 치매환자를 대상으로 하고 있으며, 「실종아동 및 가출인 업무처리 규칙」은 18세 이상의 성인을 대상으로 한다. 18세 미만의 아동이란 「실종아동등의 보호 및 지원에 관한 법률」의 '실종아동 등'에는 실종 당시 18세 미만의 아동 중에서 약취·유인·유기·사고 또는 가출하거나 길을 잃은 등의 사유로 인하여 보호자로부터 이탈된 아동 등을 말한다. 즉 실종 당시를 기준으로 하기 때문에 실종 후에 성인이 되어도 실종아동 등에 해당이 된다. 지적·자폐성·정신장애인에서 지적장애인은 정신 발육이 항구적으로 지체되어 지적 능력의 발달이 불충분하거나 불완전하고 자신의 일을 처리하는 것과 사회생활에 적응하는 것이 상당히 곤란한 사람을 말한다. 자폐성장애인은 소아기 자폐증, 비전형적 자폐증에 따른 언어·신체표현·자기조절·사회적응 기능 및 능력의 장애로 인하여 일상생활이나 사회생활에 상당한 제약을 받아 다른 사람의 도움이 필요한 사람을 말한다. 정신장애인은 지속적인 정신분열병, 분열형 정동장애, 양극성 정동장애 및 반복성 우울장애에 따른 감정조절·행동·사고 기능 및 능력의 장애로 인하여 일상생활이나 사회생활에 상당한 제약을 받아 다른 사람의 도움이 필요한 사람을 말한다. 치매환자는 치매로 인한 임상적 특징이 나타나는 사람으로서 의사 또는 한의사로부터 치매 진단을 받은 사람을 말한다. 실종사건 발생지란 실종사건이 발생한 지역이 발생지가 되며, 관할경찰서가 된다. 대중교통시설, 실종발생지가 명확하지 않은 경우에는 최종목격지가 관할경찰서가 된다. 발생지 및 최종목격지가 확인되지 않는 경우에는 최종주거지를 관할서로 정해야 한다.

3. 초기 실종사건 대응 프로파일링 시스템 활용

실종사건이 발생할 경우에 프로파일링 시스템에 신고자·실종자의 개인정보, 신체특징 정보, 착의 정보, 실종내용 등을 입력하고 초기 실종사건 초동조치 결과 입력을 통해 시간을 단축하도록 하고 있다. 프로파일링 시스템은 첫째, 자연어 및 유사도매칭 검색 기능이 있다. 실종자의 장소, 착의, 이름 등을 검색기능을 통해 전체 자료를 비교검색 가능하다. 특히 이러한 자연어 검색기능은 장기미제사건, 변사자 발견, 보호아동 등 실종자를 발견할 수 있다. 유사도매칭 활용방법은 실종자 사진을 통해 유사한 대상자를 발견하고 동일인 여부를 확인하는 것이다. 둘째, 치매인식표 활용이다. 치매로 의심되는 대상자를 발견할 경우, 지역보건소에서 발급하여 치매환자의 피복에 부착되어 있는 치매인식표의 번호를 확인하여야 한다. 프로파일링 시스템에서 인식표를 조회하면 실종자와 보호자의 인적사항 및 연락처를 확인할 수가 있다. 셋째, 관계기관 정보 공유자료 확인이다. 국민건강보험공단의 진료기록인 성명, 주민번호, 진료기관명, 진료기관연락처, 진료일 등을 확인하여 실종자 발견에 활용 가능하다. 고용보험기록인 성명, 주민번호, 사업장명, 사업장 연락처, 근무기간 등을 활용해서 실종대상자의 소재를 파악할 수 있다. 출입국 사실·수형자 기록·승선기록 확인도 가능하다. 형사사법정보(KICS) 조회 기능으로 대상자의 출입국사실·수형사실을 조회 가능하다. 승선 기록 활용방법은 프로파일링 시스템 신고입력에 대외기관정보조회를 통해서 실종자선원을 조회하면 승선여부를 확인할 수 있으며, 기록을 통해 선주의 인적사항 및 연락처를 통해 대상자를 찾을 수 있다.

4. 실종사건의 위험성 평가와 대응절차

'어금니 아빠' 이영학 사건을 두고 경찰이 실종 신고 초기 대응에 실패했다는 비판이 쏟아지고 있다. 실종 수사를 맡은 경찰 여성청소년과의 안일한 태도와 전문성, 인력 등 문제점들이 일거에 쏟아지면서 일선 경찰에 '실종 수사 전담팀'을 신설해야 한다는 주장까지 제기되고 있다.[1] 그러나 조직 개편보다는 실종 사건을 대하는 경찰의 실종사건 초기대응절차 및 시스템 등을 개선하지 않는 이상 실종 수사 부서를 분리하거나 다른 부서에 편입시킨다고 해도 근본적인 문제가 해결되지 않는다. 경찰의 초동조치 문제는 이영학 사건을 담당한 서울 중랑경찰서의 초동 대응조치를 보면 피해 여중생 A양(14)의 실종신고를 접수했음에도 '단순 가출'로 판단, 신속하게 대처하지 않으므로 사망상태로 발견되었다. 경찰청에 따르면 지난 2012년부터 지난해까지 5년간 발생한 전국 18세 미만 아동 실종 신고는 평균 2만 2,000여 건에 달한다. 실종 수사에서 실종 사건 발생 초기에 신속하게 범죄 가능성을 판단할 수 있도록 객관적 초기대응 체크자료와 정보 수집을 통해서 위험성 여부를 신속하게 판단할 수 있도록 개선되어야 한다.

Ⅲ. 외국의 초기 실종사건 위험성판단 대응체계

1. 미국의 위험성 판단 대응체계

실종사건이 발생할 경우 미국은 위험성 평가에 대해서 각 주(州)정부 및 지역 경찰관할별로 다양하고 재량적으로 적용하고 있다. 이러한 문제점을 해결하기 위해서는 가이드라인 형태의 모범법안이 제안되었다. 모범법안은 "행방을 현재 확인할 수 없고 상황으로 보아 상해나 사망의 위험에 처해 있는 자"로 규정된 고위험성 판단에 대해 보다 구체적인 판단요소로 다음의 7가지 사항을 고려하도록 권장하고 있다. ① 낯선 사람으로 인한 유괴 혹은 납치로 의심되는 경우, ② 의심스러운 정황이 보이는 경우, ③ 상세불명의 상황하에 실종된 경우, ④ 위험상황하에 실종이 발생한 경우, ⑤ 실종기간이 30일 이상된 경우, ⑥ 다른 기관에 의해서 이미 고위험 실종자로 분류된 경우, ⑦ 다음과 같은 상황이 확인된 경우: 의학적 치료가 필요한 실종자, 가출이나 잠적의 성향이 없는 자의 실종, 친권이 없는 부모 일방에 의해 이루어진 실종, 정신적으로 불완전한 실종자, 21세 이하의 실종자, 과거 폭력적인 위협이나 행위의 대상이 되었던 전력 소유자의 실종 등. 마지막으로 일종의 담당경찰관의 판단 하에 위험상황이 의심되는 경우에 고위험 실종자로 분류할 수 있도록 포괄적인 재량권을 제공하고 있다.[2] 미국의 고위험성 판단 내용중에 유괴, 납치, 의심스러운 정황, 상세불명의 상황, 위험상황, 실종기간이 30일, 일반적 실종 등을 고위험으로 실종구분한 것은 매우 적절한 것으로 판단된다. 실종사건은 살인사건과 연관되어 있는 중범죄로 포괄적인 재량권과 함께 적극적으로 범죄에 노출위험성이 있다고 가정하에 경찰권을 발동할 수 있도록 한 것으로 인식해야 한다. 이러한 부분은 우리나라도 적극 도입해야 할 것으로 판단된다. 미국의 모법

---

1) https://www.news1.kr/articles/?3129146(뉴스1, 2017. 10. 20, 최종방문 20년 8월 17일).

2) Model State Missing Persons Statute, NCJRS, 2005.

법안은 위험성의 판단시점을 2단계로 나누고 있다. 1차적으로는 실종신고의 최초접수 시점에 접수된 정보에 기초하여 고위험성이 있는지 판단하도록 하고 있다. 또한 1차적 판단이 고위험성이 아닌 경우라 하더라도 후속 정보의 입수가 있는 경우에는 그 정보의 내용에 따라서 신속하게 다시 고위험성을 판단하여 결정하도록 규정하고 있다. 다만, 신속한 판단을 위해 획일적인 기한을 제시하고 있지 않으며, 위험성 판단시점에 대해서 각 지방정부가 실종수사체계와 내부적인 자원 등을 고려하여 판단 시한을 자발적으로 결정하여 입법적으로 제시하도록 권고하고 있다. 최초 실종접수 이후의 시한, 즉 1차적 판단뿐 아니라 새로운 정보의 입수 이후 위험성 변경을 위한 2차적 판단의 시한도 규정하도록 권고하여 실질적인 신속성 확보를 위한 규정을 두고 있다.[3] 이러한 규정은 언제든지 상황판단과 실종사건의 다양성을 고려한 것으로 보아야 한다. 실종사건은 다양한 상황에 따라 강력사건으로 언제든지 변질될 수 있는 것이다. 따라서 초동조치 대응만으로 고위험성, 저위험성 구분했지만 저위험성 실종사건이 언제든지 고위험성 실종사건으로 나타날 수 있기 때문에 우리나라도 이러한 부분을 적극 도입할 필요가 있다.

2. 영국의 위험성 판단 대응체계

실종사건이 발생할 경우 영국의 위험성 판단 대응체계에 대해 '실종사건의 관리, 기록 및 수사에 관한 지침(이하 실종수사 지침)'을 통해 실종사건의 위험성 등급과 판단기준을 제시하고 있다. ① 위험의 발생이 급박하고 실종자가 자신의 취약성으로 인해 위험한 상황에 처했다고 믿을 만한 상당한 이유가 있는 경우, ② 중대범죄의 피해자가 되었을 가능성이 있는 경우, ③ 위험의 발생이 급박하고 일반대중이 위험에 처할 것으로 예상되는 것이 상당한 경우에 고위험성 등급으로 판단된다. 또한 실종자가 위험에 처해질 가능성이 있는 경우 또는 자기 자신이나 타인에게 위협이 되는 경우에는 중위험성으로 판단된다.[4] 저위험성은 실종자 자신이나 일반대중에게 명백한 위험이나 위협이 없는 상태를 의미한다. 다만, 18세 미만의 아동 및 청소년의 실종은 저위험성으로 판단될 수 없다고 규정하여 아동 및 청소년의 실종에는 더욱 주의하여 대응하고 있다. 경찰은 저위험성 실종사건의 정보를 경찰국가전산망(Police National Computer)에 입력하고 실종 신고자에게 적극적 조사가 이루어진 이후에는

---

3) Model State Missing Persons Statute, NCJRS, 2005.

4) 중위험성으로 판단된 경우가 다수를 차지하고 있다. 2015년과 2016년에 발생한 실종사건(성인 및 아동 포함)에 대한 경찰의 위험성 평가 비중은 고위험성 12.5%, 중위험 76.8%, 저위험성 10.7%로 나타났다. 또한 중위험성 사건의 수사하는 경우, 수사에 투입되는 자원을 비용으로 환산하면 약 £1,325.44에서 £2,415.80이 소용되는 것으로 추산된다고 한다. UK Missing Persons Bureau, Missing Persons Data Report 2015/2016, December 2017, p.16.

추가 정황에 따라서 일반적 조사가 필요한 등급의 사건으로 조정해야 한다.[5] 영국은 고위험군, 중위험군, 저위험군 등 3단계로 세분화하고 있다. 위험성이 상당한 경우, 중대범죄 피해자 가능성, 위험에 처한 가능성이 있는 경우 등은 고위험군, 위협이 되는 경우는 중위험군, 단순한 경우에는 저위험군으로 분류했다. 영국의 경우 3단계 구분은 적절한 부분도 있지만 고위험군과 중위험군의 구별이 어려운 부분도 개선되어야 할 것으로 보인다. 실종수사의 실무상 작성이 요구되는 실종사건보고서(Nation Reporting Form)에 위험성을 판단하여 그 위험성 등급을 기재하도록 되어 있으며, 등급을 판정을 위한 구체적 판단요소 19개를 열거하고 있다. 이에 대하여 단순한 유무의 기재가 아니라 상황 등을 상세하게 기재하고 더불어 각각의 판단요소가 되는 정보의 제공자를 기록하도록 하고 있다. 19개 판단요소는 다음과 같다.[6]

① 실종자가 나이, 신체적 유약, 기타 유사한 이유로 인해 취약 계층에 속해 있는가?, ② 실종시의 상황이 평상시의 행동패턴과 다른가?, ③ 진행 중인 중대한 범죄의 대상인가?, ④ 자살시도의 징후가 있는가?, ⑤ 실종의 이유가 있는가?, ⑥ 실종을 위한 준비행위에 대한 표지가 있는가?, ⑦ 최후목격 당시 실종자가 의도했던 행위는 무엇이었는가?, ⑧ 가정 내 문제 혹은 관계상의 어려움이 있었는가?, ⑨ 가정폭력의 피해자인가?, ⑩ 육체적 혹은 정신적 질병이 있는가?, ⑪ 아동보호를 위한 시스템에 등록되어 있는가?, ⑫ 실종으로 인한 상해의 경험 또는 노출된 적이 있는가?, ⑬ 타인 혹은 부지의 상황에서 안전하게 반응하는 능력의 유무, ⑭ 의약품이 필요한 상태이지만 접근이 어려운 상황인가?, ⑮ 따돌림이나 괴롭힘을 당하고 있었는가?, ⑯ 실종 직전 폭력 혹은 인종주의적 사건에 연루되었는가?, ⑰ 학교 혹은 직장 내 문제나 재정적인 문제가 있었는가?, ⑱ 약물이나 알코올 중독성 여부, ⑲ 기타 위험성평가에 영향을 줄 다른 요소 등이다. 영국의 실종사건 위험성 평가에 관한 연구에 따르면, 실종사건 담당 경찰관이 대체적으로 위험성의 단계별 정의를 알고 있으며, 위험도 판단이 수사전략에 직접적으로 영향을 미치는 것으로 응답하는 등 위험도 평가가 실종수사에 있어서 일정한 효과가 있는 것으로 나타났다. 다만, 상황의 변화에 따른 위험성 평가의 수정 및 위험성 관련 실종수사지침의 준수 등에 대한 강제성 부여와 위험성 평가 단계 세분화에 대한 필요성이 제기되고 있다.[7] 고위험으로 판단된 사건에는 경찰병력의 즉시 출동이

---

5) Guidance on the Management, "Recording and Investigation of Missing Persons," 2nd ed., NPIA, 2010, p.25.

6) Association of Chief Police Officers(ACPO), "Guidance on the Management Recording and Investigation of Missing Persons", 2005, Appendix 5.

7) Richard Smith & Karen Shalev Greene, "High Risk? Attitudes to the Risk Assessment Process in Missing Person Investigations," University of Portsmouth Centre for the Study of Missing Persons, 2014.

이루어지고 상부기관의 책임자급 경관이 초기 조사 및 지원의 필요한 수준 결정에 관여해야 한다. 국가경찰혁신청(National Policing Improvement Agency, NPIA)에 즉시 보고해야 한다. 고위험 실종사건의 초기대응에는 언론활용전략, 외부기관 협업전략, 실종자 가족지원정책 등이 함께 진행되고 만약 실종자가 18세 미만 아동청소년의 경우에는 아동착취온라인 보호센터(Child Exploitation Online Protection, CEOP)와 아동서비스기관(Children's Service) 등 관련기관에 즉시 통보된다.[8)]

3. 호주의 위험성 판단 대응체계

위험성 판단 대응체계에 대해 호주는 전국단위의 통일적인 위험성평가지침이 존재하지 않고 각 경찰부서에서 재량적으로 평가요소를 작성하고 평가등급 판정을 위해 적용하는 것으로 보인다. 공식적인 위험성평가요소 및 지침 등을 시행하고 있지 않다.[9)] 그러나 앞서 살펴본 실종의 범주 중에 어느 것에 해당하는지를 먼저 확인한 이후에 추가사항을 확인하는 절차를 두고 있다. ① 실종자의 취약계층 해당성, ② 실종행위의 일상행동패턴 해당성, ③ 납치 등 중대범죄의 대상여부, ④ 자살 가능성, ⑥ 실종의 이유, ⑦ 약물 및 알코올 중독성, ⑧ 가정폭력 관련성, ⑨ 학업, 근로 혹은 재무 관련 문제의 존재여부 등이다.[10)] 이와 같은 범주 및 추가사항에 대한 검토 이후에 비로소 실종자는 저위험성, 중위험성, 고위험성으로 나누어진다. 저위험성은 명백한 위협이 없는 상태이며 해당 지방 경찰관서의 통상절차에 의해서 처리되기 때문에 실종전담반의 지원이 제한적으로 이루어진다. 중위험도는 실종자 혹은 대중이 위험에 처할 가능성이 있는 경우로 실종전담반 및 상위기관의 주의적 관리감독이 요구된다. 마지막 고위험성의 경우는 실종자 혹은 대중에 대한 위협이 급박하고, 실종자나 대중이 위험에 처해있다고 믿을 만한 상당한 이유가 있는 경우를 의미한다. 이 경우에는 즉각적인 실종전담반의 지원과 상위기관의 관리감독이 이루어져야 한다.[11)] 호주의 경우는 법적 구속력이 있는 규범이 없이 포괄적으로 내용을 고시하고 고위험군, 중위험군, 저위험군으로 구별하고 있다. 이러한 부분은 나라의 문화, 경찰의 전문직 능력, 수사방향에 따라 다른 결과가 나올 수가 있어서 일관적이고 책임을 질 수 있는 규범이 만들어질 필요도 있을 것으로 보인다.

---

8) National Police Improvement Agency (NPIA), Guidance on the Management, Recording and Investigation of Missing Persons, 2nd ed., 2010, p.24.
9) Marianne James et. al., supra note 17, pp.59, 61.
10) Id. p.60.
11) Id. p.61.

4. 캐나다의 위험성 판단 대응체계

캐나다의 브리티시 콜롬비아 주의 경우 위험성 판단을 2단계로 구분하여 수행하고 있다.[12] 경찰의 관할에 속한 실종신고에 대하여 지체없이 경찰관에 의해 1차 위험성 판단이 이루어져야 하고, 위험성 판단을 하려면, 실종자 위험성판단 체크리스트를 작성하고 이를 완료해야 한다. 이를 특별히 브리티시 콜롬비아 주(州)에서는 실종 위험성판단 템플릿(Missing Person Risk Assessment Template)이라고 부르며 위험성 판단을 위해서는 반드시 작성을 완료해야 하고 이를 근거로 상관와의 협의를 거쳐야 한다. 보다 구체적으로 살펴보자면, 위험성 판단 템플릿을 작성한 결과, 즉 설문에 대한 응답이 모두 부정(No)적인 경우에는 경찰관은 그 검토 결과를 확정하기 위해 상관과 반드시 상의해야 한다. 반면에 만약 위험성판단 템플릿에 대한 응답이 모두 긍정(Yes)인 경우에는 신속한 재검토를 진행하고 적절한 대응 및 자원의 배분에 대핸 상급자와 논의하여야 한다. 즉, 개인적인 주관적 판단을 막기 위한 조치를 이중으로 하고 있다고 볼 수 있다. 이와 같이 신속한 재검토와 대응 및 자원의 결정을 위해서 고려해야 하는 사항도 매우 구체적으로 열거되어 있다. 즉, ① 실종자가 납치당한 것으로 의심할 만한 사유의 존재여부 및 사유, ② 실종자가 범죄피해자일 가능성을 암시하는 의심스럽거나 위험하거나 미확인된 상황, ③ 실종자의 정신적·정서적 상태, ④ 실종 이전 폭력사건에 연루되었거나 위협 등이 존재하였는지에 대한 여부와 그 내용, ⑤ 실종자가 통계적으로 범죄피해자가 될 가능성이 높은 계층에 속해 있는지의 여부, ⑥ 나이, 알코올 중독, 의사소통장애 등 실종자의 취약성 요소, ⑦ 실종이 발생한 지역의 날씨 및 실종당시 실종자의 신체적 상태, ⑧ 실종자가 의약품을 필요한 상태였는지의 여부, ⑨ 실종자가 신체적 질병이나 정신건강 상에 장애가 있었는지의 여부, ⑩ 이전에 실종을 경험한 경우 그때의 상황, ⑪ 실종관련 행위가 평상시의 행동패턴과 다른 행동이었는지의 여부, ⑫ 실종자가 어느 범죄의 증인이나 피해자의 자격으로 법정에서 증언하기로 예정되어 있었는지의 여부, ⑬ 실종자가 성매매, 도박 등 고위험의 활동에 연루되어 있는지의 여부, ⑭ 실종자가 갱단 혹은 조직범죄 등에서 활동하고 있는지의 여부, ⑮ 실종자가 사고에 연관되었는지의 여부, ⑯ 실종기간, ⑰ 실종자가 상해의 위험에 처할 높은 가능성이 있는 것으로 판단하게 할 만한 기타 정황이나 사실관계 등이다. 위와 같은 기준으로 1차 판단을 한 이후, 위험성 판단 등급에 대한 재심사를 진행한다. 이는 수사과정 전반에 걸쳐 요구되는 과정으로 실종수사를 담당하고 있는 경찰관에 의해서 수행되어야 하며, 고위험으로 평가된 사건은 물론 모든 사건을 대상으로 이루어져야 하며, 실종에 대한 새로운 정보가 입수된 경우에는 반드시 재

12) British Columbia, Provincial Policing Standards, p.3(시행일: 2016년 9월 1일, 개정일: 2018년 9월 15일).

평가가 이루어져야 한다. 혹은 실종자가 자살한 것으로 믿은 만한 합리적인 이유가 있는 사건의 수사를 제외하고는 수사의 개시 이후 7일 이내 재평가가 이루어져야 한다. 2차 위험성의 판단에 있어서 판단기준은 1차 위험성 판단기준을 기본으로 하여 이루어지며 2차 판단의 결과에 의해 발생하는 위험성 등급의 변경은 감독관에 의해서 검토되어야 하며, 문서화되어야 한다.[13] 캐나다의 경우, 실종의 위험성을 판단하여 고위험성으로 결정되면 적절한 자원을 즉각적으로 수사에 배정한다.

Ⅳ. 초기 실종사건 위험성 판단 대응 문제점

1. 초기대응의 문제점

2017년 9월 30일 피해자인 중학생인 A양은 친구 B양을 만나러 외출한 뒤 실종된 사건이 발생했다. 가행자 이영학은 피해자인 A양에게 수면제를 탄 음료수를 마시고 잠들게 한 후 피해자를 주거지 성추행하고, 잠에서 깨어나 저항하는 피해자를 목졸라 살해 후 시신 유기한 사건이다. 초기 실종신고를 접한 경찰관의 부실한 대응으로 '피해자를 살릴 수 있는 기회를 놓쳤다'는 비난이 고조되었다. 당시 실종신고 접수 처리 과정을 살펴보면, 최초 신고접수 경찰관은 신고자를 상대로 실종아동의 행적 등에 대해 자세히 조사하고 이를 프로파일링에 기재한다. 당시 신고자인 피해자의 모친이 지구대를 방문했을 때 신고자 모친이 피의자인 B양과 통화한 사실이 확인되었으나 이에 대한 초기 진술확보가 제대로 되지 않았고 피의자 주거지 방문 등의 수사가 지체되었다. 또한 피해자의 성별, 연령, 평소 가출전력이 없고 뚜렷한 가출 동기가 없는 점 등을 고려했다면 범죄피해가 우려될 만한 상황이었음에도 불구하고 담당 수사관은 단순 가출로 보고 근무교대 시 사건인수인계 및 지휘 보고 등을 하지 않았다. 실종 초기단계에서 수사가 보다 적극적으로 진행되지 못했음에 문제가 있는 것으로 파악되었다.

2. 비전문직 대응체계

2019년 5월 25일 발생한 고유정 사건과 관련해 당시 실종수사 초동조치 미흡하고 범행현장에 대한 보존조치가 이루어지지 않았다. 또한 압수수색 당시 졸피뎀 미확보 문제 등이 발견되었다.[14] 실종사건은 생명보호와 관련된 사건이다. 따라서 신고접수부터 종료단계까

13) 이건수, 이권철. "실종사건 대응절차 개선을 위한 비교법적 연구", 한국법학회, 20권 2월호, 2020. 6. 8, p.484.

14) https://www.yna.co.kr/view/AKR20190807078551004?input=1195m(연합뉴스, 2019. 8. 7. 최종방문 2020. 8. 16).

지 전문적으로 대응이 이루어져야 한다. 그러나 이번 발생한 사건을 살펴보면, 전 남편 강씨가 실종됐다는 신고가 이뤄진 5월 27일 사건 현장을 찾았지만, 인근에 설치된 CCTV 위치만을 확인했을 뿐 즉각 CCTV 내용을 확인하지 않았다. 신고 3일째인 5월 29일에서야 경찰은 강씨 남동생의 요청으로 펜션 인근 CCTV를 살펴보고 여기에서 고유정의 수상한 거동을 확인했다. 당시 경찰이 좀 더 일찍 CCTV를 확인했더라면 시신유기를 막을 수도 있었다. 최종목격자인 고유정이 하는 거짓말에 경찰이 휘둘린 것이다. 경찰이 전문적으로 실종사건에 대해 대응한 부분을 발견할 수가 없다. 즉 고유정이 전남편 살해사건 초동수사 과정에서 안일하게 대응하다 발생된 사건이다. 전문적인 실종사건 수사 전담 인력이 없었고 수사 매뉴얼과 부서 간 협업 체계가 이루어지지 않는 점도 큰 문제점으로 남아있다.

3. 초기대응에 따른 수사기법 미적용

최근의 실종사건 수사환경이 변화하고 있다. 이러한 변화에는 실종사건 수사과학화 경향과 증거재판주의의 사법환경 변화가 원인들로 지목되고 있다. 먼저 실종사건 수사의 과학화 경향을 살펴보면, 최근 실종수사의 경향은 진술보다 물적 증거에 의존하고 사건과의 관련성 규명에 주안점을 두고 있다. 실종사건의 실체적 진실을 밝혀야 하기 때문에 현장 초동조치 및 감식 업무의 중요도가 증가하고 있는 것이다. 따라서 신속하게 실종자를 발견하고 증거를 확보하기 위한 수사기법이 중요하다. 첫째, 사건에 따라 신용조회정보 NICE 활용이다. 신용조회정보란 은행, 저축은행, 증권회사, 보험회사, 캐피탈, 새마을금고, 신협 등 금융기관, 대부업자, 채권추심회사, SKT, KT, 한국디지털위성방송 등 이동통신회사 등이 대출, 신규카드 발급, 할부거래, 리스/렌탈, 신규거래개설 등을 목적으로 NICE평가정보(주)를 통해 개인의 신용정보를 조회한 기록을 말한다. 신용조회기록은 실종자 본인이 대출신청, 신용카드 발급신청, 휴대전화 개통신청, 대부업 대출 등 금융거래나 기타 상거래를 신청했다는 흔적이 되며, 대상자 본인이 한 게 아니라면 타인의 주민번호를 무단 사용하여 거래를 신청한 것이다. 따라서 수사관은 신용조회가 발생한 기관, 예컨대 대부업체에서 대부심사목적의 신용조회가 발생했다고 하면, 그 대부업체를 압수수색하여 대출신청서에 기재된 연락처를 통해 실종자 또는 명의도용을 한 사람을 찾아낼 수 있다. 경찰에 제공되는 자료는 조회일자, 조회기관, 조회사유 등이다. 둘째, 실종자 신체정보 활용이다. 실종 프로파일링시스템에는 치아, 점, 흉터, 지문 등 총 16개 신체정보 입력이 가능하며, 입력된 신체정보를 비교추출 방법을 활용하여 실종자 발견에 적극적으로 활용할 필요성이 있다. 셋째, 외국인 실종사건 대처이다. 외국인의 경우에는 입국사증 부정발급 및 여권 위조여부를 확인하여야 한다. 중국동포가 비자브로커에게 '급행료'를 내고 비자를 받아 입국하는 과정에서 많이 발견되고 있다. 91일 이상 장기체류외국인은 출입국관리법에 외국인 등록의무가 있고 1년 이상 체류자에 대해서는 체류지의 구청이나 출입국관리사무소에 외국인 등록사항 조회하면 신원확인 가능하다. 관광객 등 단기 체류외국인의 경우에는 입국시 공항에서 출입국관리사무소에 제출한 입국신고서의 기록 및 지문·얼굴 정도 등에 의해서 신원파악이 가능하다. 외국인 집단거주지 방문하여 탐문수사를 진행하고, 신원이 불명확한 외국인을 발견한 경우에는 십지지문을 채취하여 해당 국가 대사관을 통해 신원조회가능하다. 넷째, 유전자 감식이다. 2015년 10월 28일 마산 무학산에 등산간 아내가 밤 9시가 되었는데 귀가하지 않았다며 남편이 신고, 수색작업을 벌여 주검을 발견하였다. 실종자는 50대 여성이며, 발견현장에서 장갑·가방·옷 등 소지품 발견되었다. 피해자 현장주변에서 확보한 장갑·가방·옷 등 소지품과 담배꽁초 등 163점을 국립과학수사연구원 부산과학수사연구소에 감정의뢰한바, 장갑에서 발견된 유전자를 통해 범인을 검거하였다. 다섯째, 환경조사 분석이다. 실종사건이 처음 발생했을 당시 실종자의 얼굴, 보호시설 입소자료, 본인의 이름, 가족관계, 말투, 기억하는 집구조, 신체적인 특징, 실종당시 착의상태, 추정하는 고향, 친인척, 나니던 학교, 유치원, 친구의 이름, 기억하는 주변시설을 파악하여 지속적으로 분석하고 추적하는 기법이다. 여섯째, CCTV 수사이다. 반드시 2인 이상 수첩을 소지하여 신고 일시 및 장소를 명확히 하고 주변 CCTV위치, 주차된 차량 등을 명기, CCTV상에 현출된 복장, 소지품, 걸음걸이 태도 등을 기록해야 한다. 향후 실종자 발견 및 형사사건에 증거자료로도 활용이 될 수 있다. 마지막으로 통신자료 수사이다. 통신자료 수사는 주로 지적여성장애인 추적하는 경우에 사용된다. 예를 들어 실종된 지적장애여성이 산부인과에 치료기록이 발견된다면, 치료 당시 발견된 보호자 연락처를 가지고 통신자료 확인하면, 성명, 주소 등을 확인할 수가 있다. 이처럼 초기대응에 따라 바로 수사기법과 연동될 수가 있음에도 초기대응에서부터 문제가 발견되어 장기미제사건으로 남는 경우가 많다.

4. 공조수사지원 및 현장대응 미비

실종사건은 경찰서, 관련기관, 시민단체 등 공조수사지원, 협력하여 실종사건을 해결하는 현장대응이 중요하다. 2015년 4월 10일 정신질환을 앓던 10대 청소년이 가족의 실종신고로 경찰이 수사에 나선 지 한 달이 지나서야 시신으로 발견됐다. "바람을 쐬고 오겠다"며 집에서 나간 뒤 사라졌다. 이에 김군의 가족은 낙성대지구대를 찾아가 실종신고를 했다.[15] 경찰은 4월 11일부터 5월 초순까지 수사를 진행했지만 김군은 실종 당일 서초동 한 빌딩에서 떨어져 사망해 14일에야 서울 용산구 한남동의 한 병원에서 무연고 시신으로 발견됐다.

15) https://www.news1.kr/articles/?2234649(뉴스1, 2015. 5. 5. 최종방문 2020. 8. 17).

서초경찰서 수사과정에서 치아 감식을 해보니 20대 초반으로 추정되어서 공조요청은 했지만 잘 이루어지지 않았다. 서울 관악경찰서에서 실종자에 대한 공개수배 및 수색이 이루어지고 있음에도 불구하고, 근처 경찰서에서는 공조관련 자료확인없이 변사자를 한달 넘게 병원 영안실에 방치하여 문제된 경우이다. 또한 최근 성인 실종사건이 급증하고 있다. 성인 실종사건은 강도, 강간, 살인, 방화 등 강력사건에 연관되어 있는 경우가 많다. 실종원인 등을 면밀히 검토 후 실종원인이 불명확하고 현장에 혈흔 등 사건연관성이 의심이 되는 경우 강력사건으로 전환하여 공조수사를 하여야 한다. 그러나 공조수사 미흡으로 인해 실종사건이 장기화되고 실종자의 생명이 위협을 당하고 있다.

Ⅴ. 초기 실종사건 위험성 판단 대응 개선방안

1. 전산 위험도 판단 체크리스트 시스템 도입

실종사건이 발생하면 초기 여성청소년 수사팀은 초동조치 및 전반적인 상황관리를 총괄하며 CCTV, 통화내역 등 수사를 진행하고 형사는 여청수사팀이 요청한 수사활동을, 지역경찰은 실종자 주거지 및 최종위치 주변을 수색 등을 지원해왔다. 지금까지 '18세 미만 아동·여성실종·가출신고 접수 후 '12시간 이내' 미 발견시 합동심의위원회를 개최하여 기능별 확보자료 공유 및 향후 수색수사방향 설정 등을 논의한다. 이 중에서 강력범죄와 관련된 것으로 인정할 상당한 이유가 있는 경우 즉시 형사에 인계하고 강력범죄 관련여부 및 담당기능에 이견이 있는 경우 여청과장이 경찰서장에게 실종수사조정위원회 개최를 건의하여 결정한다. 따라서 실종사건에서 생명, 신체에 급박한 위험이 있거나 실종자가 여성 18세 미만(1개월 이상 경과 후 신고 혹은 가출전력자로 단순 가출로 예측되는 경우 제외)인 경우 여청·형사·지역경찰 공동 대응해야 한다. 또한 강력범죄와 관련된 것으로 인정할 상당한 이유가 있는 경우 즉시 형사 인계하고 실종사건에 있어 가택출입이 거부되거나 주거인이 없어도 신고내용이 위급상황이라고 판단되고 위험발생 장소가 어느 정도 특정되었다면 실종자 발견을 위해 가택 강제 출입을 해서 처리해야 한다. 이러한 초동 실종 사건의 대응을 위해서는 전문화가 필요함에도 불구하고 인사발령, 판단부족, 전문성 등 문제점이 노출되고 있어서 실종 사건의 1차 위험도 판단을 전산화하고, 실종사건 초동대처 시기를 '112 신고 접수' 시점으로 앞당겨야 한다. 지금까지는 112 신고 접수 후 지역경찰(지구대·파출소)을 거친 뒤 여청 수사팀에서 위험도 판단을 내렸지만, 실종신고 접수부터 대처하는 것이다. 한파, 유서 등 생명·신체에 급박한 위험이 있거나, 실종자가 여성·18세 미만인 경우 여청·형사·지역

경찰 공동 대응해왔고 장애인·치매환자·위험요인이 있는 성인남성은 여청·지역경찰 공동 대응했다. 또한 위험요인이 없는 단순 성인 남성은 지역경찰 출동하고 여성청소년수사팀이 전화코칭 전산화하는 '실종사건 위험도 체크리스트'가 문제가 되었다. 따라서 최근 발생한 실종사건을 중심으로 사례를 분석하고 반영해서 현장중심형 전산 체크리스트가 되어야 한다. 이러한 위험도 체크리스트를 통해 고위험군(18세 미만, 여성 등)이라고 판단되는 실종 신고 時 여청·지역경찰 외에 형사 기능도 바로 출동, 공동 대응해야 하는 것이다.

2. 파출소, 112신고센터 통합 초기 실종사건 대응 매뉴얼 개선

초기 실종사건이 발생하면 지금까지 대응절차는 파출소, 여청실종수사팀 중심으로 신고접수, 현장출동조치, 탐문수색, 수사자료확보, 사건판단, 공조형태로 진행되어 왔다. 그러나 이제는 112신고접수센터, 파출소, 여청수사팀 등이 공동으로 실종사건에 대한 대응이 이루어져야 한다. 신고접수단계에서는 실종·가출 신고 접수 신고자용 체크리스트 작성하고 위험도를 판단한다. 첫째, 실종신고 접수시 신속하게 발생개요 파악 후 수배·진파여부를 설정해야 한다. 실종신고 접수시에는 실종자 기본정보, 사진, 인상착의 확인하고 신고자로부터 실종사건에 대한 개요, 예상 이동 장소 등 파악하여야 하고 사건의 경중여부에 따라 타격대 등 동원 범위 판단해야 한다. 둘째, 신고자와 보호자 면담이 이루어져야 한다. 면담을 통해 실종·가출인과 관계, 인상착의, 자주 다니던 장소, 최종 목격 장소, 안전사고 가능성, 이전 가출여부, 실종자 휴대전화 전원상태, 마지막 통화시간·내용 및 최근 통화자, 정신·신체장애 여부를 파악하고, 병원 출입여부, 당시 소지 현금, 카드 등 추정물품을 파악, 실종자의 평소 일상적인 행동패턴과 평상시 귀가시간, 자주 가는 곳 등 행동반경, 최근 행적 및 행동변화 요인, 자살기도 언급 및 자살시도 전력 등 행동반경, 가족, 다른 사람들과 관계 및 친구, 이성, 직장, 채권채무, 원한 등 갈등 여부, 이동 동선을 추적할 수 있는 현장 주변 CCTV 확인, 지휘보고 및 실종·가출인 소재 추정 경찰관서 공조요청 등을 파악하는 것이다. 셋째, 탐문수색을 통해 실종 전 최근 통화한 사람·목격자 상대 탐문이 이루어져야 한다. 실종자와 관련된 사람들 개별적 탐문 및 면담 실시, 최종 목격지, 휴대폰 위치(기지국) 등 행적 확인지 주변 CCTV 확인 및 일대 수색, 자주 가는 곳, CCTV 이동 동선상 잠재적인 은신처 등 주변 수색, 합동수색, 협력단체 협조 공조, 탐지견·드론 동원 등이 이루어져야 한다. 넷째, 수사자료 확보를 위해 현장주변 CCTV 설치장소, 녹화자료 확보, 휴대전화, 일반전화, 인터넷 접속기록 등을 확보해야 한다. 여기에는 AVNI, WASS, TG통과차량, 대중교통이용자료 등 확보, 피해자 신용카드·금융계좌 사용내역, 출·입국 사실, 병·의원 치료내역 확인, 동일수법 우범자 및 전과자 자료 발췌, 현장인근 정신병력자 자료 등도 모두 확보되어야 한다. 다섯째, 사건을 분석하고 수사방향 설정이 이루어져야 한다. 초기 강력범죄 의심시 실종수사 조정위원회 개최하여 형사기능 이관여부 검토, 他 기능과 합동수사 진행여부가 검토되어야 한다. 마지막으로 전국 관서 수배 등 공조수사가 이루어져야 한다. 필요시 수배전단, 언론기관, 관공서 등 협조하에 공개수배가 이루어져야 한다.

3. 객관적 위험성 평가에 따른 효과적인 Code 실종 대응

초기 실종사건이 접수되었을 경우에 객관적인 위험성판단에 따라 사람의 생명과 신체를 보호 할 수 있다. 실종사건의 현장대응 범위를 실종아동 등에서부터 일반 성인까지 모두 적극적 대처를 하는 것이 효과적으로 실종사건에 대한 대응하는 방법이다. 따라서 실종사건 위험도에 따라 긴급, 비긴급, 상담으로 나누고 긴급사건에는 Code 0, Code 1, 비긴급사건에는 Code 2, Code 3, 상담의 경우에는 Code 4로 구별하여 대처하여야 한다. 긴급사건에서 Code 0은 생명과 신체에 위험을 초래하는 경우이다. 실종으로 인한 살인, 강도, 납치감금, 성폭력 등 생명과 신체에 대한 중대한 위험이 임박하거나 진행 중, 진행 직후인 경우이다. Code 1은 실종관련 현행범인인 경우이다. 실종으로 인한 생명과 신체에 대한 위험을 수반하지 않더라도 범죄행위가 진행 중이거나 직후인 경우까지 포함된다. 아래 <표 5-1>, <표 5-2>에 관련내용을 기재하였다. 비긴급사건에서 Code 3은 실종으로 인한 생명과 신체에 위험발생을 사전에 예방하는 경우이다. Code 4는 즉각적인 현장조치는 불필요하나 실종수사, 실종관련 시간이 경과하여 전문상담이 필요한 경우이다. 마지막으로 상담인 경우, 즉 Code 4는 긴급성이 없는 민원, 상담신고 등이다.

〈표 5-4〉 위험도 판단체크리스트

우선순위	주요체크 사항
1	**귀가연락 후 소재불명** • 지인, 애인 또는 가족에게 전화나 문자로 탑승 사실만 알린 후 귀가하지 않고 소재불명 • 다투는 소리, 우는 소리, '악' 소리 등 범죄피해가 의심되는 상황
2	**평상시 생활패턴과는 다른 모습을 보인 후 소재불명** • 구조요청 전화 및 문자 발송 후 회신 및 연락두절되는 상황 • 최근 타인으로부터 신변 위협을 받은 전력이 있는 경우
3	**혼자서 갑작스런 소재불명** • 여행 또는 출장을 간 이후 갑작스런 소재불명 • 숙박시설에 혼자 투숙 후 해당 숙박시설에서 소재불명

4	**특정인과 약속, 만남 후 소재불명** • 다툼이 있었던 가족, 과거가족, 지인, 애인을 만나러 간 후 소재불명 • 금전거래 사람을 만난 후 소재불명

구 분	실종상황	출동담당
고위험군 Code 0	• 강력범죄 피해 위험이 높은 상황 • 체크리스트 항목 중 1개 이상에 해당하는 경우	형사, 여청, 지역경찰 (현장 출동)
중위험군 Code 1	• 안전확인이 우선인 상황 • 아동, 여성, 지적장애인, 치매노인 등 소재불명	여청, 지역경찰 (현장 출동)
저위험군 Code 2	• 단순가출 상황	여청, 지역경찰

〈표 5-2〉 소재빌건을 위한 실송수사 기초질문지

구 분	성 명	관 계	주민번호	직 업	연락처
실종자					
신고자					
목격자					

□ 프로파일링 시스템 필수 입력사항

연 번	문 항	연 번	문 항
1	실종 전 최종 주거지	5	장애(지적·정신), 치매 등 질병, 알코올중독 등
2	발생당시 주민등록 주소지	6	이전 실종, 가출경력 등 사유
3	발생 장소 및 시간	7	실종당시 착의
4	대상자 신장, 체중, 신체특징	8	이동수단 이용 여부

□ 대상자 소재발견을 위한 질문지

연 번	문 항	답 변
1	평소 자주가는 행선지, 예상 배회처	
2	실종당시 소지품	
3	실종자 연락수단	
4	평소 가깝게 지내는 지인	
5	평상시 귀가 시간, 방법	
6	유서, 신병비관, 문자 등 자살 우려	
7	가족으로 인한 문제	
8	자연재해 및 안전사고 우려	
9	최근 연락한 사람	
10	금융기관, 사채업자 등 채무독촉여부	
11	실종 전·후 금액 인출 유무	
12	갈등으로 인한 의견대립유무, 원한 유무	
13	기 피해 유무(신고이력 포함)	
14	귀가 연락 후 또는 이유 없이 소재불명 유무	
15	최근 익명 채팅어플 이용여부	
16	불특정 다수를 만나는 직업종사 여부	
17	납치·유인 등 범죄피해 정황	
18	평소와 다른 행동	
19	소재불명 전 대화 및 자진귀가 가능 여부	
20	기타 중요 청취 사항	

년 월 일 소속: 작성자: (인)

Ⅵ. 마치며

실종아동 등의 범위가 점차 확대되고, 노인 인구 증가·가정불화 등 사회 병리 현상으로 인해 실종자는 지속해서 증가하고 있다. 2018년 접수된 실종아동 등 신고 건수는 총 42,992건으로 2016년 38,789건에 비해 4,203 건(10.8%) 증가하였다. 대상자별로 살펴보면, 18세 미만 아동은 2,024 건(10.1%), 치매 환자 1,823건(17.7%) 증가하였고, 지적장애인은 356건(4.2%) 증가하였다. 성인 가출인 신고는 2018년 75,592건으로 전년 대비 9,762건(14.8%) 증가하였으며, 이 중 18세~65세 미만은 67,819건, 65세 이상은 7,773건이다.[16] 이러한 실종증가에 대한 문제점 해결을 위해서는 첫째, 전산 위험도 판단 체크리스트 시스템 도입해야 한다. 초동 실종 사건의 신속한 대응을 위해서는 전문화가 필요함에도 불구하고 인사발령, 판단부족, 전문성 등 문제점이 노출되고 있어서 실종 사건의 1차 위험도 판단을 전산화하고, 실종사건 초동대처 시기를 '112 신고 접수' 시점으로 앞당겨야 한다. 지금까지는 112 신고 접수 후 지역경찰(지구대·파출소)을 거친 뒤 여청 수사팀에서 위험도 판단을 내렸지만, 실종 신고 접수부터 대처하는 것이다. 최근 발생한 실종사건을 중심으로 사례를 분석하고 반영해서 현장중심형 전산 체크리스트가 되어야 한다. 이러한 위험도 체크리스트를 통해 고위험군(18세 미만, 여성 등)이라고 판단되는 실종 신고 時 여청·지역경찰 외에 형사 기능도 바로 출동, 공동 대응해야 하는 것이다. 둘째, 파출소, 112신고센터 통합 초기 실종사건 대응 매뉴얼을 개선해야 한다. 초기 실종사건이 발생하면 지금까지 대응절차는 파출소, 여청실종수사팀 중심으로 신고접수, 현장출동조치, 탐문수색, 수사자료확보, 사건판단, 공조형태로 진행되어 왔다. 그러나 이제는 112신고접수센터, 파출소, 여청수사팀 등이 공동으로 실종사건에 대한 대응이 이루어져야 한다. 셋째, 객관적 위험성 평가에 따른 효과적인 Code화하여 실종사건을 대응해야 한다. 초기 실종사건이 접수되었을 경우에 객관적인 위험성판단에 따라 사람의 생명과 신체를 보호할 수 있다. 실종사건의 현장대응 범위를 실종아동 등에서부터 일반 성인까지 모두 적극적 대처를 하는 것이 효과적으로 실종사건에 대한 대응하는 방법이다. 따라서 실종사건 위험도에 따라 긴급, 비긴급, 상담으로 나누고 긴급사건에는 Code0, Code1, 비긴급사건에는 Code2, Code3, 상담의 경우에는 Code4로 구별하여 대처하여야 한다. 실종초기부터 112신고센터, 파출소, 여성청소년수사팀이 합동으로 전산화된 실종대응 체크리스트를 통해 적극 대응함으로써 실종으로 인해 무고한 생명이 희생당하는 일이 발생하지 않도록 할 수 있을 것으로 본다.

16) 경찰청, 2019경찰백서, p.141.

참고문헌

<국내문헌>

이건수 외, "실종사건 대응절차 개선을 위한 비교법적 연구", 한국법학회, 20권 2월호, 2020.

<영미문헌>

Association of Chief Police Officers(ACPO), "Guidance on the Management Recording and Investigation of Missing Persons," 2005, Appendix 5.

British Columbia, Provincial Policing Standards, p.3.

Guidance on the Management, "Recording and Investigation of Missing Persons," 2nd ed., NPIA, 2010, p.25.

Marianne James et. al., "Missing persons in Australia," Australian Institute of Criminology, 2008, p.60.

National Police Improvement Agency (NPIA), Guidance on the Management, Recording and Investigation of Missing Persons, 2nd ed., 2010, p.24.

Richard Smith & Karen Shalev Greene, "High Risk? Attitudes to the Risk Assessment Process in Missing Person Investigations," University of Portsmouth Centre for the Study of Missing Persons, 2014.

UK Missing Persons Bureau, Missing Persons Data Report 2015/2016, December 2017, p.16.

<참고자료>

경찰청, 2019경찰백서.

<인터넷자료>

https://www.news1.kr/articles/?2234649(뉴스1, 2015년 5월 5일자 보도, 최종방문 2020년 8월 17일)

https://www.news1.kr/articles/?3129146(뉴스1, 2017. 10. 20, 최종방문 20년 8월 17일)

https://www.yna.co.kr/view/AKR20190807078551004?input=1195m(연합뉴스, 2019년 8월 7일자 보도, 최종방문 2020년 8월 16일)

제 6 장

빅데이터를 통한 추적

제6장

빅데이터를 통한 추적

Ⅰ. 개 요

실종아동보호 및 지원에 관한 법률 제8조의2(실종아동등 신고·발견을 위한 정보시스템의 구축·운영)에 따르면, 경찰청장은 실종아동등에 대한 신속한 신고 및 발견 체계를 갖추기 위한 정보시스템(이하 "정보시스템"이라 한다)을 구축·운영하여야 하고, 실종아동등의 조속한 발견을 위하여 「사회복지사업법」 제6조의2 제2항에 따라 구축·운영하는 사회복지업무 관련 정보시스템과 연계하여 해당 정보시스템이 보유한 실종아동등의 신상정보의 내용을 활용할 수 있다고 명시되어 있다.[1)]

실종자를 찾기 위한 종합지원체계인 실종자 빅데이터 프로파일링 시스템 구축하여 과학적인 분석, 추적을 하여야 한다. 따라서 인터넷 실종자 찾기 포털 구축하여 온라인 신고 접수·상담하고 실종신고 콘텐츠 제공, 실종예방 위치정보 제공 등을 통해 실종자를 발견해야 한다. 실종자 빅데이터 프로파일링 시스템을 고도화하기 위해서는 한국체형에 맞는 얼굴인식 시스템 구축, 실종사건 처리 간소화 등 프로세스 개선, 진행상황 자동 문자 전송, 실종자 통합검색 고도화를 하여야 하며, 범정부적인 정보공유를 통해 자료공유를 하여야 한다. 여기에는 보호시설을 관리 감독하는 보건복지부 자료, 서울시 사회복지시설자료, 건강보험관리공단, 고용공단, 출입국자료 등이 있다. 앞으로 적극적인 정보공유를 위해서는 실종아동법에 실종아동의 연령이 실종 당시 18세 미만으로 규정되어 있으나, 나이 규제에 대한 제한이 없어져야 하며, 보호시설을 통해 입양인 등 사료도 더욱더 적극적으로 추가 연계할 필요가 있다.

1) 경찰청, 실종아동·가출인 업무 매뉴얼, 생활안전4-1, 2005년 12월.

Ⅱ. 경찰운영 빅데이터 법적 적용범위·보완 및 선진사례 검토

1. 실종자 프로파일링 시스템의 법적 적용범위

실종아동보호 및 지원에 관한 법률 제7조의2에는 경찰청장은 실종아동 등의 조속한 발견과 복귀를 위하여 아동 등의 보호자가 신청하는 경우 아동 등의 지문 및 얼굴 등에 관한 정보(이하 "지문등정보"라 한다)를 등록하고 아동 등의 보호자에게 사전 신고증을 발급할 수 있도록 규정하고 있다. 실종아동 등 신고는 182센터에서 신고를 받고 바로 프로파일링 시스템 입력과 관할서에 한 후에 관할 경찰서 상황실에 전화로 재차 통보를 해주고 있다. 연락을 받은 관할 경찰서에서 프로파일링 시스템 내용 확인 후 112지령실로 무선지령과 동시에 112시스템에 신고내용을 입력하고 순찰차를 현장에 출동시키고 있다.

급변하는 IT기술 발달 및 서비스 요구 수준 증가에 따라 더욱 신속·정확한 업무처리, 아동·여성·장애인에 대한 사후 추적활동 등 지속적인 서비스 강화 필요하다. 또한 미발견 실종아동 등의 추적 기록을 문서로 관리함으로 인해 담당자 변경 시 진행사항 파악이 어려워 민원인에게 반복 질문을 하게 되고, 보존기관 경과로 폐기 등 자료 소멸로 인한 기록관리 부실관련 실종가족 불만이 제기되어 왔던 것이다.

실종사건은 국민의 적극적 참여가 필수적이므로, 첨단 IT기술과의 접목을 통해 보호자가 "더 편리하고(편의성)", "더 간단하게(접근성)" 사용할 수 있는 시스템 구축이 필요하고, 위치추적을 통한 현장에서 "더 빨리(신속성)" 위치정보를 제공받아 수색에 투입되는 경찰인력 및 발견 소요시간을 "더 줄일 수 있도록(효율성)" 시스템 구축이 필요하다.

2. 성인실종에 대한 빅데이터 활용 및 법적 문제점 보완 필요성

실종자 문제는 최근 많은 관심을 받고 있으며, 대부분의 연구들은 청소년의 가출(young runaways)에 초점을 두었으며,[2] 성인의 실종에 대한 관심은 적었다.[3] 우리나라는 「실종아동등 보호 및 지원에 관한 법률」에 따라 18세 미만, 지적장애인, 치매노인 등이 실종된 경우에 국가는 법적 책임과 의무를 가지고 실종자 발견에 주력하고 있다. 그러나 성인에 대한 관련 실종법이 없는 관계로 인해 성인실종 문제를 방치하고 있다. 2018년도 경찰청 통계에 따르면 10년 이상 미발견된 성인 실종자가 6천 명에 이르고 있으며, 성인 실종에 따른 가정파탄, 사회적 불안, 사회적 문제가 고스란히 국민에게 피해가 가고 있다. 현재 경찰은 성인이 실종된 경우에 「실종아동등 및 가출인 업무 처리 규칙(경찰청 예규 제485호)」을 근거로 실

2) Abrahams & Mungall, 1992; Mitchell, 2003; Rees, 2001.
3) Biehal, Mitchell, & Wade, 2003; Henderson & Henderson, 1998.

종자 발견 업무를 하고 있다. 실종아동 등과 달리 가출인으로 구별되어진 성인 실종이 크게 증가하고 있음에도 불구하고 실종아동법의 대상자가 아니라는 사실만으로 수사에 적극적 대처를 하지 못하고 있는 실정인 것이다. 실종사건은 빠른 시간 내에 수사를 통해 찾아야 하고 신속한 증거물을 확보해야 한다. 즉 경찰은 면밀한 탐문수사 등을 통해 물적 증거가 있을 만한 위치를 추정하여 해당 증거를 신속하게 확보해야 한다. 증거확보에 있어 신속한 행동은 아무리 강조해도 지나치지 않을 정도로 매우 중요하다.[4] 실종자를 신속하게 찾지 못한다면 2차 범죄에 노출된다고 보아야 한다. 특히 유괴와 납치가 횡횡하는 난폭한 사회에서는 성인실종을 단순 가출 정도로 인식해서는 안된다. 따라서 성인실종법을 제정하고 경찰 운영 빅데이터에 성인실종 자료를 적극 보완하여 수사 하여야 한다.

3. 선진사례의 검토

영국은 매년 약 200,000명의 실종자가 발생하는 것으로 파악되고 있다. 특히 실종되기 쉬운 아동과 청소년이 실종자 수의 2/3를 차지하는 것으로 파악되고 있다.[5] 영국의 경우는 경찰발전연구청(National Policing Improvement Agency) 실종 전담국(Missing Persons Bureau, MPB)에서 실종신고 자료 및 무연고자, 실종 아동의 범죄 자료 등에 대해 정부 및 민간 등의 구분 없이 통합관리하여 관리하고 있으며, 2003년 발생한 아동 납치·살해사건을 계기로 희망하는 어린이의 팔에 위치 추적용 마이크로칩을 이식하는 시스템을 도입하여 발신하는 전파가 휴대전화 통신망으로 포착되어 아이의 위치를 파악 가능하게 하고 있다.[6]

미국의 경우는 실종아동 개념을 분류할 때 가출 및 버려진 아동, 비가족 유괴로 인한 아동실종, 가족유괴로 인한 아동실종, 양육권다툼으로 인한 아동실종, 미아와 같이 비자발적인 아동실종, 상해로 인한 아동실종, 거짓 경보 상황으로 인한 아동실종, 성폭행 당한 아동실종 등 8개 카테고리로 나누어 설명하고 있다.[7] 실종자의 개인정보 보호와 실종아동 등 찾기를 위한 수사 목적의 정보 공개 및 공유에 대한 반대 의견과 충돌이 많았다. 그러나 실종피해의 가족이 겪고 있는 엄청난 심리적 충격과 실종으로 인해 발생되는 사회적인 간접비용 등을 고려하여, 실종정보를 통합적으로 관리하고 필요한 기관 간에 협력을 통한 정보를 연계하는 방향으로 사회적으로 합의되고 있다.[8]

---

4) 신성식, "지구대의 파출소 전환을 통한 치안현장 대응력 강화방안", 「자치경찰연구」, 제4권 제3호, 2011, 한국자치경찰학회, 65면.
5) U.K. Home Office, supra note 5, at §2.1.
6) 주영국경찰주재관, 영국-80(2013. 5. 1). 내부보고자료.
7) Sedlak, Finkelhor, Hamme, Schultz, 2002.
8) 주뉴욕총영사관, 뉴욕63810-033(2005. 8. 9), 내부보고자료.

미국사회에서 우리나라와 다르게 주목할 점은 만 10세 이하 어린이에 대해서는 절대 혼자 귀가하지 못하도록 법으로 규제함으로써 실종아동의 예방과 부모에 책임을 부과하였다. 또한 백화점이나 놀이공원 등 공공장소에서 실종사건이 발생하면 아동의 인상착의 등을 방송하고, 출입구를 차단해 외부로 나가는 아동을 확인한 뒤 부모에게 인계하는 비상 안전경보시스템인 코드 아담(Code Adam)제도를 적극적으로 운영하고 있다. 우리가 미국과 영국에서 눈여겨 볼 점은 실종자 발생 시 지역 내의 TV 등 매체와 각 기관들과의 적극적인 협력을 통해 초동 수사의 집중도를 높이고 있다는 점이다.[9)]

캐나다의 경우는 차일드 파인드 온태리오(Child Find Ontario)는 지역 호텔 직원들을 대상으로 가족과 함께 방문한 아동이 실종될 경우에 체계적으로 대응할 수 있도록 교육을 실시하고 인근지역의 기관들과 체계적 대응조치를 준비하였으며, 온타리오주에서는 신생아들에게 무료로 발바닥 프린트와 사진을 찍어주고 동시에 관련기관에서는 신상자료를 보관하도록 함으로써 미아를 방지하는 지문 프린트 프로그램과 신생아 ID 프로그램을 운영 중이다.[10)]

벨기에는 전 유럽에 걸친 조직망을 형성해 실종된 아동을 찾고 있으며, 동시에 성적 착취를 예방하는 활동까지 전개하고 있다. 이러한 조직망은 '실종 및 성적 착취 아동을 위한 유럽 센터(The European Centre for Missing and Sexually Exploited Children)'로 불리고 있으며 범죄뿐만 아니라 법률 등 다양한 분야의 전문가들로 구성되어 사건 해결을 돕고 있다.[11)]

Ⅲ. 경찰 빅데이터 활용에 따른 실종사건 효율적인 대응

1. 실종아동 등 사전지문등록 자료구축을 통한 찾기

아동 등이 없어지면 실종신고를 해야 경찰에서 실종사실 확인이 가능하다. 이러한 이유로 직장에 다니는 가족들은 자녀들이 실종되었다는 사실을 한참 뒤에야 알게 되어 발견이 늦어지고, 각종 범죄와 사고 위험에 노출되게 된다. 또한 보호시설에 입소하게 된 경우 신체적·정신적 고통이 가중되게 된다. 따라서 별도의 실종신고를 하지 않더라도 사전등록된 경우에는 아동의 정보를 활용해 경찰에서 실종사실 확인 가능하고 신속히 발견이 가능해져 안심하고 생활할 수 있다.

---

9) 경찰청 주요국 치안시책, 2014.

10) 주토론토총영사관, 토론토주재관-27(2015. 3. 16), 내부보고자료.

11) 정경웅·박은숙·나현민·박정연. "실종아동 보호 및 지원에 관한 방안연구", 보건복지부·한국복지재단, 2005.

사전지문등록은 아동 신원이 파악되어 신속히 보호자에게 인계 가능해야 하고, 보호자와 아동 등을 대상으로 자료는 구축이 되어야 하며, 인터넷(안전Dream 포털 및 모바일 웹)을 통한 사전지문등록 서비스 제공과 인터넷 또는 모바일 웹을 이용해 보호자가 아동 등의 사진, 인적사항, 연락처 등 정보 등록(신청)을 할 수 있어야 한다. 등록 된 정보는 경찰 시스템(프로파일링 시스템)으로 바로 전송되는 방법이다. 인터넷 사용이 어려운 보호자는 아동 등을 대동하고 파출소나 경찰관서에 방문하면, 현장경찰관이 직접 지문채취·사진촬영, 인적사항 등 정보를 프로파일링 시스템에 직접 입력한다. 필요시에는 경찰관이 장비를 지참하고 관내 어린이집·유치원 등 관련 시설에 직접 방문하여 등록을 할 수 있다. 등록 이후 아동 성장, 주소·연락처 변경 시 보호자가 안전Dream 또는 모바일 웹을 통해 직접 정보 수정 가능하며, 수정된 정보는 경찰 시스템으로 전송되어 현장경찰관이 실종예방으로 정보를 공유한다. 입력된 자료 활용은 경찰이 보호자가 확인되지 않는 아동등(보호아동 등) 발견시 사전등록 정보를 활용해 신원을 확인하고, 바로 가족의 품으로 인계하는 것이다.

구축된 자료의 정보 활용방법은 첫째, 사진정보 활용이다. 프로파일링 시스템상 既구축된 "얼굴 유사도 매칭"를 통해 실종아동의 인적사항을 파악할 수 있다. 둘째, 주민등록 전이라 하더라도 지문등록 정보를 통해 가족의 품으로 자녀를 돌려보낼 수 있다. 셋째, 입력된 기타정보 활용이다. 연령대, 신체특징(얼굴형·점·문신) 등 비교하여, 장기실종된 아동을 가족의 품으로 돌려보낼 수 있는 것이다.

'15년도에는 사전지문등록자료 구축으로 41명의 실종아동 등을 집으로 바로 귀가를 시켰다. 그러나 지속적으로 실종이 증가하는 치매환자, 지적장애인의 실종예방을 위해서는 지문등록 자료구축에 대한 효과적인 방법을 개발해야 할 것으로 보인다.

앞으로 개선해야 할 점은 2012. 7. '찾아가는 현장방문 등록사업'의 시행 이후 현재까지 사전등록신청서가 약 500만 건가량 작성되어 보관 중에 있으며, 향후 지속적인 사업시행으로 추가가 되어야 한다. 신청서는 스캔하여 실종지 프로파일링 시스템에 등록하고 있음에도 불구하고, 원본을 별도 보관함으로써 다량의 개인정보 보관에 따른 보관 장소 협소와 분실 및 화재 위험 등의 우려가 있다. 공공기록물관리법 제8조 규정에 따르면, 다른 법률에 특별한 규정이 있는 경우에는 해당 법률이 우선 적용되므로, 현재 '사전지문등록제도'의 근거가 되는 실종아동 등의 보호 및 지원에 관한 법률 및 동법 시행령, 시행규칙 등에 아동등의 지문 및 얼굴에 관한 정보를 데이터베이스로 등록·관리하기 위하여 사전등록시스템을 구축·운영하도록 규정하고 있는 이상, 시스템 상으로 사전등록신청에 관한 사항 역시 함께 등록·관리하는 것으로 명시하고, 위 신청서 등을 스캔 등의 방법으로 시스템에 등록한 경우에는 원본 신청서를 폐기할 수 있도록 하거나 또는 이를 단기간 보관한 이후 필요성이 없어진 시점에서는 폐기할 수 있게끔 근거조항을 마련해야 할 것으로 생각한다.

2. 실종자 프로파일링 시스템과 112 IDS시스템 연계망 구축

Turvey는 프로파일링이란 "범죄행위자의 개별적 특성, 인성을 추론하는 과정이라 하였다."[12] 또한 동일인에 의하여 저질러지는 범죄는 공통성을 갖는다는 전제하에 범죄전의 준비과정, 범행특성, 피해자특성, 범행 후 행적에 이르는 수법을 파악함으로써, 범죄자유형을 추정하는 수사기법을 범죄자유형 분석기법(Criminal Profiling)이라 한다.[13] 이러한 프로파일링의 기법을 실종사건에 적용해서 실종자를 찾기위한 방법이 실종 프로파일링이다. 실종사건은 시간과의 싸움이다. 18세 미만의 실종아동, 지적장애, 치매환자, 여성 등은 경찰이 적극적으로 나서지 않으면 보호받기 힘들다 따라서 이들에 대한 적극적인 수사와 대처가 필요하다. 이러한 면에서 실종사건이 발생한 경우에는 신고한 내용이 즉시 관할 순찰차 IDS로 즉시 전송되어 신속한 현장 출동 및 초동조치를 통해 실종자가 조속하게 발견되도록 해야한다. 그러한 방편의 하나로 112 IDS 시스템 연계망 구축을 통해 수작업 없이 자동으로 신고내용 전파되는 것은 중요하다.

현장 출동하는 경찰관에게 전송되어야 하는 자료는 실종아동 사진, 인상착의, 특징 등을 상세하게 기록하여 전달 할 수 있어야 하며, 또한 미발견 실종아동 등 정보를 관할 경찰서 순찰차에서 지속적으로 확인할 수 있는 "알리미" 기능 개발도 이루어져야 한다. 그리고 위치추적 요청 시 112 IDS를 통해 위치(지도)정보 제공를 통해 신속히 실종사건 현장에 출동하는 현장경찰관의 대처속도를 개선해야 할 것으로 보인다.

이러한 조치를 통해 경찰에서 실종사실을 바로 확인하고 실종자를 가족의 품으로 신속히 복귀하도록 할 수 있으며, 실종 후 보호자를 확인하지 못해 시설로 입소됨으로써 아동 등이 받는 육체적·정신적 피해 최소화할 수 있는 것이다. 단 1분이라도 더 빨리 아동 등을 찾아줌으로써 아동 등을 잃어버렸다는 죄책감으로 인한 부모들의 고통을 경감하는 것이다.

3. 실종관련 각 기관 간 정보 공유 통한 찾기 빅데이트 시스템 구축

실종자를 발견하기 위해서는 관계기관 간 협력과 실종자의 성격과 특성을 파악해야 한다. 법과학의 발전은 물론 1960년대 정신의학, 심리학의 발달에 힘입어 증가하는 범죄에 대처하기 위해 개발된 범죄 프로파일링은 인간의 성격에 초점을 두고 있다.[14] 또한 관계기관

12) Tervey, B.E.(1999), CirminalProfiling.
13) 곽대경, "침입절도범죄의 특성에 관한 연구" 제15권, 2001, 치안정책연구, 97면.

간에 협력으로 실종자 발견을 위한 정보공유 등 범사회적 네트워크를 구축하여야 하며, 실종예방과 발견을 위해서 공동대응을 하여야 한다. 연계해야 할 기관의 내용을 살펴보면 안전행정부가 가지고 있는 주민등록 사진정보 연계(인적사항은 이미 연계) 및 가족관계등록부 조회를 통해 실종자를 발견할 수 있으며, 보건복지부가 보유하고 있는 무연고사망자(장사시스템), 치매노인(보건소 통합정보시스템), 장애인 정보 등을 연계하여야 하며, 중앙입양정보원의 입양아동정보를 관리하는 '통합관리망'(국내·외 입양인) 정보 등이다.

현재 연계되고 있는 기관과 자료는 법무부 외국인 출·입국자 정보, 가족관계등록부 정보, 자치단체 및 보호시설에 문서로 보존된 무연고 아동카드 정보, KICS 유치인·수형자 및 교통 TCS 운전면허 사진 등 정보 등은 연계를 통해 실종자 발견에 활동되고 있다. 향후 개발을 통해 연계해야 할 것은 실종신고 건에 대한 중요 구간 녹취로 사후 서비스 제공하여야 하며, 실종신고서 페이지 출력에 대한 위·변조 방지 및 진본확인 서비스 제공도 향후 법적소송 관련하여 필요하다.

경찰은 2013년부터 건강보험공단, 연금공단과 협업을 시작했고, 2015년도에는 한국고용정보원과도 정보공유 협력을 시작했다. 공유체계는 국민건강보험공단의 진료정보, 한국고용정보원의 고용정보를 경찰청이 실종자 발견에 활용하는 것이다. 공유성과를 보면 2013년부터 2015년도 10월까지 총 16,386명을 발견하였다. 또한 경찰청의 실종자 정보를 국민연금, 공무원연금공단이 부정수급 조사에 활용하여 1억 3천여만원의 부정수급을 환수했고, 1백 60여 건의 지급정지를 하였다.

이렇게 각 기관 간에 협력을 통해 실종자 발견과 업무행정의 효율성을 높일 수 있다면 더욱 적극적으로 추진할 필요가 있다.

4. 대국민 서비스 영역 개선을 통한 실종자 찾기

현재 안전Dream 앱을 개선하여 안전정보, 실종아동 등 정보발령 및 이용자 거주 지역에 따른 맞춤형 정보제공 등 개인화 서비스 개선하고, 카카오톡 등 기존 MIM사업자와 정보 및 기능공유가 가능하도록 업무제휴로 공익채널 확대, 스마트공익채널시스템(안전드림 모바일앱 고도화) 개발을 하여야 한다. 또한 다국어(영어, 중국어, 일본어, 불어)로 신고 기능 등 안내서비스 제공, 실종, 가출, 사람 찾기 등 주요 검색어 활용 '뉴스피커' 기능 개발, 키보드 보안, 웹 구간 암호화를 통한 보안성 강화 등을 할 필요가 있다.

실종사건 해결을 위해서는 초국가적 차원에서 대응을 해야 한다고 본다. 중국인 등 해외관광객의 증가와 국제결혼, 산업연수 등이 증가하고 있어서 실종사건의 실질적 수사와

14) San Diego; Academic Press, 1999.

근절을 위해서는 지속적인 국가 간 협력수사가 활성화되어야 한다. 이러한 초국가적 범죄는 종래의 국제성 범죄와 달리 단순히 국경을 넘나드는 장소적 이동에 머물지 않고 초국가적 네트워크를 기반으로 시간적 공간적으로도 국경을 초월하여 활동 할 수 있는 새로운 초국가적 범죄활동을 마련해 나가고 있는 것이다.[15]

5. 실종사건 발생과 해결에 대한 분포에 따른 실종자 찾기

실종자 프로파일링 시스템을 통한 실종사건 발생과 해결에 대한 지역적 분포의 확인하고 실종의 위험이 높은 지역을 핫스팟분석을 통하여 도출해 내고 지역적 요인을 살펴볼 수 있으며, 실종자가 발견된 지역 등을 통해 실종자 발견에 분석적 토대를 제공할 수 있다. 실종자 관련수사는 개인의 정보와 담당자의 실무경험을 토대로 한 직관에 의지하는 경향이 많아 실종수사에 있어 경험적 근거가 부족했다. 따라서 개인정보 외에 외부의 특성을 파악하여 실질적으로 실종에 영향에 미치는 요인을 경험적으로 확인 빅데이터 실종자 프로파일의 고도화를 위한 대안을 제시할 수 있다.

Ⅳ. 빅데이터 시스템 운용방안

1. 목표시스템의 개념

프로파일링 형태의 빅데이터 수사는 미국, 독일, 영국, 캐니다 등 선진 각국의 경찰에서는 프로파일링 수사기법을 활발하게 응용하고 있다. 또한 과학적 수사기법으로 간주되기도 한다.[16] 실종은 다양한 원인을 가지고 있다. 가정문제로 인한 가출, 우울증 등 정신질환·직장문제로 인해 연락두절, 종교문제로 인한 실종 등이다.[17] 실종사건 발생을 대비해 미리 구축된 사전등록자료, 실종자와 신고자 정보, 휴대전화 위치정보를 활용한 위치정보시스템 구축, 182, 112 시스템 간 연계를 통해 신속한 현장 출동 및 실종 현장에 실종자 정보를 주기적으로 전파하여 발견율 및 신속도 향상, 입양자, 다문화 가정 자녀 등 사회 소수자 보호를 위한 다국어 서비스 등 지원방안을 마련하고, 안전Dream(인터넷)과 실종자 프로파일링 시스템(경찰망)을 상호 연계하여 실종 걱정 없이 생활할 수 있는 치안인프라 구축을 목표로 하고 있다.

---

15) 황문규, "초국가적 범죄의 개념과 우리나라 경찰의 대응 방향", 「경찰학 연구」 11(4), 2011.

16) 임준태, "연쇄살인사건 해결을 위한 범죄자 유형분석기법 활용", 제11권 제2호, 2005, 사회과학연구, 5~13면.

17) 경찰청, 실종아동·가출인 업무 매뉴얼, 생활안전4-1, 2005년 12월.

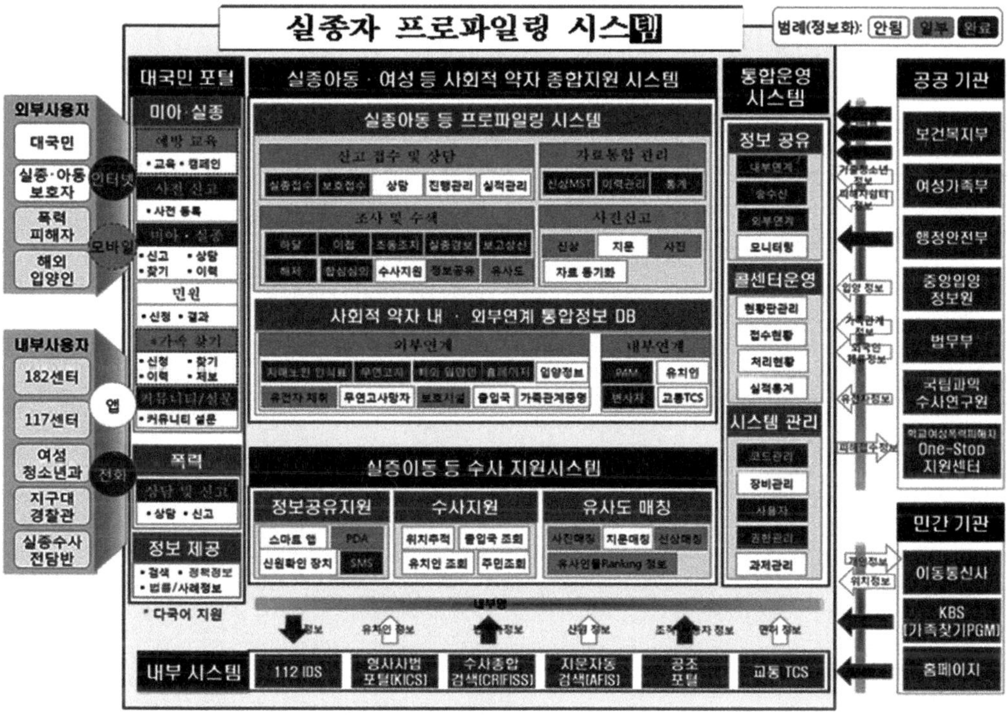

[그림 6-1] 목표시스템 개념도(예시)

2. 주요기능

1) 종합지원 포털서비스

유사한 형태의 사건이 발생하였을 경우 동일성 여부 등을 평가하는 시스템이 부재하기 때문에 파일과 수사 자료가 일정한 기준에 의해 집중 관리되지 알고, 개별 사건으로 관리하기 때문에 수사는 더 장기화될 수밖에 없었던 것이다.[18] 따라서 실종신고접수는 실종신고접수와 무연고자 등 보호신고 접수로 구분하고, 신고접수는 신속하게 이루어져야 하며, 찾는 신고접수는 PC, 메일, 전화, 팩스 등 여러 매체를 통하여 접수가 가능하도록 구축되어야 한다.

2) 사전지문등록 시스템 구축

안전Dream(인터넷망)을 이용해 보호자가 실명인증 등 신원 확인을 통해 직접 사전등록을 신청할 수 있는 기능을 구축하고 신고증 발급 서비스 기능하여야 하며, 시스템 내에서

18) 김양현, "실종사건에 대한 경찰의 처리실태와 대책", 「한국경찰학회보」 21권, 2009.

등록된 실종자·보호자의 사진 및 인적사항 등 정보 보안 등이 관리 가능해야 한다.

3) 실종자 발견을 위한 수사지원 시스템

실종사건정보 제공과 조회, 무연고자 등 보호 대상자 신원확인, 유사정보 매핑(찾는 대상자 정보와 보호 대상자 정보 매핑), 유사얼굴인식 시스템을 도입하여 동일인 여부 확인할 수 있도록 구축이 되어야 한다.

4) 경찰청-이동통신사간 연계망 구축

실종자 프로파일링 시스템(내부망)에 SKT, KT, LGT 전산망(인터넷망)간 위치정보 등을 요청 및 전송할 수 있는 기능을 설치하여야 하며, 경찰에서 이동통신사에 위치정보 요청 시 전화번호 이외 해당 실종자·신고자의 인적사항을 같이 통보하는 기능이다.

5) 시스템 관리

실종자 데이터 관리로는 수집된 데이터 정제, 데이터 통합, 데이터 배포, 데이터 보호 등이고, 공통 관리 항목은 사용자 관리, 시스템 관리, 권한관리, 코드 관리 등이며, 관련시스템 연계 관리(KICS, 출입국 정보, 복지부 무연고자 등 실종관련 자료 등)가 가능해야 한다.

3. 시스템 운영방안

1) 시스템 운영조직 및 역할

경찰청은 전체적인 시스템을 총괄하고 원활한 진행을 위해 주요사항을 결정하여야 한다. 현장운영 부서인 경찰서에서는 운영관리를 하고, 운영하는 과정에서 문제없도록 시스템 운영팀은 전체적인 HW, SW 유지보수 및 시스템 관리를 하여야 한다.

〈표 6-1〉 운영조직의 역할

구 분	역 할
경찰청	• 운영총괄 및 진행관리 • 업무협조 • 주요 결정사항 참여 및 자문 등
경찰서	• 수행관리 • 시스템 운영환경 조성 및 운영관리
시스템 운영팀	• HW, SW 유지보수 및 시스템 관리
Help Desk	• 시스템 사용자 지원

2) 시스템 구성요건

H/W구성 서버는 기존 서버와 이기종 장비일 경우라도 운영체제에 상관없이 자료(지문 등) 송수신 및 시스템 연계 시 상호 호환성이 확보되어야 하며, 지문등록 서버는 지문을 추출하여 저장/검색을 하기 위한 DB서버이며, 효율적인 지문검색을 위해서 분산처리가 가능하도록 4대의 서버로 병렬 구성되어야 한다.

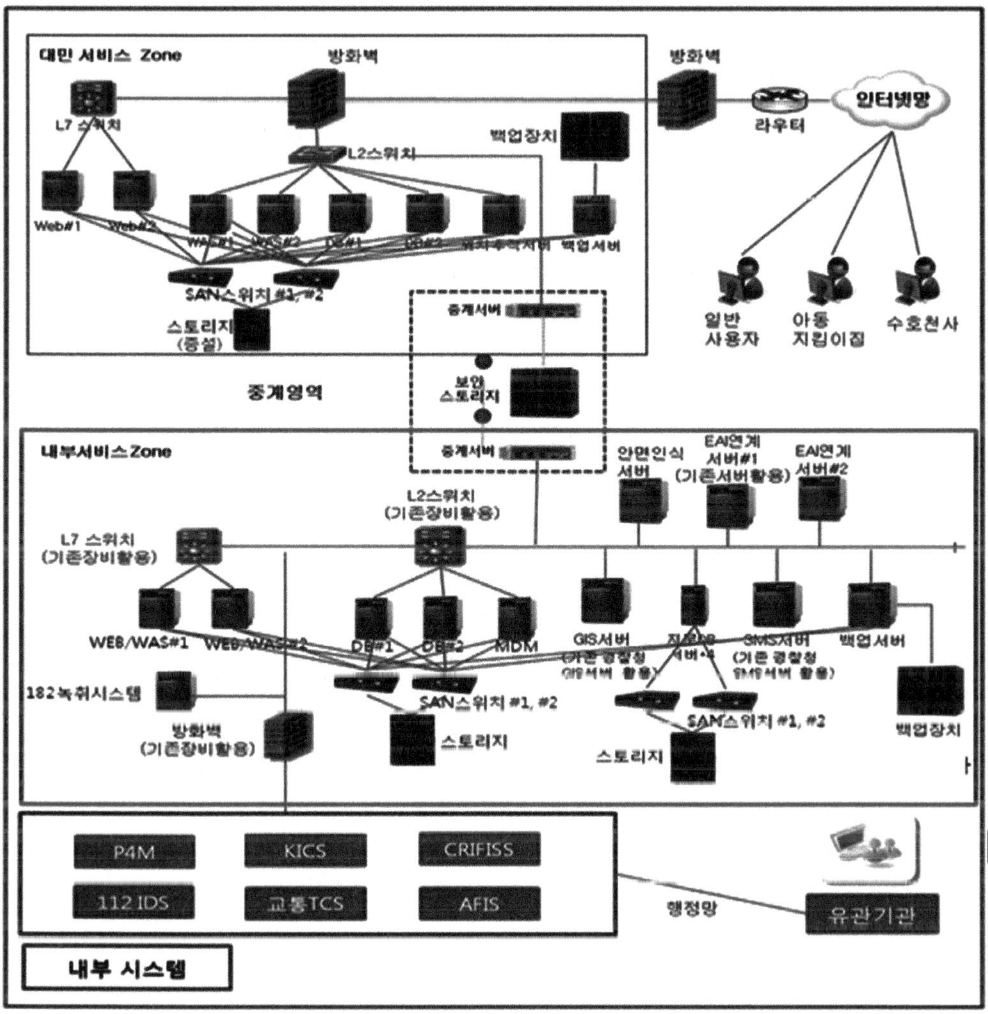

[그림 6-2] H/W 구성도(예시)

S/W구성 서버는 WAS제품의 라이선스를 증설하고, 모니터링 S/W는 대국민서비스 영역과 내부업무 영역의 WAS에 설치되어 사용하는 용도로 무제한 사용 가능한 라이선스를 제공받아야 한다. 지문추출을 위한 S/W는 단일(또는 복수)의 서버에서 지문 특징점을 추출하되, DB에 저장되는 시점에서는 복수의 지문DB 서버에 균등하게 분배하여 저장되도록 구성하여 개인정보를 철저히 보호하여야 한다.

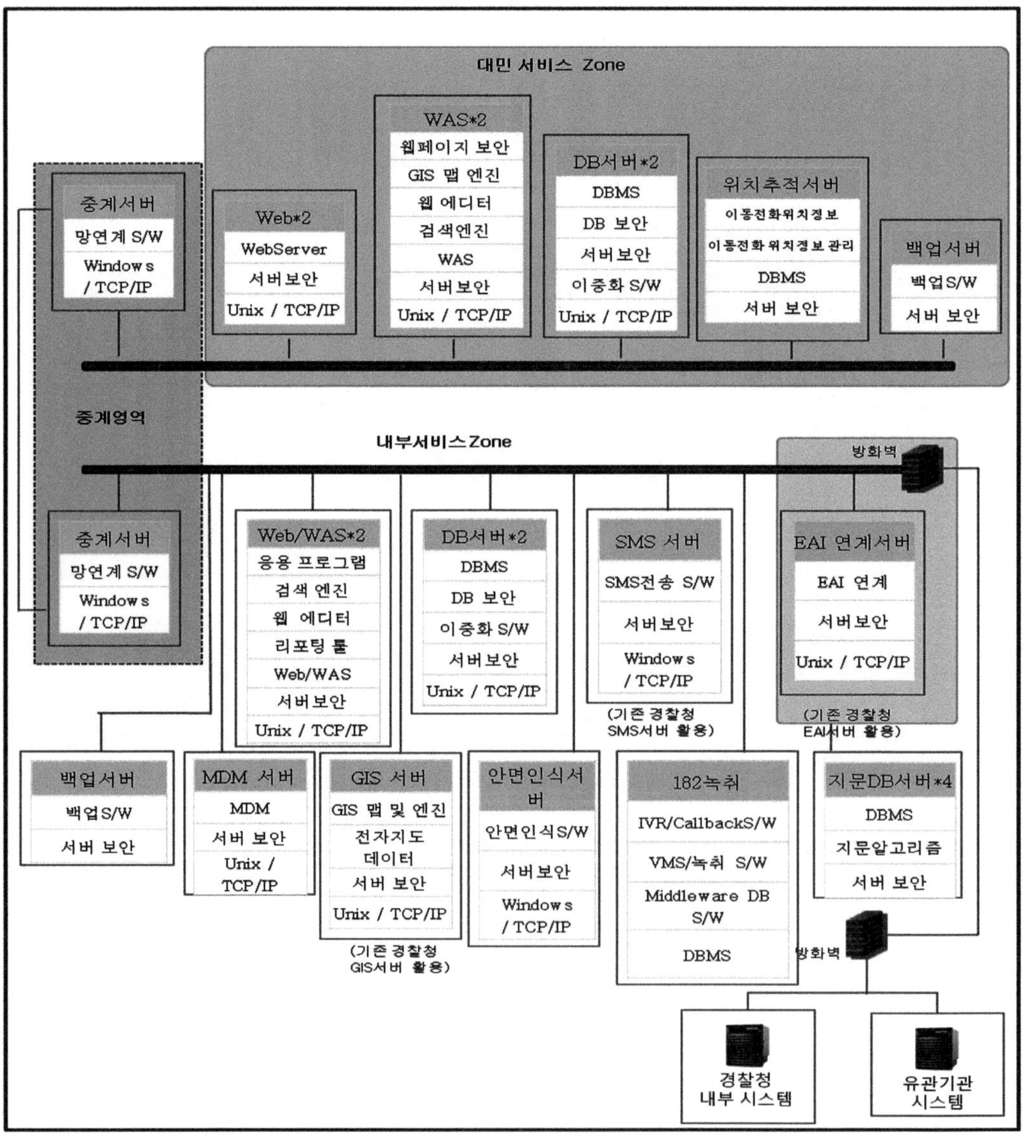

[그림 6-3] S/W 구성도(예시)

3) 기관간 자료통합 연계범위

실종사건은 종래의 국제성 범죄와 달리 단순히 국경을 넘나드는 장소적 이동에 머물지 않고 초국가적 네트워크를 기반으로 시간적 공간적으로도 국경을 초월하여 활동할 수 있어야 한다.[19] 업무분석 시 기관 간 자료의 연계 범위와 개발 주체를 협의하여 확정을 해야 하며, 경찰청과 보건복지부, 법무부 등 연계 체계는 EAI 연계방식을 원칙으로 구축하고, 상호 데이터 및 연계 표준을 준수해야 한다.

〈표 6-2〉 통합연계 대상과 연계 내역

통합/연계 대상		통합/연계 방법	통합/연계 내역
시스템	기관명(기관수)		
교통면허 정보	경찰청	EAI	운전면허증 사진정보
형사사법정보 (KICS)	경찰청	KICS 표준 API 및 EAI	유치인정보, 수형자 정보, 실종수사업무 진행정보
통합정보시스템	보건복지부 (보건소)	EAI	치매노인 신상정보, 장애인등록정보
장사시스템	보건복지부	EAI	무연고 사망자 정보
	법무부	EAI	가족관계등록부정보
	법무부	EAI	외국인체류정보
위치정보시스템	이동통신사	웹서비스	실종아동등 휴대폰 위치정보

4) 보안 요건

수시로 구축된 시스템의 취약성을 점검 실시하고, 보안 분야의 법령과 규정을 준수하여야 한다. DBA(DB관리자)는 데이터베이스 관리자를 따로 지정하여 데이터베이스를 관리하고, DB 사용자의 경우 명의 등록하고 적절한 역할(Role)과 권한(Privilege)을 부여해야 한다. DB 사용자의 임의 접근을 차단하고, 접근을 허가한 경우라도 신청자의 업무와 관련된 DB에로의 접근만 허가해야 한다. 기술적 관리부문은 공유자원에 대한 접근제어가 사용자 권한에 따라 이루어지는지 관리하고, 패스워드의 길이 및 사용주기를 제한, 불필요한 계정 삭제하는 등 서버사용자 및 패스워드 관리를 철저히 해야 한다. 운영과정에서 장애, 사고 등으로 인한 시스템피해에 대해 최근에 백업한 시점의 내용으로 복구할 수 있는 백업정책이 수립되어야 한다.

---

19) 황문규, "초국가적 범죄의 개념과 우리나라 경찰의 대응 방향", 「경찰학 연구」, 11(4), 2011.

V. 마치며

실종자를 발견하기 위해서는 관계기관 간에 협력으로 실종자 발견을 위한 정보공유 등 범사회적 네트워크를 구축하여야 하며, 실종예방과 발견을 위해서 공동대응을 하여야 한다. 연계해야 할 기관의 내용을 살펴보면 행정안전부가 가지고 있는 주민등록 사진정보 연계(인적사항은 이미 연계) 및 가족관계등록부 조회를 통해 실종자를 발견할 수 있으며, 보건복지부가 보유하고 있는 무연고사망자(장사시스템), 치매노인(보건소 통합정보시스템), 장애인 정보 등을 연계하여야 하며, 중앙입양정보원의 입양아동정보를 관리하는 '통합관리망'(국내·외 입양인) 정보 등이다.

현재 연계되고 있는 기관과 자료는 법무부 외국인 출·입국자 정보, 가족관계등록부 정보, 자치단체 및 보호시설에 문서로 보존된 무연고 아동카드 정보, KICS 유치인·수형자 및 교통 TCS 운전면허 사진 등 정보 등은 연계를 통해 실종자 발견에 활동되고 있다. 향후 개발을 통해 연계해야 할 것은 실종신고 건에 대한 중요 구간 녹취로 사후 서비스 제공하여야 하며, 실종신고서 페이지 출력에 대한 위·변조 방지 및 진본확인 서비스 제공도 향후 법적 소송 관련하여 필요하다.

경찰은 2013년부터 건강보험공단, 연금공단과 협업을 시작했고, 2015년도에는 한국고용정보원과도 정보공유 협력을 시작했다. 공유체계는 국민건강보험공단의 진료정보, 한국고용정보원의 고용정보를 경찰청이 실종자 발견에 활용하는 것이다. 공유성과를 보면 2013년부터 2015년도 10월까지 총 16,386명을 발견하였다. 또한 경찰청의 실종자 정보를 국민연금, 공무원연금공단이 부정수급 조사에 활용하여 1억 3천만원의 부정수급을 환수했고, 1백 60여 건의 지급정지를 하였다.[20]

실종사건을 대비해 구축된 사전등록자료, 실종자와 신고자 정보, 휴대전화 위치정보를 활용한 위치정보시스템 구축, 182, 112 시스템 간 연계를 통해 신속한 현장 출동 및 실종 현장에 실종자 정보를 주기적으로 전파하여 발견율 및 신속도 향상, 입양자, 다문화 가정 자녀 등 사회 소수자 보호를 위한 다국어 서비스 등 지원방안을 마련하고, 안전Dream(인터넷)과 실종자 프로파일링 시스템(경찰망)을 상호 연계하여 빅데이터 치안인프라 구축하는 것이다. 각 기관 간에 협력 빅데이터를 통해 실종자 발견과 업무행정의 효율성을 높일 수 있다면 더욱 적극적으로 추진할 필요가 있다.

---

20) 경찰청, "2014 경찰백서."

참고문헌

김양현, "실종사건에 대한 경찰의 처리실태와 대책", 「한국경찰학회보」 21권, 2009.

곽대경, "침입절도범죄의 특성에 관한 연구", 제15권, 2001, 치안정책연구, 97면.

신성식, "지구대의 파출소 전환을 통한 치안현장 대응력 강화방안", 「자치경찰연구」 제4권 제3호, 2011.

임준태, "연쇄살인사건 해결을 위한 범죄자 유형분석기법 활용", 제11권 제2호, 2005, 사회과학연구, 5~13면.

정경웅·박은숙·나현민·박정연, "실종아동 보호 및 지원에 관한 방안연구", 보건복지부·한국복지재단, 2005.

황문규, "초국가적 범죄의 개념과 우리나라 경찰의 대응 방향", 「경찰학 연구」, 11(4), 2011.

경찰청, 주요국 치안시책, 2014.

경찰청, "2014 경찰백서."

경찰청, 실종아동·가출인 업무 매뉴얼, 생활안전4-1, 2005년 12월.

경찰청, 주요국 치안시책, 2014.

주뉴욕총영사관, 뉴욕63810-033(2005. 8. 9), 내부보고자료.

주라성총영사관, 라성-567(2005. 8. 9), 내부보고자료.

주라성총영사관, 라성-108(2012. 5. 30), 내부보고자료.

주멕시코주재관, 멕시코05-69(2005. 8. 2), 내부보고자료.

주시드니총영사관, 주시드니총영사관-24(2015. 3. 12), 내부보고자료.

주영국경찰주재관, 영국-80(2013. 5. 1). 내부보고자료.

주일본국대한민국대사관, 주일본국대한-4739(2015. 3. 12), 내부보고자료.

일본대사관, 동경-56(2012. 6. 4), 내부보고자료.

주토론토총영사관, 토론토주재관-58(2012. 6. 19), 내부보고자료

주토론토총영사관, 토론토주재관-27(2015. 3. 16), 내부보고자료

주프랑스 파리 주재관, 외기(불)-76(2012. 6. 12), 내부보고자료.

주프랑스공화국대한민국대사관, 주불-273(2015. 3. 9), 내부보고자료.

Abrahams & Mungall, 1992; Mitchell, 2003; Rees, 2001

Biehal, Mitchell, & Wade, 2003; Henderson & Henderson, 1998

San Diego, Academic Press, 1999

Sedlak, Finkelhor, Hamme, Schultz,2002

Tervey,B.E. CirminalProfiling, 1999

'NamUs' 홈페이지 기사자료 참조.

CU.K. Home Office, supra note 5, at §2.1

Canada Missing Website: http://www.canadasmissing,ca/index-eng.htm.

U.K. Home Office, supra note 5, at §2.1.

제 7 장

182·112 추적

제7장

182·112 추적

Ⅰ. 개 요

최근 박원순 서울시장의 실종신고가 접수된 이후부터 사망 사실이 공식적으로 확인되기까지 약 7시간 동안 온갖 거짓 정보가 세간에 유통됐다. 혼란의 시작은 7월 9일 오후 5시 17분 박 시장 실종 신고가 경찰에 접수됐다는 사실이 알려진 이후였다. 이날 오후 6시45분쯤 월간조선은 속보로 '박원순 시장 시신 발견'이라고 썼다. 경찰과 소방당국이 박 시장의 사망 사실을 언론에 공식 확인한 시각은 실종신고 접수 다음 날인 10일 오전 0시50분쯤이었다. 이후 서울지방경찰청은 오전 2시쯤 서울 종로구 와룡공원 앞 현장 브리핑에서 박 시장이 이날 오전 0시1분쯤 서울 성북구 삼청각 인근 산 속에서 숨진 채로 발견됐다고 밝혔다.[1] 경찰의 신속한 사건대응 및 조치가 늦어질수록 국민의 혼란이 가중되고, 경찰의 실종지 수사 및 조치에 불신이 가중될 수 있다. 오늘날의 사회는 광역통신망의 발달로 다양한 형태의 실종사건이 발생한다. 잠시라도 기다리지 못한 사회는 각종 루머를 양산하고 사건에 대한 혼란을 가중시키고 경찰의 수색 및 사건수사에 의문을 제기한다. 현대사회의 발달된 유·무선 통신망을 통해 신속 정확하고 빠른 신고접수와 현장출동의 기동성, 현장 담당 경찰의 일체화된 신속한 수색과 수사절차 진행, 빅데이터를 근거로하는 신고접수, 분석, 추적을 하여야 함에도 이러한 접수와 처리절차에 많은 시간을 요하는 문제점이 발견되었다. 즉 기존의 신고자가 18세 미만 아동, 지적·정신장애인, 치매노인 등 실종신고를 하면 182직원이 전화접수 후에 다시 112신고센터로 접수사실을 전화통보하고, 접수받은 112센터부서

1) http://news.khan.co.kr/kh_news/khan_art_view.html?artid=202007151720001&code=940100(최종방문 2020년 7월 18일, 경향신문, 2020년 7월 15일 보도).

는 다시 112신고자에게 연락하여 사실을 청취 후에 신고출동을 할 수 있도록 해야 하는 시간이 지체되는 문제점이 있다. 112신고의 경우에도 성인실종자, 실종아동 등을 신고하면 신고접수와 동시에 112신고 시스템에 입력을 하고 지역순찰차를 무선으로 호출하여 신고출동을 시키고 관련 신고내용을 다시 여성청소년 수사팀에 112신고내용을 통보하고 출동을 시킨다. 이 과정에서 벌써 사람을 살여야 할 귀중한 시간이 모두 소요되는 것이다. 182센터, 112신고센터, 현장경찰관, 경찰서 실종담당경찰관이 모두 한 시스템을 통해 사건을 공유하고 신속히 현장출동을 통해 수사, 발견, 조치 등을 할 수 있는 통합시스템 마련이 필요하다. 현대 사회는 변화하는 IT기술, 유·무선 통합서비스 발달, 융합범죄의 발생 등으로 누구보다도 신속한 기동성, 범죄에 대응하는 예방기술, 최첨단 조치, 자료공유가 필요한 사회이다. 또한 과거의 단순한 신고사실로만 출동하는 것이 아니라 신고자의 관련내용의 빅데이터를 추출하고 활용한 기술로 현장출동과 조치가 이루어져야 하는 사회이다. 현장 경험을 토대로 비교해 볼 때도 182·112신고에 대해 공유할 수 있는 통합 포털 시스템을 구축하여 신고접수·상담하고 신고내용 제공, 위치정보, 관련 신고자 빅데이터 제공 등을 공유할 수 있어야 하며 운영상 문제점이 무엇인지 우선 확인하고 개선해야 할 필요가 있다.

Ⅱ. 182·112 실종신고 법적 적용범위·보완 및 선진사례 검토

1. 182·112 실종신고 법적 적용범위

국민의 기본적인 욕구와 생활의 질에 대한 수요는 인간의 기본 욕구 중의 하나인 안전이 확보된 이후에 충족될 수가 있다. 뿐만 아니라 현대 사회에서 국민의 최우선적인 욕구가 '풍요'에서 '안전'으로 바뀌어 국가의 기능 중 안전에 관한 대국민 서비스가 제일의 과제로 대두되고 있다. 사회적 불안요인의 다각화로 안전한 삶에 대한 관심이 증대되고 있는데 이는 빈번한 재난 발생으로 최근 사회 안전문제에 대한 부정적인 인식이 확산되는 추세이다(한국전산원, 2006 : 216). 경찰은 2005. 12. 1일자로 「실종아동 등의 보호 및 지원에 관한 법률」에 근거하여 실종아동 등 발생 예방 및 수색·수사 등을 통한 신속 발견 업무를 수행하고 있다. 그러나 성인 등 가출인에 대하여는 경찰청 예규인 「실종아동 등 및 가출인 업무처리 규칙」에 따라 실종자 발견을 하고 있어서 성인실종에 대한 법적규정이 없는 상태이다. 현재 사용하는 실종아동법 제정 당시 '실종아동 등'의 범위는 '실종신고 당시 만 14세 미만 아동, 지적·자폐성·정신장애인'이었으나, 아동 실종신고 지연 시 대상에서 제외되는 문제가 발생하였고 아동복지법상 규정된 아동 범위와의 상충되는 문제가 발생하고 사회적 문제로 나타나는 치매환자에 대한 보호 필요성이 계속 증가함으로 인해 현재는 실종 당시 18세 미만 아동, 지적·자폐성·정신장애인, 치매 환자로 '실종아동 등' 대상이 확대되었다. 112신고 출동제도는 지휘·통제·통신의 3대 기능을 자동화된 시스템을 통합함으로써 범죄사건을 비롯한 주민의 생활민원 신고에 신속히 대응할 수 있도록 한 경찰서비스활동체제이다.[2] 112신고 출동은 형사소송법, 경찰법, 112신고센터운영규칙, 지역경찰조직 및 운영에 관한 규칙, 범죄수사규칙, 사법경찰관리집무규칙 등을 기반으로 이루어진다. 경찰의 역할에 대해 미 변호사협회(The American Bar Association; ABA)는 "도시경찰에 관한 기준(Standards Relating to the UrbanPoliceFunction)"에서 ① 범법자와 범죄행위를 확인하고 적당한 경우 범법자를 체포하고 재판과정 참여, ② 예방순찰과 기타 방법으로 범행기회 감소, ③ 신체적 위험에 처한 개인의 원조, ④ 헌법적 보장의 보호, ⑤ 사람과 차량 이동의 원활, ⑥ 자조 능력이 없는 사람의 지원, ⑦ 갈등의 해결, ⑧ 잠재적으로 중요한 법집행 문제나 행정적 문제의 확인, ⑨ 지역 사회에서의 안정감의 조성과 유지, ⑩ 공공질서의 촉진과 보전, ⑪ 긴급사태시의 기타 봉사제공 등으로 구분하였고,[3] 실제 경찰이 행하는 신고출동 범위가 광범위하고 생명신체 및 공공의 안전을 위해서는 적극 출동해야 하는 것으로 볼 수 있다.

2. 182·112 실종신고 법적 문제점 보완 필요성

신고자가 18세 미만 아동, 지적·정신장애인, 치매노인 등 실종신고를 하면 182직원이 전화접수 후에 다시 112신고센터로 접수사실을 전화통보하고 신고출동을 할 수 있도록 해야 하는 문제점이 있다. 112신고의 경우에도 성인실종자, 실종아동 등을 신고하면 신고접수와 동시에 112신고 시스템에 입력을 한 후에 지역순찰차를 무선으로 호출하고 신고출동을 시키고 관련 신고내용을 다시 여성청소년 수사팀에 112신고내용을 통보하고 출동을 시키다. 즉 112신고 출동제도라 함은 실종사건 발생 시 신고에 신속히 대처하기 위하여 경찰인력과 장비를 신속히 범죄현장으로 출동 및 집결시켜 생명과 신체보호를 위해 실종자 발견에 필요한 조치를 할 수 있도록 하는 자동화된 시스템으로 실종자 발견 때까지 통제역할을 수행하는 것이다. 그러나 신고접수단계에서부터 분산된 신고접수와 출동과정 지연이 문제가 된다. 또한 실종대응체계에서 일반 성인에 대한 법적보호 규정이 없으며, 신고출동도 법 직권한과 의무에 따라 행동해야 하는 명확하고도 세분화되는 출동 지침이 없다. 해외의 경우에는 실종아동, 지적 및 정신장애인, 치매환자, 성인실종자 등 모두 포함하여 신고를 접수하고 현장 출동하여 집행하도록 하고 있다. 실종사건에 대해서는 사건위험도에 따라 연령,

2) 지은석, 경찰112신고즉응정책의 집행에 관한 연구, 서울대학교 행정대학원 석사논문, 2000, p.29.
3) AmericanBarAssociation, op. cit., p.53.

성별, 특정대상 구분 없이 보다 적극적인 대응으로 접근해야 한다.

3. 선진사례의 검토

1) 영국 사례 검토

영국의 경우는 경찰발전연구청(National Policing Improvement Agency) 실종 전담국(Missing Persons Bureau, MPB)에서 실종신고 자료 및 무연고자, 실종 아동의 범죄 자료 등에 대해 정부 및 민간 등의 구분 없이 통합·관리하고 있다. 영국의 실종사건 위험성 평가에 관한 연구에 따르면, 실종사건 담당 경찰관이 대체적으로 위험성의 단계별 정의를 알고 있으며, 위험도 판단이 수사 전략에 직접적으로 영향을 미치는 것으로 응답하는 등 위험도 평가가 실종수사에 있어서 일정한 효과가 있는 것으로 나타났다. 다만, 상황의 변화에 따른 위험성 평가의 수정 및 위험성 관련 실종수사지침의 준수 등에 대한 강제성 부여와 위험성 평가 단계 세분화에 대한 필요성이 제기되고 있다.[4] 영국은 1998년 인권법(The Human Right Act 1998)은 실종사건의 처리에 있어서 경찰관에게 위험에 처해 있는 실종자 개인의 권리를 보장하기 위해 주어진 권한의 한도 내에서 합리적인 조치를 취할 것을 강제하는 적극적인 의무를 규정하였다. 실종자에게 주어지는 개인적 권리는 (1) 생존권(right to life, 인권에 관한 유엔 협약 제2조), (2) 고문이나 비인도적 대우 등을 받지 않을 권리(제3조), (3) 노예 및 근로 강제를 받지 아니할 권리(제4조), (4) 개인의 사생활 및 가정생활을 누릴 권리(제8조), (5) 정보를 받을 권리를 포함한 표현의 자유(제10조) 등이다.[5] 실종신고에 대한 적절한 조사를 진행하지 않으면, 실종자 개인이 위험에 처해질 뿐만 아니라 경우에 따라서는 경찰당국이 인권법이나 기타 과실에 대한 법률규정에 의해서 법적인 제재를 받게 된다. 위험도 등급에 상관없이 모든 수사단계에서 적극적인 조치를 해야 하며 이는 실종사건에 대해 의심스러울 때에는 살인사건을 생각하라는 제언을 통해서도 확인된다. 특히, 인종이나 종교 혹은 성적인 부분에서 취약한 사람들이 실종된 경우에는 모든 가능한 사안을 염두에 두고 진행하도록 권고하고 있다. 고위험으로 판단된 사건에는 경찰병력의 즉시 출동이 이루어지고 상부기관의 책임자급 경관이 초기 조사 및 지원의 필요한 수준 결정에 관여해야 한다. 국가경찰혁신청(National Policing Improvement Agency, NPIA)에 즉시 보고해야 한다. 고위험 실종사건의 초기대응에는 언론활용전략, 외부기관 협업전략, 실종자 가족지원정책 등이 함께 진행되고 만약 실종자가 18세 미만 아동청소년의 경우에는 아동착취온라인 보호센터(Child Exploitation

---

4) Richard Smith & Karen Shalev Greene, “High Risk? Attitudes to the Risk Assessment Process in Missing Person Investigations,” University of Portsmouth Centre for the Study of Missing Persons, 2014.

5) Guidance on the Management, Recording and Investigation of Missing Persons, 2nd ed., NPIA, 2010, p.15.

Online Protection, CEOP)과 아동서비스기관(Children's Service) 등 관련기관에 즉시 통보된다.[6)]

2) 미국 사례 검토

미국은 신고출동의 경우 위험성을 평가하는 요소에 대한 공식적이고 통일된 지침 등은 존재하고 있지 않고 각 주(州)정부 및 지역 경찰관할 별로 재량적으로 사용하고 있는 실태를 보여주고 있다. 다만, 최근 체계적이고 일관적인 평가를 위해 모범법안이 제안되었다. 연방정부 및 주정부와 그 하위 관할에 따른 실태에 대한 연구 분석에는 한계가 있어 모범법안을 중심으로 살펴보되, 모범법안은 연방이나 주에 구속력을 가진 것이 아니라 실종사건의 처리와 관련된 법안의 입법을 위해 일종의 가이드라인을 설정해 주는 것으로 이해하고 살펴보아야 한다. 실종자모범법안은 실종자의 위험등급을 즉각적으로 확인하도록 규정하고 있다. 모범법안은 고위험군 실종자에 대한 정의를 "행방을 현재 확인할 수 없고 상황으로 보아 상해나 사망의 위험에 처해 있는 자"로 규정하고 있다. 이와 같은 정의에 의하면 실종 성립의 판단이 실종담당 경찰관의 재량에 기초하고 있어 다소 추상적인 측면이 있다는 비판에서 자유롭지 못하다. 따라서 이와 같은 재량적 요소를 최소화하기 위해 고위험성 판단에 대해 보다 구체적인 판단요소로 다음의 7가지 사항을 고려하도록 권장하고 있다. ① 낯선 사람으로 인한 유괴 혹은 납치로 의심되는 경우, ② 의심스러운 정황이 보이는 경우, ③ 상세불명의 상황하에 실종된 경우, ④ 위험상황하에 실종이 발생한 경우, ⑤ 실종기간이 30일 이상된 경우, ⑥ 다른 기관에 의해서 이미 고위험 실종자로 분류된 경우, ⑦ 다음과 같은 상황이 확인된 경우: 의학적 치료가 필요한 실종자, 가출이나 잠적의 성향이 없는 자의 실종, 친권이 없는 부모 일방에 의해 이루어진 실종, 정신적으로 불완전한 실종자, 21세 이하의 실종자, 과거 폭력적인 위협이나 행위의 대상이 되었던 전력 소유자의 실종 등. 마지막으로 일종의 담당경찰관의 판단하에 위험상황이 의심되는 경우에 고위험 실종자로 분류될 수 있도록 포괄적인 재량권을 제공하고 있다.[7)] 또한 미국의 경우에는 실종자 정보의 데이터베이스 입력을 매우 중시하는 모습을 보이고 있다. 유전자(DNA)정보는 주정부 차원의 데이터베이스(State DNA Index System, SDIS), 연방정부 차원의 데이터베이스(National DNA Index System) 및 결합시스템(Combined DNA Index System)과 미연방수사국(FBI)의 정보시스템인 폭력사범 체포프로그램(Violent Criminal Apprehension Program, ViCAP) 등 관련 데이터베이스에 신속히 업로드하여야 한다.[8)]

---

6) National Police Improvement Agency (NPIA), Guidance on the Management, Recording and Investigation of Missing Persons, 2nd ed., 2010, p.24.
7) Model State Missing Persons Statute, NCJRS, 2005.
8) Model State Missing Statute, Sec.XXX.2.(1)(c)(4).

3) 벨기에 및 캐나다 사례 검토

벨기에는 전 유럽에 걸친 조직망을 형성해 실종된 아동을 찾고 있으며, 동시에 성적 착취를 예방하는 활동까지 전개하고 있다. 이러한 조직망은 '실종 및 성적 착취 아동을 위한 유럽 센터(The European Centre for Missing and Sexually Exploited Children)'로 불리고 있으며 범죄뿐만 아니라 법률 등 다양한 분야의 전문가들로 구성되어 사건 해결을 돕고 있다.9) 캐나다의 경우, 실종의 위험성을 판단하여 고위험성으로 결정되면 적절한 자원을 즉각적으로 수사에 배정한다. 이 경우에 고위 경찰관과 실종사건조정관(missing person coordinator)에게 사건을 고지한다. 사건은 지속적이고 적극적으로 수사되어야 한다고 규정하고 있으며 고위험성 실종사건으로 문서화된다. 상해 이상의 범죄의 가능성이 의심되면 중대범죄 수사를 전담하는 부서로 이관된다. 실종수사에 영향을 주지 않거나 실종자를 위험에 처하게 하지 않는 한, 실종자 가족 혹은 신고자에게 향후 수사 방향 등을 고지한다.10)

Ⅲ. 182·112시스템 상호연계에 따른 문제점

1. 182시스템 및 전국 경찰관서 112 시스템 운영 상태

182신고는 센터에서 신고를 전화접수하고 프로파일링 시스템에 입력한 후에 관할 경찰서 112센터에 직접 전화를 연결하여 실종사건이 발생한 사실을 통보하고 현장출동해줄 것을 요청하고 있다. 전화상담과 사건입력, 112신고센터에 전화연결 시간을 확인해 보면 평균 20분에서 30분 등이 소요될 수 있다. 실종사건은 시간이 생명과 직결됨에도 신고접수초기와 현장출동 사이에 많은 시간이 소요되고 있음을 알 수 있다.

전국경찰관서에 설치된 112신고센터는 각 지방경찰청별 코드번호가 다르고 소속된 관서별 비체계화된 시스템 구축으로 서로 사건 신고 내용을 공유할 수 없다. 관할이 다르거나 광역사건의 경우 서로 내용을 공유하기 위해서는 전화, FAX, 시간이 요구되는 사건이첩 등으로 많은 시간이 지체되고 있다. 실종사건의 경우에는 지역에서 타지방으로 실시간 이동이 되고 있는 사건으로 어떤 사건보다도 공조가 필수가 되어야 한다. 또한 현장출동경찰관 연결망을 살펴보면, 신고접수시스템과 순찰차에 연결하는 IDS가 서로 달라서 시간이 지체된다. 운영하는 기종 제조사가 달라서 활용에 따라 접근방법이나 운영에 비효율성이 발생하고 있다. 현장출동하는 경찰관에게 정확한 사건장소를 지령하여 신속하게 현장출동이 이

---

9) 정경웅·박은숙·나현민·박정연, "실종아동 보호 및 지원에 관한 방안연구", 보건복지부·한국복지재단, 2005.

10) British Columbia, Provincial Policing Standards, p.3(시행일: 2016년 9월 1일).

루어져야 함에도 시스템의 미구축으로 인해 정확한 위치를 파악하지 못하여 개인 핸드폰을 활용하거나 관내지도를 활용하는 경우 등도 많다. 최근 경남 창원의 한 교차로에서 비슷한 사건이 발생했다. 파란불인데도 오토바이가 출발하지 않자 뒤 차량들이 경적을 울리고 오토바이 운전자는 앞으로 가는가 싶더니, 여성이 모는 뒷 차량에 침을 뱉고 욕설을 하며 사라지고 나서 잠시 뒤 번호판을 모자로 가리고 다시 나타난 오토바이가 주행하던 여성의 차량을 가로막더니, 남자가 내려 마구 주먹을 휘둘렀다. 그리고는, 오토바이 번호를 가렸으니 절대 잡지 못할 거라며 달아났다. 피해 여성 운전자는 코뼈가 부러져 전치 4주 진단을 받고 입원해, 정신과 치료까지 받았고 당시 신고를 받고 출동한 경찰은 오토바이 추격에 실패했다. 그러자 피해 여성은 블랙박스 영상을 SNS에 올린 끝에 때린 남성의 신원과 직장 등을 직접 파악했다. 여성은, 가해 남성의 전화번호와 위치까지 파악해 경찰에 잡아달라고 신고했지만, 경찰은 관할이 아니라며 계속 사건을 떠넘겼고, 결국 112와 지구대를 오가며 4차례나 전화한 끝에, 1시간 반 뒤에야 출동했다. 또한 경찰은 또 때린 남자가 피해자에게 여러 차례 전화해 비아냥거렸는데도, 녹취가 없고 내용이 위협적이지 않다며 협박죄는 적용하지 않은 채 피의자 36살 안 모 씨를 불구속 입건했다.[11] 이 사건을 보면서 경찰의 현장출동 시간과 대응능력에 많은 문제점이 있다는 사실을 알 수 있다. 현재 치안행정 분야의 근본적인 지역사회 경찰활동은 경찰과 경찰 이외의 공안유지기관, 시민, 개인기관, 시민단체 그리고 다양한 지역사회 후원단체 등과의 긴밀한 협력을 요구하는 유기 치안협력체제로 이루어지고 있는 것이 범세계인 추세이며 수평적 파트너십, 시민참여주의 그리고 공동체주의적 범죄통제전략이 강조되고 있다.[12]

2. 182시스템·112 IDS시스템 비효율적 광역대응

신고자가 18세 미만 아동, 지적·정신장애인, 치매노인 등 실종신고를 하면 182직원이 전화접수 후에 다시 112신고센터로 접수사실을 전화통보하고 신고출동을 할 수 있도록 해야 하는 문제점이 있다. 이 과정에서 182센터 직원과 112신고센터 직원 간에 사건접수 및 현장출동 관련하여 언쟁을 하는 일이 다반사이다. 112신고의 경우에도 성인실종자, 실종아동 등을 신고하면 신고접수와 동시에 112신고 시스템에 입력을 한 후에 지역순찰차를 무선으로 호출하고 신고출동을 시키고 관련 신고내용을 다시 여성청소년 수사팀에 112신고내용

11) https://imnews.imbc.com/replay/2019/nwtoday/article/5459087_28983.html(최종방문 2020년 7월 17일, MBC뉴스, 2019년 8월 21일 보도).

12) 윤경희·박동균, 지역치안협의회의 운영실태분석 및 활성화 방향 연구, 치안정책연구 제26권 제1호, 2012, p.104.

을 통보하고 출동을 시킨다. 이 과정에서 많은 시간이 지체되고 있다. 신고사건의 단일화와 업무처리 시스템의 불일치로 인해 실종사건의 경우 시간이 생명과 직결되는 경우에도 이 문제가 해결이 안되고 있다. 실종사건의 경우에도 신고 시스템에 전자지도와 연동된 지도 기반 접수시스템과 위치정보시스템(LBS)을 구축하고 신고자 휴대전화의 GPS, 기지국정보 등을 확인해 위치를 파악해야 신속하게 실종사건을 해결할 수 있는 것이다. 이후 거리뷰 기능, 항공사진 지도 등을 활용해 보다 정밀하게 신고자 위치 및 현장 CCTV도 활용하는 방법을 고안해야 한다. 현장 출동 경찰관의 경우 IDS는 112순찰차의 실시간 위치와 사건 발생장소를 112신고센터에 설치된 전자지도에 표시해 활용하는 시스템으로 사건 발생장소와 가까운 순찰차를 출동시키거나 순찰차들을 입체적으로 지휘하는데 활용되고 있다. 실종사건의 경우 순찰차 내비게이션에 신고내용, 실종자 사진, 현장 상황 등이 전송되고 신고육성이 담긴 녹취내용도 파악할 수 있도록 한다면 사건 해결에 큰 도움이 될 수 있다.

3. 182·112시스템간 위치추적 별도 운영

최근 전북지방경찰청 112상황실에 한 중년남성의 다급한 신고가 들어왔다. “딸이 납치당했다. 갇혀 있는 데 어디인지 모르겠다”는 내용이었다. 이 남성은 “딸을 빨리 구해달라”고 거듭 호소했다. 경찰은 곧바로 ‘코드 제로(0)’를 발령했다. 강력범죄 현행범을 잡을 때 내리는 최고 단계 상황이다. 경찰은 아버지와 마지막으로 통화한 딸의 휴대전화 위치를 추적해 익산의 한 아파트로 출동했다. 순찰차 7대와 강력팀, 타격대 등 가용 경력을 모두 동원했다. 하지만 1,000가구가 넘는 아파트에서 딸을 찾기란 쉬운 일이 아니었다. 이때 112상황실 직원이 기지를 발휘했다. 딸에게 전화를 걸어 친구인 것처럼 대화를 이어갔다. 그런 다음 현장 상황을 파악했다. 이 여성은 “성폭행을 당하고 안방에 갇혀 있고, 가해 남성은 다른 방에 있다”고 했다. 하지만 아파트 동이나 호 등 자신의 정확한 위치는 알지 못했다. 112상황실 직원은 “친구야. 베란다로 얼굴 한 번만 보여줄래. 아니면 휴지나 옷을 걸쳐놔도 좋아”라며 재차 여성의 위치 파악에 나섰다. 가해 남성에게 경찰과 통화하는 것을 들킬까 봐 겁에 질려 있던 딸은 경찰의 침착한 대응에 다시 한번 용기를 냈다. 조심스럽게 난간에 이불을 걸고 베란다로 모습을 드러냈다. 이때 상황실 직원은 “밖에 뭐가 보여? 보이는 걸 다 말해봐”라고 물었고, 딸은 “편의점이랑 헤어샵이 보인다”고 답했다. 상황실 직원의 지시에 따라 아파트를 둘러보던 딸은 자신의 아버지를 발견하고 “아빠, 아빠”를 외치며 오열했다. 납치 여성의 위치를 확인한 경찰은 신고 1시간 만에 현관문을 강제로 열고 들어가 집안에 있던 A(39) 씨를 체포했다. 여성은 무사히 가족의 품으로 돌아갔다.[13] 이 사건에서 관계기관의

13) http://news.chosun.com/site/data/html_dir/2020/06/25/2020062501738.html(최종방문 2020년 7월 20일,

위치추적의 허점이 드러났다. 대부분 신고자 근처에는 스마트폰, 피처폰, 태블릿PC, 내비게이션 장비 등이 있다. 182신고 또는 112신고를 해도 피해자의 노력 없이는 오늘날 최첨단인 IT국가인 우리나라에서도 정확한 위치를 파악하지 못하고 있는 문제점이다. 실종사건의 강력사건과 이어지고 시간이 지체될수록 살인사건으로 연결되고 있는 현실이다. 또한 182신고의 경우에는 오히려 생명과 직결된 위험한 경우에는 위치추적을 할 수 없도록 되어 있어서 오히려 무용지물의 법적 규정이 적용되고 있다. 112신고의 경우에 생명과 직결되어 있지만 피해자의 정확한 위치추적을 하지 못해서 소중한 생명을 잃게 하고 있는 문제점이 있다.

4. 신고접수기관 및 다매체 신고로 인한 혼란

현재 실종신고가 접수되는 곳은 파출소, 182센터, 112센터 등으로 다양한 곳에서 신고를 접수하고 있으며 신고접수 형태는 ANI(Automatic Number Identification 유선을 통한 신고자 번호표시), ALI(Automatic Location Identification 유선 신고자 자동위치 표시), LBS(Location Based Service 이동전화신고자 위치 자동표시) 등이다. 다양한 곳에서 신고를 접수하고 신고접수 과정에서도 정확한 위치정보와 신고자에 대한 이력이 화면에 표출되어야만 신고를 접수하고 상담과정에서 자료를 활용하면서 적절하게 대처할 수 있음에도 이러한 자료 활용이 안되고 있다. 또한 최근 들어 SMS신고, 전화신고, 스마트폰 앱을 통한 신고, 나들가게 등에서 신고 등 다양한 매체로 신고가 접수되고 있다. 신고접수의 기관의 다양성, 신고자정보 비공유성, 다매체 신고로 인한 혼란으로 정보공유 및 전파시간 늑장대처에 대해 큰 문제점이 발견되고 있다.

5. 다양한 시스템 사용 및 관리로 인한 혼란

경찰이 현재 사용하는 시스템에 대해 에스큐아이소프트(주)에서 2019년 4월 1일에서 19일까지 전국 총 13개 지방청, 212개 관서에 근무하는 실종전담팀, 실종업무 담당자를 대상으로 실종업무 처리를 위해 현재 사용하는 시스템과 자주 사용하는 주요기능을 확인했다. 그 결과 현재 활용하는 시스템으로는 KICS(형사사법정보시스템, Korea Information System of Criminal Justice Services, 형사사법기관 간 정보를 공동으로 활용하는 시스템으로 약식사건 절차를 전자화하고 국민에게 형사사건 정보를 제공한다)를 사용하는 곳이 175개 관서로 가장 많았으며, 실종업무를 처리하는 실종프로파일링 시스템이 136개 관서, 112신고시스템 68개 관서, 그 외 WASS, NICE신용정보 등을 활용하는 것으로 나타났다. 자주 사용하는 주요기능으로 KICS에서는 대외기관정보검색(건강, 의료보험, 승선이력, 장애유무 등 확인), 이전 실종신고 기록 확인, 가출인 실종신고 접수 등 대상자 통합관리, 추적수사사항 확인 및 입력, 위치추적,

---

조선일보, 2020년 6월 25일 보도).

전국 수배 및 공조요청 등 자료를 확인하였고, 실종프로파일링 시스템에서는 통신수사로 위치추적 및 가입여부, 주소지 확인, 수사대상자 기초자료 수집, 범죄 및 수사경력, 수용자 조회, 법무부 정보조회로 출입국 사실 확인, 영장신청(통화내역, 압수영장) 등을 확인하였으며, 112신고 시스템에서는 위치추적을 통한 소재발견, 타서 공조요청, 신고 경위 파악, TCS(교통범죄관리시스템)에서는 무면허조회, 무인단속 및 과태료조회, WASS(수배차량검색시스템)에서는 차량통과내역 확인으로 이동동선 확인, 차량수배여부를 파악하였다. 기타 NICE신용정보에서는 신용카드 등 사용내역을 확인, 온나라에서는 CCTV확인 및 공조요청, 경찰온라인 조회시스템에서는 실종자 사진 및 주소지 확인, 대외기관 정보요청으로 건강보험 등 진료기록 확인, 관제센터에서는 CCTV조회 및 차량검색 등을 활용했다. 설문조사 결과에 대한 시사점으로 볼 때 필요한 정보가 여러 시스템에 산재되어 있다. 설문에 응한 경찰관 94%가 각 기관에 공문협조 및 시스템별로 접속하여 정보 확인에 따른 시간이 소요되고 있어서 시스템 연계가 필요하다고 하였다. 또한 설문에 응한 경찰관 85%가 자동입력기능이 필요하다고 응답했다. 즉 업무의 비효율적인 부분으로 정보의 실시간 공유 부족 및 정확도 저하, 실종 정보에 대해서 현장 수기 작성 또는 사무실 수동 입력에 따른 시간 및 인력낭비가 심하다고 하였다.

6. 신고사건 전문접수 인력부족

실종사건 접수는 강력사건과 연계가능성이 많다. 따라서 전문적인 접수 인력에 의해 접수되어야 함에도 불구하고 경험부족과 직관에 의지하는 경향이 많아 수사에 혼란을 주는 경우도 많다. 실종신고자의 특성을 파악하고 실질적으로 실종에 영향에 미치는 요인까지 확인하여 정보를 제시함으로써 신속한 업무처리에 큰 도움을 줄 수 있다. 경찰청 182신고센터는 13명이 4조 3교대로 근무를 하고 있으며, 112신고센터의 경우 서울지방경찰청 5층의 112종합상황실에는 현재 186명의 경찰관이 교대근무를 하며 24시간 범죄 신고를 받고, 서울 시내 길목을 지키는 순찰대와 소통하며 치안 컨트롤타워 역할을 하고 있다. 서울청은 경찰 내부에 112종합상황실은 신고를 받고 지령을 전달하는 접수석을 A, B, C 등 3구역으로 나누고 1구역에 15명씩 배치했다. 서울청 산하 지구대 및 파출소는 평균 40여 명, 경찰서에는 평균 350~1,000여 명이 근무한다. 신고접수를 통해 순찰차를 신속하게 배치하고 관련 실종사건 상황대처를 어떻게 하는가에 따라 사건해결 또는 장기미제사건으로 나뉘어진다. 신고사건 접수부서는 경찰내부에서는 승진의 어려움, 민원증가, 전문직과는 거리가 먼 한직으로 통한다. 대부분의 경찰관이 장기 근무하기보다는 잠시 근무하다가 1년 후에 인사이동을 하는 부서로 전문적인 부서로서의 기능이 떨어진다.

Ⅳ. 182·112시스템 상호연계에 따른 실종사건 효율적인 개선방안

1. 182·112시스템 간 공유 시스템 구축

현재 182·112시스템에 대한 개선방안으로 표준화된 전국망 단위의 시스템인 '원스톱 통합 신고시스템'을 구현해야 한다. 이 시스템은 문자신고, 무선신고, 영상신고, 유선신고 등 다양하게 신고를 접수하고 지령도 사건 신고 내용에 따라 문자, 무선, 영상 등으로 지령을 할 수 있도록 표준화된 시스템이 이루어져야 하고 전국망단위 S/W개발, IDS연결망 구축, 현장출동 경찰관이 함께 공유하는 지도 표출, 위치추적 공유 등이 이루어져야 한다. 이러한 시스템에서 더욱 중요하게 작용할 수 있는 방안은 현재 설치되어 있는 지방자치단체 CCTV관제센터에서 촬영된 영상자료를 데이터 전송하고 영상분배서버(VMS)를 통해 '원스톱 통합 신고시스템'으로 보내주고 이를 활용하여 사건수사 및 수색, 정보공유를 통한 공조가 이루어지게 되는 방법이다. 현재 112는 국민의 비상벨로서 2018년 한해 18,730,627건이 접수, 日평균 51,316건(1분에 35건)이 접수처리되었다. 각 신고에 대한 신속한 현장출동의 중요성이 국민안전 확보 및 경찰 신뢰도 제고, '현장대응 골든타임'을 확보에 직결된다. 그러나 허위신고 또한 매년 증가하고 있다. 고의가 명백하고, 신고내용(강력범죄·폭발물설치 등)이 중대하거나 경찰력 낭비가 심한 허위신고는 경범죄처벌법에 따라 벌금·구류 또는 과료처분은 물론 공무집행방해죄로도 처벌하고 있다. 허위신고 처벌건수는 2014년 1,913건, 2015년 2,734건, 2016년 3,556건, 2017년 4,192건, 2018년 3,959건으로 나타나고 있다.[14)] 신고자에 대한 빅데이터 축적을 통해 이러한 신고자도 초기에 구별할 필요도 있다.

2. 시스템 효율적 광역대응

182·112 시스템을 활용한 새로운 통합 시스템 구축이 필요하다. 신고자가 18세 미만 아동, 지적·정신장애인, 치매노인 등 실종신고를 하면 182직원이 전화접수 후에 '182·112 통합시스템'에 입력을 하고 시스템을 통해 신고받은 112신고 접수 직원은 지역순찰차를 무선으로 호출하고 신고자료를 IDS를 통해 보내면서 신고출동 현장을 관할하는 것이다. 관할경찰서 여성청소년 수사팀 근무자는 '182·112 통합시스템' 자료를 활용해 관련 내용을 파악하여 전문실종수사를 할 수 있는 것이다. '182·112 통합시스템'은 전자지도와 연동된 지도기반 접수시스템과 위치정보시스템(LBS)을 구축하고 신고자 휴대전화의 GPS, 기지국정보, 사물정보 위치추적, 초정밀WIFI 등을 확인해 위치를 파악할 수 있도록 하는 것이다. 또한

---

14) 2019년 경찰백서, pp.85~90.

거리뷰 기능, 항공사진 지도 등을 활용해 보다 정밀하게 신고자 위치 및 현장 CCTV도 활용하여 이동경로를 파악할 수 있도록 시스템에 탑재되어야 한다. 현장 출동 경찰관의 경우에도 현장 상황을 파악할 수 있도록 경찰바디캠 착용을 의무화해야 한다. 이러한 현장 영상자료를 공유하면서 신속한 현장수색과 수사가 이루어질 수 있도록 통합시스템 개선이 사건해결에 큰 도움이 될 수 있다.

3. 위치추적 포털서비스화

IT기술과의 접목을 통해 보호자가 신속하게 실종가족을 찾을 수 있는 시스템 구축이 필요하고, 정확한 위치추적을 통한 현장에서 가족을 빨리 찾을 수 있는 시스템 구축 필요하다. 스마트폰, 피처폰, 내비게이션, 태블릿PC 위치정보와 수신 등은 사건해결에 중요한 단서이다. 현대사회에서 초등학생부터 노년부에 이르기까지 대부분 휴대폰을 소지하고 있다. 휴대폰 설정기능을 확인해보면 위치정보확인 선택이 있다. 18세 미만, 청소년, 지적·정신장애, 치매노인 등 보호자는 위치정보 확인이 가능하도로 동의를 미리 해 놓을 필요가 있다. 이러한 휴대폰에 GPS수신기 등이 포함되어 있어서 실종자 발견에 큰 역할을 할 수 있다. 이러한 최첨단 기술이 결합하여 기기와 사람 등이 소통하는 사물인터넷(IOT) 등 융복합은 사물과 사람에 대한 위치정보 활용까지 포함되며, 이러한 정보는 실종자 발견에 활용가능할 수 있다. 청소년 등은 와이파이(Wifi)를 많이 사용하고 있으며, 이러한 사용정보를 활용하여 실종자의 위치를 추적할 수 있다. 와이파이(Wifi)를 이용하여 핸드폰을 사용할 때, 그 장소가 식당, 영화관, 카페 등일 경우, 현장에 설치되어 있는 공유기에 실종자의 기기 정보, 접속단말기의 IP, 사용시간 등이 표시되고, 실종자의 핸드폰에도 공유기(AP)의 주소 등 자료가 남게 된다. 또한 이러한 자료는 실종자의 실시간 위치 정보를 활용한 동선 분석 및 행동분석, 범죄성 여부 파악, 공범자 파악 등을 파악하고 정확한 실내 위치에 기반하여 실시간 실종자 추적을 실행할 수 있다.

GPS(Global Positioning System)는 위성항법장치라고도 하며, 인공위성을 통해 사람, 자동차, 선박, 비행기 등의 위치를 10~15m 오차 범위 내에서 파악할 수 있다. 또한 사물인터넷 장비를 통해 주변 건물, 회사, 정보 등을 취득할 수 있으며, 실종자의 현 상황 등을 확인할 수 있다. 최근에는 초정밀 위성기반 위치보정시스템(SBAS, Satellite Based Augmentation System)을 통해 실종자의 위치 정보 오차를 3m 이하까지 줄일 수가 있어서 실종자 발견에 활용된다면 치매노인, 지적·정신장애인, 6세 이하 아동 발견에 큰 효과가 있을 것으로 보인다.[15)]

15) 이건수, 휴대전화 활용 실종자 찾기 프로세스에 관한 연구, 차세대정보서비스컨버전스기술논문지, 2019, p.6.

이러한 초정밀 위치추적 탑재를 통해서 신속하게 실종자를 발견할 수 있도록 시스템 구축이 이루어져야 한다.

4. 실종대응 프로세스 개선

현재 실종신고가 접수되는 단계에서 출동하여 수사종결까지 '원스톱 통합시스템'을 통한 신속한 대응체재로 개선이 되어야 한다. 경찰청에 따르면 실종신고는 1년에 평균 실종아동 등 신고 2만 명, 성인실종신고 6만 명 등 8만 명 신고가 접수된다. 또한 112는 국민의 비상벨로서 2018년 한해 18,730,627건이 접수, 日평균 51,316건(1분에 35건)이 접수처리되었다. 신고에 대한 신속한 현장출동이 국민생명보호 및 안전과 직결되는 만큼, 대응시간 단축으로 '현장대응 골든타임'을 확보해야 한다. 전국에 약 24만여 대가 설치되어 있는 방범용 CCTV에 대한 모니터링은 부족한 경찰력을 보완하는 가장 효과적인 방법이다.[16] 이를 위해 전국 지치단체에서는 동합관제센터를 구축하고, 현재 총 205개소의 자치단체에 관제센터가 위치해 있다. 많은 실종신고 접수와 신속한 대응을 위해서는 CCTV 모니터링, 3D와 딥러닝을 기반으로 한 영상복원 방법인 CCTV기반 영상복원기술로 신원확인이 가능한 방법으로 현장경찰관에게 필요한 영상제공과 ALI(Automatic Location Identification 유선 신고자 자동위치표시), LBS(Location Based Service 이동전화신고자 위치 자동표시) 등을 공유하면서 현장출동이 되어야 한다. 통합 시스템 구축으로 다양한 곳에서 누구나 다양한 신고를 신속하게 접수하고 신고접수 과정에서도 정확한 위치정보와 신고자에 대한 관련사건 신고이력, 사건종결이력 등 신원에 관련된 자료를 활용하면서 적절하게 대처하고 상황관리를 하는 것이다. 실종신고사건에 대한 전문적 대응은 시스템을 통한 정확한 신원을 확인하고, 신고에 대한 정확한 출동이 이루어져야 할 실종신고 위험예측이 이루어져야 한다. 시스템을 통한 전문적인 상황관리에 따라 실종사에 대한 동선을 확인할 수 있고, CCTV를 기반으로 위치추적 활용도가 더 높아진다.

5. 통합플랫폼 구축

경찰이 현재 사용하는 시스템에 대해 에스큐아이소프트(주)에서 2019년 4월 1일에서 19일까지 전국 총 13개 지방청, 212개 관서에 근무하는 실종전담팀, 실종업무 담당자를 대상으로 실종업무 처리를 위해 현재 사용하는 시스템과 자주 사용하는 주요기능을 확인한 결과를 토대로 볼 때, 경찰이 활용하는 KICS, 실종프로파일링 시스템, 112신고시스템, TCS(교통범죄관리 시스템), WASS(수배차량검색시스템), NICE신용정보, 온나라, 경찰온라인 조회시

---

16) 2019 경찰백서, pp.89~101.

스템, 관제센터 CCTV조회 및 차량검색 등을 활용했다. 대부분 경찰관이 신고접수 후 중요하고 필요로 하는 시간에 자료검색, 별도 추적을 하기위해 각 기관에 공문협조 및 정보학인, 자동입력기능 등을 통해서 골든시간을 놓치고 있는 것이다. 따라서 이러한 문제점 해결을 위해서는 통합플랫폼 구축이 이루어져야 한다. 통합플랫폼은 첫째, 신고내용과 입력대상 항목을 상세화하여 검색기능을 강화하는 것이다. 둘째, 통합신고시스템과 현장경찰관 태블릿, PDA에서의 실시간 위치추적기능 활성화이다. 셋째, 통합플랫폼 내에서 입력기능과 시스템 내에서 알림을 실시간 이용가능할 수 있도록 만들어야 한다. 넷째, 신속하게 기관 간 공조할 수 있도록 자료연계, 자동 공문 결재화 기능이 이루어져야 한다. 특히 보건복지부에서 보건증 발부로 인한 생활반응, 연락처, 주소 등을 연계하고, 서울다시서기종합지원센터에서 노숙인 자료, NICE 신용정보회사의 개인 신용정보, 게임IP추적, 교통카드 추적자료 등이 연계되어야 한다. 다섯째, 실종자 CCTV영상자료를 실시간 연계하여 동선이 파악되어야 한다.

6. 시스템 개발로 신고접수 인력 전문화

실종사건 접수는 살인사건 등 강력사건과 연계가능성이 많고 대처시간은 생명과 직결된다. 따라서 신고접수 부서의 경우에는 민원의 증가, 승진에 어려움 등으로 인사이동이 심하다. 이에 대한 대처방안으로 처음 근무하는 경찰관일지라도 전문적인 시스템에 의한 신고접수, 상황관리 대처, 출동, 현장사건 해결을 하는 프로세스 형태의 시스템 처리가 이루어져야 한다. 실종신고는 관내에 따라 실종신고 유형별 특성이 달라진다. 외국인 거주 지역에는 외국인 실종, 산업지역은 성인실종, 청소년 등이 많이 거주하는 지역은 청소년 실종, 치매어르신 실종 등 다양한 형태로 이루어진다. 처음 경찰관이 신고접수 및 현장 방문시 실종신고에 대한 위험도 판단을 자동화 기능에 따라 체크리스트를 통한 위험도 판단 자동화 기능이 구현되고, 각 종류별 실종업무 처리를 위해 시스템에서 유형별 기능 판단, 실종자 가족의견에 대한 업무처리 기능, 실종수사업무 중에서 인력투입 및 소요시간 파악, 대외기관 연계 정보 확인, 지자체 CCTV관제센터 자료 확인, 실시간 모니터링과 데이터베이스 구축 등이 이루어지도록 시스템 전문화가 이루어져야 한다.

Ⅴ. 마치며

시대적인 발전과 변화에 따라 사건 특성별 실종자 발견을 위한 시스템은 이루어져야 한다. 첫째, 182·112 시스템 간 공유 시스템 구축이다. 문자신고, 무선신고, 영상신고, 유선

신고 등 다양하게 신고를 접수하고 지령도 사건 신고 내용에 따라 문자, 무선, 영상 등으로 지령을 할 수 있도록 표준화된 시스템이 이루어져야 하고 전국망단위 S/W개발, IDS연결망 구축, 현장출동 경찰관이 함께 공유하는 지도 표출, 위치추적 공유 등이 이루어져야 한다. 이러한 시스템에서 더욱 중요하게 작용할 수 있는 방안은 현재 설치되어 있는 지방자치단체 CCTV관제센터에서 촬영된 영상자료를 데이터 전송하고 영상분배서버(VMS)를 통해 '원스톱 통합 신고시스템'으로 보내주고 이를 활용하여 사건수사 및 수색, 정보공유를 통한 공조가 이루어지게 되는 방법이다. 둘째, 시스템 효율적 광역대응 방안이다. 신고 접수 직원은 지역순찰차를 무선으로 호출하고 신고자료를 IDS를 통해 보내면서 신고출동 현장을 관할하는 것이다. 전자지도와 연동된 지도기반 접수시스템과 위치정보시스템(LBS)을 구축하고 신고자 휴대전화의 GPS, 기지국정보, 사물정보 위치추적, 초정밀WIFI 등을 확인해 위치를 파악할 수 있도록 하는 것이다. 또한 경찰착용 바디캠기능을 활성화하고, 거리뷰 기능, 항공사진 지도 등을 활용해 보다 정밀하게 신고자 위치 및 현장 CCTV도 활용하여 이동경로를 파악할 수 있도록 시스템에 탑재되어야 한다. 셋째, 위치추적 포털서비스화이다. 휴대폰에 GPS수신기 등이 포함되어 있어서 실종자 발견에 큰 역할을 할 수 있다. 이러한 최첨단 기술이 결합하여 기기와 사람 등이 소통하는 사물인터넷(IOT) 등 융복합은 사물과 사람에 대한 위치정보 활용까지 포함되며, 이러한 정보는 실종자 발견에 활용 가능할 수 있다. 넷째, 실종대응 프로세스 개선이다. 통합 시스템 구축으로 다양한 곳에서 누구나 다양한 신고를 신속하게 접수하고 신고접수 과정에서도 정확한 위치정보와 신고자에 대한 관련사건 신고이력, 사건종결이력 등 신원에 관련된 자료를 활용하면서 적절하게 대처하고 상황관리를 하는 것이다. 실종신고사건에 대한 전문적 대응은 시스템을 통한 정확한 신원을 확인하고, 신고에 대한 정확한 출동이 이루어져야 할 실종신고 위험예측이 이루어져야 한다. 시스템을 통한 전문적인 상황관리에 따라 실종자에 대한 동선을 확인할 수 있고, CCTV를 기반으로 위치추적 활용도가 더 높아진다. 다섯째, 통합플랫폼 구축이다. 신고내용과 입력대상 항목을 상세화하여 검색기능을 강화하고 통합신고시스템과 현장경찰관 태블릿, PDA에서의 실시간 위치추적기능 활성화, 입력기능과 시스템 내에서 알림을 실시간 이용가능, 신속하게 기관 간 공조할 수 있도록 자료연계, 자동 공문 결재화 기능, 보건복지부에서 보건증 발부로 인한 생활반응, 연락처, 주소 등을 연계하고, 서울 '다시서기종합지원센터'에서 노숙인 자료, NICE 신용정보회사의 개인 신용정보, 게임IP추적, 교통카드 추적자료, 실종자 CCTV 영상자료를 실시간 연계하여 동선이 파악되어야 한다. 마지막으로 시스템 개발로 신고접수 인력 전문화이다. 처음 경찰관이 신고접수 및 현장 방문시 실종신고에 대한 위험도 판단을 자동화 기능에 따라 체크리스트를 통한 위험도 판단 자동화 기능이 구현되고, 각 종류별 실종업무 처리를 위해 시스템에서 유형별 기능 판단, 실종자 가족의견에 대한 업무처리 기능, 실종수사업무 중에서 인력투입 및 소요시간 파악, 대외기관 연계 정보 확인, 지자체 CCTV 관제센터 자료 확인, 실시간 모니터링과 데이터베이스 구축 등이 이루어지도록 시스템 전문화가 이루어져야 한다. 다양하게 발생하는 실종자 발견과 업무행정의 효율성을 높일 수 있다면 경찰관이 자료 확인을 위해 사용하는 분산된 시스템을 통합하고 기능사용을 효율화하는 방법으로 통합된 시스템운영은 실종자 발견과 사건해결에 큰 역할을 할 것으로 판단된다.

참고문헌

이건수, 「휴대전화 활용 실종자 찾기 프로세스에 관한 연구」, 차세대정보서비스컨버전스기술논문지 20(1): 6, 2019.

지은석, 「경찰112신고즉응정책의 집행에 관한 연구」, 서울대학교 행정대학원 석사논문, 2000.

윤경희·박동균, 「지역치안협의회의 운영실태분석 및 활성화 방향 연구」, 치안정책연구 26(1), 2012.

경찰청, 「2019 경찰백서」.

경찰청, 「실종아동·가출인 업무 매뉴얼」, 생활안전4-1, 2005.

British Columbia, Provincial Policing Standards, p.3.

Guidance on the Management, 「Recording and Investigation of Missing Persons」, 2nd ed., NPIA, 2010.

Model State Missing Persons Statute, NCJRS, 2005.

Model State Missing Statute. Sec.XXX.. 2.(1)(c)(4).

National Police Improvement Agency (NPIA). (2010). Guidance on the Management, Recording and Investigation of Missing Persons, 2nd ed.

Richard Smith & Karen Shalev Greene. (2014). "High Risk? Attitudes to the Risk Assessment Process in Missing Person Investigations. University of Portsmouth Centre for the Study of Missing Persons.

AmericanBarAssociation, op. cit., p.53.

https://imnews.imbc.com/replay/2019/nwtoday/article/5459087_28983.html

https://www.namus.gov

http://news.khan.co.kr/kh_news/khan_art_view.html?artid=202007151720001&code=940100

제 8 장

감시 카메라 추적

제8장

감시 카메라 추적

Ⅰ. 개 요

최근 우리나라에서도 감시(실종예방 등 방범) 카메라(시스템)가 국가가 관리하는 고속(자동차)도로 시설부터 지방자치단체 및 공적조직체가 관리하는 도로, 시설(주변), 그리고 민간(사업자를 포함한다)·사인이 관리하는 점포·가옥, 시설, 장소(근무 구역을 포함한다)까지 그 사용이 폭발적으로 증가하고 있다. 이 카메라의 사용은 실종사건 등 범죄의 미연 방지와 재발방지라고 하는 사회의 안전·안심에 기여하는 것을 목적으로 한 색체가 강한 것이지만, 피사체를 특정해 파악하는 일반적인 감시의 단어가 카메라의 언어로서 사용되는 것은 피할 수 없다고 할 수 있다. 보안 카메라라는 말은 감시카메라의 유피미즘적인 말이기도 하다. 카메라를 사용하는 측이 실종예방 등 방범카메라로서 표현하고 카메라의 객관적 기능, 효과, 문제점을 과학적으로 파악하려고 한다면 방범기능에만 주목한 용어법은 이해의 용이성은 있다고 해도 피해야 할 것이다.1)

본 논문은 일본의 지방도시 및 영국을 검토대상으로 하여 감시카메라가 방범카메라로

---

1) CCTV와 CCTV 용어법에 대해, 同旨, 三上剛史, "社会の思考—リスクと監視と個人化," 学文社, 2010年, 71~72頁. 본문 안에서의 감시(방범) 카메라, 감시카메라, 방범카메라의 3종류의 용법은 전 2자를 기본으로 하니, 기술 대상으로부터 사용 당사자, 특히 공적 기관이 사용하는 용어 '방범카메라'에 있어서는 이 장소에서의 전후 관계로부터 원문에 따른 '방범카메라'의 단어를 적절히 이용하도록 한다. 카메라는 자체가 녹화기능을 갖춘 완결형 카메라, 또 카메라 시스템이라고 하는 정보기기를 통신회선으로 연결해 촬영정보의 처리와 일원적 관리를 한 시스템화된 구조의 것으로 구분되지만, 이것들을 포괄해서 사용하는 표현이기도 하다. 이하의 카메라에 대해서는 오로지 사용 목적 및 실태가 방범 목적이므로, '방범카메라'라는 말을 사용하고, 그 외에서는 본질적 기능을 가지고 표현하는 경우에는 '감시카메라,' '감시·방범카메라'로 했다.

서 설치, 운용되고 있는 경우 그 경위 및 감시카메라의 경제면, 효과, 파급되는 문제, 특히 실종사건 등 범죄방지에 따른 개인의 인권·프라이버시 등에 대해 검토를 더하려는 것이다. 감시카메라의 설치·대상 공간과 같은 경우에도 폐쇄적인 공간(건조물, 주차장 등의 관리지역 등)과 일반시민에게 열린 개방적인 공간(도로·공원 등)으로 구분할 수 있다.

Ⅱ. 지방도시에 감시·실종예방카메라 설치

여기에서는 일본 광역자치단체인 도쿄도를 시작으로 해서 전국에 보급되어 있는 감시·실종예방카메라의 설치운용 상황이 있는 가운데 지방도시에 있어서의 최근 그것의 설치, 운용의 경과를 봄으로써, 감시카메라 설치, 운용의 개별사례 중에서 그것의 의미와 문제를 검토해 보려고 하는 것이다.[2)]

1. 하마다시의 감시카메라 설치와 과제

시마네현 하마다시의 방범(감시) 카메라 설치는 4단계로 구분된다.

[1단계 중대사건 발생]

방범카메라 설치의 단서가 된 것은 2009년 10월 26일 하마다 시내에서 발생한 것으로 보이는 시마네현립 대학생의 행방불명, 사체유기 사건(이하, 여대생 유기사건)에 있다.[3)]

[2단계 안전을 지키는 시민의 모임 설립]

이 여대생 사체 유기 사건은 하마다시의 상공회의소 회장 이와타유리오를 회장으로 취임해서 '안전을 지키는 시민의 모임'의 설립과 모금활동을 이끌었다(2009년 12월 21일). 이 모

---

2) 마에다 마사히데(前田雅英), "범죄통계로 본 신주쿠 방범카메라의 유효성," 쥬리스트 제1251호, 2003년, 154면, 경찰이 설치하는 길거리 방범카메라 시스템에 관한 연구회·최종정리(안) https://www.npa.go.jp/safetylife/seianki8/7th_siryou_1.pdf 참조.

3) 사건은 당시 시마네현립 대학생 피해자 히라오카 미야코(平岡都)(여성, 당시 19세, 가가와현 사카이데시[香川県坂出市] 출신)가 하마다시내 아르바이트 근무처였던 쇼핑센터 '유메타운 하마다'에서 퇴출된 오후 9시 넘어(동점의 폐쇄회로 촬영기록) 2.5km 앞의 대학 여자 기숙사로의 귀가 도중, 행방불명이 되어 다음 달 11월 6일(동점의 폐쇄회로 촬영 기록) 2.5km 앞의 대학여자 기숙사에서 발견되었다. 2015년 6월(현재)에 이르기까지 가해자의 특정을 포함하여 이 사체유기 사건의 전모 규명은 되지 않았다. 덧붙여 2012년 사체유기 사건의 공소시효(3년)이므로, 용의를 살인(살해 사건)으로 전환해 수사의 계속을 검토하게 되었다(2012년 9월 28일, 니혼게이자이 신문). 츄고쿠 신문 '하마다 학생 유기 사건 1년 유력 정보 없음 수사 난항' 2010년 10월 26일. 동 '하마다 학생 살해 사건 발생 4년 수사 난항' 2013년 10월 26일 시마네. 시마네현 경찰·히로시마현 경찰의 합동 수사본부는 경찰청에 의한 '수사 특별 보상금 대상 사건'으로서 상한액 300만 엔을 상한액으로 하는 수사 협력 경비를 제시하고 있다(2016년 2월 25일까지). 산인중앙신보, 2015년 2월 26일. www.pref.shimane.lg.jp/pollice/hamada.html

임의 시민 기부 요청의 취지는 피해자 부모님의 '지금 이상으로 안전한 생활을 할 수 있도록 가로등이나 실종사건 예방 등 방범카메라를 설치해 거리를 밝히는 활동에 도움을 주신다면 가족으로서도 감사하고 본인도 감사할 것'이라는 말과 함께 '범인의 조기체포와 범죄방지를 위한 행동' 모금활동이 개시되었음을 보여준다. 그 배경에는 '지극히 흉악한 사건의 발생으로 내외에 대해 하마다시는 위험하고 어두운 거리라는 인상을 주는 결과가 되었다.' 게다가 '이 사건은 현립대학의 학생뿐만이 아니라, 하마다 시민의 마음에 어두운 그림자를 드리우고 있다. 아직 범인체포에 이르지 못했고, 끝없는 불안이 거리를 뒤덮고 있다'는 상황인식에 서 있다.[4] 이 모금활동은 경찰의 치열한 수사에도 불구하고 범인체포에 이르지 못함으로써 사건이 발생한 위험한 마을에서 시민의 안전한 마을로의 전환을 요구하는 발로로서의 움직임이었다.

[3단계 하마다 시장의 방범카메라 설치 운용고시]

이듬해인 2010년에 들어서 하마다시는 2007년에 '하마다시 범죄가 없는 안전하고 안심할 수 있는 마을조성 조례'(3월 23일, 조례 제7호)를 제정했으며, 이 조례 제5조의 '시의 책무' 규정에 근거하여 시장에 의한 2010년 2월 22일 '하마다시 방범카메라의 설치 및 운용에 관한 요강'(이하, 요항)을 고시 제17호로 공포했다고 한다.[5] 시 설치의 방범카메라는 지역주민이 대표하는 시의회에 의해 제정된 '안심 안전한 마을 만들기' 조례를 근거로 하고 있으며 시는 이에 따라 실종사건예방 등 방범카메라의 설치와 운용을 행하고 있는 주민요구·자치를 반영한 형태를 취하고 있는 것이 특징이다.

구체적으로는 조례는 '안심하고 안전한 마을 만들기'를 위하여 3개항의 기본이념(사항)을 기본으로 시와 시민 등이 역할을 분담하여 협동을 추진할 의무를 지는 것을 밝히고 있다(제4조). 그 3개 항목의 기본이념은 ① 시민 개개인의 자주 방범의식의 고양, ② 함께 지지하는 범죄 없는 지역사회 형성, ③ 범죄를 일으키기 어려운 환경 정비(제5조)이며, 시장의 행정권한(요항 결정)에 의한 방범 카메라의 설치, 운용이라는 하드웨어 측면은 이 제3호 또는 제2호를 근거로 한 것이라고 할 수 있다. 이와 같이 하여 시는 조례를 근거로, '범죄의 예방을 목적으로'(요강 제1조), 정비하는 방범 카메라에 관해서, '그 설치 및 운용'에 대해 필요사항을 정한 것이 요강이라고 한다. 이 고시에 의한 요강을 근거로 하여 계속되는 방범 카메

4) http://www.u-shimane.ac.jp/university/security/measures/2009-1222-1039-5. 후에 "하마다시 범죄없는 안전안심 마을만들기 추진협의회"가 발족했다.

5) 동(同) 요강의 제정, 시행에 앞서, 몇 차례의 "하마다시 개인정보 보호심의회"가 개최되어 동(同)심의회로부터의 의견청취를 하였으며, 시장은 요강에 대한 양해를 구했다(동(同) 심의회 사무국 공청회 2015년 6월 22일).

라의 수입, 설치, 운용이 진전되게 된다.

(조직편제)

시장 아래에 방범카메라 설치 등의 관리 책임자를 두고, 총무부장이 이 임무를 맡아 카메라 및 화상의 적절한 관리 및 운용에 필요한 조치를 강구한다고 한다(제3조). 이것으로부터 소관부서는 구체적으로는 총무부의 '안전안심추진과'가 담당부서가 되고, 이 아래의 '방재안전계'에 담당자인 전문기획원이 배치되어 있다. 녹화정보에 관해서는 '하마다시의 정보보호 조례'(2005년 10월)의 적용을 받아 이 조례 중의 개인정보, 공문서 개인정보 파일의 취급이 관리된다.

(설치장소, 기수, 작동시간)

시장이 '필요최소한의 촬영대상 구역'에 설치한다고 하고, 이 경우 '설치장소, 설치대수, 설치대상구역, 운용개시일'을 고시하게 된다(제4조). 현재 16기가 설치되어 있다. 설치 시에는 방범카메라의 '촬영 대상 구역의 잘 보이는 장소'에 방범카메라 설치의 내용을 표시한다(제6조). 구체적으로는 표시는 공원조명 등 최상부에 설치된 실종예방 등 방범카메라의 경우, 그 중하부 부분에 '방범카메라 작동 중'(백판에 적자 내지 황판에 흑자로 설치자명을 표시)의 표시물이 있다. 이 감시카메라 작동시간은 원칙적으로 종일 작동한다(제5조).

덧붙여 방범카메라의 설치에 관해 '방범카메라의 유용성을 인식하면서 프라이버시 보호를 도모하는 목적으로 '하마다시 방범카메라의 설치에 관한 가이드라인'(2010년 6월 28일)을 마련하고 있어 '상정 사안'으로서 아이 등의 납치·말걸음, 행방불명이라고 하는 '생명과 관련되는 사실'을 들어 그것과의 대응으로, 설치장소에 대해, ① 불특정 다수자의 이용 장소, ② 촬영대상 구역을 필요 최소한으로 하고, 사적 공간(특정 개인·건물)이 촬영되지 않도록 배려를 한다고 하고 있다(제1조~제6조). 시도와의 주요 간선은 현도, 국도로 지정되어 있지만, 시마네현 하마다시는 1989~1991년에 히로시마현과 하마다 고속자동차도로 연결된 지역이며, 대도시부가 있는 히로시마현의 산요에서 직통의 일본해인 인구 5만명 도시인 것을 고려해서 차량을 이용한 광역 유괴범죄도 의식하고 있다고 할 수 있다.

(업무의 일부 위탁)

실종사건 예방 등 방범카메라는 과학기술의 급속한 진전 속에 있는 것이므로 시가 독자적으로 완결하는 설치·운용 업무가 인정되지 않는다. 시가 관리하는 카메라는 크게 두 가지로 나눌 수 있는데, 10기는 로컬형이라고 하는 시설로 시 자신이 관리할 수 있는 것으로 낮은 테크놀로지는 아니더라도 업무위탁이 필요 없는 것과 나머지 6기는 네트워크형이라고 하는 하이테크놀로지의 시설이 있다. 후자의 네트워크 폐쇄회로(CC)TV는 그 운영을 위해 외부인에게 일부를 위탁하게 될 것이다. 이 경우에 시(위탁자)는 통상 관련업자이지만 수탁자와의 사이에 수비의무를 포함한 준수사항을 명기하는 등의 계약서를 교환하고 있다(제10조). 이것이 이하의 3사에 의한 보유 기술·서비스·인프라 등의 구축 세트를 하마다시에 무상 제공되고 있다.

(실종사건 예방 등 방범카메라 시스템 관련 회사 구축 네트워크의 하마다시에 무상 제공)

2010년의 4월, 세콤과 다른 3사는,[6] 이 '안전을 지키는 시민의 모임'에 대해서 '방범카메라 네트워크의 구축-범죄가 없는 안전하고 안심인 마을 만들기 강화를 위한 기업 제휴'로서 2기의 방범카메라를 하마다 시내에 설치하는 '방범카메라 시스템'을 기증하는 것으로 하고, 동년 8월에 운용개시 예정으로 설정했다(실제 개시는 10월에 완료되었다).

2010년 3월, 2기(로컬형)의 방범카메라가 하마다시에 의하여 독자 설치가 되어 운용이 개시되었고 이어, 동년 10월에는 안전을 지키는 모임으로부터의 기증받은 카메라(네트워크형)의 운용이 개시되었으며, 현재(2021년 9월말) 하마다시내의 시유지(공원), 길거리(주로 시도), 주차장(상업시설 부근), 그 외 시설(대학, 역, 헬스 시설) 등에 이르러 16기가 설치되었다. 내역은 기증받은 10기(안전을 지키는 시민의 회의가 7기, 현방범협회가 3기), 시의 독자설치 6기이다. 모두 기증받은 네트워크형 카메라 6기의 원래 관리는 세콤 출신 인사가 맡고 있다. 나머지 10기는 신구 차이는 나지만 지역 방범카메라로 시가 직접 관리한다. 양형에 따라 기능 및 관리 유지 운용비용에 차이가 있다.

(입수 이미지 정보의 관리, 열람, 제공)

시장은 CCTV시스템에 의하여 생성된 화상에 한하여 한정된 대상자에게 열람시킬 수 있으며(제8조), 화상정보라고 하는 '화상 및 화상을 복제하거나 인쇄한 것, 기타 화상에 관한 정보'를 제공할 때에는 '그 필요성을 심사하여 제공의 목적에 비추어 필요하고 적절한 범위에서' 피제공자에게 준수사항을 붙여 제공할 수 있다고 한다(제9조 제2항).[7]

형사소송법상(제197조 제2항)의 수사에 필요한 사항에 관하여 공문서에 의한 제공이 요구된 경우 시장재량으로 제공할 수 있다(제9조 제1항 제1호). 화상정보의 제공 사실에 대하여

---

6) 3사는 이와미 케이블 비전 주식회사(하마다시), 세콤야마카게 주식회사(마쓰에시), 주식회사 GNS(도쿄도)로, 방범카메라 시스템(네트워크형)은 동 3사가 보유한 기술·서비스·인프라 등을 활용해 구축된 네트워크로, 얻은 기록 영상을 포함한 개인정보는 GNS사가 실시하는 '동체제거기술'에 의해 프라이버시를 보호할 수 있다. 동체제거기술이란 '움직이는 물체(통행인이나 주행차) 등을 제거하고 프라이버시를 보호한 상태를 열람할 수 있게 되며 … 본 시스템에서는 PC, 휴대전화 등을 이용해 실시간으로 카메라 화상을 열람할 수 있으므로 방범 자원봉사나 학교 관계자가 이용하게 됨으로써 통학로 등의 안전확보 향상에 연결하는 것도 가능'하다는 것이다. www.secom-sanin.co.jp/news/2010/20100428_cam/ www.secom-sanin.co.jp/news

7) 화상의 보존기간은 시장이 정하나, 특별히 필요한 경우 이외 복제, 인쇄를 금지한다(제7조).

시장은 연도별로 실적을 공표하도록 되어 있다(제9조 제3항).[8] 또한 시장은 화상보존권한을 가지고 있는데(제7조), 그 기간은 기종에 따라 다르지만 긴 네트워크형으로 1개월 사이클이다. 시장은 보존기간 경과 후에는 이미지를 삭제한다(제7조 제3항).

[4단계 방범카메라 설치 운용]

현재, 크게 2종의 네트워크형(6기설치: 2010년 2기, 2011년 4기)과 로컬형(10기설치: 2010년 초기 2기, 2011년 5기, 2015년 3기)의 방범카메라 16기가 가동하고 있다. 방범카메라 설치에 따른 경비(운용비용 2014년 단년도)는 총액 370여만 엔이다. 그 내역을 보면, 네트워크형 및 구형의 로컬형 등 간이형이 아닌 감시카메라(10기)에 의한 '연간 보수·경비 위탁료'는 297만여 엔이다. 네트워크형(6기만) CATV(케이블 텔레비전 회선)로서 민간업자에게 지불되는 요금(경비)은 29만여 엔에 이르고 있다. 총경비에서 차지하는 네트워크형 카메라의 운영비용은 71%이며, 민간보안 사업자에 대한 의존·위탁 상태를 알 수 있다. 총경비를 당장의 운전비용으로 보았지만, 기재의 감가상각 등을 계산에 넣고 또 증설의 가능성과 합쳤을 경우, 더욱 변동하는 요소가 있지만, 이 카메라에 의한 '방범경비'와 시민의 안심·안전, 범죄방지의 비용 혜택이 문제가 될 것이다.[9]

(방범 효과)

그렇다면, 이 방범카메라 설치·운용의 목적인 범죄 예방(요강 제1조) 효과는 어떻게 검증할 수 있는 것일까? 구체적인 실증적 데이터에 의한 검증방법이 아직 미확립된 상태이다. 단, 하마다시의 범죄인지 건수는 방범카메라 설치 후인 운용(전 4기) 개시된 2010년(3월 2기, 10월 2기), 그 후 2011년(전 13기) 이후의 추이로 보면, 유의성 있는 증감을 지적할 수 있는 자료가 된다고는 생각되지 않는다.[10] 그러므로 보안 카메라가 범죄억제 효과를 봤다고 귀결될 단계는 아니다. 또, 설치효과에 관해 검증·조사하는 기관은 당사자인 시 및 제3자 기관으로서도 존재하지 않는다. 현재 단계에서는 오히려 시 레벨의 방범카메라의 설치·운용(존재사실·표시와 정보)이 시민(주민)의 범죄로부터의 '안심·안전'이라는 심정에는 응할 수 있는 것이었다.

---

8) 기타 제공은 법령의 규정에 의거하여 서면으로 제공이 요구되고 또한 개인의 이익을 부당하게 해할 우려가 없는 경우이다(제9조 제1항 제2호). 그때에는 '제공일, 제공처, 제공이유 및 제공한 화상정보의 내용'에 대하여 '화상정보 제공기록부'에 기록하고 매년 그 실적을 공표하게 된다(제9조 제3항).

9) 하마다(浜田)시 총무부 안전 안심대책실, '하마다시 방범카메라 설비 일람'(2015년 3월 9일 현재).

10) 연도(1~12월)별 형법범죄 인지건수는 방범카메라 설치 연도인 2010년부터, '총 건수(내역 절도범, 흉악·조폭범)'에 대하여 추이를 보면 다음과 같다. 2010년 388(248, 13)건, 2011년 358(236, 20)건, 2012년 382(264, 12)건, 2013년 336(239, 14)건, 2014년 354(263, 17)건.

(고찰)

여기에는 영국에서 지적된 시민의 '범죄의 공포'로부터 해방되는 방범과제를 범죄대책·방지의무가 국가·지자체 수준에서, 시 수준의 지방자치단체나 민간이 떠안는다고 하는 범죄(방지)에 대한 책임(확산) 전략의 양상을 오늘의 일본에서도 보게 되었다고 말할 수 있다.[11)]

(목적)

하마다시의 실종사건예방 등 방범카메라는 경찰에 의한 것이 아니라는 범위에서 비(강제)권력적인 지방자치단체에 의한 설치, 운용인 것에 그 특징이 있었다. 그 목적은 단적으로 '범죄의 예방'(요강 제1조, 취지)에 있었다. 이것은 2009년의 현립대학생 살인·사체손괴 사건에 의한 시민의 '안전하고 안심한 생활을 할 수 있는 지역사회를 구축하는 것'을 시 내외에 분명히 하는 것이기도 했다. 특히, 현립대학이 현 이외에서 학생의 입학을 받아 들여 이 대학 교직원·학생이 하마다시에서 차지하는 경제·문화 등의 위치에서 앞으로도 '지역의 안전은 지역에서 지킨다'(조례 제8호 전문)라는 인식에서 일발로 방범카메라의 설치, 운용이 있었으며, 또한 '범죄가 없는 안전하고 안심할 수 있는 마을 만들기 추진'의 대회, 집회가 개최되어 온 것이었다.[12)] 방범카메라의 목적, 운용은 주요하게 직접적으로는 범죄의 일반예방 목적에 있었다고 할 수 있다. 현 경찰(수사기관)로부터의 조회, 정보제공은 간접적으로는 기발생의 범죄피의사안 대응이라는 범죄적발·검거(목적)에 연동할 수 있는 측면을 가진 것이었다(요강 제9조 제1호).

(관리)

시장이 화상에 대하여 기간을 한정하여 보존하고 화상정보의 외부 제공이 있을 수 있으나, 기간 만료 후에는 삭제하는 것이며(요강 제7조 제3항), 오늘날까지 외부 조회는 없었던 것으로 보인다. 단, 카메라의 기종(네트워크형)과 관련하여 업무의 일부위탁을 행하고 있으나, 이로 인한 처리화상(정보)도 기간만료에 의하여 삭제된다. 실제로는 신구 방범카메라의

---

11) 영국의 범죄방지 대책을 민간에 전가하는 책임화 전략(responsibilization strategy. 갈런드의 조어)에 대해 졸고 D. 갈런드, "처벌적 사회," 島大법학 제39권 제3호, 1995년, 139면. '국가만이 범죄의 방지와 통제에 책임을 지는 것이 아니라, (국회 밖의) 다른 것이 책임을 져야 한다.' David Garland, The Culture of Control: Crime and Social Order in Contemporary Society, Oxford U.P. 2001, p.307. 1980년대 이후, 국가 기능·능력의 한계로 시민의 범죄(피해자화)에 대한 불안을 배경으로, 커뮤니티 폴리싱, 안전의 협동 창출 등이 주창되어 비국가적인 조직·개인의 범죄 예방·대책에 대한 적극적인 관여가 주창되어 왔음을 나타낸다. Ibid., 121~124면.

12) 사건 후의 하마다[浜田]시에 있어서의 안심인 마을 만들기의 움직임으로서 현·현 경찰 등에 의해 "범죄가 없는 안전하고 안심인 마을만들기 추진 현민 대회"(2009년 12월 21일)가 현립 대학 강당에서 약 700명의 참가가 있어 개최되었다. www.tsk-tv.com/?m=news&f=20091221&n=1 하마다시, 시마네현립 대학의 사건관련 후인 www.tsk-tv.com/에 의해 개최되었다.

기종에 따라 삭제(자동 내지는 이미지 삭제)기간은 1주일에서 장기간으로는 1개월이다(2021년 6월 24일 청취기준).

(근거법령, 체크 기능, 제3자 기관)

카메라의 설치운용은 국가차원의 근거입법이 없기 때문에 직접적으로는 시장 고시(告示)의 '요강'에 의거한다. 화상정보 취급은 동 고시 외에 '하마다시 개인정보보호조례'(2005년 제정 하마다시 조례 제21호)[13]에 의하고 있으며, 실시기관 시장에 대한 공개청구자에 의한 개인정보는 원칙적으로 공개가 된다(동 조례 제16조 본문).

카메라 설치, 운용은 촬영을 통한 개인정보 수집 가능성이 있는 경우에 해당하나, 이 요강의 제정시행에 있어 시장은 하마다시 개인정보보호 심의회로부터 의견을 청취하고 있다(동 제6조 제4항). 이러한 점에서 카메라 설치운용의 규정인 요강은 시 행정내부의 제3자 기관에 의해 '개인정보의 수집'의 가능성에 관한 체크를 받은 것이라고 할 수 있을 것이다.

화상정보 제공에 관해서만 매년도 실적에 대해서 행정(시장)의 공표로 되어 있지만, 직접 의회에 규정상 보고의무를 지고 있지는 않다. 이로부터 카메라에 의해 얻어진 '개인정보'에 대해 삭제를 요구하려면, 이 개인정보보호 조례에 의한 절차 밖에 없겠지만, 화상에 의한 특정을 선행하고, 삭제를 요구하고, 삭제하는 것은 화면 해석도의 정도와 미삭제 기간 내에 행할 수 있는가 하는 것을 고려하면 사실상 어려운 면이 있다. 그러나 수사기관에 대한 화상정보제공이 있는 이상 대항적으로 삭제단계에 이르지 않는 경우에도 개인정보의 존재여부에 대한 어떠한 고지(방법)는 필요할 것이다. 그러나 카메라에 의해 촬영된 화상정보(데이터)는 개인의 식별과 그 개인의 속성 정보를 특정할 수 있는 '개인정보'에 해당하는가 아닌가의 점으로 또 자치단체가 적정한 관리·공개를 실시하는 '행정문서'에 해당하는가 아닌가의 점에서 제외 정보·문서의 기준은 프라이버시 보호의 관점에서의 논의는 파고들지 않았다.

2. 시마네현 내 공공도로, 가로상의 감시카메라 설치

[현청 소재지 실종사건]

지금까지 보아온 2009년 10월 26일에 시마네현 서부의 하마다시에서 일어난 시마네 현립 대학생 히라오카도의 행방불명 사건으로부터 3년 가까이 경과한 2012년 9월 27일, 이번에는 시마네현 동부의 마츠에시에서 카시와기 사치코(26세)의 실종사건이 발생했다. 이 현청 소재지에서 현내 최다의 인구(19만 4,000여 명)를 가진 도시부의 마츠에시에서 발생한 여

---

13) www1.g-reiki.net/Hamada/reiki-houbun/r132 RG00000035.html

성의 행방불명 사건은 같은 해 9월 27일 오전 1시 50분 지나서, 근무하는 음식점이 있는 마츠에시 이세미야쵸의 현도에서 국도 9호선 방면을 향해 자차(도요타 'bB' 펄화이트)를 주행하고 있던 것을 마지막으로 차마저 행방불명이 된 것이다.[14)]

같은 날 밤 가족으로부터의 수색요청이 있었다. 이 실종사건이 발생한 2012년 봄에는 심야에서도 영업하는 음식점이 있는 번화가인 이세미야 정에는 마츠에 신대교 상점 진흥조합에 의해서 방범카메라 8기가 이미 설치되어 있었다. 카시와기의 행방불명 직전의 본인이라고 생각되는 모습이 이 방범카메라에 촬영되어 있었다. 그러나 오늘날까지 차도 발견되지 않았고, 그녀도 실종상태인 채로 있다.[15)]

[방범카메라 증설 운용]

이와 같이, 이미 상가에는 민간 상점조합에 의해 8기의 방범카메라가 설치되어 있었지만, 시마네현 경찰은 2014년에 들어서 현경 주체로의 본격적인 '길거리 방범카메라 시스템'(이하, 방범카메라)의 설치·운용에 들어갔다. 이 보안카메라는 '번화가의 보안대책의 일환'으로서 실시된 것이며, 그 엄격한 운용을 위해 두 개의 경찰행정 내부의 아래 규정 및 요강을 마련했다고 한다.

현 경찰은 카메라의 설치목적으로 번화가·환락가에서의 '범죄예방' 및 '범죄 발생시'의 범인추적 및 범죄의 흔적 확보 등의 신속·적확한 대응에 유용하게 쓰기로 하였다. 여기에 카메라의 설치목적이 하마다시에 있어서의 지방자치단체의 설치 목적으로 보여진 '범죄예방'으로부터 '범인 추적·범죄 발생 시의 신속·적확 대응'이라고 하는 예방 기능으로부터 사건(범죄)발생 시의 즉시대응 태세(체포·수사)의 기능으로 질적 전환을 이루었는데 특징이 있다. 바꾸어 말하면, 설치목적의 차이가 방범카메라의 설치·관리자인 앞에서 본 경찰권을 가지지 않는 자치단체와 경찰권을 가지는 현(공안위원회)·현 경찰로부터 발생하고 있어, 이 범죄예방과 범죄발생에 대한 신속대응의 2가지 항목 가운데, 후자의 범죄발생에 대응하기 위해서 방범카메라를 이용하는 것이 특징이다. 이 점으로부터도 카메라를 '방범'으로 한정한

14) 방범카메라로 촬영되어 판명되었다고 판단되는 사실은 다음과 같다. 가시와기는 9월 27일, ① 오전 0시 20분 남성 손님 2명과 근무하는 음식점을 나와, 동 2명과는 다른 음식점에 갔다가 헤어진 것, ② 오전 2시경, 자신의 사용자 주차장이 있는 북쪽으로 걷고 있던 것, ③ 그녀의 것으로 보이는 차가, 1킬로 이상 북쪽에 있는 자택과는 반대로, 시망노를 남쪽으로 주행하고 있던 것이 판명되어 실종 직전의 폐쇄회로(CC)TV의 카메라 신대교상가 진흥조합은 마츠에시 이세미야쵸 상가 점주로 구성되어 있으며 카메라 촬영 이미지의 상시 감시는 하지 않고 녹화분은 보존기간(주로 1~2주) 경과 후에는 자동 삭제하도록 하는 등 독자적으로 운용규정을 정하고 있음. 산음중앙신보(山陰中央新報), '자유의 풍경,' 2014년 2월 19일.

15) 산인중앙신보(山陰中央新報), 2012년 10월 16일, '마쓰에 여성 불명 방범카메라 이미지 공개'. http://www.pref.shimane.lg.jp/police/hanzai/zyouhou/missing/20121006

호칭으로 하는 것은 사물의 반면밖에 파악하지 않고 '감시카메라'의 표현이 실체에 합치하는 것이라고 할 수 있다.

앞의 규정이란 '시마네현 공안위원회 규정 제1호'(2014년 4월 10일)의 '길거리 방범카메라 시스템의 운용에 관한 규정'(이하, 규정)이며,[16] 요강이란 '시마네현 경찰본부장 예규 통첩'의 '길거리 방범카메라 시스템 관리 운용요강'(이하, 요강)을 가리킨다.[17]

(공안위원회에 의한 현 경찰설치 카메라의 적정운용 확보)

규정은 현 경찰의 설치 카메라의 적정운용을 위해 필요한 사항을 정하는 것을 목적으로 하고 있다(제1조). 카메라 설치·운용의 기본원칙은 '개인의 프라이버시에 관한 권리 기타 국민의 권리를 부당하게 침해하는 일이 없도록 유의해야 한다'(제3조)는 훈시규정밖에 없고, 구체적으로 무엇이 부당한 침해인지에 대해서는 명시되어 있지 않다. 뒤의 요강에서 보듯이 '국민의 권리를 부당하게 침해하지 않는다'는 것은 내부관리자에 의한 설치·운용체제의 관리를 의미함을 알 수 있다(요강 제3호).

오히려 운용조직 계통(규정 제4조), 데이터(전자적 기록매체)의 활용가능성(동 제6조), 동 활용 시의 공안위원회에 대한 보고의무(동 제7조), 운용상황의 현 경찰본부장의 정기적인 공표의무(제8조)를 개괄적으로 나타냈을 뿐이다. 그러므로 카메라의 운용에 필요한 사항은 현 경찰본부장이 정한다고 위임하고 있다.

(관리운용 체제)

현 경찰 내부에 생활본부장을 당직으로 하는 총괄책임자가 설치된다(요강 제3호 제1항). 그 아래에 위계적으로 총괄부책임자(생활안전부 안전기획과장의 당직), 각 설치경찰서의 장이 관리운용책임자가 되고, 그 관리운용 보조자는 해당 경찰서의 생활안전과장이 맡는다. 카메라의 조작·데이터 검색·제공의 사무는 말단의 경찰관이 실시하는데, 동인은 담당자 관리운용 책임자가 지정하고 관리운용 보조자의 휘하에 있으며, 조작 담당자라고 불린다.

(데이터 활용, 운용상황 보고)

데이터의 보존기간은 7일~14일이다(제5조 제1항). 데이터를 범죄수사 등을 위하여 확인·이용하는 경우에는 경찰서 직원은 관리운용 책임자(해당 경찰서장) 앞으로 '데이터 검색 신청서'에 의하여 신청하는 경우, 동 책임자가 검색장소 지정으로, 관리운용 보조자의 지휘 하에 조작담당자에 의해 검색을 하게하며, 그 경과는 조작담당자에 의하여 '데이터 검색신청서'에 의하여 '데이터 검색'에 의하여 검색 데이터를 복제하여 그 데이터를 제공하고 있

16) www.pref.shimane.lg.jp/police/seikatsu/matidukuri/2607_camera
17) Ibid.

다. 이 경우 관리운용 책임자는 동 직원으로부터 데이터 제공 신청이 있는 경우, 적당하다고 인정되면 작성, 제공할 수 있으며, 그 경과는 '복제데이터 제공부'에 기재된다.

데이터 제공을 받은 자의 소속 기관장은 이 복제 데이터를 보관고 등에 보관하고, 불필요해졌을 때 폐기하고, 관리운용 책임자에게 보고한다(제5조 제4항). 다른 광역자치단체 등으로부터의 의뢰에도 준용한다(동 제5항). 카메라 시스템의 운용상황은 반년마다 경찰본부의 홈페이지에 게재하여 공표된다(제7조).[18] 데이터 및 복제 데이터는 경찰조직 내부에서의 관리이다. 카메라의 적정한 설치·운용은 관리운용 책임자 공안 위원회가 정하는 규정에 의한 엄격한 운용절차, 그 보고와 홈페이지의 공개에 의해서, 외부로부터 알 수 있지만 결과보고만으로 외부기관에 의한 직접적인 컨트롤 시스템은 없다.

[현 하에서의 카메라 설치의 확대와 그 요인]

시마네현 산하의 방범 감시카메라 설치는 다른 자치단체에서도 이즈모시에서 볼 수 있듯이 '이스모시 역 등 방범카메라 취급요강'(2005년 이즈모시 고시 제35호, 개정 2010, 2012, 2014년)의 책정에 의한 일본철도 역사 주변에 지자단체에 의해 설치, 운용되는 상황을 낳고 있다. 그리하여 길거리 방범카메라 기수는 2009년 29기였던 것이 같은 해 현립대학생의 살인, 사체유기 사건을 계기로 2010년 이후 급증하여 2013년 말에는 184기가 설치되었다고 한다.[19]

여기에는 시사적인 것이 포함되어 있다. 범죄의 발생건수는 파악할 수 없다고 해도, 공공기관(경찰, 검찰)에 의한 범죄인지 건수와 그 검거율의 저하, 침체 속에서,[20] 시마네현 하에서 2009년의 현립대생살인·사체손괴 사건에 의해서 실종지의 자치단체인 하마다시에서 수사당국에 의해서 범죄자가 검거되지 않고 미궁으로 빠진 가운데 범죄로부터의 공포·안전·안심이라고 하는 시민의 체감치안이 시라고 하는 자치단체 수준으로의 카메라 시스템

---

18) 카메라는 현청 소재지 마츠에시 이세미야마치[松江市 伊勢宮町](마츠에 경찰서, 마츠에 역전 파출소)에 8기 설치되어 있고, 신설치의 2014년 상반기 및 하반기의 "길거리방 방범카메라 시스템 운용상황"에 의하면, 영상 데이터의 활용 건수(사안 종류)는 4건(도로교통법 위반, 강제 외설) 및 2건(도로교통법 위반, 건조물침입 미수 피의)이었다. 산인중앙신보 "현정의 지침-부국장 '인터뷰(12)'," 2015년 5월 10일. 시마네현 경찰 HP http://www.prcf.shimane.lg.jp/ police/hamada.html "가로등 방범카메라 시스템 관리 운영요강," 현경 본부장 통달. 현 공안위원회 "가로등 방범 시스템의 운용에 관한 규정," (시마네현 공안위원회 규정 제1호, 2014년 4월 10일).

19) 산인중앙신보(山陰中央新報), '거리 방범카메라 396대,' 2014년 2월 19일.

20) 검거건수를 인지건수로 나눈 백분비인 검거율은 2001년에는 형법범으로 38.3%, 일반 형법범으로 19.8%로 전후 최저를 기록했으나 14(2002)년부터 상승세로 돌아서 18(2006)년 이후는 제자리걸음을 하였고, 24(2012)년은 형법범 총수로 53.1%(전년대비 0.7pt 상승), 일반형법범으로 0.7%(전년대비 0.7pt 상승), 법무성 법무종합연구소편, 2013년판 범죄백서(닛케이인쇄, 2013년), 형법범은 형법 및 특별법을 포함하나, 일반 형법범은 형법범에서 자동차운전과실치사상 등을 제외한 것으로, 일반 형법범에서 검거율을 보는 시점은 고의범을 기초로 한다는 점에서 중요하다.

설치를 이끌었던 것이다. 게다가 2012년 발생한 마츠에 시내에서의 여성 실종사건은 민간의 방범카메라 기설치 및 촬영파악의 사실에도 불구하고, 해결에 이르지 못하고 있는 것이 더욱 행정, 현경찰에 의한 직접적인 카메라 설치에 박차를 가했던 것이다.

앞에서 살펴본 것처럼 범죄대책에서 경찰·검찰의 기능 저하는 궁극적으로 혹은 간접적으로 국가(경찰)가 범죄대책에 관여하고, 직접적으로는 민간이나 경찰력을 가지지 않는 자치단체가 방범카메라를 설치하고 운용해서 범죄대책의 일단을 담당하는 책임을 지는 시대, 후기자본주의 범죄대책인 책임화 전략의 시기를 맞이하고 있음을 재확인할 수 있다(본장 제1절 참조). 바꾸어 말하면, 하마다시의 방범(감시)카메라 설치는 또 마츠에 시의 민간상점조합에 의해 8기의 방범카메라가 설치는 시민의 범죄불안에 대처한 안심·안전하게 응한 포퓰리즘적 형사정책이며, 이것에 대해 현 경찰에 의한 마츠에 시에 있어서의 신규 8기의 방범카메라 설치, 운용은 강력한 국가에 있어서의 강한 경찰권한을 행사한다는 것을 의미한다.[21)]

3. 경찰의 주체적인 CCTV 사용과 판례

2012년에 마츠에 시에서 발생한 실종 사건 후, 마츠에 시에서의 직접 현경찰이 방범뿐만 아니라, 신속한 범죄해결을 목적으로 감시카메라 시스템을 설치해 운용하기 시작했다. 마츠에 시내의 일부라고는 해도 시마네현에서의 경찰이 주체적으로 길거리에서 경찰 감시카메라를 설치하고 운용하기 시작하였고, 이를 계기로 감시카메라(시스템)의 설치, 운용의 기능이 질적으로 전환하는 사태가 발생하고 있다. 또한 다시 카메라촬영 주체가 시와 같은 자치단체가 아닌, 경찰이 주체적으로 결정한 것으로서 감시카메라 사용에 대해, 우리나라는 어떠한 법적 취급을 해 왔는지, 재판의 결과 판례에서 결론에 도달하는 점을 근거로 해서 검토를 할 필요가 있을 것이다.

역사적인 경위로서는 경찰(관)이 범죄수사에 있어서, 기기의 기능을 높이는 부속품(애플리케이션) 등(망원경, 연사, 필름으로부터 CD디지털형)을 이용한다고 해도 전통적인 단편샷(단

---

21) 말콤 필리(후지이 쓰요시(藤井　剛) 옮김), '일본과 서양에서의 범죄 전개에 관한 세 가지 가설,' 龍谷法学 제41권 제3호, 2008년, 165~183면. 범죄 통제상의 법규범에 어긋나는 비근대적 요소에 대한 언급이 있다. 일본이 상대적으로 약한 시민사회의 제도를 가진 '강인한 국가'라는 전제에 의거하고 있다. 179면. "미합중국이나 영국에서처럼 약체국가에서 범죄대책은 포퓰리즘 형사정책에 의해 형성된다. 전문가가 아닌 입법자가 정책을 책정한다." 동 178면. "강인하고 능동적인 국가는 연약하고 반작용적인 국가보다는 포퓰리즘 형사정책에 영향을 받지 않는다. 그 능동적인 사명에 모순되지 않고, 강인한 국가는 형사사법 과정에 대해서, 형벌에 관한 철학을 수반하는 충분히 짜여진 이론과 결연히 행동하고, 적어도 세상에 의한 간섭과 맞설 수 있는 강력한 권한을 가진 관료를 통해서 이 비젼을 실행하는 것이 많다." 동 179면.

사) 촬영용의 통상 카메라로부터, 더 나아가 연사 촬영용의 텔레비전·비디오 카메라류는 경찰관 즉, 사람에 의한 직접적인 사진촬영 단계가 앞서고, 그 후 감시카메라(시스템)를 통한 자료를 확보한다. 이러한 의미에서 현장에는 무인의 간접적인, 기계(자동) 내지(정도 차이는 있지만 일정 원격장소에 소재하는) 기계조작자(경찰관, 업무위탁업자 등)에 의한 감시·촬영(비디오) 녹화(가능)가 확실히 감시(방범) 카메라에 의한 촬영단계에 이르고 있어 오늘날 이것들이 공존한 형태로 존재한다. 이와 같은 상황은 촬영장에 촬영자 존폐의 논란은 의미가 없고 직접·간접의 '사진촬영'(을 이용한 수사)이 자유롭게 행해지고 있다고 할 수 있다. 특정 인물의 촬영(개별촬영)인가, 가로형 불특정 다수의 촬영(포괄촬영)인가의 대상의 한정 문제는 이제 유비쿼터스 사회의 과학기술 진전에 따른 카메라 시스템의 정밀도에 따라 상대적일 수밖에 없으므로, 이러한 구분의 의미가 축소되었다.

[판례, 법적 근거]

카메라의 대상자인 피촬영자는 초상권을 가지되 촬영주체인 경찰에 의해 공공복지에 의하여 제한을 받는다고 보는 것이 헌법상의 기본적 견해이다(판례). 이 독서 케이스가 된 것이 교토부 학련 데모의 최고재판소 판결이다. 이 판례에 따르면, 사람은 초상권이라고 불리는 프라이버시 권리의 범주에 포함될 권리가 있다고 본다면, 그것은 헌법 제13조에 근거한 것이다. 이것에 의하면, 초상권은 '개인의 사생활상의 자유의 하나로서, 누구라도 그 승낙없이 함부로 그 외모·자태(이하 '외모 등'이라고 한다)를 촬영받지 않을 자유를 가지는 것'이며,[22] 자기의 사진이 촬영되지 않을 권리라고 한다. 동시에 이 초상권이 그중 하나인 개인의 자유는 헌법 제13조의 '공공의 복지'의 규정에 의해 '국가권력의 행사로부터 무제한으로 보호되는 것은 아니며, 공공의 복지를 위해서 필요한 경우에는 상당한 제한을 받는다'로 여겨진다.[23] 이 '공공의 복지'로부터 경찰법(제2조 제1항)은 범죄수사가 경찰에게 주어진 국가작용의 하나로서, 경찰은 범죄수사를 수행할 의무가 있으므로 '경찰관이 범죄수사의 필요상 사진을 촬영할 때, 그 대상 속에 범인뿐만 아니라 제3자인 개인의 용모 등이 포함되더라도, 이것이 허용되는 경우가 있다'로 여겨진다.[24] 그렇다면, 구체적으로 형사절차, 특히 범죄수사 등에 있어서, 사진촬영은 어떻게 근거지워지고 있는 것일까? 헌법상의 조문 규정의 해석으로부터, 형사소송법상에도 사람의 체포·구류, 압류, 수색, 검증 등은 대상자의 동의 없는 인신의 자유, 사생활의 자유(프라이버시) 등을 침해하게 되지만, 이것을 허용하고 있다.

22) 대법원 판결, 1969(소화 44)년 12월 24일, 형집 제23권 제12호, 1625면, LEX/DB 27681653, 2~3면. 이 판결의 선행 판례와의 관계, 도달점, 그 의의에 관하여 간결하게 정리된 것에, 타미야 유타카(田宮裕), '수사에 있어서의 초상권과 그 한계-최고재판소 판례의 의의,' 판례타임스 제243호(1970년), 14면.

23) Id.

24) Id.

따라서 합리적인 범죄수사의 범위 내라면 초상권의 제약은 인정되게 된다.[25] 사진촬영에 의한 사진촬영의 문언은 형소법 제218조 제2항의 규정에 있다.[26] 그러나 사진촬영을 강제처분, 임의처분으로 할 것인지에 대해서는 학설·판례상 귀일하는 바가 없다.

법해석으로서 사진촬영은 임의처분이지만 강제처분적 요소도 포함되어 있으므로 엄격한 요건을 두고, 형사소송법 제220조의 <영장에 의하지 않는 압류, 수색, 검증>으로서 '체포의 현장에서의 압류, 수색 또는 검증을 하는 것'(동조 제1항)이나 '제1항의 처분을 하려면 영장은 이를 필요로 하지 않는다' 등을 참조하여 얻을 수 있는 이익(공익)과 침해되는 개인의 자유(초상권)의 이익 형량을 하여 사진촬영의 허용 한계를 도출하는 것이 타당하다고 생각된다.[27] 즉, 사진촬영의 허용한계는 범죄의 채증인 수사에 해당한다고 하여 (준)현행범적인 상황사례에 있어서 증거보전의 필요성(광의)을 3가지 요건, ① 증거보전의 필요성(협의), ② 그 긴급성 및 ③ 수단의 상당성을 충족하는가에 있으며, 이 필요성은 달리 취할 방법이 없다는 것(보충성)을 포함하는 것으로 보는 것이 오늘날의 합리적인 이유이다.[28] 따라서 CCTV의 설치·사용에 있어서는 ① 목적의 정당성, ② 객관적이고 구체적 필요성, ③ 설치상황의 타당성, ④ 설치·사용에 의한 효과, ⑤ 사용방법의 상당성 등 5개 요건이 구체적으로 검토되고 초상권, 사생활권 등 구체적인 권리·이익 침해 주장이 있는 경우에는 경찰권 행

25) 무라이 토시쿠니(村井敏邦), "범죄의 발생이 예측되는 현장에 설치된 텔레비전 카메라에 의한 범죄상황의 촬영녹화가 적법하다고 여겨진 사례," 판례평론 제360호(1989년), 224면 참조.

26) "신체의 구속을 받고 있는 피의자의 … 또는 사진을 촬영하려면 피의자를 벌거벗기지 않는 한 제1항의 영장에 의할 것을 요하지 않는다(제218조 제3항)." "…사법경찰직원은 범죄수사를 함에 관하여 필요한 때에는 법관이 발부하는 영장에 의하여 … 수색 또는 검증을 할 수 있다(동조 제1항)."

27) 토쿄지방법원 40년 3월 8일. 무라이(村井), 전게주 (26), 225면. 최고재판소 판례 전의 판례에서, "얼굴사진 촬영은 일견 임의수사인 것처럼 생각되지만, 사회통념상 무형의 강제력을 구사하여 개인의 평온한 생활을 침해하는 것은 물론, 헌법상의 보장된 여러 권리나 개인의 존엄을 해칠 우려가 있는 행위이며, 또한 한편 실정법상으로 보아도 형사소송법상 제218조 제2항의 규정 반면으로서 인신 구속을 받지 않은 피의자의 사진촬영은 영장을 요하며 동법 제197조 제1항 단서에서 말하는 강제처분에 포함된다"는 딱딱한 견해, 즉 사진촬영은 피촬영자의 동의나 법규상의 근거가 필요한 것이었다. 오사카 지방법원판결 1961년 12월 23일, 하(下) 형집 제3권 제11·12호 1270면, LEX/DB 27682744. 판례를 개관하고 검토한 것에, 호시 슈이치로(星周一郎), 방범카메라와 형사절차(홍문당, 2012년), 167면 이하.

28) 경찰관직무집행법 제1조 제2항은 경찰비례의 원칙, 즉, '이 법률에서 규정하는 수단은 전항의 목적을 위하여 필요한 최소의 한도에서 사용되어야 하며, 적어도 그 남용에 이르는 일이 있어서는 안된다'고 규정하고 있음에 유의해야 한다. 그러나 대법원 결정 2008(헤세이 20)년 4월 15일 형집 제62권 제5호 1398면, LEX/DV 28145280. 비디오 촬영 사례이지만, "통상, 사람이 타인으로부터 외모 등을 관찰받는 것 자체는 수인 하지 않을 수 없는 장소에 있어서의 것이다. ‥비디오 촬영은 수사목적을 달성하기 위해, 필요한 범위에서, 또한 상당한 방법으로 행해졌다고" 해서, 앞의 (준)현행범적인 상황은 완화된 것으로 보인다. 다만, 피침해 법익의 성질 정도가 고려되어 수사 비례의 원칙은 유의되고 있다고 말할 수 있는가? 우토 다카시(宇藤崇), "피의자의 외모 등의 비디오 촬영이 적법하다고 본 사례," 쥬리스트 제1376호, 2009년, 208면.

사의 적법성과 침해의 유무가 개별적으로 검토되며, 초상권, 프라이버시권 등 구체적인 권리·이익 침해의 주장이 있는 경우에는 경찰권 행사의 적법성과 침해의 유무가 개별적으로 검토된다.[29]

4. 소 결

이와 같이 감시카메라의 설치 경위, 현상을 보면, 다음을 말할 수 있다. 시마네와 히로시마의 양현에 걸친 광역 수사의 어려움을 가진 여대생의 살인, 사체유기 사건의 발생은 미해결 상태인 것이 가속화되어, 4년제 대학 유치의 자치체(하마다시)에 있어서 심각한 시민적 불안, 안전성의 문제, 치안에의 문제 제기였다.

행정으로서의 하나의 상징적 대응이 시장 권한에 의한 폐쇄회로(CC)TV의 설치였다.[30] 그러나 수년 후에 마츠에시에서 발생한 여성 실종사건은 민간 감시카메라 설치구역에서 영상녹화가 되어 있었지만, 비해결 상태에 있었다. 이 결과 현도인 마츠에시에 있어서는 경찰주체의 수사목적, 즉 범죄대응에 즉응할 수 있는 감시카메라 설치로 경사져 왔던 것이다. 즉, 민간 쪽에서 경찰 감시카메라 설치의 질적 전환을 볼 수 있다. 전자의 일반예방적인 목적·기능은 후자에 있어 본격적인 경찰행정의 수사목적·기능이 감시카메라의 설치, 운용(사용)면이 되어, 시민의 프라이버시, 초상권과의 긴장관계를 한층 높이는 단계에 이르렀음을 알 수 있다. 그러나 감시카메라 설치·운용의 담당자(당사자), 그 목적, 허용성이 추궁 당하는 원점은 발생사건의 미해결, 범인 등의 검거의 불수에 있다.

시민의 증폭되는 안심·안전감의 염려는 실제적 근거를 가지고 있다. 이 현대사회의 고립된 시민의 불안감이 있다고 해도(제4장), 그 실재 근거와 결합하여 증폭하고 있는 면은 부

29) 오사카 지방법원 민사부 판결, 1994년 4월 27일, 판례 타임스 제861호(1995년), 160쪽, LEX/DV27826141이 참고가 된다.

30) 범죄기회론은 범죄자를 비범죄자와 특별히 구분하여, 차이를 보려고 하는 것이 아니라, 어떤 인간도 기회의 유무에 따라 범죄를 실행하고, 하지 않거나 한다고 생각하여, 어떤 인간이라도 범죄에 미치지 않는 환경, 즉 범죄 방지를 배려한 환경 설계, 감시카메라 시스템의 채용을 주장하는 것이다. 하마이 고이치·세리자와 카즈야(浜井浩一·芹沢一也), "범죄 불안사회", 코부샤, 2006년, 161~162면. 미야케 타카유키(二宅孝之), "시민의 안전, 리스크와 범죄자의 사회내 처우," 아사다·우에다·마츠미야·혼다·김편, "자유와 안전의 형사법학", 법률문화사, 2014년, 695면 이하. 이 범죄기회론은 상황적 범죄예방론의 한 이론이다. 이러한 상황적 범죄예방론(Situational crime prevention)은 1970, 80년대에 클라크(Ronald V. Clarke)외 (Marcus Felson)에 의해 일상생활에서의 범죄기회를 감소시키는 범죄예방전략들을 담고 있으며, 감시카메라(CCTV: Closed Circuit Television Cameras)를 비롯한 일상생활에서의 범죄기회를 감소시키는 범죄예방장치들을 포함시켜 왔다. 이 이론의 문제를 논한 것들은 다음과 같다. von Hirsh, Garland, Wakefield, "Ethical And Social Perspectives On Situational Crime Prevention," Hart Publishing 2000, p.230.

정할 수 없다. 이와 같이, 오늘날, 범죄현상은 현실의 범죄발생 건수, 올바르게는 인지 건수에 관계없이, 특이한 사건을 계기로서 치안이 악화되고 있다는 인상이 퍼져, 범죄불안이 급속히 높아지는 모럴 패닉이라고 하는 상황하에 있으며, 이것이 길거리, 점포, 주택, 주차장에서의 감시·방범카메라 설치를 촉진하고 있다. 그리고 이것에 대응한 안심·안전의 거리조성에 이론적인 근거를 주고 있는 것이 '범죄기회론'인 것이다.[31]

〈자료〉 하마다시 방범카메라 설치 및 운용에 관한 요강

2010년 2월 22일 고시 제17호

제1조(취지) 이 고시는 하마다시 범죄가 없는 안전하고 안심할 수 있는 마을만들기 조례(2007년 하마다시 조례 제8호) 제5조의 규정에 의거 범죄 예방을 목적으로 시가 정비하는 방범카메라의 설치 및 운용에 관하여 필요한 사항을 정한다.

제2조(정의) 이 고시에서 다음 각 호에 열거한 용어의 의의는 당해 각 호에 정한 바에 의한다.

(1) 완결형 방범카메라(범죄 예방을 목적으로 공공도로변에 고정해서 설치되는 카메라를 말한다. 이하 동일)마다 녹화 기능을 갖춘 것을 말한다.

(2) 방범카메라 시스템 카메라와 정보기기를 통신회선으로 연결해, 정보 처리 및 일원 관리를 하는 구조를 말한다.

(3) 방범카메라 완결형 방범카메라 및 방범카메라 시스템을 말한다.

(4) 화상 다음 화상을 말한다.

가. 완결형 방범카메라로 촬영 및 기록된 이미지

나. 방범카메라 시스템에 의해 촬영 및 기록되고 생성된 이미지

제3조(관리책임자의 설치 등)

1. 시장은 방범카메라 및 화상의 적정한 관리와 운용을 도모하기 위하여 방범카메라 관리책임자(이하 '관리책임자'라 한다)를 둔다.
2. 관리책임자는 총무부장으로 충원한다.
3. 관리책임자는 방범카메라 및 화상의 적정한 관리 및 운용을 위해 필요한 조치를 강구하는 것으로 한다.

제4조(설치 등)

1. 시장은 방범카메라의 설치에 있어 그 설치의 목적을 달성하기 위하여 필요최소한의 촬영대상구역이 되는 장소에 설치한다.
2. 시장은 전항의 규정에 따라 방범카메라를 설치하려는 경우 미리 다음에 열거된 사항을 고시한다.

   (1) 설치장소

   (2) 설치 대수

   (3) 촬영대상구역

   (4) 운용을 개시하는 날

31) Id.

제5조(작동 시간) 방범카메라의 작동 시간은 원칙적으로 종일로 한다.

제6조(설치의 표시) 시장은 제4조의 규정에 의하여 방범카메라를 설치할 때에는 방범카메라의 촬영대상구역의 잘 보이는 장소에 방범카메라를 설치하고 있음을 표시한다.

제7조(화상의 관리)

1. 화상은 시장이 적정하게 관리하도록 한다.
2. 화상의 보존기간은 시장이 따로 정한 기간으로 한다.
3. 시장은 전항의 보존기간이 경과한 후에는 신속하게 이미지를 삭제해야 한다.
4. 화상은 제9조 제1항에 정한 것 외에 이를 복제하거나 인쇄하여서는 아니 된다. 다만 시장이 특히 필요하다고 인정하는 때에는 그러하지 아니하다.

제8조(이미지 열람)

1. 시장은 폐쇄회로(CC)TV시스템으로 생성된 이미지에 한하여 대상자를 한정하여 볼 수 있다.
2. 전항의 규정에 따라 화상을 열람할 수 있는 자는 범죄 예방의 효과를 고려하여 필요최소한의 범위 내에서 시장이 지정하는 자로 한다.

제9조(제공의 제한 등)

1. 시장은 다음에 열거하는 경우에 한하여 화상 및 화상을 복제하거나 인쇄한 것 기타 화상에 관한 정보(이하 '화상정보'라 한다)를 제공할 수 있다.
   (1) 형사소송법(1948년 법률 제131호) 제197조 제2항의 규정에 따라 수사기관으로부터 공문서로 제공이 요구되었을 때
   (2) 전호에서 규정하는 사항 외에 법령의 규정에 근거하여 서면으로 제공받고 개인의 권리이익을 부당하게 침해할 우려가 없다고 인정될 때
2. 시장은 전항의 규정에 따라 화상정보를 제공할 때에는 그 필요성을 심사하여 제공목적에 비추어 필요하고 적절한 범위에서 화상정보를 제공함과 동시에 해당 화상정보를 제공받은 자에게 다음 사항의 준수를 요구한다.
   (1) 화상정보를 적정하게 관리할 것.
   (2) 제공을 요구한 목적 이외의 목적으로 이용하거나 제3자에게 무단 제공을 하지 말 것.
   (제공을 요구한 목적을 달성하였을 때 또는 해당 목적이 달성되지 않았음이 판명되었을 때에는 신속하게 화상 정보의 반환 또는 파쇄 등을 할 것.
3. 시장은 제1항의 규정에 의하여 화상정보를 제공한 때에는 제공일, 제공처, 제공이유 및 제공한 화상정보의 내용을 화상정보제공기록부에 기록함과 동시에 매년도 그 실적을 공표한다.

제10조(업무의 위닥) 시장은 필요하다고 인정될 때에는 방범카메라의 운용에 관한 업무의 일부를 시장이 적당하다고 인정하는 자에게 위탁할 수 있다. 이 경우 계약서 등에는 해당 위탁을 받은 자가 준수해야 할 사항을 명기하는 등 필요한 조치를 강구하기로 한다.

제11조(개인정보보호조례의 적용) 화상정보의 취급에 관해서는 하마다시 개인정보보호조례(2005년 하마다시 조례 제21호)에서 정하는 것 외에 이 고시가 정하는 바에 의한다.

(기타) 제12조 이 고시에서 정하는 것 외에 필요한 사항은 시장이 따로 정한다.

부칙 본 고시는 2010년 2월 22일부터 시행한다.

부칙(2010년 8월 13일 고시 제119호) 본 고시는 2010년 8월 13일부터 시행한다.

Ⅲ. 영국의 감시 및 실종사건 예방 등 방범카메라

1. 역사적 경위-감시카메라의 설치·확대에서 법적 규제로

오늘날 사회는 유비쿼터스 사회라고 하는데,[32] 그중에서 감시카메라의 설치, 운용에 대해서는 첨단의 위치에 있던 영국은 1961년에 런던 교통공사가 역에 최초로 설치했다는 전사가 있다고 하는데, 이에 대해서는 다른 연구를 참조하기 바란다.[33] 오늘날 영국은 세계 인구의 1%에 불과한 것에 비해, 세계 감시카메라 대수의 20%를 차지하고 있다고 한다. 이것은 강력한 규제 시스템이 필요하다는 것을 재확인시켜 주고 있다.[34] 감시카메라 법적 규

---

32) 유비쿼터스 사회는 '모든 장소에 정보통신 기술이 개재하는 상태'를 말하지만, 감시카메라와 컴퓨터 네트워크의 결합은 유비쿼터스 사회에 있어서의 감시카메라 문제이기도 하다. 사쿠마 오사무(佐久間修), '유비쿼터스 사회와 형사 실체법,' 쥬리스트 제1361호, 2008년, 49면. 이 사회에서는 널리 전자 감시와 개인정보의 파악·누설·보호, 시큐리티, '잠재적' 범죄자에 대한 억제 기능 등이 문제가 된다.

33) 선행연구로서 1998년 데이터 보호법(Data Protection Act 1998), 내무성 1984년 가이드라인에 대해 이시무라 코지(石村耕治), 구미의 감시카메라 규제, 237면, 호시 슈이치로(星周一郎), "영미에서의 길거리 방범카메라의 법적 규제," 전게서·방범카메라와 형사절차, 홍문당, 2012년, 소장, 3, 84면 이하. 오카모토 미키(岡本美紀), "길거리 방범카메라 시스템의 도입을 둘러싼 여러 문제-일본과 영미에 있어서의 현상의 비교검토," 법학신보 제112권 제1·2호, 2005년, 597면. 이시무라 코지(石村耕治), "구미의 감시카메라 규제 입법-감시카메라와 시민의 프라이버시," 시라이시 타카시·오구라 토시마루·이타가키 류타(白石孝·小倉利丸·板垣竜太)편, 세계의 프라이버시권 운동과 감시 사회, 아카시 서점, 2003년, 237면. 야마구치 히비키(山口響), "감시카메라 대국 영국의 지금," 코쿠라 토시마루(小倉利丸)편, 노상에 자유를—감시카메라 철저 비판, 임팩트 출판회, 2003년, 82면. 에시타 마사유키(江下雅之), 감시카메라 사회—이제 프라이버시는 존재하지 않아 (고단샤, 2004년). 영국의 1999년 5월부터의 범죄 억제 계획·CCTV 구상을 통한 주택지 및 공공 주차장의 감시카메라망의 신설, 확장 상황, 예산(1999년 11월, 35계획, 약 78억원, 2000년 1월, 184계획, 약 700억원)을 밝혔다. 138면. 또한 도쿄도(경시청)는 2002년 2월 당시 '신주쿠 가부키쵸에 50대의 방범카메라를 설치했다. 촬영된 영상은 신주쿠 경찰서와 경시청 본부에 중계되며, 전담 담당자가 24시간 모니터링하고 있다. 영상은 본부에서 하드디스크에 기록되어 일주일간 보존된 후에 삭제된다'는 것을 당시 경시청 홈페이지로부터 밝힌 것으로 간주한다. 133~134면.

34) Big Brother Watch, Protecting Civil Liberties: The 2015 Big Brother Watch Manifesto, 2015, at 44. Daily Mail, UK, 27th March 2007. 데일리메일에 의하면, 영국에서는 경이로운 420만 명, 즉 14명 중 1명이 전 세계의 20%를 차지하는 대수의 카메라로 감시되고 있다고 한다. Id. 왕립공학회(Royal Academy of Engineering), "정부 또한 슈퍼마켓이 우리에 관한 방대한 양의 개인정보를 가진 '위대한 형제(big brother)' 사회로 향하여 경사짐으로 인해 생활이 위험에 노출될 수 있다"고도 경고하였다. 관계보고서의 저자 길버트(Nigel Gilbert) 교수는 평균적으로 런던 거주자는 매일 300기에 의해서 동회수 모니터 되고 있다고 한다. Id.

www.dailymail.co.uk/news/article-444819/UK 11-worlds-population-20-CCTV-cameras. "위대한 형제"란, 오웰의 소설 "1984년"의 미래 감시사회의 지도자를 가리키며, 이것에 빗댄 것이다. 동명소설, (1984년) 조지 오웰 (新庄哲夫 옮김) (1972년, 早川書房 1949년 출간), 8면.

제론은 다음과 같다.

1984년 내무부 가이드라인(Home Office Guideline)에 의하여 감시카메라, 경찰사용 감시 활동장치 등에 대한 규제, 투명화가 일정하게 이루어졌으며, 1997년부터 1998년까지 의회 과학·기술 특별위원회(House of Lords' Select Committee on Science and Technology)의 제5차 보고서(보고서)는 강제적인 실무규범(취급규정, 운용코드) Code of Practice)로 감시카메라 시스템 허가제도 도입의 필요성을 나타냈다. 이것은 민간, 공적기관 등에 대해 확대된 감시카메라의 설치, 운용에 대한 재검토를 배경으로 한 것으로, 유럽인권조약을 받아들여 성립한 1998년의 인권법(Human Rights Act)의 성립, 동년의 데이터 보호법의 개정을 통해서 2000년 3월부터, 동 개정 데이터 보호법에 의해 감시카메라를 소유하는 기관은 데이터 통괄자를 임명, 배치하는 것이 의무와 연결된다.[35]

상원 과학기술 특별위원회에서 1998년 2월 2일 내무장관(Alum Michael, HO Minister)은 그 제안을 고려중이라고 밝혔다. 당시 지방(지자체) 차원에서는 규제 노력은 같지 않다. 캠브리지와 같은 몇몇 도시는 비교적 상세한 '실무규범'을 제정하고 있었다. 다른 도시는 보다 제한적인 규제 구상이거나 민간의 (자주적인) 실무 규정이다. 민간분야는 때로는 사업체인 CCTV Association에 의해 작성된 가이드라인에 맞는 것을 이용하고 있었다. 유럽인권조약을 근거로 하는 헌법적 시민자유는 공공 텔레비전에서 제공되는 감시에 관한 한정 영역에서는 아직 태어나 자라지 않고 있었다. 그러나 유럽인권조약 제8조는 '(개인·사람의) 사적 생활의 존중'의 보장은 감시카메라에 의한 감시의 규제를 요청하는 것으로 해석되어야 한다고 하는 상황으로 추이해 왔다. 그런데 감시카메라 시스템은 그 촬영대상, 장소 생활·주택·상업 구역화, 공공도로상의 구별에 따라서 적용되는 법규범이 달라진다.

폐쇄회로(CC)TV의 규제방식과 실무규범의 차이가 생기는데, 이는 폐쇄회로(CC)TV 유영 상황에서의 차이도 된다. 차량(번호) 및 운전자의 감시목적의 경우와 일정공간(노상, 상가)의 직접감시목적의 경우란, 상위적인 법익, 즉 원활한 교통보장, 신속한 사고내용처리의 목적인지, 그렇지 않으면 범죄가해·피해의 미연방지·인지, 치안의 유지(범죄공포의 해소)목적인지에 따라 감시카메라 일반규범으로 충분한 경우와 그 이외의 규제가 걸리는 경우로 나뉜다.

구체적으로, 일반적으로 CCTV는 누적된 공통의 준칙을 따르게 되는 법이 있었다. 이들은 1998년 데이터 보호법(Data Protection Act 1998), 인권법(Human Rights Act 1998), 2000년 조

35) 이 역사적 경위에 대해 [구미의 감시카메라 규제 입법-감시카메라와 시민의 프라이버시] 시라이시 타카시, 오구라 토시마루, 이타가키 류타(白石孝·小倉利丸·板垣竜太)편, 세계의 프라이버시권 운동과 감시 사회(명석서점, 2003년) 소장, 237면. 내무부 가이드라인 1984년 데이터 보호 커미셔너, 240면.

사권한규정법(Regulation of Investigatory Powers Act), 정보보호법(Freedom of Information Act 2000)에 규정하고 있다.[36] 그리고 여기에 2012년 자유보호법이 새로 추가되었다고 봐도 무방할 것이다. 또한 도로교통에 관해서는 여기에 도로교통 관계의 규제 입법이 추가되게 되었다.[37] 그동안 2010년 5월 '연정: 정권강령'에서 시민적 자유의 확립이 외쳐지고, 감시카메라가 이루어 온 시민적 자유의 남용이 그 규제라고 하는 형태로, 입법화해야 할 단계에 있다. 이 배경에는 그동안 (노동당 정부 하에서) "지난 10년간 영국 국가들이 너무나 권위주의적이 되었고 기본적인 인간적 자유(freedom) 및 역사를 가진 시민적 자유(civil liberty)를 남용하고 쇠퇴시켜 왔다"는 현 상황 인식에서 구체적인 정책과제의 하나로 "우리는 폐쇄회로(CC)TV를 더욱 규제한다"는 점을 들고 있다.[38] 이는 영국이 오늘날 감시카메라 단속 검토에 들어갔음을 보여 주는 신호이다.

영국에서는 공공 및 민간기관의 감시카메라(시스템)에 대해 포괄적인 규제가 없었다. 1984년에 내무성 가이드라인의 도입으로 경찰이 이용하는 감시카메라 등의 감시활동용 장치의 가시화가 일정하게 도모되었다고 한다. 이와 같이 영국에서의 감시·실종사건 예방 등 방범카메라의 시스템 및 운용에 관한 법적 규제로 강하게 기울기 이전의 선행연구가 있지만, 오늘날 새로운 국면을 맞이하고 있다고 말할 수 있다. 이 감시카메라의 홍수라고도 할 수 있는 가운데 감시카메라의 적정한 운용을 위해서, 더욱이 2012년에는 자유보호법(Protection of Freedom Act 이하, 자유보호법)에 의해서 실무규범(Code of Practice 실무 준칙)이 제

---

36) 1998년 법 데이터 보호법에 의한 감시카메라 법적 규제에 대하여 전게서, 전장(주 26), 85면.

37) 도로교통에 한정한 감시카메라 시스템의 채용은, 행정관할 대상 구역의 차이는 있지만, 런던의 한 지역의 도로라면, 아래와 같은 법령에 의한 감시카메라의 규제를 받는다. Road Traffic Regulation 1984 (도로교통규칙), Road Traffic Offence Act 1988 (도로교통범죄법), Road Traffic Act 1991, London Local Authorities Act 1996 (런던지방관구법), The Road Traffic Offence (Additional Offence and Prescribed Devices) Order 1988, London Local Authorities Act 2000, The Transport for London (Bus Lanes) Order 2001,London Local Authorities Act and Transport for London Act 2003, Traffic Management Act 2004, The Civil Enforcement of Parking Contraventions (England) General Regulations 2007, The Civil Enforcement of Parking Contraventions (England) Representations and Appeal Regulation 2007, The Civil Enforcement of Parking Contraventions (Approved Devices) (England) Order 2007. London Council, Code of Practice for Operation of CCTV: Enforcement Cameras in the London Borough of Hammersmith & Fulham, Version 3.3-June 2012, at 3-4.

38) HM Government, The Coalition : our programme for government, Cabinet Office May 2010, Chapter 3, at 10. 동시에 EU제국과 국민과의 인권실태가 추궁당하고, 새롭게 확립할 필요성 때문에 유럽 인권조약 하에서의 모든 의무를 구체화하고 확립하는 영국국민 권리법안을 작성하는 특별 위원회를 설치하는 것도 내걸고 있다. Id. 덧붙여 노동당 정권은 블레어(1997년 5월~2007년 6월) 및 브라운(~2010년 5월) 내각이었지만, 그 후 카메론 내각(2010년 5월~2015년 5월 보수·자유민주 연립. 현재 보수당)으로 바뀌었다.

시되어, 새로이 감시카메라 커미셔너(Surveillance Camera Commissioner: SCC. 이하 커미셔너라 한다)가 배치되었다.[39] 2012년 9월, 첫 커미셔너로 2009년 이래 전국잠정감시카메라감사관(Interim CCTV Regulator)직에 있던 레니슨(Andrew Rennison)이 취임하였다. 이후, 2013년 8월 12일, 앞선 실무규범이 잉글랜드 및 웨일스 지방에서 시행되었다.[40]

2. 2012년 자유보호법

실무규범은 공공장소의 감시카메라 시스템이 공중을 첩보하는 것이 아니라 보호, 지원하는 데 사용되는 것의 신뢰를 공중에게 보증하는 것을 의도한 것이다. 감시카메라 시스템의 필요성 및 비례성에 관계하는 법률상의 제 의무를 명확히 하는 것에 덧붙여, 실무규범은 동시스템 조작자(운영자) 측에 막대한 투명성 및 동의에 의한 감시 풍조를 촉진하려는 것이었다. 그것이 감시카메라 시스템이 필요할 때, 감시카메라의 한층 더 효과적인 활용을 촉진한다고 생각한다. 이 실무규범에 나타난 접근법은 대부분은 자율규제에 의한 것이지 대부분은 본 규범이 처음부터 법적인 결속을 부여하려는 것이 아니다. 오히려 시스템 조작자가 본 규범에 규정된 준수사항(컴플라이언스)에 편리성이 있다고 인정하듯이 본 규범이 자주성을 기초로 하여 광범위하게 지지되고 채택될 것으로 기대되었다.[41]

이와 같이, 실무규범은 그 대상자를 공적인 기관, 자치단체뿐만 아니라, 민간단체(사업자), 개인까지 넓혀서 자주적으로 설정할 수 있도록 한 준칙이라 할 수 있다. 실무규범은 좋은 실무운용이 되는 후술의 12개 항목의 지도원리(Guiding Principle)로 구성되어 있으며 기존의 다른 법률준수의 요청항목과 다음의 자유보호법에 의해 제시된 항목으로 구성된다.[42]

[실무규범]

감시규제의 대상이 되는 것은 여기에서는 감시카메라라고 총칭하나, 원문에서는 "CCTV(폐회로형 텔레비전) 및 기타 감시카메라 테크놀로지"의 규제라고 되어 있다(조문 제1

---

39) 법인은 내무상관 메이(Theresa May)에 의해 2011년 2월 의회에 제출되었으며, 2012년 5월 1일 의회통과 후 재가를 받았다. Protection of Freedom Act 2012(c.9), Part 2, Chapter 1,ss.29-36 Commissioner 장관 임명. 커미셔너는 업무집행의 사무소를 가지고, 지출경비, 수당 등은 국무장관이 결정하여 지불한다. 커미셔너의 직무기능을 달성하기 위한 사무진, 관계시설도 동 장관이 커미셔너와 협의하여 제공한다. 법에는 자동차 번호판 사용판독도 규정되어 있으나 여기서는 제외하였다. Ibid., s.34

40) Home Office circular 11/2013. http://parliamentaryyearbook.co.uk/CP/the ssurveillance-camera-commissioer.html. 정확하게는 감시카메라(CCTV) 및 예비 자동차 번호판 인지장치(Automatic Number Plate Recognition: ANPR)의 실무규범이다.

41) Ibid.

42) 기존의 법이란, 오로지 공적 기관에 관계하는, 1988년 데이터 보호법(개인정보의 보유), 1988년 인권법(공공기관의 엄수의무), 2000년 조사권한규제법(권리보호) 등을 의미한다. Ibid.

장, 항목 표제). 확대된 모든 감시카메라 설치·운용자(사업자)에 대한 행위 준수규범으로서 의무화된 것이라고 할 수 있을 것이다.

실무규범의 작성권한은 담당 국무대신(내무대신)에게 있으며, 거기에 감시카메라 시스템의 가이던스를 포함하여 기재된다(자유보호법 제29조 제1항). 구체적으로는 실무규범에 의하면 감시카메라 시스템이 '적절하게 운용된다면, 이들 시스템은 공중의 안심·안전, 나아가 사람 및 재산 쌍방을 보호하는 데 공헌할 가치 있는 도구이다'로 한다.[43]

실무규범에는 감시카메라 시스템의 개발·사용(동 제1항 a)이나 동 시스템에 의해 얻은 화상 또는 기타 정보의 사용 또는 가공(동 제1항 b)에 관한 가이던스가 포함되게 되어 있다. 전술한 지도원리의 12개 항목이란, 감시카메라 시스템 사용, 운용 시에 채용, 준수되어야 할 조작준칙이다.

[실무규범 12개 항목]

12개 항목을 기본적인 사항(아라비아 숫자) 및 체크 항목(·)으로 나타낸다.[44]

1. 감시카메라 시스템의 사용은 항상 적법 목적을 수행하고 확인된 절박한 필요성에 맞는 필수적인 특정 목적을 위한 것일 것
   - 어떤 카메라 시스템이 뭐가 있는지
   - 그 사용을 검토하고 있는가?
2. CCTV 시스템의 사용은 그 정당성의 유지를 확증하기 위해 개인 및 개인의 프라이버시[45]의 영향을 고려할 것
   - 당신은 사생활에 대한 영향 평가를 실시했는가?

---

43) '동 규범의 목적은 여러 개인 및 광범위한 지역사회가, 스스로를 정찰하는 것보다 오히려, 보호·지원하기 위해서 감시카메라가 배치되는 것에 신뢰를 가지는 것을 보장하게 되는 것으로 한다.' Ibid.

44) PFC 2012, supra note 8,s.29(3)., Home Office, Surveillance Camera Code of Practice, June 2013, at 10-11., Surveillance Camera Commissioner, Code of Practice: A guide to the 12 principles. 자유보호법 제29조 제3항은 실무규범에 포함될 수 있는 항목 9개를 나타내고 있어 항간에 나와 있는 12개 항목과는 다른 점이 있다. 동 9개 항목이란 ① 감시카메라 시스템을 사용하는지 여부에 관한 고려사항, ② 시스템 또는 장치(이하 시스템 등)의 형식, ③ 시스템 등의 기술 수준, ④ 시스템 등의 소재 위치, ⑤ 시스템 등의 정보 공표, ⑥ 시스템 등의 사용·보수하는 자에게 적용되는 제 기준, ⑦ 시스템을 이용한 정보를 사용·처리하는 자에게 적용되는 제 기준, ⑧ 그렇게 입수한 정보의 접근 또는 개시, ⑨ 불복신청 또는 상담의 제반 절차이다. The former (PFC 2012), Ibid.

45) CCTV에 의해 침해되는 이익을 프라이버시라는 포괄적 개념으로 파악하고 있지만, 민주주의와 책무(Accountability)와의 관계이며, '개인은 자신의 생활에 영향을 미치는 판단의 결정권을 갖는다.' '민주주의 사회에서는 책무 시스템이 본질적인 구성요소'라고 생각하는 시각이 있다. Deborah G. Johnson and Kent A. Wayland, "Surveillance and Transparency as sociotechnical systems of accountability," in: K.D. Haggerty and Minas Samatas (Eds.), Surveillance and Democracy, Routledge-Cavendish 2010, at 21.

• 프라이버시 영향 평가를 공표하였는가?

3. 정보 및 신청에 대해 접근하기 위해 공표된 접촉 장소를 포함하여 가능한 한 많은 투명성을 유지할 것
   • 감시가 이루어지고 있다고 말할 수 있는 장소 신호를 가지고 있습니까?
   • 질문을 하거나 불만을 말하는 사람에 대해 접촉해 공표할 장소가 있는가?
4. 수집, 보유, 사용되는 영상 및 정보를 포함하여 모든 감시활동에 대한 책무(Responsibility and Accountability)를 가질 것
   • 당신의 시스템의 책임자는 누구인가?
   • 당신의 직원은 자기의 책임을 자각하고 있는가?
5. 감시카메라 시스템의 사용에 있어서는 명확한 규칙, 정책, 절차(이하, 규칙 등)를 준수할 것, 또한 규치 등을 이행할 필요가 있는 사람 모두와 커뮤니케이션을 가져야 한다.
   • 적절한 징책 방침과 절자를 가지고 있는가?
   • 당신의 직원은 당신의 정책, 정책 및 절차에 어떤 것이 있는지 알고 있습니까?
6. 엄밀하게 요청된 것보다 더 많은 이미지와 정보를 입수해서는 안 된다.
   • 영상 및 정보를 어느 정도 기간 보관할 것인가?
   • 일단 영상과 정보가 불필요해지면 그것들이 제거된 것을 어떻게 확인하는가?
7. 접속할 수 있는 자에 관해 명확한 규칙으로 보유하고 있는 이미지나 정보에 접속하는 것을 제한할 것
   • 집적 정상에 접근하는 (할 수 있는) 자에 관하여 어떠한 정책 방침을 가지고 있는가?
   • 정보개시에 관한 정책방침을 가지고 있는가?
8. CCTV 시스템 조작자(오퍼레이터)는 어떠한 인정된 운용상 기술적인 능력 기준이라도 그 기준에 적합하고 선지시키기 위해 목적 및 작업과 관련된 그 기준을 검증할 것
   • 인증(공인)된, 어떠한 조작 기술 기준에 따르고 있는가?
9. CCTV 시스템의 이미지 및 정보는 무허가 접근 및 운용으로부터 보호하는 적절한 보안조치에 따라야 할 것
   • 당신의 시스템에 의해 포착된 영상은 인진하게 보관되고 있다고 확증할 수 있습니까?
   • 인정받은 사람들만이 영상에의 접근을 할 수 있는가?
10. 준수되어야 할 법적 조건, 정책 과제, 규준을 확실히 하기 위해 효율적인 심사나 특별한 방법을 실시할 것
   • 당신의 시스템이 여전히 조건을 충족하고 있다고 보증하기 위해서 정기적으로,

그 점검을 하고 있는가?

- 감시카메라 시스템으로 대체하는 해결이 있을 수 있는가?

11. 적법한 목적을 추행하는데 사용되는 경우 증거상의 가치를 지닌 이미지 및 정보를 (얻는) 목적을 가지고 공공의 안전과 법집행을 지원하는 가장 효과적인 방법으로 이루어질 것
    - 형사사법 시스템은 당신의 폐쇄회로(CC)TV 시스템에서 생긴 영상과 정보를 사용할 수 있는가?
    - 당신은 데이터 보관, 안전성, 폐기에 관한 정책방침을 가지고 있습니까?
12. 어떠한 정보가든 감시카메라 시스템을 지원하는 데 사용되는 날짜에 이르기까지 확실하고 유지될 것
    - 자동차 번호판 인지 장치, 안면 인지, 복장 인지 비디오(Body Worn Video : BWV), 원격조작 물체(드론)와 같은 어떤 특수 기술을 사용하고 있는가?
    - 당신의 데이터 보관물(베이스)에 보관되어 있는 정보가 정확하고 최신임을 보증하는 적절한 정책방침을 가지고 있는가?

[구 전국(잠정) 감시카메라 감독관에서 커미셔너][46]

자유보호법은 그 법안 단계로부터, 몇 가지 점에서 실효성 있는 것으로 해야 한다는 의견이 있었다. 그중 하나가 시민단체인 "국가 정보기관에 의한 감시(Big Brother Watch)"로부터의 것이며,[47] 이 단체는 공적 기관에 감시카메라 설치의 경우에는 그 설치, 운용의 5개 항목의 정책목표를 명확히 해야 한다고 했다.[48] 이것은 감시카메라의 설치 확대에 대한 우려를 불식시켜야 한다는 것을 보여 주었다. 2009년에는 내무부는 전국적인 감시카메라 감독조직을 새롭게 설치할 전망으로, 내무부에서는 독립고문으로서 활동하는 "잠정 감시카메

46) PFC 2012, supra note 45, s. 35. SCC (Surveillance Camera Commissioner)에 대한 접속에 대하여는 이하.www.gov.uk/governments/organization/surveillance-camera-commissioner를 참조

47) 이 조직은 감시권력의 극적인 확대를 주시하는 등 시민적 자유의 침식상황을 공표하는 리포트를 간행하는 등 해 오고 있다. 2009년 설립의 시민단체이며, 본 리포트의 간간에 있어서는 정치 경제 조사 신탁의 도움을 받는 등 하고 있다. www.bigbrotherwatch.org.uk

48) 첫째, 실무규범의 실시강화 권한을 감시카메라 감독관에게 부여할 것, 둘째, 공적 기금으로 설치되는 감시카메라의 운용개시에 있어서는, 범죄통계에 언급하거나 혹은 의미를 가진 위해 리스크를 언급하지 않으면 안 될 것, 셋째, 공공단체는 감시카메라가 범행에서의 유죄를 확증하는데 사용될 때는 그 사례를 공표될 것, 넷째, 공공단체는 그 감시카메라가 범행에서의 유죄를 확증하는데 사용될 것(공표할 것)될 것, 개인 감시구역에 대해 공개될 것(공표 될 것), 그 사례를 공표되어야 할 것, 그리고 개인 감시카메라 설치될 것)에 대해 공개될 것(공공단체는 그 감시카메라 설치될 것). Big Brother Watch, The Price of Privacy: How local authorities spent £515 m on CCTV in four years, A Big Brother Watch Report, February 2012, pp.36, at 4.

라 감독관"을 임명했다(앞의 A. 레니슨). 이것이 세계 최초의 감시카메라 감독관이라고 떠들썩하게 알려진 것이다.[49] 자유보호법에 따라 설치, 발전된 커미셔너의 직무는 ① 감시카메라 규범의 준수 촉진, ② 동 규범의 운용심사, ③ 동 규범에 관한 위반 및 개정을 포함한 조언제공을 정부에 할 수 있게 되었다.[50]

커미셔너는 정기적으로 활동보고서를 작성하고 원칙 3월말까지의 연차별로 동 보고서(리포트)를 국무대신 및 의회에 제출하여 간행할 의무가 있다(동법 제35조 1b). 커미셔너의 연차보고서가 2014년 12월 16일 의회에 제출되고 있다.[51]

3. CCTV 사용상의 과제 및 문제점

감시카메라의 설치, 운용에 관한 정부(내무부)의 초기평가는 정부조사보고서에 실려 있다.[52] 이 리포트의 저자는 'CCTV는 범죄와의 투쟁에 있어서 효과적인 수단이지만, CCTV 시

---

49) 감독조직(전국 감시카메라 전략국 National CCTV Strategy Board)은, 하부조직으로서 동감독관·독립자문 그룹을 두었다. 동 그룹은, 기업, 감시카메라 조작자, 지역, 제3섹터 그룹의 대표로 구성되었다. Frankie Cordova, World's First CCTV Regulator appointed, BLOG, 02 Feb. 2010. 내무차관(Home Office minister) 브로큰셔(James Brokenshire)는 감시카메라(및 차량번호는 확실한 Office minister)의 통제를 위해 한층 더 확실한 기술적으로 지원해야 한다. 브로큰셔(James Brokenshire)는 감시카메라 차량번호와 같이 하였다. Alan Travis, "Big brother traffic cameras must be regulated, orders home secretary," The Guardian, 4 July 2010.

50) 내무부(Home Office)는 2014년 2월 (CCTV) 커미셔너가 포터(Tony Porter)로 교체된 사실을 보도했다. www.react-asd.co.uk/housing/know-new-surveillance-camera-commissioner. 커미셔너 교대로 인해 직무의 일부가 변화하고 있다. ① CCTV 실무규범의 이행 촉진은 같지만, ② CCTV 시스템의 효과적이고, 적절하며, 조화로운 투명성 있는 운용에 관한 조언을 할 것, ③ 조작·기술기준에 관한 조언을 할 것, ④ 실무규범의 운용방법을 검토하여 어떠한 수정도 필요할 경우 정부에 조언을 할 것이다. Id.

51) SCC, Surveillance Camera Commissioner Annual Report 2013/14, Dec. 2014, p.30. https://www.gov.uk/government/news/surveillace-camera-commissioner-launches-survey 1 June 2015. 연차보고서는 자유보호법이 실무규범이 CCTV 감시카메라(자동번호 판독기, 기타 감시카메라)의 공공공간에서의 사용이 설치목적에 합치하여 '공개성, 비례성(균형성), 효율성'을 유지하고 법적 의무로서 '감시카메라 시스템의 필요성 및 비례성'을 명확히 하고 있음을 확인하여 앞으로의 과제로서 가정환경에서의 감시카메라 시스템의 사용이 계속 증가하고 있으며, 가정환경에서의 감시카메라 시스템의 사용이 증가하여 그 외 드론(무인비행기 UAV)에 대한 관심 및 자동안면인증장치(AFR)의 활용 확대를 지적하나, 실지 당사자의 실무규범의 자주적 채용이 기본이므로 현황 확인 보고서에 그치고 있음. Ibid., at 9, 18.

52) Martin Gill and Angela Spriggs, Assessing the impact of CCTV, Home Office Research Study (HORS) 292, February 2005, pp. x iv160. 본 보고서는 영국의 감시카메라 도입과 운영의 배경을 설명한다. 감시카메라 구상은 1998년 내무부 범죄억제 계획(Home Office Crime Reduction Programme)에 근거하여 작성된 것에 관한 것이다. 동 구상의 예산은 684 감시카메라 프로젝트의 설치기금으로서 1,700만 파운드였다. '시의 카메라' 설치장소는 광역에 걸쳐 있었다. 구상 제2순위의 352 감시 프로젝트에서 추출된 13 프로젝트의 경과, 효과의 평가·주결론을 제시한 것이다. Ibid., at 1. 본문 주 50, 강하(江下), 전게서 주 2), 137면 참조.

스템은 현재의 이 시스템 자체처럼 크게 변동적이라는 것을 인정받아야 한다는 것'을 증명하고 있다.[53] 이 조사는 시티센터, 주차장, 병원, 주택지(거주지역) 등에 설치된 CCTV 13기에 의해 경찰 인지범죄수, 시민의 행동양태(12구역), 카메라기기 조작실과 외부기 관련(경찰), 휴대용 카메라의 경제적 영향 등 다방면에 걸친 조사였다.

CCTV 설치가 있음에 따른 방문지 회피라는 행동 변용을 초래한 것은 응답자의 1%에 지나지 않았다는 점, 또한 CCTV 설치에 호감을 갖고 있는 것이 마찬가지로 70% 이상이었다는 점, 시민적 자유에 대한 우려는 CCTV 도입 후 불과(2~7%) 감소했지만, 응답자의 17%가 같은 우려를 표명하고 있었다.[54] 대체로 CCTV가 범죄감소 효과를 거두지 못했다거나 CCTV의 설치에 기인하지 않고 범죄감소가 있었다고 하여 CCTV의 효과 없음으로 단순화하는 것을 경고하고 있다.[55]

어쨌든 영국은 공적 기관뿐만 아니라 민간에까지 파급된 감시카메라의 사용, 운용을 법률상의 실무 규범으로서 높여 입법화했지만, (형사·민사의) 법적 제재를 수반하지 않는 형태로,[56] 지도원리를 12개 항목으로서 규정해서, 준수를 지도하는 완만한 규제를 취하기 시작한 것이다. 따라서 감시카메라의 설치주체에 관계하는 법률은 실시 관계당사자(당국자)에 의해, 예를 들어, 수사기관이라면 관계되는 형사절차법, 인권법과 관계되어 생김으로써 감시카메라의 사용, 운용방법에 결박이 걸린다고 봐도 좋을 것이다.[57] 이 포괄적인 실무규범은 민간·개인 간에 있어서의 감시카메라의 사용, 운용을 포괄한 데에 특징이 있고, 또 규정내용에 추상도가 남는다. 이 자유보호법의 한 영역으로서 감시카메라의 실무규범이 제시되었는데, 여기에 버밍엄시의 상황을 전형으로 비대한 감시카메라 망과 시민적 자유와의 영

---

53) CCTV 운용 프로그램장 크리스 커쇼(Chris Kershaw)는 조사결과에 대해 이렇게 언급하고 "Chris Kershaw는 도움이 되는 단적인 한 수단일 수 있지만 현실성 있는 사례라고 하기에는 아직 멀었다"고 말했다. Chris Kershow, Foreword, in: Gill & Spriggs, Ibid., at i. 리포트는 감시카메라 시스템은 과학기술이 한층 더 급속한 진보를 이루는 것임을 유보하면서, 이번 조사에서 제출된 증거(evidence)에 근거하여 평가하면, 성공으로 볼 수 없다고 했다. Ibid, 120. 다른 조사연구에서 골드는 "감시와 사회적 통제 사이의 관계성에 대한 우리의 중심적인 가정 조건 중 몇 가지는 재검토가 필요하다"며, 감시카메라의 확산은 경찰 등 여러 기관에 감시기술(테크놀로지)이 현실에 미치는 현대사회에 있어서의 감시 및 감시의 역할에 '근본적 변화'를 타운센터에서의 경찰활동, 정보수집에 그치고 있는 현 상황에서는 아직 일어나지 않았지만, Benjamin J. Goold, "CCTV and Policing: Public Area Surveillance and Police Practices in Britain," Oxford U.P. 2004, at 212-213.

54) Gill and Spriggs, supra note 53, at v-x. 대상 12구역 (9 주택지 및 3 시티 타운 센터) 설치 전후의 비교 대상 연구이다. 흥미로운 사실은 일단 CCTV가 설치되면, 시민들은 발생 사안에 대해 경찰에 더 많이 신고하려고 하지 않게 되었다(응답자의 1/3에 해당한다). I bid., atviii, x.

55) Ibid., ch.6, at x, 115.

56) PFC 2012, supra note 45, s.33(2).

57) Ibid., ss.33(4)-(5).

국적 타협점(일입법)을 간취할 수 있지만, 그 실효성, 보장 방법이라는 점에서는 과제가 남아 있다.

Ⅳ. 유비쿼터스 사회에서 과학기술—감시와 사회연대

감시카메라 문제를 생각할 경우 범죄에의 불안, 안심감, 체감 치안이라고 불리기도 하는 시민의 범죄 의식, 범죄대책 의향(이하, 시민의식)이 감시카메라 설치에의 요인이 되고 있는 것은 부정할 수 없다. 이러한 시민의식은 여론 조사에 의해 나타나기도 한다. 그리고 이 시민의식의 분석과 대응의 본연의 자세가 범죄방지를 위한 감시카메라 설치, 운용의 본연의 자세, 방향에 시사를 주는 것이라 생각된다.

1. 치안에 관한 여론조사

우리나라의 여론조사에 의해, 체감 치안, 시민의식을 일정 정도 알 수 있다. 일본은 2012년에 실시된 '치안에 관한 국민의 의식 조사'의 여론조사는 전회·전전회(2004년, 2006년) 조사와 비교할 수 있게 되어 있다. 이에 따르면, '일본은 안전·안심하는 국가인가'에 대해서는 긍정하는 '그렇다'가 42.4%(2004년), 46.1%(2006년), 59.7%(2012년)로 추이하며, 다른 한편이 부정하는 '그렇지 않다'는 같은 기간 54.7%, 52.5%, 39.4%로, 응답자의 60%가 안심·안전감을 나타내기에 이른다. 그러나 '최근의 치안에 관한 인식'에서는 '좋아졌다고 생각한다'는 것이 1할 5푼 정도 있지만, '나빠졌다고 생각한다'가 여전히 8할을 넘고 있는 것도 사실이다(81.8%). 또, 범죄와 조우할지도 모르는 불안한 장소에 대한 질문에는 상위 4개 항목에서는 번화가(53.7%), 노상(53.6%), 인터넷 공간(41.9%), 공원(36.6%)으로 되어 있다.[58] 여기에서 개관할 수 있는 것은 국가 레벨의 안전·안심감에 대해서는 응답자의 반 가까이가 긍정하지만, 최근의 치안상황의 악화(80%) 및 범죄소우 불안은 장소로서 번화가·노상을 반수 이상이

58) 내각부(정부홍보실), "치안에 관한 특별 여론조사의 개요," 2012(2012년 8월 16일). http://survey.gov-online.go.jp/tokubetu/tindex-all.html 최근의 치안항목에서는 '좋아졌다'고 생각하는 회답자가, 동기 7.1%, 11.3%, 15.8%인 반면, '나빠졌나'고 생각하는 사람은 86.6%, 84.1%, 81.1%(1,587명)로 감소했다. 이 중 치안악화의 원인은 '지역사회의 연대의식이 희박해진 것'(54.9%), '경기악화'(47.4%), '범람정보의 용이성 입수'(44.7%), '청소년 교육의 불충분함'(43.8%), '국민의 규범의식 저하'(42.8%)가 상위를 차지하고 있지만, 국내 방문 외국인에 의한 범죄증가에 대해서는(28.2%), 국내 방문의식의 부족함(43.8%), 국민의 규범의식 저하(42.8%)가 상위를 차지하고 있지만, 국내 방문 외국인에 의한 범죄증가에 대해서는 (2006) 2%로 나타났다. 경찰 단속의 불충분은 제자리걸음(18.8%, 18.1%, 17.3%)이었다. 또한 2012년 여론조사는 1,956명(유효 회수, 동률 65.2%)의 조사원의 개별면접 청취(기간 7월 5일~8월 15일, 대상자 3,000명). 동 1~6면.

들고 있다고 말할 수 있다.

오늘날의 번화가·노상 감시카메라 설치의 배경 요인은 이들 여론조사에 나타나는 사회의 치안이 악화되고 있다는 시민의식에서 찾을 수 있을 것이다. 그리고 시민은 범죄발생에 대한 대응보다, 범죄발생의 미연방지, 바꾸어 말하면, 범죄발생의 리스크 저감화, 미연방지로서의 대책으로서 감시카메라를 선택, 허용하고 있는 것이다. 바꾸어 말하면, 우리 사회는 범죄발생의 리스크 사회로서, 범죄의 발생에 이르는 모든 요인을 밝혀냄으로써 방지하려는 것이다.

2. 현대사회, 개인, 감시로 대체하는 사회연대의 가능성

이 상황은 현대(후기자본주의) 사회가 종래의 지역사회가 가지고 있던 범죄방지의 혈연적·지연적 관계나 공동체적 관계, 사회적 관계에 의해서 유지된 세이프티 넷을 가지지 않고 유효하게 기능시킬 수 없는 단계에 이르고 있는 것부터, 그 대체적 기능을 감시카메라(시스템)에 요구하려고 하는 것이기도 하다. 이 현대사회를 리퀴드 모더니티(유체적인 근대, 후기 자본주의)로서 표현하는 Z. 바우만(Bauman), D. 라이언(Lyon) 등의 연구자가 있다.[59)]

오늘날에는 복지사회라 불리던 행정 비대국가에 의한 사회보장적인 보호·구제의 시책에서 축소국가에 의한 복지 재검토·컷, 자력구제의 촉진·조장에 의해서 사회의 개인 간의 연대성, 상호부조성은 해체되는 가운데 상호불신적인 사회연대성을 공유할 수 없는 시민의 집단사회로 변질화하려고 한다고도 표현할 수 있을 것이다. '낯선 사람들이 분명히 어떤 의도에 의해 움직이는 것뿐이지만, 그렇기 때문에 우리는 신뢰가 가질 않는다. 낯선 사람들은 우리가 무엇을 해야 하는지, 어떻게 행동해야 하는지를 생각할 때 조립하는 방정식 안의 미지의 변수이다.' 결국 낯선 사람들은 이질적인 존재이다. 즉, 불가해하고 곤혹스러운 존재이며, 그 의도나 반응은 여느(일반적인, 낯익은) 사람들과는 전혀 다르다. 그렇기 때문에 낯선 사람들이 공격적이지 않아도 표면상 화난 것처럼 보이지 않아도, 그들은 무의식적으로 불쾌한 씨앗이다. 즉, 그들의 존재 그 자체가 우리가 행하는 행동의 결과나 성공의 기회의 예측이라고 하는 그렇지 않아도 어려운 작업을 한층 더 어렵게 하고 있는 것이다.[60)]

---

59) 지그문트 바우만(森田典正 옮김), 리퀴드 모더니티: 액상화하는 사회(大月書店, 2001년), 전 279+4면. 포스트모던의 사회적 네트워크의 와해, 집단행동의 붕괴, 인간적 유대에 네트워크 붕괴 경향의 사회, 19~20면. 지그문트 바우만(이토 나리역)·콜라터럴 데미지(청토사, 2011년). 리퀴드 모던(유체적인 근대, 후기자본주의)은 솔리드 모던(근대, 자본주의)의 대개념이다. David Lyon, "The Electronic Eye: The Rise of Surveillance Society," U of Minnesota Press 1994, pp.270; David Lyon, Surveillance Studies: An Overview, Polity Press 2007, p.243.

60) 바우만(伊藤成), 콜래터럴 데미지(전게서), 102면.

보안대책의 도입과 확립, 활용, 강화에 의해 만들어지고 데워진 열은 공포심이나 불안과 긴장감을 재발시키고 증대시키고 번식시키는데 필요한 유일한 기동력이 된다. 안전을 위해 설계되고 획득되어 기동된 전략과 아이디어는 아무리 근본적인 것이라도 불안을 완화시킬 만큼 근본적인 것으로 인정되는 경우는 드물고, 계속되지는 않는다.[61] 미카미 타카시는 이 개인·분단화된 사회에 사는 시민의 불신 위에 선 감시 사회에 대해, 그 필연적인 상황 현상을 밝히고 있다.[62] 리스크 사회는 단순한 인과관계나 결과를 예측하기 어려운 사회이기 때문에 끊임없는 감시를 필요로 한다. 또, 개인의 가치관이나 환성이 다양화한 사회에서는, 개개인의 내면을 추측하는 것은 곤란하게 되어, 인간에게 규범을 집어넣어 정신을 이식함으로써 사회질서를 유지하는 것보다는 개별적 행동을 계속 모니터함으로써 일탈을 규제하는 것이 효율적으로 된다. 동시에 개인화된 리스크 앞에서 불안을 안고 있는 개인들은 스스로 알아서 감시에 몸을 맡기고 상호 감시적으로 위험회피를 하려고 한다. 물론, 이런 유형의 감시는 자기보존과 사생활 추구의 역설적인 결과라는 것도 알고 있으며, 그 기반에는 사회적 불평등이 따른다.

감시사회를 효율적으로 이용할 수 있는 것은, 지켜야 할 많은 것을 가지고, 감시 장치에 액세스할 기회와 재력이 풍부한 자들이기 때문이다.[63] 이 후기 근대(자본주의)사회에서 아오가 타케히코가 공공장소에서 용모를 드러내는 묵시적 동의의 연장선상에서 감시카메라에 의한 프라이버시의 제한이 수인의 한도 내로 하는 것은 공중의 장에서도 초상권 등이 보관되는 프라이버시(개인의 기본권)가 있는 것을 경시하는 것이지만, 이러한 견지마저 나타나고 있는 것도 사실이다.[64]

청사설의 문제점으로서 프라이버시보다 공공 공간을 절대화해 버릴 위험이 있다. 오히

---

61) Id., 101면.

62) 三上剛史는 현대 사회가 잠재적 요인(범죄자)으로부터 방범이라고 하는 이름이 감시카메라로의 상호감시에 의해서 안전·안심인 사회를 확인하려고 하는 현상을 지적한다. 대략 생각할 수 있는 모든 잠재적 리스크 요인을 전부 밝혀내고, 위험인자를 미리 제거해 두지 않으면 안 된다. 감시카메라나 건강검진은 그 전형이지만, 감시카메라라고 부르기보다는 방범카메라라고 부르고, 모니터라고 부른다. 건강검진은 강요당하는 것이 아니라, 스스로 알아서 진찰한다. 즉, 사람들은 일방적으로 감시당하는 것이 아니라, 자주 즐겨 감시당하는 것이며, 또 서로 감시함으로써 안전·안심사회에 살고 있는 것을 확인하는 것이다. 三上剛史, 사회의 사고-리스크와 감시와 개인화, 학문사, 2010년, 71~72면

63) 동, 73면. 새로운 감시의 목적은 구체적인 위험이나 일탈과 대치하는 것이 아니라 위험 발생의 가능성을 미리 처리하는 데 있다. 감시의 형식도 판옵티콘형의 중심으로부터 전체를 바라보는 것이 아니다. 시노프티콘(synopticon)이라고도 불리는 새로운 감시의 형태는, 하나의 중심으로부터 전체를 감시하는 것이 아니라, 한 인간을 주위 전체가 감시하는 혹은 상호감시하는 형태를 취한다. 감시카메라는 그 가장 알기 쉬운 장치이다.

64) 아오기 다케히코(青柳武彦), 사이버 감시 사회－유비쿼터스 시대의 프라이버시론, 전기통신진흥회, 2006년, 320면.

려, 공공 공간이 프라이버시를 우월하다고 했을 경우에도 질이 다른 각각 원칙과 정도의 명확화, 공공의 상대성을 유지하고, 그것을 위해 프라이버시의 허용성·한도, 적정한 공공성이란 무엇인가를 공공성의 이름으로 강제당하는 감시카메라 설치·행사의 목적, 수단(행위 양태) 균형 침해에의 구제 등 심각하게 다루어져야 할 것이다. 그러나 새로운 사회연대에 의한 프라이버시의 보호는 감시카메라에 의한 보호를 넘는 형태로 제기되기까지는 이르지 못했다. 해체된 개인으로부터, 연대적인 사회의 재생이 가능한가는 과제이다.

일찍이 뒤르켐이 분업사회에 있어서의 사회구조의 변화에 의해서, 이것에 대응한 유기적인 (사회) 연대를 지지하는 규범이 미성숙하고, 사회가 무규범(아노미)에 있는 것을 나타냈지만, 현대 사회는 개인이 새로운 연대를 스스로 손에 넣을 때, 감시카메라에 의한 불신의 개인의 집합체는 극복될 것이라고 생각할 수 있다.[65]

Ⅴ. 마치며

영국에서 본 것처럼 유비쿼터스 사회에 있어서의 정보수집과 관리사회의 추이를 배경으로 하여 과학기술의 진보에 의해 감시카메라 시스템이 프라이버시의 침해를 초래하는 것이라는 것이 밝혀졌다. 영국에서는 모델 감시카메라 준칙(실무규범)이라고 해야 할 것이 감시카메라의 범람, 증식 속에서 제기되어 주변 시민의 인권 관련법의 정비 추이 속에서 성립되어 왔다. 한편, 일본이나 우리나라에서도 감시카메라는 경찰 주체, 지방자치단체, 민간단체, 또 개인 350만 모두, 약 500만 기로 여겨지는 '방범카메라'의 설치 상황에 있지만, '실종사건예방 등 방범카메라'사회가 출현하고 있다. 시간이 갈수록 공공시설에서의 감시카메라의 수요확대가 전망되어 감시카메라의 제품화나 시스템 개발이 진행되고 있다.[66]

테러와 범죄예방 대책을 이유로,[67] 더욱이 설치, 운용, 그 네트워크화가 진행되고, 그 한편, 동 카메라에 의해서 얻을 수 있던 현 단계에서는 해석도가 낮은 영상에 의해서 오인

65) 뒤르켐(宮島 喬), 자살론(중공문고, 1997년 10판), 478면. Anthony Giddens (Ed.) Introduction, in: Emile Durkheim, Selected Writings, Cambridge. 기든스는 뒤르켐이 사회노동분업론에서 '유기적인 연대는 분화된(=Differential) 노동의 분업 내부에서의 직업상의 상호의존에 유래하는 여러 개인 및 개인으로 이루어진 여러 집단과의 사이의 협동연대에 있다'라고 함과 동시에 유기적인 연대는 진행된 조직과 유사한 발달한 사회 조직인 모던한 사회질서의 본질적 기반이다. Ibid., at 8, 10, 123, 141. E. 뒤르켐(井伊玄太郎 옮김), 사회분업론(전2권, 고단샤, 1989년), 상권 310면, 하권 257면 참조.

66) 種子房子, '감시카메라 제품화 가속,' 毎日新聞, 2015년 3월 3일.

67) 도시방재 연구센터·테러 대책을 위한 민간 카메라의 활용에 관한 조사연구보고서, 2010년, 11면. 도민의 안전·안심 확보를 위해 각종(거리, 버스·택시) 카메라에 의한 '비상시 영상전송 시스템'이 효과를 발휘한다고 하여 민관일체가 된 테러 추진 대책의 일환으로서 그 도입, 운용을 설명한다.

체포마저 일어나고 있다.[68] 그러나 감시카메라에 관한 전국적인, 그 점에서는 법률에 따른 실무규범의 통일적인, 모델적인 규범은 없다. 하지만, 자치단체 차원에서, 또 광역자치단체 경찰수준에서는 유사한 규정(요강 등 명칭은 여러 가지) 전국 레벨의 법적 규제는 없지만, 법률에 의한 감시카메라 시스템의 설치, 운용의 기준을 마련해야 한다는 견해가 있다.[69]

감시카메라가 개인의 프라이버시권, 자기정보 컨트롤권, 초상권이 '공공의 복지' 등에 의해서, 제약을 받는 경우가 있다면, 조례에 맡기는 것보다 법률에 따르는 것이 바람직할 것이다. 영국과 같이 실무규범에 의한 틀 설정도 하나의 사고방식이지만, 그 때에도 보다 명확한 규정으로 해야 한다. 전국의 감시카메라 설치, 운용에 관한 통괄기관은 의회 커미셔너로 하는 것이 바람직하다. 영국처럼, 제3자 행정감시위원회가 설치된다면 의회에 보고를 의무화해야 할 것이다. 그러나 감시카메라 시스템이 행정에 의해서 법집행의 형태를 취한다면, 감시카메라 시스템이 가지는 전쟁 상태, 계엄령형 감시에의 잠재적 위험성과 연결될 수 있다는 점에서, 의회에 책임을 지는 의회 커미셔너에 의한 체크 시스템의 설치가 바람직하다고 생각할 수 있다.

감시(카메라 시스템)에 있어서, 민주주의를 옹호하기 위해서는 어떠한 것이 명시되어 둘 필요가 있을까의 물음에 대해, 컨트롤(통제)이 사회적 규제에 필요 불가결하다고 하는 견해가 있지만 같은 취지이며 지당하다.[70] 감시카메라의 설치 확대는 범죄에의 불안, 테러의 공포 등에 의해서 촉진되고 있어 확대의 일로를 걷고 있다. 향후, 테러와 실종사건예방 대책

---

68) NHK, '증식하는 감시카메라,' 클로즈업 현대, 제2954호(2010년 10월 25일)는 300만 기에 이르는 상가, 주택가에서 설치되는 자치체로부터의 조성금 지출, 범죄수사로의 이용의 면과, 카메라 설치, 운용의 규칙의 애매함, 방범목적 외에서의 사용, 트러블의 상황 및 영독의 실정, 대책을 다루고 있다. www.nhk.org.jp/kiroku/detail_2954. NHK, '방범카메라의 함정-잇따른 오인 체포,' 클로즈업 현대, 제3564호(2014년 10월 14일)는 5년 후 카메라 명칭이 감시에서 방범 카메라로 변화하지만, 500만 기에 달한 가운데서의 경찰의 오인 체포, 강도 사건 후의 용의자(피고인)의 무죄 사례를 들어, 출연자 諸澤英道는 고성능 영상의 가공 가능성을 지적한다. www.nhk.org.jp/kiroku /detail02_3564.html

69) 일본변호사연합회, '감시카메라에 대한 법적 규제에 관한 의견서,' 2012년 1월 19일. 감시카메라는 '범죄 발생을 전제로 하지 않고 불특정 다수인의 초상을 개인 식별 가능한 제도로 연속해서 촬영, 녹화, 전달'을 하는 것이므로 그 증가는 프라이버권 등의 보장에서 간과할 수 없다고 한다. 법률에 따라 엄격한 기준, 요건을 정해야 한다. 법률에 기재하는 항목의 골자는 ① 설치장소, ② 개인식별·음성녹음 기능을 가진 카메라 감시 장치의 금지, ③ 설치사에 의한 운용기준 준수, ④ 수사기관의 운용기준(형사 절차에 이용, 신속한 소거), ⑤ 조사권, 권고·시정명령 등의 권한을 가진 제3자 감독기관 설치를 제언한다. 프라이버시권 등에는 자기정보 절차에 이용, 1일 등에 관한 의견 공표된 일자에 관한 의견 의견서 포함된다.

70) Torin Monahan, "Surveillance as Governance: Social inequality and the pursuit of democratic surveillance," in: Kevin D. Haggerty & Minas Samatas (Eds.), Surveillance and Democracy, Routledge-Cavendish 2010, at 101.

과의 관련해서 감시카메라의 설치, 기능의 활용이 주장되어질 것 같다. 경찰청으로부터 위탁을 받아 작성된 보고서는 그 전형이다.[71] 이러한 감시카메라의 사용이 확대되는 것은 과거 전쟁기에 있어서 여러 수단사용의 윤리적인 타당성 문제와도 공통되게 이어진다는 지적은 정곡을 찌르고 있다고 할 수 있을 것이다.[72] 이 공적 기관에 이르는 감시카메라 설치의 브레이크 없는 확대를, 그 일이 가지는 경제적 코스트 문제를 포함해,[73] 신중하게 판별해

---

71) 도시방범연구센터의 "테러대책을 향한 민간 카메라의 활용에 관한 조사연구 보고서"(동 센터, 2009년). 이 조사연구는 경시청이 계획하는 민간설치의 카메라 영상을 활용하여, '3차원 얼굴형상 데이터베이스 자동 대조 시스템'과 '비상시 영상 전송 시스템'을 이용한 효과적 운용 방법과 적정 활용의 방책을 제언하는 데 있었다. 결론적으로, 많은 도쿄도민이 '대중교통기관 등에 있어서의 테러 불안'을 안고, '카메라 활용에 있어서의 대책 강화'를 바라고 있다고 한 후에, 전술한 전송 시스템이 도민의 안전·안심 확보 기능을 발휘한다고 하자. 이 시스템 때문에, 적절한 운용·명확한 기준 설정, 또 운용상의 문제점 검증에 의한 효과적인 시스템 운용의 개량이 기대된다고 하자. 키노시타 토모시(木下智史)는 "테러대책은 그 규제대상을 앞당겨 가는 결과, 범죄행위에 대한 혐의가 불명확한 단계(따라서 재판관에 의한 영장발부 요건을 충족하지 않는 단계)에서의 체포·수색이나, 혐의에 대해 고지하지 않는 비밀수사가 테러 대책의 이름으로 도입됨으로써, 형사수사에 있어서의 대원칙인 영장주의가 큰 폭으로 완화된다"라고 한다. "헌법과 테러 대책 입법," 법률시보 제78권 제10호(2006년), 6~7면. 이 테러에 대한 불안을 이유로 하는 원인론 없는 감시카메라 등에 의한 개인의 감시가 "테러에 대한 전쟁"으로서 긍정되는 미합중국의 상황은 교훈적인 선례가 될 것이다. 2001년 9월 11일, 비행기 세계무역센터 충돌 사건을 계기로 한, 부시 대통령의 '테러에 대한 전쟁'에 따른 일변적인 감시 강화책 참조. Williams G. Staples, "Everyday Surveillance: Vigilance and Visibility in Postmodern Life," 2nd ed. 2014 Rowman & Littlefield, pp.255, at xi. 예를 들면, 민간의 "서점에서 실시되는 감시는 기묘하게도 민주적이다. 즉, 모든 사람이 감시당하고, 그렇기 때문에 모든 사람이 신뢰받지 못하는 것이다." 이 때문에 [포스트모던의 감시의 특징 중 하나는 조작상, 계통적이고, 조직적, 자동적인 경향이 있다]라고 한다. 게다가 "관찰자(observer)는 거의 보이지 않고, 익명으로, 종종 전혀 개인이 아니며, 오히려 내가 "데이터 스폰지(정보 흡수물)"라고 어떠한 형태라고 부르는 것들로, 그것들은, 즉, 비디오 카메라, 스캐너, 바코드 리더, 약물 테스트 키트, 어떠한 종류의 자동 추적 시스템이며, 인격을 가지고 있지 않음을 전망할 수 있는 것이기도 하다." 일단 디지털 기록되면 영구하다고 한다. Ibid., at 5.

72) Kevin Macnish, "Just surveillance?: Towards a Normative Theory of Surveillance," Surveillance & Society 12(1), at 142. http://www.surveillance-and-society.org. 전쟁은 전통적으로 지탱하는 7원리이다. 원인 그 자체, 정당목적, 정통당국(권력), 최후의 수단(필요성), 공식선언, 성공의 합리적 기회, 비례성(균형)에 의하지만, 이 원리는 이번에는 전쟁문제로 대체하여 감시문제에 해당된다고 한다. Ibid., 147~150면.

73) 영국 감시카메라의 지방자치단체 재정부담 참조. 2012년 리포트에 의하면, 영국 국내에 428개 지방자치단체(local authorities)에 적어도 5만 1,600기의 감시카메라가 설치되어 2007년부터 2011년간의 감시카메라 설치·운용·유지 경비는 5억 1,500만 파운드(대략 1조 42억원)로, 이것은 경찰관 4,121인분 상당액이었다. 감시카메라 시스템 경비의 톱을 차지한 웨스트 미들랜드에 위치하는 인구 100만 정도의 공업도시(근교를 포함하면 인구는 229만 명이며, 제2위.) 636기에 1,429만 3,060파운드(약 278억 7,146만 7,000원)이다. 제2장에서 본 浜田시의 현격한 설치상황을 볼 수 있다. Big Brother Watch, The Price of Privacy: How local authorities spent £515m on CCTV in four years, A Big Brother Watch Report, Feb. 2012, at 4, 20. Supra note 17(previous chapter 2). www.bigbrotherwatch.org.uk

갈 필요가 강해지고 있다.

사회 내부의 구성원 개인 간의 불신감이라고도 할 수 있는 감시카메라 시스템의 비용은 방범 이점으로서는 증거로써는 입증할 수 없기 때문에, 극한에 이르기 전에, 새로운 사회 내의 유기적인 연대책을 모색해 해결(솔루션)을 찾아낼 때를 맞이하고 있다.[74)]

참고문헌

<일본문헌>

三上剛史, "社会の思考—リスクと監視と個人化", 学文社, 2010年, 71~72頁.

高橋直哉, "防犯カメラに関する一考察," 法学新報 第112巻 第1·2号, 2005年, 81頁.

三上剛史, 사회의 사고-리스크와 감시와 개인화, 학문사, 2010년, 71~72면.

種子房子, '감시카메라 제품화 가속,' 毎日新聞, 2015년 3월 3일.

가네코 이쿠요(金子郁容), 신판 커뮤니티·솔루션(岩波書店, 2002년), 참조.

뒤르켐(宮島喬), 자살론(중공문고, 1997년 10판), 478면.

뒤르켐(井伊玄太郎 옮김), 사회분업론(전2권, 고단샤, 1989년), 상권 310면, 하권 257면 참조.

마에다 마사히데(前田雅英), "범죄통계로 본 신주쿠 방범카메라의 유효성," 쥬리스트 제1251호, 2003년, 154면.

말콤 필리(후지이 쓰요시(藤井 剛) 옮김), '일본과 서양에서의 범죄 전개에 관한 세 가지 가설,' 龍谷法学 제41권 제3호, 2008년, 165~183면.

무라이 토시쿠니(村井敏邦), "범죄의 발생이 예측되는 현장에 설치된 텔레비전 카메라에 의한 범죄상황의 촬영녹화가 적법하다고 여겨진 사례," 판례평론 제360호, 1989년, 224면.

미야케 타카유키(三宅孝之), "지역의 안전, 리스크와 범죄자의 사회내 처우," 아사다·우에다·마츠미야·혼다·김편, "자유와 안전의 형사법학", 법률문화사, 2014년, 695면.

사쿠마 오사무(佐久間修), '유비쿼터스 사회와 형사 실체법,' 쥬리스트 제1361호, 2008년, 49면.

시라이시 타카시, 오구라 토시마루, 이타가키 류타(白石孝·小倉利丸·板垣竜太)편, 세계의 프라이버시권 운동과 감시 사회(명석서점, 2003년) 소장, 237면. 내무부 가이드라인 1984년 데이터 보호 커미셔너, 240면.

아오키 나케히코(青柳武彦), 사이버 감시 사회-유비쿼터스 시대의 프라이버시론(전기통신진흥회, 2006년), 320면.

에시타 마사유키(江下雅之), 감시카메라 사회-이제 프라이버시는 존재하지 않아(고단샤, 2004년).

NHK, '방범카메라의 함정-잇따른 오인 체포,' 클로즈업 현대 제3564호, 2014년 10월 14일.

---

74) 가네코 이쿠요(金子郁容), 신판 커뮤니티·솔루션(岩波書店, 2002년) 참조.

야마구치 히비키(山口響), “감시카메라 대국 영국의 지금,” 코쿠라 토시마루(小倉利丸) 편, 노상에 자유를-감시카메라 철저 비판(임팩트 출판회, 2003년), 82면.

오카모토 미키(岡本美紀), “길거리 방범카메라 시스템의 도입을 둘러싼 여러 문제 - 일본과 영미에 있어서의 현상의 비교검토,” 법학신보 제112권 제1·2호, 2005년, 597면.

우토 다카시(宇藤崇), “피의자의 외모 등의 비디오 촬영이 적법하다고 본 사례,” 쥬리스트 제1376호, 2009년, 208면.

이시무라 코지(石村耕治), 구미의 감시카메라 규제, 237면, 호시 슈이치로(星周一郎), “영미에서의 길거리 방범카메라의 법적 규제,” 전게서·방범카메라와 형사절차(홍문당, 2012년) 소장, 3, 84면.

이시무라 코지(石村耕治), “구미의 감시카메라 규제 입법 - 감시카메라와 시민의 프라이버시,” 시라이시 타카시·오구라 토시마루·이타가키 류타(白石孝·小倉利丸·板垣竜太)편, 세계의 프라이버시권 운동과 감시 사회(아카시 서점, 2003년), 237면.

지그문트 바우만(森田典正 옮김), 리퀴드 모더니티: 액상화하는 사회(大月書店, 2001년), 전 279+4면. 포스트모던의 사회적 네트워크의 와해, 집단행동의 붕괴, 인간적 유대에 네트워크 붕괴 경향의 사회, 19~20면.

타미야 유타카(田宮裕), ‘수사에 있어서의 초상권과 그 한계 - 최고재판소 판례의 의의,’ 판례타임스 제243호, 1970년, 14면.

하마이 고이치·세리자와 카즈야(浜井浩一·芹沢一也), “범죄 불안사회”, 코분샤, 2006년, 161~162면.

호시 슈이치로(星周一郎), 방범카메라와 형사절차, 홍문당, 2012년, 167면.

<영국문헌>

Alan Travis, “Big brother traffic cameras must be regulated, orders home secretary,” The Guardian, 4 July 2010.

Anthony Giddens (Ed.) Introduction, in: Emile Durkheim, Selected Writings, Cambridge.

Benjamin J. Goold, “CCTV and Policing: Public Area Surveillance and Police Practices in Britain,” Oxford U.P. 2004, at 212~213.

Big Brother Watch, Protecting Civil Liberties: The 2015 Big Brother Watch Manifesto, 2015, at 44. Daily Mail, UK, 27th March 2007.

Big Brother Watch, The Price of Privacy: How local authorities spent £515 m on CCTV in four years, A Big Brother Watch Report, February 2012, pp.36, at 4.

David Garland, The Culture of Control: Crime and Social Order in Contemporary Society, Oxford U.P. 2001, p.307.

David Lyon, “The Electronic Eye: The Rise of Surveillance Society,” U of Minnesota Press 1994, p.270.

David Lyon, Surveillance Studies : An Overview, Polity Press 2007, p.243.

Deborah G. Johnson and Kent A. Wayland, "Surveillance and Transparency as sociotechnical sys–tems of accountability," in: K.D. Haggerty and Minas Samatas (Eds.), Surveillance and Democracy, Routledge-Cavendish 2010, at 21.

Frankie Cordova, World's First CCTV Regulator appointed, BLOG, 02 Feb. 2010.

Home Office, Surveillance Camera Code of Practice, June 2013, at 10~11.

Kevin Macnish, "Just surveillance?: Towards a Normative Theory of Surveillance," Surveillance & Society 12(1), at 142.

London Council, Code of Practice for Operation of CCTV: Enforcement Cameras in the London Borough of Hammersmith & Fulham, Version 3.3-June 2012, at 3~4.

Martin Gill and Angela Spriggs, Assessing the impact of CCTV, Home Office Research Study (HORS) 292, February 2005, pp. xiv160.

SCC, Surveillance Camera Commissioner Annual Report 2013 / 14, Dec. 2014, p.30.

Torin Monahan, "Surveillance as Governance: Social inequality and the pursuit of democratic surveillance," in: Kevin D. Haggerty & Minas Samatas (Eds.), Surveillance and Democracy, Routledge-Cavendish 2010, at 101.

von Hirsh, Garland, Wakefield, Ethical And Social Perspectives On Situational Crime Prevention, Hart Publishing 2000, p.230.

Williams G. Staples, "Everyday Surveillance: Vigilance and Visibility in Postmodern Life," 2nd ed. 2014 Rowman & Littlefield, pp.255, at xi.

제 9 장

IT 추적

제9장

IT 추적

Ⅰ. 개 요

미국에서는 민간의 방범카메라가 경찰의 감시에도 사용되기 시작한 상태이다. 미국의 개인이나 기업이 설치하고 있는 방범카메라를 경찰당국에 의한 감시에도 사용하는 움직임이 가속화하고 있다. 일부 도시에서는 민간 감시카메라를 네트워크로 만들어 실시간(live)으로 전송을 통한 가상 순찰을 가능하게 하는 시스템 구축도 시작되었다. 한편, 일련의 조치는 당국의 통제력과 인종 차별화로 이어질 위험성도 지적된다. 미국 내에 5,000만 대로 추정되는 보안 카메라가 있다. 그들은 1인당 인구수에서 중국과 맞먹는 수치이다. 대다수는 공공기관이 아닌 개인과 기업의 소유이다. 하지만 많은 경찰들이 카메라를 관리하는 민간 회사와 제휴해서 그 영상을 얻을 수 있다. 인권운동가들은 이 점을 우려하고 있는데, 뉴어크, 볼티모어, 샌프란시스코, 디트로이트의 모든 도시가 민·관 협력을 통한 감시 카메라 시스템을 갖추고 있다. 다만, 각각의 도시에 따라 구조는 다르다.

뉴어크는 주민들에게 적극적으로 폐쇄회로(CC)TV를 확인하도록 하고 범죄행위가 있으면 경찰에 보고해 달라고 요청했다. 경찰은 폭력범죄 문제를 안고 있는 지역의 범죄 건수가 폐쇄회로(CC)TV 덕분에 줄어들었다고 그 효과를 높이 평가한다. 볼티모어의 한 경찰관은 이 시의 폐쇄회로(CC)TV 시스템을 스파이더맨이 위험을 감지하는 능력인 스파이더 센스에 비유했을 정도였다.[1)]

CCTV로 원격순찰이 가능하다. 그러나 CCTV가 한 번 설치되면, 많은 경우에 데모활동

1) 강맹진, "미국 지역사회 경찰활동의 국내 적용-캘리포니아주 산마테오 카운티 보안관실과 경찰을 중심으로," 한국경찰학회 한국경찰학회보 15(4), 2013, 3~30면.

의 추적 등 다른 목적으로도 사용되게 된다고 인권운동가들은 경종을 울린다. 정당한 근거 없는 감시행위를 하는 시스템이 될 수 있으며 특히 비백인층에게 그 영향이 크다고 한다. 이런 가운데 디트로이트 시는 2016년에 놀랄 만한 추세를 발견했다. 그 당시 디트로이트에서는 범죄 건수가 증가하고 있었지만 주유소 주변에서 급격히 증가한 것으로 밝혀졌다. 밤 10시부터 아침 8시까지 시내에서 발생한 폭력범죄 중 네 건 중 한 건이 주유소에서 150미터 이내에서 발생했다. 경찰은 그래서 우선 여덟 곳의 주유소에 도움을 청해 감시 카메라를 설치하고 실시간 영상을 경찰서에 직접 전송하는 체제를 취했다. 라이브 송신을 통해 신속한 대응이 가능해졌으며, 심야 시간대에 경찰서 내 영상을 확인하는 가상순찰이 가능해졌다. 이번 실험이 있은 후 디트로이트 시 경찰은 감시 카메라망을 확대하여 프로젝트 그린라이트라고 명명했다. 출범 4년이 되는 지금, 시 전역에 700대의 카메라를 들여오기 시작할 예정이다.

하지만 얼굴 인식에 의한 오인 체포라는 문제가 있다. 그러나 경찰이 더 강력한 감시카메라 도입으로 인해 주유소 순찰대 이상의 목적으로 감시하고 있다는 우려가 제기되고 있다. 디트로이트 시장인 마이크 다건은 작년에 신호등에도 카메라를 장착할 계획을 밝혔고 그렇게 되면 시내의 감시 카메라가 1,000대를 넘을 것이다. 카메라 구입과 설치에 드는 비용은 설치장소가 되는 가게들이 부담한다. 하지만 디트로이트 경찰이 그 프로젝트 시스템에 투입할 비용은 약 800만 달러(약 85억원)로 알려져 있다. 시 소유 카메라에는 사업자와의 각종 계약, 영상 모니터링 및 경찰과의 연계를 위한 실시간 범죄센터 운영비용 등이 포함된다. 경찰은 안면인식 소프트웨어를 이용해서 폐쇄회로(CC)TV 화면을 분석할 수 있는데 이는 상당히 위험한 방법이다. 디트로이트 경찰이 1월 흑인 남성 로버트 윌리엄스의 프로젝트 그린라이트 카메라 영상과 시 외곽에 사는 사진이 얼굴 인식 소프트웨어 판정에서 일치했다며 오인체포 문제를 일으켰다. 우선 이 프로젝트와 얼굴 인식 시스템에 예산을 들이는 것을 그만두라는 것이 우리의 호소라고 인권운동단체 드윌 윌브레이터의 로이드 심슨은 말한다.

폐쇄회로(CC)TV와 인종차별의 관계도 문제이다. 심슨은 프로젝트 그린라이트에 낭비된 다른 유용한 자원을 가지고 있을 것이라고 지적한다. 캠코더 영상들이 원래의 목적 밖으로나 쓰이게 되면서 초점이 어긋나고, 이러한 감시가 범죄억제에 과연 효과적인가 하는 문제점이 바로 그것이기 때문이다. 디트로이트 시경은 4월, 신형 코로나 바이러스의 감염확대 억제책의 일환으로서 시민이 소셜 디스턴싱(사회적인 거리의 확보)을 지키고 있는지 감시할 목적으로 프로젝트 그린라이트 카메라 영상을 사용했다. 경찰관들은 실종예방 및 범죄예측에 사용되는 알고리즘인 위험 텔라인 모델링이라고 불리는 수법과 폐쇄회로(CC)TV 화면을 결합시켜, 가상순찰에 위반자 35명에게 벌금을 부과한다. 원래 CCTV 설치장소와 흑인 커뮤니티에 대한 사회의 시각은 분리될 수 없다고 시니어 스태프 에릭 윌리엄스는 비영리 법률회사 Detroit Justice Center에서 언급하였다. 감시카메라 설치행위는 이 나라 형사사법제도에 뿌리 깊게 퍼져 있는 인종차별의 영향과 무관하지 않다. 윌리엄스는 흑인이 디트로이트 인구의 80% 이상을 차지한다고 가정하면서 이렇게 덧붙인다. 지금의 감시기술은 피부색이 짙은 사람, 특히 비백인 여성을 정확히 인식하는가에 대한 결함이 있다는 것이 증거로부터도 드러나고 있다. 그녀는 디트로이트 경찰서에 논평을 요청했으나 아무런 답변을 받지 못했다.

민간 카메라 이용을 강화한 샌프란시스코의 사례를 살펴본다. 경찰이 감시하고 있는 디트로이트의 대처와 대조적인 곳이 샌프란시스코이다. 2012년 이래 암호화폐(암호자산) 업계의 거물인 크리스 라슨이 40만 달러(약 4억 2천만원) 이상을 투자해 시 중심부 유니언 스퀘어의 비즈니스 개선 지구(BID)를 포함한 시내 각지에 1,000대 이상의 방범 카메라 도입을 추진해 왔다. 샌프란시스코 시 경찰은 카메라와 소유주, 설치장소에 대한 데이터베이스를 관리하고 범죄혐의가 포착되면 그 영상을 확인하도록 요청한다. 디트로이트와 다른 점은 누구나 요청을 하면 영상을 볼 수 있다는 것이다. 피고 측의 변호사든 영화제작자든 상관없다. 경찰이 항상 카메라에 접근할 수 있는 것은 아니다. 영상을 확인하고 싶을 때는 요청을 한다. 디트로이트에서는 경찰이 허가한 폐쇄회로(CC)TV 도입 상점들이 운영하지만 샌프란시스코에서는 설치비용 없이 카메라를 사용할 수 있다. 그럼에도 불구하고, 사람들은 사생활 보호 차원에서 이 접근법을 경계한다. 2020년 5월 말에서 6월 초순 사이에 샌프란시스코 시내 곳곳에서 조지 플로이드의 죽음에 항의하는 시위가 있었고 연인원 10,000명이 참가했다. 비아이디드 카메라 시스템은 건물과 자동차에 대한 파괴행위를 막기 위해 도입한 것이지만, 샌프란시스코 경찰은 시위 시 약탈방지를 위해 더 광범위하게 활용했다. 경찰은 파괴행위를 알리는 신고에 일일이 대응하기보다는 감시 카메라에 실시간으로 접근할 수 있도록 함으로써 그 지역에 있는 모든 사람들의 영상을 확인할 수 있는 체제를 취한 것이다.[2] 전자 프런티어 재단(EFF)이 공개한 이메일에 따르면, 샌프란시스코 시 경찰은 처음에는 비아이디 보안 카메라에 실시간 접근할 수 있는 권한을 이틀 동안 인정해 달라고 요청하고 있다. 그 후 두 차례에 걸쳐 접속권한이 총 9일에 이르렀다. 경찰은 가능한 모든 시위를 가능한 한 감시하고 싶어 했다고 EFF의 정책분석가 매튜 갈리 그리어가 말했다. 집약화된 카메라 네트워크가 있어서 영장 없이도 경찰이 쉽게 접근할 수 있다면 이름은 달라도 사실상 경찰이 감시 카메라 네트워크와 같다. CCTV 영상은 번호판 읽기 소프트웨어 등 다른 시스템과도

2) 이훈·정진성, "우리나라와 미국 법원의 경찰 물리력 사용 적법성 심사기준 비교연구: '객관적 합리성 기준' 도입 타당성을 중심으로," 한국공안행정학회 한국공안행정학회보 28(4), 2019, 349~374면.

연계될 수 있다고 EFF 연구자들은 지적한다.

테크놀로지와 법의 알력이 문제이다. 유니언 스퀘어 비아이디드 감독에게 보낸 이메일로 경찰관들은 그 시위의 상황파악을 이유로 감시 카메라를 실시간으로 확인할 수 있는 권한을 요구하고 있다. 샌프란시스코 경찰이 시위대를 수감하거나 소환장을 발부하긴 했지만, 기물파손, 약탈, 무기소지 같은 중죄로 기소된 것은 듣지 못했다고 시의 공식 변호인이 말했다. 리얼타임으로 감시 카메라를 체크한다고 (범죄를) 막을 수 있는 것은 아니라고 갈리그리아는 지적한다. 진심으로 단속할 생각이라면, 창문이 열려 있는 장소는 아래와 같다. 새벽 1시에서 2시 사이의 영상을 확인해 보라고 대답하면 된다. 하지만 그렇지 않았다. 샌프란시스코 경찰에게 의견을 요청했으나 답변을 얻지 못했다. 인권운동가들은 이처럼 경찰이 광범위한 권한을 요청하는 것을 우려한다. 폐쇄회로(CC)TV의 영상이 본래의 목적을 넘어서 사용되더라도, 왕왕 나중에 정당화되기 때문이다. 한 활동가는 초점이 흐려짐으로써 감시행위 자체가 실종사건 등 범죄를 억제하는 효과가 있는가 하는 문제에 정면으로 직면하고 있지 않다고 지적한다.

Ⅱ. 상황의 배경

2015년 11월 13일 파리에서 동시다발 테러가 발생하여 많은 희생자가 발생하였다. 우선 이 자리를 빌려서 희생된 분들에 대해 애도의 뜻을 표하고 싶다. 또 파리 이외에도 최근 테러가 빈발해 한국에서 언제 일어나도 이상하지 않은 상황이며 향후 더욱 테러나 범죄에 대해 경계를 높여갈 필요가 있다. 지금까지 범죄 수사·실종예방 및 치안의 단속이나 테러·범죄의 미연 방지를 위해서 여러 가지 기술이 투입되어 왔지만 IT를 활용하는 것에 의한 보다 고도의 방범·치안의 대처가 진행되고 있다.

지금까지는 감시 카메라나 범죄 데이터를 이용한 대처는 단속의 서포트 역할로서 사용되어 왔지만, 근래에는 네트워크화된 수천 대의 감시 카메라가 지역을 감시하고 빅데이터를 사용한 분석이 범죄가 발생하는 지역을 사전에 예측하는 등 IT가 실종예방과 치안의 요점이 되려 하고 있다. 또한 IoT의 발달로 홈시큐리티도 스마트화되어 편리성이 높고 견고한 보안이 실현되고 있다. 본고에서는 고도의 IT를 도입한 범죄대책을 추진하는 미국의 실종예방·치안 분야의 IT화에 대해 소개한다.[3)]

필자는 가장 먼저 미국 내 IT 시스템을 활용한 보안 유지 사례에 대해 소개하겠다. 이

3) 정제용, "미국과 한국 경찰의 빅 데이터 경찰활동에 관한 비교경찰학적 고찰," 한국경찰연구학회 한국경찰연구 18(3), 2019, 165~186면.

전에는 높은 범죄율로 유명했던 뉴욕이지만 여러 가지 대처에 의해서 현재는 미국에서도 가장 안전한 대도시의 하나가 되어 있으며 특히 근래에는 최신의 IT를 도입한 지역경계 시스템이나 얼굴인식 기술 등 새로운 대처를 진행시키고 있다. 다른 주 경찰 기관에서도 IT 활용이 가속화되고 있으며 범죄예측 및 비행기를 이용한 보안 시스템은 여러 경찰기관에서 사용되고 있다.

다음으로 실종예방과 치안에 관련된 시장에 대해 소개한다. CCTV와 관련된 서비스 시장에서는 IP 기반의 제품보급에 따라 2020년까지 489.5억 달러로 확대될 것으로 예정하였으며 특히 클라우드를 활용한 서비스에 관심이 쏠리고 있다. 홈시큐리티의 시장도 2018년까지 24억 달러에 이르렀으며 IoT의 보급으로 이미 다수의 기업이 진출하기 시작했다. 최첨단 기술에서는 동체해석 영상해석 보안로봇에 대해 소개한다. 매사추세츠 공과대학은 벽 건너편에 있는 인물의 움직임을 높은 정밀도로 알아낼 수 있는 기술과 영상분석으로 주위의 소리를 재현하는 데 성공했다. Placemeter사에서는 상세한 교통량 계측을 할 수 있는 시스템을 개발하고 있어 사람의 흐름이 많은 행사장 등에서의 사용이 기대되고 있다. 보안로봇으로는 Knightscope사의 건물 내외를 경비하는 자율로봇과 Liquid Robotics사의 자가발전하면서 바닷속을 자율항행할 수 있는 로봇에 대해 다룬다.

마지막으로 보안 및 치안 관련 미국 내 감시와 사생활 문제에 대해 다룰 것이다. 미국의 프라이버시 문제는 테러대책을 목적으로 한 감시활동과 크게 결부되어 있으며 사람들의 프라이버시에 대한 생각은 911 테러나 스노든 사건 등을 계기로 크게 변화해 왔다. 또한 보안 시스템에 대한 전국적인 운영지침이 제시되지 않았기 때문에 각 경찰기관은 헌법의 원칙에 따라 대처해 오고 있다. 고속도로 자동정산 시스템인 E-ZPass도 본래의 목적 외 사용에 있어 비난을 받아 왔다. 미국은 테러리즘에 대처하기 위해 범죄에 대한 강력한 자세를 유지하면서 다양한 IT 시스템을 보안과 치안에 도입해 왔다. 그러나 스노든 사건을 계기로 정부가 프라이버시에 소홀한 것이 아니냐는 지적이 제기되면서 감시 시스템과 프라이버시 밸런스의 어려움에 대해 다시 한 번 인식하게 되었다. 한편으로는 테러리즘 이외에도 총기와 인종문제 등 많은 문제를 안고 있기 때문에 여전히 견고한 보안체계에 의존하는 것이 불가피해졌다. IT 시스템을 이용한 보안과 치안문제를 새로운 단계로 끌고 가려는 미국의 노력을 소개하겠다.

(2019년 11월 20일 촬영)

[그림 9-1] 뉴욕 타임스 스퀘어 경비 모습

뉴욕의 대표적 번화가인 타임스 스퀘어는 항상 많은 경찰과 감시카메라로 보안된다. [그림 9-1]의 사진은 파리 테러 이후 IS가 뉴욕 테러를 암시하는 영상을 공개한 날 찍은 것인데, 보안이 특히 강화되고 있다.

Ⅲ. 미국에서의 IT를 활용한 실종예방·치안의 사례

경찰청에서는 지금까지도 다양한 데이터나 시스템 기기 등을 도입해 공공의 안전과 질서유지라고 하는 경찰의 책무를 달성하기 위해 다양한 경찰활동에 임해 왔지만, 시민의 범죄에 대한 불안감을 부추기는 흉악사건이나, 교묘한 수법에 의한 특수 사기, 인터넷 이용에 의한 사이버 범죄 등에 대한 대책을 비롯해 교통사고 방지 대책이나 대규모 국제경기대회나 국제회의 개최에 대한 중요 과제가 산적하고 있는 상황이다. 그러한 가운데 빅 데이터나 AI 등 새로운 ICT를 활용해, 시대의 변화에 맞추어 경찰이 보유하는 데이터를 종래와는 다른 시점에서 분석하거나 경찰 외부의 데이터와 병용함으로써 경찰 활동의 한층 더 고도화·신속화·효율화를 실현하는 것은 시민, 국민의 안전·안심 확보로도 연결될 것으로 생각된다.

미국에서는 범죄수사에 다양한 기술이 투입되고 있지만 치안유지를 목적으로 하는 경찰도 최첨단 보안 시스템을 도입하고 있다. 특히 오랜 세월 동안 강력범죄에 대처해 온 뉴욕시 경찰은 그 유효성에 대해 범죄 단속의 표본이 되어 왔다. 그 밖에도 빅데이터 분석가 고화질 카메라를 이용한 상공으로부터의 감시 등 각 경찰 기관에서 최신의 IT를 도입한 대처가 진행되고 있다.

1. 뉴욕시 경찰의 대처

1) 뉴욕의 범죄 경향

범죄 건수가 많은 뉴욕에서는 뉴욕시 경찰이 다양한 IT를 사용한 실종사건 및 범죄방지에 임하고 있어 미국 전역에서 가장 앞선 방범·치안을 위한 시스템을 확립하고 있다.[4] 1990년까지 뉴욕의 폭력사건과 살인사건의 발생률은 미국 전역에서도 톱클래스였으나 1994

〈표 9-1〉 미국의 주요 도시의 폭력 사건과 살인 사건의 발생률 랭킹(1992년, 2012년)

폭력사건 발생률(10만 명당)			살인사건 발생률(10만 명당)		
순 위	1991	2012	순 위	1992	2012
1	볼티모어	디트로이트	1	워싱턴 D.C.	디트로이트
2	워싱턴 D.C.	멤피스	2	디트로이트	볼티모어
3	디트로이트	볼티모어	3	볼티모어	필라델피아
4	로스앤젤레스	밀워키	4	댈러스	멤피스
5	뉴욕	내쉬빌	5	시카고	시카고
6	댈러스	인디애나폴리스	6	포트워스	밀워키
7	보스턴	워싱턴 D.C.	7	로스앤젤레스	오클라호마
8	포트워스	필라델피아	8	멤피스	워싱턴 D.C.
9	포틀랜드	휴스턴	9	휴스턴	댈러스
10	샌프란시스코	오클라호마	10	뉴욕	인디애나폴리스
26		뉴욕	18		뉴욕

출처: FBI를 기반으로 작성[5]

4) http://creative.nydailynews.com/smokingguns
5) http://www.ucrdatatool.gov/Search/Crime/Local/LocalCrimeLarge.cfm

년에 취임한 줄리아니 시장의 노력으로 범죄발생률은 급격히 감소하였다.[6] 줄리아니 시장이 퇴임한 2001년 이후로도 범죄발생률이 감소하여 현재 뉴욕시는 전미의 대도시 중에서도 안전한 도시의 하나가 되었다. FBI를 통계를 기초로 미국의 대도시(뉴욕, 로스엔젤레스, 보스턴)에서의 10만 명당 범죄발생률을 분석해 보면 폭력사건과 살인사건의 발생률이 모두 감소하고 있다.[7] <표 9-1>은 미국의 50만 명 이상의 대도시에서의 1992년과 2012년의 폭력사건과 살인사건의 발생률 랭킹이다.

2) Domain Awareness System

최근 뉴욕 경찰은 다양한 IT 기술을 이용하여 실종사건 등 치안강화 및 범죄단속을 위해 노력하고 있다.[8] 대표적인 예가 2012년 뉴욕시 경찰이 Microsoft사와 공동으로 개발한 지역경계시스템(Domain Awareness System: DAS)으로 이는 범죄단속을 위해 필요한 기능을 제공하는 포괄적인 시스템이다. 구체적으로 DAS는 CCTV를 네트워크화시킴으로써 필요한 지역의 영상을 7,000개에 달하는 경찰 소유와 상업시설의 폐쇄회로(CC)TV나 경찰차의 차량탑재 카메라 영상에서 불러올 수 있다는 특징을 지닌다.[9] DAS의 상세한 기능은 밝혀지지 않았지만 예를 들어 붉은 셔츠를 입은 인간만을 표시하도록 지시를 하면 모든 감시 카메라에서 해당하는 영상만을 빼내는 것 등이 가능하다.[10] 도로 위나 경찰차량에 부착된 번호판 리더기 장치로부터 특정 차량의 위치정보를 확인할 수도 있고 차량의 위치정보는 과거 수개월에 걸쳐 검색이 가능하게 되어 있다.[11]

또 DAS는 감시카메라나 차량의 위치정보뿐 아니라 소셜 미디어에서 발포를 시사하는 투고나 과거의 범죄 데이터와 같은 여러 가지 정보까지 집약해 그 정보를 범죄의 종류 등으로 분류한 다음 범죄수사의 전략 사령실인 실시간 범죄 센터(Real Time Crime Center: RTCC)의 화면상에 비추어 관리할 수 있도록 되어 있다. 게다가 RTCC에서는 DAS를 사용해 복수의 사건의 관련성이나 갱(gang)의 활동과 같은 범죄수사나 사건이 발생할 것 같은 지역에는 사전에 경찰차를 순회시키는 등 여러 가지 범죄의 단속을 진행하게 된다.[12]

---

6) http://voices.washingtonpost.com/fact-checker/2007/11/rudy_the_crime_buster.html
7) http://www.ucrdatatool.gov/Search/Crime/Local/LocalCrimeLarge.cfm
8) Bartel, Ann, Casey Ichniowski, and Kathryn Shaw, "How Does Information Technology Affect Productivity? Plant-Level Comparisons of Product Innovation, Process Improvement and Worker Skills," The Quarterly Journal of Economics, Vol.122, No.4, 2007, pp.1721~1758.
9) http://creative.nydailynews.com/smokingguns
10) http://www.huffingtonpost.com/len-levitt/thee-rant-turns-ugly_b_1852092.html
11) http://www.nyc.gov/portal/site/nycgov/menuitem.c0935b9a57bb4ef3daf2f1c701c789a0/index.jsp?pageID=mayor_press_release&catID=1194&doc_name=http://www.nyc.gov/html/om/html/2012b/pr291-12.html
12) http://creative.nydailynews.com/smokingguns

2015년 6월에는 DAS의 모바일판의 시험운용도 개시되고 있어 순회중인 경찰관은 전용 앱이 필요하고 태블릿 사용으로 DAS 정보를 이용할 수 있게 되어 있다. 이것으로 예를 들면, 도주한 차를 추적하는 경찰관은 태블릿에 있는 번호판을 판독기로 전송된 정보를 검색하여 특정 자동차의 위치를 실시간으로 확인할 수 있을 것이다.[13] 순회 중에 통보를 받은 경우에도 통보자나 지역의 범죄경력, 체포영장의 유무, 총기사용 허가 등 지금까지보다 자

출처: The Guardian The Wall Street Journal[14]

[그림 9-2] Domain Awareness System(DAS) 관리화면과 모바일 버선

---

http://www.pcworld.idg.com.au/slideshow/443894/pictures-human-face-big-data/?image=5

13) Braga, Anthony A., Andrew V. Papachristos, and David M. Hureau, "The Effects of Hot Spots Policing on Crime: An Updated Systematic Review and Meta-Analysis," Justice Quarterly, 2012, pp.1~31.

14) http://www.theguardian.com/cities/2014/jun/25/predicting-crime-lapd-los-angeles-police-data-analysis-algorithmminority-report
http://www.wsj.com/articles/new-nypd-tablets-help-fight-crime-1403834389

세한 정보를 얻을 수 있게 되어 활동의 폭을 넓히도록 되어 있다.[15] 통신은 일반 휴대전화 회선을 사용하지만 정부의 암호접속을 사용하고 있으며 태블릿을 분실한 경우에는 원격으로 데이터를 삭제할 수 있는 기능이 탑재되어 있다.[16] [그림 9-2]는 Domain Awareness System(DAS)의 관리화면과 모바일판을 나타낸 것이다.

3) 첨단 순찰차

뉴욕시 경찰은 경찰차에 다양한 기술을 투입하고 있다. 뉴욕시 경찰이 2013년 12월에 발표한 경찰차는 많은 감지기와 카메라를 이용하여 다양한 경찰활동을 자동화하고 있다. 예를 들어, 자동차 뒤에 설치된 적외선 스캐너는 주변 차의 번호판을 읽어내는 기능이 있어 도난차량이나 수배중인 차량인지 아닌지를 자동으로 판별해 낸다. 또한 방사능 탐지기가 있어서 그 정보들을 차내에 있는 컴퓨터로 출력해서 확인할 수 있다.[17] 앞 유리창 근처에 설치된 차량 소유 카메라는 실시간 영상물을 경찰지휘소로 보낼 수 있어 경찰내부 협조 등 다양한 활동을 통제할 수 있다. 이 첨단 순찰차는 실험단계이긴 하지만 도입하려고 노력 중이다.[18] [그림 9-3]은 뉴욕 경찰의 첨단 순찰차 모습이다.

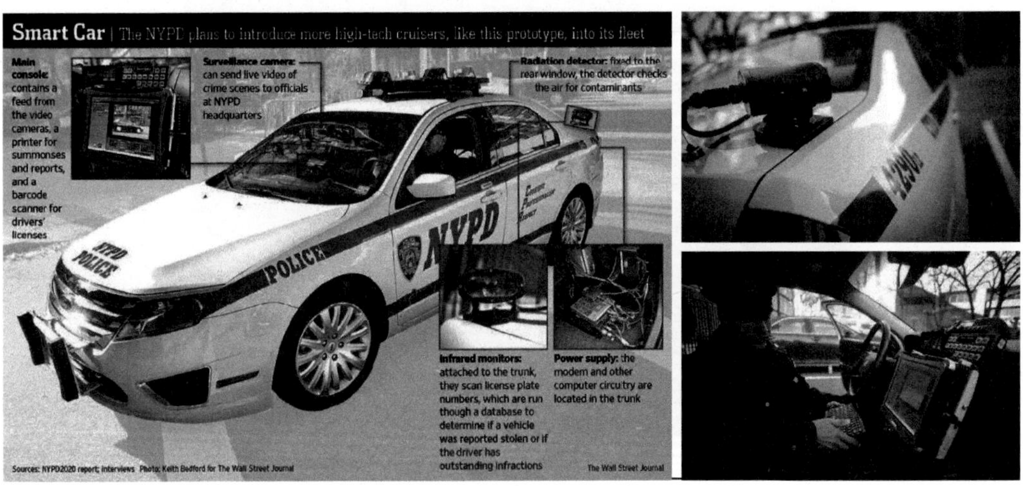

출처: The Wall Street Journal[19]

[그림 9-3] 뉴욕시 경찰의 첨단 순찰차

15) 이훈, "합리적인 경찰 테이저건 사용 방법에 관한 연구-미국 1871년 민권법 제42권 제1983조 민사소송 사건을 중심으로," 경찰대학 경찰학연구편집위원회 경찰학연구 19(4), 2019. 12, 165~191면.

16) http://www.wsj.com/articles/new-nypd-tablets-help-fight-crime-1403834389

17) Chan, Janet B. L., "The Technological Game: How Information Technology Is Transforming Police Practice," Criminology and Criminal Justice, Vol.1, 2001, pp.139~158.

18) http://www.wsj.com/articles/SB10001424052702304475004579278122995687950?alg=y

19) http://www.wsj.com/articles/SB10001424052702304475004579278122995687950?alg=y

4) IT를 사용한 수사 시스템

뉴욕시 경찰은 일반적인 사건 수사에도 IT를 도입하고 있다. 2011년부터는 얼굴 인식 시스템을 이용한 범죄자 추적 작업을 하고 있으며 뉴욕시 경찰 내에 얼굴인식 시스템을 취급하는 전문팀이 감시 카메라나 페이스북과 같은 소셜 미디어에서 수집된 사진과 범죄 수사관들이 보내온 이미지 조회를 하고 있다.[20] 화상의 대조 프로세스는 전용 시스템이 얼굴의 3D 이미지를 작성하고 특징이 가까운 200명의 머그샷[21]이 자동으로 추출되며 그중에서 전문팀이 수작업으로 흉터나 문신과 같은 신체적인 특징을 조합해 나가는 형태이다. 지금까지 4,400건의 수사에서 얼굴인식 시스템이 사용되어 대조하는 이미지의 대부분은 선명하지 않지만 지금까지 1,000명 이상의 얼굴을 일치시키고 있다고 한다.[22] 프라이버시의 관점에서 DAS에 얼굴인식 기능은 탑재되어 있지 않지만 상당히 가까운 기능의 것이 개발중으로 여겨지고 있어 뉴욕에서 얼굴 인식을 사용한 범죄 수사는 한층 더 진행될 것으로 보여지고 있다.[23] [그림 9-4]는 왼쪽은 뉴욕시 경찰의 얼굴인식 전문으로 구성되어 있으며 오른쪽은 얼굴 인식 시스템을 제작하는 기업들의 데모 화면이다.

출처 ; New York Daily News Yahoo![24]

[그림 9-4] 뉴욕시 경찰 얼굴인식 전문팀

20) 송시강, "미국법상 경찰권 행사의 근거와 한계 - 「경찰관직무집행법」의 원리적 해석을 위한 시론," 홍익대학교 법학연구소 홍익법학 14(1), 2013, 669~699면.
21) 용의자가 체포되었을 때 촬영되는 얼굴 사진을 말한다.
22) http://creative.nydailynews.com/smokingguns
23) http://gothamist.com/2012/08/08/photos_the_nypds_new_ultimate_domai.php#photo-1
24) http://creative.nydailynews.com/smokingguns
https://en-maktoob.screen.yahoo.com/nypd-used-facial-recognition-hammer-183046841.html

2015년 3월에는 발포 장소를 실시간으로 특정할 수 있는 총성 감지 시스템(Gunshot detection system)의 도입이 발표되었다. 쇼트스팟터라고 불리는 그 시스템은 길거리에 설치된 마이크가 총성을 감지하면 여러 마이크의 음성 데이터를 통합함으로써 발포 위치를 파악할 수 있게 되어 있다. 현재 ShotSpotter는 시험운용 중이기 때문에 DAS와 연동하지 않고 발포위치를 특정하면 담당관이 정보를 확인하고 DAS로 정보를 보내게 되어 있으나 장래에는 통합될 예정이다. 통계에 의하면 뉴욕 발포 사건의 75%가 경찰에 신고되지 않은 것으로 나타났으나 뉴욕 시내 300개소에 마이크를 설치하고 15평방마일을 커버하여 실제로 이 시스템을 사용함으로써 신고가 없어도 발포를 감지하는 데 성공했다.[25] [그림 9-5]는 총성 탐지 시스템으로 구성되어 있다.

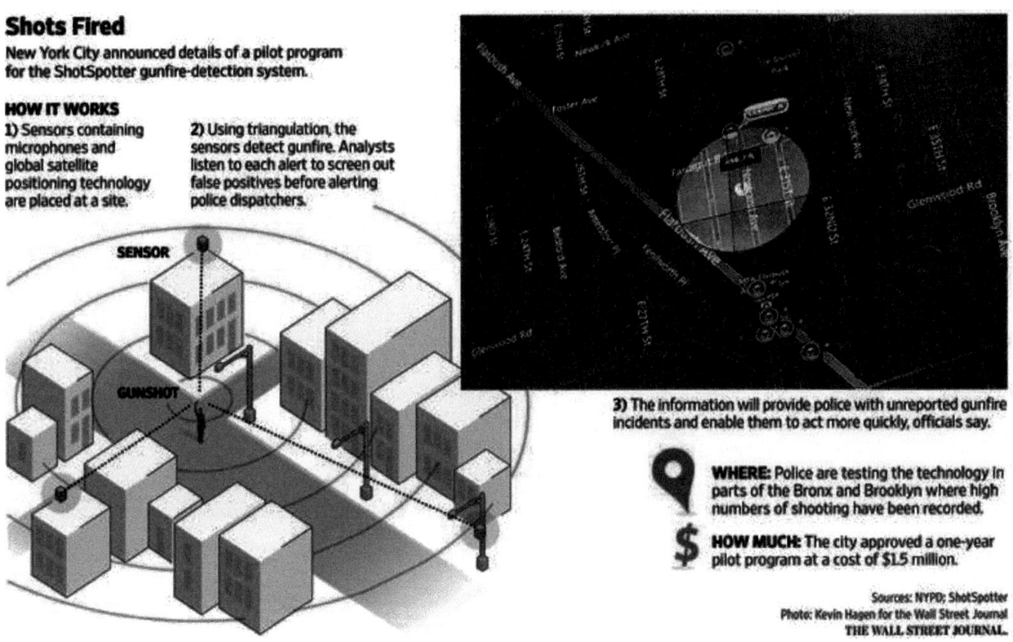

출처: The Wall Street Journal[26]

[그림 9-5] 총성 탐지 시스템

25) http://www.wsj.com/articles/new-york-police-try-out-new-tool-to-detect-gunfire1426556033?
http://www.engadget.com/2015/03/17/nypd-gunshot-detection-system/

26) http://www.wsj.com/articles/new-york-police-try-out-new-tool-to-detect-gunfireㄷ1426556033?

2. 빅데이터를 이용한 실종사건 등 범죄 예측

미국의 빅데이터를 이용한 실종사건 등 범죄예측(Predictive policing)은 복수의 대도시에서 운용되기 시작하여 일정한 성과를 올리고 있다. 예를 들어, 캘리포니아의 로스앤젤레스 경찰은 2012년부터 벤처 회사인 프디폴사와 공동으로 범죄예측 시스템을 개발해 왔다. 이 시스템은 로스앤젤레스시 경찰의 1,300만건에 달하는 과거의 범죄데이터를 사용하며 변화가 등의 고정요인(Fixed factor)과 발포사건 등의 변수(Variable factor)를 추가함으로써 다음에 실종사건 등 범죄가 발생할 가능성이 높은 지역을 예측하고 있다.[27] 예를 들어, 갱에 의한 발포사건이 있으면 보복을 위해 같은 지구에서 새로운 발포사건이 일어날 가능성이 높고, 고급주택가에서 빈집털이 피해가 있으면 피해 주택으로부터 1마일 이내에서 다시 빈집털이 피해가 발생할 가능성이 있다는 것으로 인간의 행동을 수리모델로 설명함으로써 사용하는 요인들 중 1가지를 범죄발생률로 연결하고 있다.[28]

PredPol사의 범죄예측시스템은 경찰관들이 근무(시프트)에 들어갈 때마다 10~20군데의 범죄가 일어날 가능성이 높은 지역을 제시하는 형태이며 그 지역순회에 근무시간의 10~15%의 시간만 낭비하면 범죄예방이 가능하다고 한다. 로스앤젤레스 경찰은 그 시스템을 통해 강도 33% 폭력사건을, 21% 빈집털이 피해를 12% 줄일 수 있었다고 말한다. 이 회사의 시스템은 지금은 미국 60개 경찰기관에서 사용되고 있으며 워싱턴 주 시애틀(Seattle)이나 조지아 주 애틀랜타(Atlanta) 같은 대도시에서도 도입되고 있다.[29] [그림 9-6]의 왼쪽은 PredPol이 비춰진 로스앤젤레스시 경찰의 지령소로 되어 있으며 오른쪽이 PredPol의 지도화면이다.

또한 뉴욕시 경찰도 2013년부터 벤처기업 Azavea사의 범죄예측 소프트웨어 Hunchlab의 시험운용을 계속하고 있다. Hunchlab도 여러 가지 요인을 기본으로 범죄를 예측하는 것이 되고 있어 1일부터 계절마다의 시기적인 주기천후 버스정류장이나 술집 등의 시설지역경제, 과거의 범죄데이터와 같은 여러 가지 요인으로부터 범죄가 발생하는 일정한 패턴을 찾아내는 구조를 취하고 있다. 뉴욕시 경찰은 2000년대 초반부터 실시간으로 데이터를 통합하여 범죄대책의 전략관리를 할 수 있는 IBM사의 CompStat이라 불리는 시스템을 이용해

27) 박동균, "미국 경찰의 위기관리 활동의 특성과 함의," 한국경찰연구학회 한국경찰연구 12(3), 2013, 103~124면.

28) http://www.forbes.com/sites/ellenhuet/2015/02/11/predpol-predictive-policing/
http://www.alleywatch.com/2014/08/catch-me-if-you-can-big-data-and-crime-prevention/

29) http://www.forbes.com/sites/ellenhuet/2015/02/11/predpol-predictive-policing/
http://www.theguardian.com/cities/2014/jun/25/predicting-crime-lapd-los-angeles-police-data-analysis-algorithmminority-report

출처: The Guardian WAVE 21[30]

[그림 9-6] 로스앤젤레스시 경찰 지령발령 센터(왼쪽)와 PredPol 지도 화면(오른쪽)

왔으나 Hunchlab을 도입함으로써 통계데이터에서만 알 수 없는 범죄가 발생하는 패턴을 분석하여 범죄예측을 가속화하려는 목적이라고 한다.[31] 2015년 7월에는 뉴욕시 경찰 전체의 시스템 향상 계획이 발표되었고, 데이터센터 설계, 범죄예측 시스템 도입, CompStat 업그레이드에 총 5,500만 달러가 추산되었다.[32] 이 밖에 테네시 주는 교통사고 감소를 목적으로 교통사고 예측 알고리즘을 활용하는 움직임이 있다. C.R.A.S.H.(Crash Reduction Analyzing Statistical History)라 불리는 이 교통사고 예측 알고리즘은 날씨, 스포츠 이벤트, 지역의 축제, 과거의 사고 데이터를 종합적으로 분석함으로써 사고발생이 예측되는 장소나 시간까지를 특정하는 것이 가능하다.[33] 이 시스템은 교통사고와 관련되지 않는 정보를 자동으로 제거하는 기능을 가지고 있으며, 6개월의 운용 동안 72%라는 정밀도로 교통사고를 예측하는 성과를 내고 있다.[34]

3. 비행기나 드론의 활용

경비행기와 드론을 이용하여 실시간으로 상공에서 감시하는 시스템이 등장하고 있다.

---

30) http://www.theguardian.com/cities/2014/jun/25/predicting-crime-lapd-los-angeles-police-data-analysis-algorithm-minority-report
http://news.wabe.org/post/concerns-arise-over-new-predictive-policing-program

31) Davis, Robert C., Selected International Best Practices in Police Performance Measurement, Santa Monica, Calif.: RAND Corporation, TR-1153-MOI, 2012. As of August 26, 2014; http://www.rand.org/pubs/technical_reports/TR1153.html

32) http://www.capitalnewyork.com/article/city-hall/2015/07/8571608/nypd-testing-crime-forecast-software

33) 심희섭·김영식, "미국경찰 수집 범죄정보의 시민공유 방향: 우리 경찰에의 시사점," 인문사회과학기술융합학회 예술인문사회융합 멀티미디어논문지 8(9), 2018, 161~168면.

34) http://www.timesfreepress.com/news/local/story/2014/aug/01/new-software-predicts-when-and/263323/

예를 들어, Persistent Surveillance Systems사가 개발한 감시시스템은 경비행기에 초고해상도 카메라를 부착하여 상공에서 25평방 마일(약 64평방 킬로미터)을 감시할 수 있는 것으로 주목을 끌고 있다. 구글맵의 위성화상과 같지만 큰 차이는 실시간으로 대상지역을 볼 수 있다는 점에 있어 1초마다 녹화된 영상을 확인함으로써 사람이나 자동차의 세세한 추적이 가능하다. 그것은 경비행기로부터의 상공에서 촬영되었지만 인공위성 사진처럼 좌표를 고정시킬 수 있어서 최대 6시간에 걸쳐 같은 지역을 계속 감시하는 형태를 취하고 있다. 이 시스템의 큰 장점은 개인을 특정할 만한 정보를 입수하는 일이 없기 때문에 프라이버시를 침해하지 않고 실종사건 예방 등 감시활동을 할 수 있다는 점에 있다. 하늘에서의 감시는 기존의 감시 시스템과는 달리 대상 지역의 모든 사람들을 추적할 수 있는 반면, 건물 내 진입이나 개인정보수집은 이루어지지 않기 때문에 단속을 강화하면서 사생활 침해의 가능성을 줄일 수 있다고 한다. 이 시스템은 메릴랜드 주 볼티모어(Baltimore), 오하이오 주 데이튼(Dayton), 캘리포니아 주 콤프턴(Compton)에서 시험운영 중이며 콤프턴에서는 실제로 날치기범의 행적을 추적하는 데 성공했다.[35] 또한 지역 감시뿐만 아니라 파이프라인 등의 중요 인프라나 피해지역의 피해상황 확인 등에 대한 응용도 기대되고 있다.[36] [그림 9-7]은 Persistent Surveillance Systems사의 지역 감시 시스템을 제시하였다.

출처: Dailymail Persistent Surveillance Systems[37]

[그림 9-7] Persistent Surveillance Systems사의 지역 감시 시스템

---

35) http://gizmodo.com/police-are-testing-a-live-google-earth-to-watch-crime-1563010340

36) http://www.pss-1.com/#!hawkeye-ii-applications/c1i6o

37) http://www.dailymail.co.uk/news/article-3151641/Catching-crimes-moment-happen-Small-company-capable-filmingcities-24-7-Big-Brother-future-American-surveillance.html
http://www.pss-1.com/#!hawkeye-ii-resolution/ccm3

드론 이용도 조금씩 진행되고 있다. 미국에서는 2011년 처음으로 SWAT팀(경찰특수부대)이 국내에서 드론을 사용한 체포에 성공했고 국경경비대(United States Border Patrol)가 수년 전부터 국경경비에 드론을 사용하고 있는데, 이런 경우에 사용된 드론은 비행기형으로 국토안보부(Department of Homeland Security: DHS)로부터 대여된 기체이다.[38] 경찰기관에서 드론을 사용할 경우는 주정부의 법 정비가 필요하기 때문에 도입은 진행되고 있지만 단속에는 사용할 수 없는 상태가 지속되고 있어[39] 각 경찰기관은 실용화를 위한 테스트를 거듭하고 있다.[40] 그러나 조금씩이기는 하지만 여러 가지 대처는 나오고 있어 2015년 5월에는 습지대로 도망친 용의자를 경찰이 소방서로부터 빌린 드론을 이용해 용의자를 수색했다.[41] 2015년 8월에는 노스다코타 주가 처음으로 비치사성 무기라면 드론에 탑재하도록 승인하는 법안을 통과시키는 등 드론을 이용한 범죄단속 움직임이 진행되고 있다.[42] 그 외 2014년 11월에 조지아 주 애틀랜타(Atlanta)에서 행해진 데모 행진에서 체포자가 나왔을 때 경찰과 데

출처: Bloomberg[43]

[그림 9-8] 경찰과 시위대를 촬영하는 드론

38) http://www.wsj.com/articles/inspector-general-criticizes-u-s-border-drone-program-1420576272
http://www.usnews.com/news/articles/2014/01/15/north-dakota-man-sentenced-to-jail-in-controversial-drone-arrestcase
39) http://www.bloomberg.com/news/articles/2015-01-13/police-drones-aimed-at-berkeley-s-skies-rankle-privacyactivists
40) Id.
41) http://www.wpr.org/law-enforcement-farming-drones-are-becoming-increasingly-popular-tool
42) http://www.engadget.com/2015/08/27/north-dakota-cops-will-be-first-in-nation-to-use-weaponized-dron
43) http://www.bloomberg.com/news/articles/2015-01-13/police-drones-aimed-at-berkeley-s-skies-rankle-privacyactivists

모대가 옥신각신하고 있는 모습을 언론인이 드론을 사용해 촬영했고 그 영상이 법정에서 증거로 채용되는 등 드론의 유효성을 나타낸 사례가 되고 있다.[44] [그림 9-8]은 애틀랜타의 시위행진에서 경찰과 시위자들을 뒤쫓는 드론이 제시되어 있다.

Ⅳ. 실종사건 예방과 IT 시장의 상황

경찰의 보안 시스템이 고도화되는 한편, 기업과 개인이 사용하는 보안장비도 IT를 활용한 시스템이 주류가 되고 있다. 특히 인터넷을 활용한 방범 시스템이 주목을 받고 있어 IP 기반의 감시 카메라와 클라우드를 사용하여 편리성을 높이고 IoT를 활용한 스마트 홈 안에도 홈시큐리티가 통합되어 오고 있다.

1. CCTV와 관련 시스템의 시장

폐쇄회로(CC)TV 시장은 인터넷을 이용하는 IP카메라를 중심으로 확대될 전망이다. 미국 조사회사 Grand View Research사에 따르면 CCTV와 관련된 클라우드 서비스(Video Surveillance As A Service: VSaaS)의 세계 시장은 2012년 123.5억 달러에서 2020년에는 489.5억 달러까지 확대되었으며 특히 인터넷을 이용하는 감시 시스템으로 유지된다.[45] IP.489.5억 달러 종래의 아날로그 방식의 감시 시스템에 비해 영상의 취급이 용이함이 IP베이스의 큰 장점이며 영상을 사용한 기기의 관리, 영상해석 기술의 발달, VSaaS에 의한 영상의 검색의 용이함에 주목이 쏠리고 있다. 따라서 감시시스템 시장에는 IP기반의 감시시스템을 활용하기 위한 원격감시서비스 클라우드인프라 VSaaS 등에 투자가 집중될 것으로 보인다.[46] 분야별로 보면 교통기관과 상업시설이 시장을 가장 크게 차지하고 이 두 분야에서는 클라우드 및 영상관리 시스템이 수요가 높기 때문으로 보인다. 그 외에는 오피스 재개발 사업자(디벨로퍼) 은행 등에서 VSaaS의 도입이 진행될 것으로 예측되고 있다. 또 기업이 IT비용의 삭감이 진행되는 가운데 고해상도 카메라의 영상이나 영상해석 기술의 데이터를 관리하기 위한 시스템이나 소프트웨어가 필요하게 된다고 예상하고 있다.[47] [그림 9-9]는 감시 카메라와 관련된 시스템의 시장이다.

---

44) http://www.11alive.com/story/news/2015/09/22/drone-footage-lawsuit/72634970

45) Hoey, Amanda, "Inside the RUC: Information Technology and Policing in Northern Ireland," International Review of Law, Computers and Technology, Vol.12, No.1, 1998, pp.15~26.

46) http://www.grandviewresearch.com/industry-analysis/video-surveillance-industry

47) http://www.grandviewresearch.com/industry-analysis/video-surveillance-industry

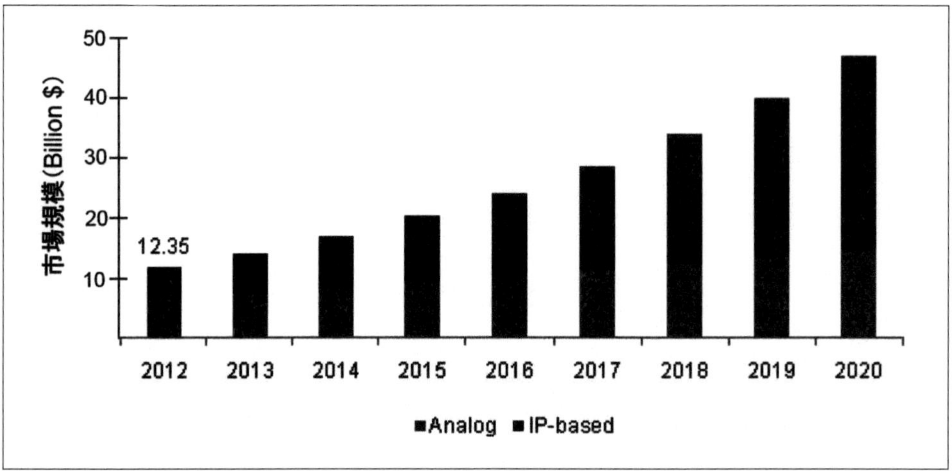

출처: Grand View Research[48]

[그림 9-9] CCTV와 관련 시스템의 시장

또 4K 해상도를 가지는 감시 카메라도 등장하고 있어 시장에 큰 변혁을 가져와 향후의 트랜드가 될 것으로 기대되고 있다. 4K 감시 카메라는 HD 해상도의 4배의 해상도를 가지고 있으며 촬영한 영상의 상세까지 분석이 가능할 뿐만 아니라 먼 거리의 대상물에서도 고화질의 촬영을 할 수 있기 때문에 먼 곳에서 넓은 범위를 촬영할 수 있는 장점이 있다. 이 4K CCTV는 얼굴인식 시스템과 같은 많은 대상을 촬영하는 장면에 대해 특히 유용하며 예를 들어, 공항의 입국심사에서 줄을 서 있는 사람을 얼굴인식이 가능한 해상도로 촬영할 경우 약 20미터의 열에 대해 HD 감시카메라가 3대 필요로 하는 곳을 4K 감시카메라라면 2대 더 긴 줄까지 커버할 수 있다.[49] 이미 여러 기업에서 4K 감시카메라는 발매되고 있지만 고해상도 영상은 데이터가 방대해지므로 데이터의 용량을 억제하는 새로운 영상압축 기술이나 데이터 전송을 위한 고속 광대역 회선이 필수적이며, 이러한 이용환경이 정비되는 동시에 4K 감시 카메라도 크게 보급될 것으로 보인다.[50] [그림 9-10]은 4K 카메라에 의한 감시의 이미지이다.

48) http://www.grandviewresearch.com/industry-analysis/video-surveillance-industry
49) http://www.ifsecglobal.com/building-business-case-4k-video-surveillance/
50) http://www.sdmmag.com/articles/90911-state-of-the-market-video-surveillance

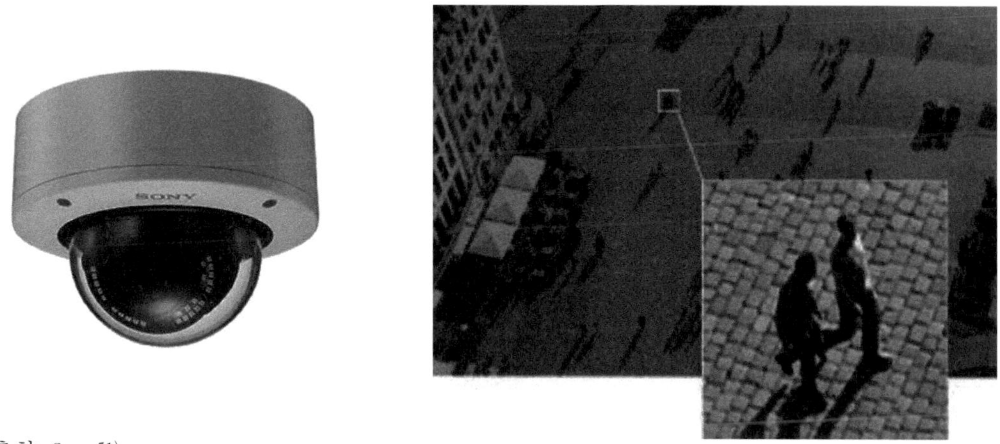

출처: Sony[51]

[그림 9-10] 4K CCTV

2. 홈 시큐리티 시장

미국 시장조사 기관인 IHS는 홈보안 시장이 2014년 7,000만 달러에서 2018년에는 24억 달러로 증가할 것으로 예측한다. 현재 홈시큐리티는 단체로 판매되고 있는 경우가 많으나 앞으로는 홈오토메이션의 일부로 편입됨으로써 활용이 확대될 것으로 보인다. 또 지금까지 홈시큐리티는 전문 보안사업자에 의해 제공되는 경우가 많았지만 인터넷을 이용한 서비스가 가능하게 됨으로써 인터넷 프로바이더나 케이블 TV 회사와 같은 여러 기업이 참가해 오고 있는 것 외에 많은 유저를 가진 Apple사나 Google사가 홈오토메이션의 플랫폼을 구축해 옴으로써 유저는 여러 가지 제품을 선택할 수 있게 되어가고 있으며 이러한 점도 시장을 고르게 하는 요인이다.[52]

최근에는 인터넷을 활용한 개인용 홈시큐리티가 중심이 되어 왔기 때문에 케이블 텔레비전 회사나 통신회사 등이 홈시큐리티 시장에 뛰어들고 있다. 예를 들어, 미국 최대 케이블 방송 회사인 타임워너 케이블이 제공하는 서비스에는 다양한 홈 보안 기능이 세트가 되어 있다. 집안에 설치된 보안 카메라는 사람을 감지하면 이미지를 첨부하여 메일이나 문자 메시지로 통지되도록 되어 있어 수상한 사람의 침입뿐만 아니라 아이가 학교에서 집으로 돌아왔는지 등을 확인할 수 있다. 또한 카메라의 영상은 클라우드에 저장되기 때문에 두 대의 카메라의 영상을 최대 10일 전까지 되돌아가서 확인할 수 있다. 또한 창문이나 문의 개

51) http://www.pro.sony.eu/pro/lang/en/eu/product/video-security-ip-cameras-minidomes/snc-vm772r/overview
http://www.sony.fi/pro/article/video-security-4k

52) http://www.securitysales.com/article/why_the_residential_security_market_will_never_be_the_same

출처: Time Warner Cable Comcast[53]

[그림 9-11] 홈 보안의 예

폐검지 센서, 유리창 파괴검지 센서 등을 설치함으로써 수상한 사람을 검지할 수 있지만 주민에 의한 예기치 않은 센서의 검지를 막기 위해 재택시, 외출시, 취침시에 따라 검지하는 범위를 프로그램할 수도 있다. 이 밖에 공기조절 및 조명 관리와 같은 스마트홈 기능도 제공되고 있어 이 모든 것을 전용 단말기 혹은 스마트폰이나 PC에서 일괄적으로 관리할 수 있게 되어 있다. 스마트 홈 시큐리티는 인터넷 회선을 사용하도록 되어 있지만 집의 인터넷 회선이 사용불능일 때는 휴대전화 회선을 사용하고, 정전시에는 각 기기가 배터리로 가동되는 등 백업체제도 갖추어져 있다.[54] [그림 9-11]은 홈 보안을 나타낸 것이다.

Ⅴ. 최첨단 기술의 이용과 실종사건 예방 및 치안기법의 향상

1. 트래킹 기술 영상분석 기술

매사추세츠 공과대학(Massachusetts Institute of Technology: MIT)은 2013년 12월 미약한 무선 전파를 대상물에 방사하여 대상물에 닿아 반사된 전파를 포착함으로써 대상물의 위치와 형상을 알 수 있다는 WiTrack이라 불리는 기술을 발표했다. 놀라운 것은 그 정밀도이며 대략 10~20센티미터의 정밀도로 대상물의 위치를 파악할 수 있는 것 외에 대상물을 3차원적으로도 파악할 수 있기 때문에 대상물의 움직임까지도 알 수 있다고 한다. 더욱이 무선 전파는 벽을 통과할 수 있기 때문에 벽의 맞은편에 있는 인물의 위치나 움직임을 파악하는 것 등도 가능하며 사용하는 전파의 강도는 통상의 Wi-fi의 100분의 1, 휴대전화의 1,000분의 1 정도로 되어 있다. 실험에서는 대상자가 방에 들어가 벽을 향해 손가락으로 가리키는 것만

53) http://www.timewarnercable.com/en/intelligenthome/overview.html
http://corporate.comcast.com/media-center/home-media

54) http://www.timewarnercable.com/en/intelligenthome/overview.html
https://www.timewarnercable.com/content/dam/residential/pdfs/intelligenthome/ih-product-brochure.pdf

출처: MIT[55]

[그림 9-12] WiTrack의 실험 모습

으로 옆방의 조명을 점등시키는 데 성공했으며 벽 너머로 인물의 위치와 움직임을 정확히 알아낼 수 있음이 확인되었다.[56] 앞으로는 게임, 홈오토메이션, 헬스케어 등과 더불어 감시 시스템 등에 응용할 수 있을 것으로 보인다.[57] [그림 9-12]는 와이트랙의 실험(관리단말→방범카메라→유리창센서→모션센서→스마트도어록→도어개폐센서) 모습을 담고 있다.

또 2014년 8월에는 같은 공과대학으로부터 피사체의 약간의 움직임으로부터 주위의 소리를 재현할 수 있는 영상해석 기술인 비주얼 마이크로폰(Visual Microphone)도 발표되었다. 이 기술은 영상에 표시된 물체의 작은 움직임을 증폭시키는 것으로 겉보기에는 식별할 수 없는 표정의 작은 변화나 기계의 움직임을 증폭시켜 물체의 상태를 보다 상세히게 분석하는 기술이다.[58] 연구에서는 관엽식물이나 쓰레기 봉투와 같은 가벼운 물체의 진동을 증폭시킴으로써 주위의 소리를 재현하는 데 성공했다. 또한 1초에 6,000프레임의 촬영이 가능한 고속 카메라를 사용하여 방안에 흐르는 음악을 재현하는데 성공하고 있다. 1초에 60프레임

55) http://news.mit.edu/2013/new-system-allows-for-high-accuracy-through-wall-3-d-motion-tracking-1211
56) 류언수, "치안과학기술 연구개발 사업 발전방안," 경찰대학 치안정책연구소 치안정책연구 32(2), 2018, 251~278면.
57) http://news.mit.edu/2013/new-system-allows-for-high-accuracy-through-wall-3-d-motion-tracking-1211
http://www.silverdoctors.com/wifi-device-can-see-through-walls-track-a-human-by-using-body-as-an-antenna-array/
58) Ioimo, Ralphe E., and Jaye E. Aronson, "Police Field Mobile Computing: Applying the Theory of Task-Technology Fit," Police Quarterly, Vol. 4, No. 4, 2004, pp.403~428.

의 촬영밖에 할 수 없는 통상의 디지털 일안 리플렉스 카메라로도 CMOS 센서의 특성을 이용하는 것으로 어느 정도의 재현이 되었다고 한다. 장래적으로는 여러 가지 물체의 진동을 분석할 수 있도록 하는 것을 목적으로 하고 있어 감시 카메라의 영상 등에서 여러 가지 정보를 꺼내는 것이 기대되고 있다.[59]

2. 사람의 흐름을 감시하는 기술

차량에 덧붙여 통행인의 흐름을 감시할 수 있는 기술도 등장하고 있다. 뉴욕의 벤처기업 Placemeter사는 차도나 보도상의 교통량을 조사할 수 있는 소프트웨어를 개발하고 있어 실용화로 나아가고 있다. 이 회사의 소프트웨어는 카메라 영상부터 보행자 자동차 보도상의 매점 등 교통량을 구성하는 요소별로 분류해 통계를 내도록 되어 있어 자동차만 해도 승용차 버스 트럭 택시 등 11가지 종류로 나누어 계산된다. 또 진행방향이나 속도에 보행자가 어느 빌딩에 들어갔는지까지 분석되기 때문에 보행자 수에 대한 상업시설의 이용상황을 알 수 있게 되어 있다.[60] 이 회사의 사업 모델도 특징적이고 계측용 카메라를 설치하여 조사에 협조하는 지역 주민들에게는 최대 월 50달러가 지급되게 되어 있어 계측방법도 사용하지

출처: Citylab The Washington Post[61]

[그림 9-13] Placemeter사의 교통량 계측시스템

---

59) http://www.engadget.com/2014/08/04/visual-microphone
https://www.ted.com/talks/michael_rubinstein_see_invisible_motion_hear_silent_sounds_cool_creepy_we_can_t_decide#t-458903

60) Manning, P. K., "Technology's Ways: Information Technology, Crime Analysis and the Rationalization of Policing," Criminal Justice, Vol. 1, No. 1, 2001, pp.83~103.

61) http://www.citylab.com/tech/2014/08/the-view-from-your-window-is-worth-cash-to-this-company/375471/
https://www.washingtonpost.com/news/innovations/wp/2015/06/23/placemeter-launches-in-bid-to-provide-retailerscities-with-better-data

않게 된 스마트폰 등을 창문에 설치하는 것뿐이다. 또한 이용자에게서는 1개소의 계측에 대해 월액 149달러(연간 계약이면 월액 $99)를 징수하고 있다.[62] [그림 9－13]은 Placemeter사의 교통량 측정 시스템이다.

이 Placemeter사의 서비스는 다양한 상황에 활용될 것으로 기대된다. 행사 등으로 긴 줄이 생겼을 경우에는 관람객에게 통지하여 사람의 흐름을 통제하는 사용법이나 전시물에 관람객이 얼마나 오래 머무르고 있는지 알 수 있다. 또 고화질 카메라를 사용하면 보행자의 성별을 75~80% 확률로 알 수 있기 때문에 쇼윈도 디자인이나 소매점의 입점장소 선정에 사용되는 상황이다.[63] 대규모 이벤트를 효율적으로 운용하기 위해서 Placemeter사의 서비스를 활용한 예도 나와 있다. 2015년 10월 뉴욕에서 열린 시민 마라톤 대회 New York Road Runners(NYRR)에서는 시작과 골로 설정되어 있는 스타디움에 얼마나 많은 관람객이 모였는지 계측했다. 평균적인 시민 주자의 속력으로 어느 시간대에 골인하는 수가 많아질지 예측하고, 그것에 맞추어 모이는 관람객수를 측정하여 예측과 실제의 수를 확인하고 있다.[64] 이러한 데이터를 활용하는 것으로 경비원이나 매점 등을 효율적으로 운용할 수 있다고 보고 있다.[65]

3. 보안 로봇

1) 상업시설에서의 방범 로봇

방범에 다양한 로봇을 이용하는 경우가 등장하고 있다. 2014년 1월에 Knightscope사가 발표한 로봇 K5는 정해진 범위를 자율적으로 행동하여 경비할 수 있도록 되어 있다. K5에는 360도를 감시할 수 있는 카메라와 적외선·열감지 센서가 탑재되어 있어 1분에 300개의 자동차 번호판을 읽어낼 수 있는 다른 사람의 동작을 분석하여 공격적인 행동을 하는지까지 식별할 수 있다고 한다. 2015년 5월에는 캘리포니아 주의 쇼핑몰에서 시험운용을 실시하는 등 실용화를 추진하고 있다.[66] 서비스가 개시되면 시간당 6.25달러에 대여될 예정이며

---

62) http://techcrunch.com/2015/06/23/placemeter-uses-computer-vision-to-help-businesses-and-cities-measurevehicle-and-pedestrian-traffic
http://www.citylab.com/tech/2014/08/the-view-from-your-window-is-worth-cash-to-this-company/375471
63) https://www.washingtonpost.com/news/innovations/wp/2014/06/16/five-interesting-things-that-result-from
64) 윤병훈, 이창한, "치안환경 변화에 따른 경찰활동의 모색-SMART Policing의 활용사례 및 적용방안," 원광대학교 경찰학연구소 경찰학논총 8(2), 2013, 415~438면.
65) http://blog.placemeter.com/2015/10/15/placemeter-x-nyrr
66) http://www.paloaltoonline.com/news/2015/08/09/robots-deployed-to-protect-and-serve

출처: CBS[67]

[그림 9-14] Knightscope사의 K5

통상 시간당 20달러가 드는 경비원의 비용을 크게 절감할 수 있을 것으로 전망되고 있다.[68] [그림 9−14]는 Knightscope사의 K5가 제시되어 있다.

2) 바닷속 경비 로봇

바닷속을 자율항행함으로써 환경이나 해상에서의 범죄를 감시하는 로봇도 등장하고 있다. 2014년 8월에는 Liquid Robotics사로부터 바닷속을 자율항행 가능한 로봇 Wave Glider SV3가 발표되었다. 이 로봇은 태양광 발전이나 파도의 힘을 이용하여 자가 발전을 할 수 있으며 장기간 자율항행이 가능하다. 이 로봇에는 많은 감지기가 달려 있어 가스나 오일 같은 환경오염 물자를 감시하는 해상에서 마약거래나 밀입국 방지, 어군탐지 등 다양한 활용방법이 기대된다. 또한 Wave Glider SV3는 클라우드처럼 사용하는 것을 상정한 설계로 되어 있기 때문에 해상에 있으면서 Wave Glider SV3 위로 소프트웨어를 보낼 수 있어 여러 사용자가 1대의 로봇을 사용하여 다양한 데이터를 받을 수 있게 되어 있다.[69] [그림 9−15]는 Liquid Robotics 사의 Wave Glider SV3가 제시되어 있다.

---

67) http://sanfrancisco.cbslocal.com/2014/11/18/crime-fighting-robots-go-on-patrol-in-silicon-valley-k5

68) http://venturebeat.com/2015/10/22/i-for-one-welcome-our-new-surveillance-robot-overlords-knightscopemountain-view-stacy-stephens-autonomous-security-guard

69) http://www.cnet.com/news/liquid-robotics-launches-autonomous-sea-faring-data-center
http://www.cnet.com/news/hundreds-of-floating-robots-could-soon-surveil-the-oceans

출처: CNET[70]

[그림 9-15] Wave Glider SV3

Ⅵ. 실종사건 등 방범감시와 사생활의 문제

1. 미국의 실종사건 등 방범감시 시스템과 프라이버시

1) 테러대책법과 사생활 보호

미국의 사생활 문제는 911 테러와 스노든 사건을 계기로 크게 변화하여 지금까지도 논란이 계속되고 있다. 2001년 9월 11일에 발생한 동시다발 테러의 발생후 테러단속을 목적으로 한 미국애국자법(USA PATRIOT Act)이 제정되어 국가안전보장을 위해 정보수집이 개인이 프라이버시보다 우선되는 계기가 되었다. 미국애국자법은 여러 내용으로 구성되어 있으나 가장 큰 변경사항으로 외국정보감시법(Foreign Intelligence Surveillance Act: FISA)과 전기통신에 있어서의 프라이버시 보호법(Electronic Communications Privacy Act)이 대폭 개정되어 정부에 의한 정보수집을 가능하게 하였다. 국가안전보장을 위해 제정된 법률 2가지가 그럼에도 불구하고 프라이버시 보호를 위한 내용이 크게 규정되어 있다.[71] 다음으로 프라이버시에 관한 전환점이 된 것은 2012년 12월에 일어난 에드워드 스노든(Edward Snowden)에 의한 국가안전보장국(National Security Agency: NSA)의 대규모 정보수집 활동의 폭로이며 국민이 보이지 않는 곳에서 정부가 상상 이상의 정보수집을 실시한 것이 문제가 되었다. 이 사건으로 인해

70) http://www.cnet.com/news/hundreds-of-floating-robots-could-soon-surveil-the-oceans
71) http://today.uconn.edu/2015/09/privacy-security-and-the-legacy-of-911

국가안보와 사생활 보호의 균형에 대한 논란이 일어나 911테러 이후 테러 대책을 늘 우선시해 온 연방정부가 변화하기 시작한다.[72)]

미국애국자법은 2015년 6월 1일에 시한이 만료되어 실효되었으나 다음날인 6월 2일에 오바마 대통령이 후계자가 되는 미국자유법(USA Freedom Act)에 서명하였다. 동법에서는 정부에 의한 정보수집은 계속된다는 것을 인정하면서도 NSA가 일반시민에 대한 정보수집을 크게 제한하도록 정해져 있어 프라이버시 보호와 균형을 이룬 내용으로 되어 있다.[73)]

2) 경찰기관의 프라이버시 보호 활동

미국 보안 시스템의 전국적인 운영지침은 나와 있지 않으며, 법 집행기관의 프라이버시 보호 노력은 헌법이 명시한 원칙에 의거한 것이다. 미국의 프라이버시 보호는 권리장전(Bill of Rights)[74)]의 연방수정헌법 제4조(Fourth Amendment)에 규정되어 있다. 그 내용에 따르면 개인이 제3자와 정보를 공유한 경우 그 개인은 공유한 정보에 대해 프라이버시에 대한 합리적인 기대(reasonable expectation of privacy)를 갖고 있지 않다고 간주되기 때문에 법 집행기관은 영장을 발부받지 않고 그 정보를 취득할 수 있다.[75)] 그렇지만 디지털 시대에서는 정보의 발신이 불가결하고 휴대전화의 통화기록이나 위치정보 등은 개인의 활동을 특정할 수 있는 정보임에도 불구하고 수사상에서 취득하는데 영장을 필요로 하지 않게 된다. 이 때문에 실제로 영장 없이 취득한 통화기록이나 위치정보의 위법성이 여러 재판에서 제기되고 있다.[76)]

전국적인 감시 시스템 운용지침은 제시되어 있지 않으며, 위와 같은 배경 때문에 각 경찰기관에서는 권리장전의 연방수정헌법 제4조를 침해하지 않는 사생활 보호 활동에 의거해 감시활동이 진행되고 있다.[77)] 예를 들어, 뉴욕시 경찰에서는 2009년에 Domain Awareness System(DAS)의 운용에 관한 프라이버시 가이드라인을 발표하였으며 DAS 운용항목에서 DAS의 감시활동은 프라이버시의 합리적인 기대가 없는 장소에서 공적 활동에만 사용된다

---

72) http://today.uconn.edu/2015/09/privacy-security-and-the-legacy-of-911

73) http://thehill.com/policy/national-security/243850-obama-signs-nsa-bill-renewing-patriot-act-powers

74) 미합중국 헌법의 기본적 인권이 규정된 수정 제1조부터 수정 제10조까지를 가리킨 것. 수정 제4조에는 법집행기관에 의한 수사와 영장에 대하여 기술하고 있다.

75) http://today.uconn.edu/2015/09/privacy-security-and-the-legacy-of-911

76) https://www.washingtonpost.com/world/national-security/us-appeals-court-no-warrant-needed-for-stored-cellphonelocation-data/2015/05/05/c290e28e-f34d-11e4-b2f3-af5479e6bbdd_story.html
http://www.forbes.com/sites/danielfisher/2015/05/07/court-rules-nsa-phone-surveillance-illegal-but-saves-biggerquestions-for-later

77) 양종모, "전체적 감시체제의 법률적 규율방안 고찰 - 인공지능과 모자이크 이론의 적용," 홍익대학교 법학연구소 홍익법학 17(2), 2016, 277~305면.

고 규정되어 있다.[78] 도표 19는 DAS의 프라이버시 가이드라인으로서, 또한 목적 외의 데이터 사용이나 공유에 대해 승인을 내리는 담당부서는 데이터의 종류에 따라 다르다.

〈표 9-2〉 DAS의 프라이버시 가이드라인

항 목	내 용
사용 목적	⑦ 테러리스트나 공작원의 활동 감시 ⑦ 테러리스트의 공작활동 탐지 ⑦ 테러 공격 탐지 ⑦ 기타 지역 경계 활동 ⑦ 경찰의 즉각적인 대응 시간 단축 ⑦ 새로운 보안 기술 통합을 위한 플랫폼 구축 운영
운 용	⑦ DAS는 프라이버시의 합리적 기대가 없는 장소에서 공적 활동의 감시에만 사용 ⑦ DAS 상에서는 얼굴인식시스템을 사용하지 않음 ⑦ DAS상의 일부가 되는 경찰소유의 감시카메라 모두에 DAS에서 사용하고 있는 내용을 적은 간판을 설치한다. 또한 상업시설의 카메라를 DAS에서 사용하고 있는 경우에도 같은 간판의 설치를 권유한다.
데이터의 저장기간	⑦ 영상: 보존기간은 30일간 ⑦ 메타데이터: 보존기간은 5년 ⑦ 번호판: 보존기간은 5년 ⑦ 환경데이터: 무기한
데이터 사용	상기 사용목적 이외의 데이터 사용은 담당부서로부터 승인을 얻어야 한다.
데이터의 공유	⑦ 데이터의 공유는 법집행 또는 방범·치안의 목적에 한정된다. 다만, 법원 등 사법부로부터의 요청은 제외한다. ⑦ 제3사 기관과의 데이터 공유를 위해서는 담당부서의 승인이 필요하다.
데이터 보호	⑦ DAS의 데이터에 액세스가 가능한 지령발산 장소에 들어갈 수 있는 인물은 뉴욕시 경찰의 직원 승인을 받은 방문자 협력기관·조직의 대표자에 한한다. ⑦ 데이터에 직접 접근할 수 있는 것은 뉴욕시 경찰에서 승인받은 직원과 협력기관·조직의 대표자에 한한다.

출처: New York City[79]

78) http://www.nyc.gov/html/nypd/downloads/pdf/crime_prevention/public_security_privacy_guidelines.pdf
79) http://www.nyc.gov/html/nypd/downloads/pdf/crime_prevention/public_security_privacy_guidelines.pdf

2. E-ZPass를 사용한 차량 추적

고속도로 자동정산 시스템을 이용한 일반 도로에서의 차량 추적이 논란이 되고 있다. 뉴욕 주에서 워싱턴 D.C.와 일리노이 주 시카고(Chicago)까지 이어지는 고속도로(프리웨이)에서는 E-ZPass라고 불리는 자동정산 시스템이 이용되고 있다. E-ZPass는 일본의 ETC와 같이 톨게이트에서 자동적으로 통행료를 지불하는 시스템이지만 한국처럼 카드를 삽입할 필요도 없이 간단한 통신기기를 차량의 앞 유리에 장착하기만 하는 편리성이 높은 것이 되고 있다. 그러나 고속도로 통행요금 정산을 목적으로 한 이 시스템이 뉴욕의 도심부에서는 톨게이트가 없는 곳에서도 E-ZPass를 사용하여 통과한 차량의 정보수집에도 이용되고 있으며, 뉴욕주 운수국(New York Department of Transportation)에서도 교통량 감시를 위해 E-ZPass를 사용하고 있다고 밝히고 있다.[80] 또한 2015년 4월 미국자유인권협회(American Civil Liberties Union: ACUL)에 따르면 뉴욕의 도시지역 이외에서도 톨게이트에서 떨어진 곳에서 E-ZPass를 읽는 작업이 이루어지고 있음을 알 수 있었다. 동 단체는 정보공개법(Freedom of Information Act)에 의거하여 뉴욕 도심에서 E-ZPass가 사용되고 있는 149곳의 정보를 취득했으나, 그 이외의 장소에서도 E-ZPass의 판독기를 이용한 동일한 대책이 진행되고 있다고 공표했다. 이 단체는 뉴욕주 교통국이 E-ZPass를 본래의 목적인 요금정산 이외에 사용할 경우에는 프라이버시 정책이나 데이터의 사용목적을 사용자에게 명확하게 설명해야 한다고 비

출처: Mass DOT American Civil Liberties Union[81]

[그림 9-16] E-ZPass(왼쪽)와 판독기가 설치된 곳

80) http://www.forbes.com/sites/kashmirhill/2013/09/12/e-zpasses-get-read-all-over-new-york-not-just-at-toll-booths

81) https://www.aclu.org/blog/free-future/newly-obtained-records-reveal-extensive-monitoring-e-zpass-tags-throughoutnew-york
https://www.massdot.state.ma.us/highway/TrafficTravelResources/EZPassMAProgram/HowEZPassWorks.aspx

난하고 사용자에게 옵트아웃의 선택지를 주어야 한다고 말하고 있다.[82] [그림 9-16]은 E-ZPass의 장치와 판독기가 설치된 뉴욕 주변이다.

Ⅶ. 마치며

미국에서 경찰이라는 말에서 바로 연상되는 것은 갱 조직과 대치하는 FBI(연방수사국)나 무법자와 대결하는 서부의 보안관 혹은 각종 범죄에 맞서는 NYPD(뉴욕 시경)나 LAPD(로스 시경) 형사라는 어릴 적부터 TV나 영화 등에서 익숙한 사회정의의 실현자라는 비교적 단일한 이미지일 것이다. 그러나 약 20,000개라 불리는 미국의 법집행기관은 연방·주·카운티·시군구읍면 등의 행정단위 및 그 목적으로 하는 대상에 따라 실로 다양한 형태를 가진다.

다양한 민족 출신과 다른 문화를 가지는 사람들이 광대한 국토에서 공존하는 미국에서 근거법령, 조직형태나 관할권, 장비 등에 이르기까지 복잡 다방면에 걸친 경찰조직이 어떻게 치안을 유지하고 있는지, 또 별의 수만큼 있는 경찰 조직이 어떠한 네트워크를 구축해 제휴 협동 활동을 실시하고 있는지, 이것과는 대조적이라고도 할 수 있는 우리나라의 경찰에 친숙해지고 있는 관점에서 보면 흥미가 끝이 없다.[83] 그러나 본 연구에서는 실종사건예방과 치안에 사용되는 첨단기술이 무엇인지 그것이 개인의 사생활에 어떤 영향을 미치는지 등에 대하여 검토하였다.

테러의 위협이 최근 커지면서 보안 및 치안 유지에 대한 대응이 점점 더 중요해지고 있다. 특히 미국에서 보안은 가장 큰 관심사의 하나이다. 우리나라에서도 향후 국제회의나 올림픽·패럴림픽을 비롯하여 세계적으로 주목받는 이벤트가 개최됨에 따라 미국과 마찬가지로 방범·치안에 대한 대응은 한층 큰 과제가 될 것으로 생각된다. 이번에 소개한 것처럼 미국에서는 여러 첨단 IT가 실종사건예방·치안의 분야에서 실용화되고 큰 효과를 거두고 있으므로 앞으로 더욱 새로운 기술의 개발이나 실용화가 진행될 것으로 생각된다. IT 산업에서도 보안 및 치안 관련은 향후 커다란 성장분야가 될 것으로 생각된다. 방범·치안면에서 위기감이 높은 미국의 IT화 대처는 한국에도 크게 참고가 되지 않을까 생각한다.

---

82) https://www.aclu.org/blog/free-future/newly-obtained-records-reveal-extensive-monitoring-e-zpass-tags-throughoutnew-york

83) Nogala, D., "The Future Role of Technology in Policing," in Jean Paul Brodeur, ed., Comparison in Policing: An International Perspective, Aldershot, U.K.: Avebury Publishing Co., 1995, pp.191~210.

참고문헌

<국내문헌>

강맹진, "미국 지역사회 경찰활동의 국내 적용–캘리포니아주 산마테오 카운티 보안관실과 경찰을 중심으로," 한국경찰학회 한국경찰학회보 15(4), 2013, 3~30면.

류연수, "치안과학기술 연구개발 사업 발전방안," 경찰대학 치안정책연구소 치안정책연구 32(2), 2018, 251~278면.

박동균, "미국 경찰의 위기관리 활동의 특징과 함의," 한국경찰연구학회 한국경찰연구 12(3), 2013, 103~124면.

송시강, "미국법상 경찰권 행사의 근거와 한계 –「경찰관직무집행법」의 원리적 해석을 위한 시론," 홍익대학교 법학연구소 홍익법학 14(1), 2013, 669~699면.

심희섭·김영식, "미국경찰 수집 범죄정보의 시민공유 방향: 우리 경찰에의 시사점," 인문사회과학기술융합학회 예술인문사회융합 멀티미디어논문지 8(9), 2018, 161~168면.

양종모, "전체적 감시체제의 법률적 규율방안 고찰–인공지능과 모자이크 이론의 적용," 홍익대학교 법학연구소 홍익법학 17(2), 2016, 277~305면.

윤병훈·이창한, "치안환경 변화에 따른 경찰활동의 모색–SMART Policing의 활용사례 및 적용방안," 원광대학교 경찰학연구소 경찰학논총 8(2), 2013, 415~438면.

이 훈·정진성, "우리나라와 미국 법원의 경찰 물리력 사용 적법성 심사기준 비교연구: '객관적 합리성 기준' 도입 타당성을 중심으로," 한국공안행정학회 한국공안행정학회보 28(4), 2019, 349~374면.

이 훈, "합리적인 경찰 테이저건 사용 방법에 관한 연구–미국 1871년 민권법 제42권 제1983조 민사소송 사건을 중심으로," 경찰대학 경찰학연구편집위원회 경찰학연구 19(4) (2019.12), 165~191면.

정제용, "미국과 한국 경찰의 빅 데이터 경찰활동에 관한 비교경찰학적 고찰," 한국경찰연구학회 한국경찰연구 18(3), 2019, 165~186면.

<외국문헌>

Bartel, Ann, Casey Ichniowski, and Kathryn Shaw, "How Does Information Technology Affect Productivity? Plant-Level Comparisons of Product Innovation, Process Improvement and Worker Skills," The Quarterly Journal of Economics, Vol.122, No.4, 2007, pp.1721~1758.

Braga, Anthony A., Andrew V. Papachristos, and David M. Hureau, "The Effects of Hot Spots Policing on Crime: An Updated Systematic Review and Meta-Analysis," Justice Quarterly, 2012, pp.1~31.

Chan, Janet B. L., "The Technological Game: How Information Technology Is Transforming Police Practice," Criminology and Criminal Justice, Vol.1, 2001, pp.139~158.

Davis, Robert C., Selected International Best Practices in Police Performance Measurement, Santa Monica, Calif.: RAND Corporation, TR-1153-MOI, 2012. As of August 26, 2014: http://www.rand.org/pubs/technical_reports/TR1153.html

Hoey, Amanda, "Inside the RUC: Information Technology and Policing in Northern Ireland," International Review of Law, Computers and Technology, Vol.12, No.1, 1998, pp.15~26.

Ioimo, Ralphe E., and Jaye E. Aronson, "Police Field Mobile Computing: Applying the Theory of Task-Technology Fit," Police Quarterly, Vol. 4, No. 4, 2004, pp.403~428.

Manning, P. K., "Technology's Ways: Information Technology, Crime Analysis and the Rationalization of Policing," Criminal Justice, Vol. 1, No. 1, 2001, pp.83~103.

Nogala, D., "The Future Role of Technology in Policing," in Jean Paul Brodeur, ed., Comparison in Policing: An International Perspective, Aldershot, U.K.: Avebury Publishing Co., 1995, pp.191~210.

제10장

전자감시 추적

제10장

전자감시 추적

Ⅰ. 미국의 전자감시제도 발전

형사사법 분야에서 전자감시를 활용하려고 시도했고, 처음으로 전자감시를 실행에 옮긴 곳은 미국이다. 미국의 전자감시 도입 시도는 1960년대에 시작되었다.[1] 1964년 매사추세츠주에 당시 하버드대 심리실험과학위원회 멤버인 랠프 슈워츠벨 박사(Dr. Ralph Schwitzgebel)가 범죄자를 감시하기 위해 전자감시조치를 운용할 수 있다고 생각해[2] 심리실험을 했다.[3] 그는 몸에 지니고 다닐 수 있는 장비를 개발하고, 개발된 장비로부터 신호를 400미터 떨어진 위치에서 측정용 수신기로 측정한다.

1974년, 전회의 실험을 근거로 랠프 슈워츠벨 박사가 보스턴과 케임브리지에서 생활하고 있는 가석방범, 심장질환 환자 및 조사자를 몇 개 선정해, 공격 빈도가 적은 실증효과에 대해 연구를 실시했다.[4] 그는 피험자에게 수형 수신기를 장착하고 이 장치를 통해 어떤 범위에서 피험자의 일정을 추적하도록 했다.[5] 이 실험의 본래 목적은 비교적 좋지만 기술지원이나 금융지원이 결여되어 물적 자원과 인적 자원이 큰 문제가 되어 결국 좋은 효과를 거

1) 김성언, “전자감시의 성격에 대한 세 가지 담론과 그 경험적 분석,” 한국공안행정학회 한국공안행정학회보 25(2), 2016, 9~52면.

2) Matt Black & Russell G. Smith, “Electronic Monitoring in the Criminal Justice System,” Trends & Issues in Crime and Criminal Justice No.254, 2003, p.1.

3) 심리실험을 한 심리학자는 로버트 그리고 랠프라는 심리학 연구자의 쌍둥이 형제라는 지적을 받았다. 甘利航司, “拘禁の代替策としての電子監視,” 刑法雑誌 第59巻 第2号, 2020, 242頁.

4) 林順昌, “破除‘電子監控’之迷思－論回帰實益性之犯罪者処遇政策,” 亜洲家庭暴力与性侵害 第2号, 2009, 240頁.

5) 汪南均, “電子監控技術設備於刑事司法之實務運用,” 法務通訊 2398期, 2008, 3頁.

두지 못한 채 끝났다. 단, 랠프 슈워츠벨 박사는 '전자감시'라는 매우 긍정적인 견해를 이 실험으로 나타냈으며, 이 실험도 향후 전자감시의 등장에 새로운 구상과 기술 지원을 제공했다.[6)]

교도소 등의 과잉수용 문제가 미국에서 전자감시가 급속히 보급된 사회 요인 중 하나이다.[7)] 20세기 1960년대 후반부터, 형법의 서민주의의 대두에 따라, 법제 체계와 사회질서를 재건하는 것을 목적으로 한 신보수주의 정치관이 이론의 최전선을 차지한다.[8)]

리처드 닉슨 미국 대통령이 실시한 '범죄에 대한 선전' 방침에 따라 범죄에 대한 타격을 가하는 강력한 형사정책이 실시되었고,[9)] 타격이 확대되었고 범죄가 증가하여 교도소의 과잉수용 문제가 출현한 한편 석유위기로 교도소 경비를 늘리는 예산도 취소되었다. 미 언론들도 이러한 엄격한 조치가 재범률 및 수감률 저하에 거의 영향을 미치지 않는다고 생각하면서 형사 시설에서의 처우 방식과 교도소 개선효과에 의문을 제기했다. 그래서 1975년에 미국정부는 구금형에 따른 교육을 포기하겠다고 선언하고 사회복귀를 출발점으로 과학기술을 통해 교도소 과잉수용 문제에 대한 해결책을 찾기 시작했다.

1977년, '어메이징 스파이더맨'(The Amazing Spider-Man)이라는 스파이더맨의 실사 작품이 미국 CBS에서 방영되었다. 이 프로그램은 불과 13일 만에 CBS가 속편을 취소했는데 미국 뉴멕시코 지방법원 판사 잭 러브(Jack Love)에게 큰 계발을 주었다. 잭 러브 판사가 코믹 속에서 주인공인 스파이더맨이 악역에 의해 추적 송신기를 팔에 붙일 수 있다는 에피소드에 착상을 얻어 그의 소재 주의 검찰에 편지를 보냈다. 그 편지에는 '경제속보'의 일부와 화물과 동물을 추적할 수 있는 장치에 관한 신문기사가 첨부되었다. 그러나 이 편지는 중시되지 않았다.

민간기업의 적극적인 판촉이 있었던 일과 전자감시 기술의 개념의 발전이 있었던 점 등도 전자감시의 보급을 촉진한 요인이 됐다.[10)] 1980년대, 증가하는 교도소 인구는 이미 간과할 수 없는 지경에 이르며, 구금형의 대체할 수단의 등장이 요구되고 있었다.[11)] 1983년, 자크라 부산 판사가 어떤 전 경찰관, 당시의 전자기기 업체인 마이클 고스(Michael Goss)를

6) Criminal Justice, "New Technologies And The Constitution: Special Report," Congress Of The United States Office Technology Assessment, 1988, p.33.
7) 唐春楊, "アメリカにおける終身刑の最新動向について," 一橋法学 18(3), 2019, 153頁.
8) 王平ほか, "欧米における社区矯正が直面している調整期及び啓示," 宜賓学院学報 第17巻 第4期, 2017, 3頁.
9) THE WAR ON CRIME: THE END OF THE BEGINNING. Department of justice, 1971, p.3.
10) 이지영, "전자정보의 수집 이용 및 전자감시와 프라이버시의 보호 : 미연방헌법 수정 제4조를 중심으로," 국립중앙도서관 국립중앙도서관 연계자료 5, 2015.
11) 신진수, "자유의 도구로서 바라본 전자감시-재판 전(Pretrial Release) 구금완화를 중심으로," 건국대학교 법학연구소 일감법학 29, 2014, 191~218면.

설득하고, ‘가우스 링크’(GOSS link)라는 전자수갑 감시장치를 설계와 제조했다. 그가 이 장치를 사용하여 5사람의 범죄자를 감시하고 감시 대상자가 이 전자 감시장치를 꺼냈다, 또는 제한된 영역의 범주를 벗어난 경우 ‘가우스 링크’가 주관기관에 메시지를 보냈다.[12] 이 감시장치는 전자감시의 사법 응용에서의 첫 시도인 것이다.[13]

전자감시의 도입에 따른 전자감시와 사법실무의 통합도가 깊어지고 있었다. 당시의 엄정한 형사정책에 따른 교도소나 구치소 등의 형사시설도 포화 상태였다. 대상을 한정한 해결책으로, 불구속 구금이라는 새로운 사회 내 처우의 방안이 도입되었다.[14] 불구속 구금은 첫째로, 비행의 한 소년을 주요 대상으로 삼고, 집에 유치하는 과형 방식으로 소년을 벌한다. 교육하고 소년에게 악영향을 최소화하는 것이 목표였다.[15]

실제, 약 1971년까지는 불구속 구금이라는 것이 실제로 실현되지 않았지만,[16] 전자감시 기술의 개발 및 감시장치의 비용저하에 따른 불구속 구금이 실행가능 상태가 되었다. 1983년 플로리다에서 전자감시부의 재택구금이 도입되어 법률상에서도 명문화됐다.[17] 그 후, 전자감시 도입의 움직임이 갑자기 가속하기로 하였다.[18]

1988년 미국에서는 이미 33주가 전자감시부의 재택구금이라는 제도를 시작했다.[19] 1993년 전자감시가 달린 불구속 구금의 실천은 미국 전국에 퍼졌다.[20] 전자감시 제도의 도

12) Robert T. Sigler & David Lamb, “Community-Based Alternatives to Prison: how the Public and Court Personnel View them,” Federal Probation Vol.59, Issue 2, 1995, p.3.
13) Criminal Justice, “New Technologies And The Constitution: Special Report,” Congress Of The United States Office Technology Assessment, 1988, pp.33~34.
14) 배미란, “사회내처우로서의 전자감시제도에 관한 검토,” 경상대학교 법학연구소 법학연구 22(4), 2014, 159~176면.
15) Todd R. Clear & Michael D. Reisig, “American Corrections” 8th ed., 2009, CENGAGE Learning, p.174.
16) 그 주된 이유는 네 가지로 분류된다. 우선, 재택구금이라는 제도는 감독·관리 기술에는 매우 높은 요구가 필요하며, 이 조건이 충족되지 않는 경우에는 재택구금 실시도 필연적으로 방해된다. 다음으로, 재택구금은 대상자에게 어느 정도 제한을 두었기 때문에 적용범위도 제한적일 것이다. 더욱이 재택구금을 명령받은 후 재판관 및 감독자가 여분의 일을 맡지만 수입도 늘어나지 않는 상황에서 재판관 및 감독자가 재택구금에 대한 열의는 높지 않다. 그리고 처음 재택구금이 적용되었을 때, 재택구금을 명령받은 대상자는 규칙에 따르지 않고, 집안과 밖을 자유롭게 오갈 수 있기 때문에 재택구금은 유명무실하게 되었다. 張崇脈, “欧米の社区矯正における電子監視,” 中国監獄学刊 第3期, 2011年, 160頁.
17) 프랑스의 경우는 유주성, “프랑스 형사절차상 전자감시 재택구금에 관한 연구,” 한국비교형사법학회 비교형사법연구 23(1), 2021, 79~106면을 참조.
18) 예를 들면, 빨라야 다음 1984년에는 플로리다 주 팜 비치(Palm Beach)카운티에서, 전자감시를 이용한 계속적인 프로그램이 운용되고 있다. See EXAMINE TECHNOLOGICAL ADVANCES AND OTHER ISSUES IN ELECTRONIC MONITORING OF PROBATIONERS, The Florida Senate Interim Report 2012-117, 2011, p.1.
19) 허경미, “미국 전자감시제의 효과성 및 정책적 시사점연구,” 한국교정학회 교정연구 59, 2013, 35~60면.
20) Todd R. Clear & Michael D. Reisig, supra note 25), p.253.

〈표 10-1〉 미국 전자감시 이용자 수 추이(GPS 위성측위 시스템에 의한 전자감시)[21)]

연도별	1999	2000	2001	2002	2003	2004	2005	2006	2007	2008	2009
증가율 (%)		71.7%	63.8%	97.2%	87.6%	108.9%	105%	95.6%	86.1%	66.5%	47.0%
인원	230	395	647	1,276	2,394	5,000	10,250	20,046	37,299	62,121	91,329

〈표 10-2〉 미국 전자감시 이용자수 추이(RF설비)[22)]

연도별	1999	2000	2001	2002	2003	2004	2005	2006	2007	2008	2009
증가율 (%)		-2.6%	0.87%	2.4%	5.0%	4.4%	3.9%	5.6%	6.1%	6.8%	6.0%
인원	75,000	73,013	73,647	75,398	79,181	81,643	85,863	90,643	96,191	102,747	108,912

입이 진행되면서, 1일당 전자감시 대상자의 수도 증가 일로를 걷고 1988년에 2,277명이었는데 같은 대상자 수는,[23)] 1998년 1월에는 95,000명,[24)] 2008년에는 16만 명에 달하고 있다.[25)]

오늘에 이르기까지, 전자감시는 여전히 미국이 형 집행 중에 형무소의 과잉수용 문제를 완화하는 중요한 수단이다.[26)] 특히 근년은 미국에서는 범죄 발생률은 감소하는 경향에 있지만, 형사사법 관에 계속하는 범죄 건수는 매우 많다. 형사정책, 처우 선택에서 구금형에 의거하는 정도가 매우 높은 점을 특징으로 한다. 시설 내 처우 및 사회 내 처우의 쌍방을 포함한 교정 인구는 2009년 시점에서 700만 명을 넘었다. 2016년, 이 숫자는 다소 낮아졌지만 아직 650만 명을 넘어섰다. 장래적으로는, 전자감시가 미국 형사사법의 사용범위와 수량은 증가할 것으로 생각된다.[27)]

---

21) Matthew DeMichele & Brian Payne, “Offender Supervision with Electronic Technology: Community Corrections Resource Second Edition,” Bureau of Justice Assistance, 2009, p.17.
22) Matthew DeMichele & Brian Payne, supra note 32), p.17.
23) Annesley K. Schmidt, supra note 8), p.11.
24) Keeping Track of Electronic Monitoring, “National Law Enforcement and Corrections Technology Center,” https://www.justnet.org/InteractiveTechBeat/Winter-1999.pdf(2020. 3. 26).
25) William Bales & Karen Mann, “A Quantitative and Qualitative Assessment of Electronic Monitoring,” The U.S. Department of Justice, 2010, p.1.
26) 2006년을 예로, 미국 연방, 주와 지방 교도소의 재소자 수는 전년보다 2.8% 증가하여 2,245,189명에 달하여 역사의 최고점을 찍었다. 미국의 총인구가 3억 명으로 추산했을 때, 당시 전 미국으로서는 133명 중 1명이 감옥에서 처벌을 받았다. 2006년에 연방교도소를 예로 들어, 해당 교도소의 용량은 12만 명이지만 실제 거주자는 16만 명을 넘어섰고 수용률은 33%를 넘었다. 孫宏, “GPS及びRFIDに基づく電子監視及びアメリカの社区矯正における電子監視,” 安防科技 第3期, 2008, 45頁.
27) 2018년 5월 18일 용곡대학교 범죄학연구센터에는 ‘미국사회 대량구금의 어둠’을 주제로 조나단 사이

Ⅱ. 전자감시의 합헌성에 관한 논쟁

미국에서 전자감시가 도입된 지 수십 년의 세월이 흘렀지만, 합헌성에 대해서 재판상의 쟁점이 몇 가지 등장한 바 있고,[28] 이 문제는 주로 아메리카 합중국 수정헌법 제4조, 제8조 및 제14조 관련되어 이하, 각각에 대해서 상술한다.

1. 수정헌법 제4조에 관한 문제

미국 수정헌법 제4조(불합리한 수색·압수·억류 금지)에 따라 국민이 불합리한 수색과 압수 또는 억류에서 신체와 가옥, 서류 및 소지품 안전을 보장하는 권리는 이를 침범해서는 안 된다. 어떤 영장도 선서 또는 선서 대신 다짐에 따라서 상당한 이유가 제시되고 수색하는 장소 및 억류하는 사람 또는 압수하는 물품이 개별적으로 명시되지 않는 한, 이를 발급해서는 안 된다.[29]

미국에서는 수정헌법 제4조에 관한 한 프라이버시 문제에 대한 일부 해결을 대상자의 동의라는 점에서 요구하고 있다. 즉, 전자감시를 실시할 때에는 대상자의 동의를 요건으로 하고 있지만, 전자감시 대상자는 전자감시를 실시할 때 생기는 인권 제약에 대해서도 동의하고 있다고 해석되는 것이다.[30] 그러나 이 이유가 전자감시의 합헌성을 완전히 담보한다고 단언할 수는 없다.[31] 동의하지 않으면 구금되는 상황에서 대상자들이 자유로운 의사로 전자감시에 동의했다고 할 수 있을지에 대해서는 의문이 남아야 한다.

실질적으로는 강제가 되어 있을 가능성도 부정할 수 없는 것으로 보아, 대상자의 동의가 형식적으로 존재하는 것만을 가지고 합헌성 판단의 결정적인 이유부여로 할 수는 없다고 생각된다. 요약하자면, 대상자의 표면상의 '동의'만으로 전자감시 행위를 받아들였을 때 당연히 다른 사생활에 대한 제한도 받아들이기로 동의했다고 볼 수 있다.[32] 또한 전자감시

먼(Jonathan Simon. UC Berkeley Law School 형사법 교수) 특강회가 개최되어 현재 세계 최대 구금대국인 미국에는 흑인 청년 세 명 중 한 명이 구금되어 있다는 높은 구금률과 교도소 과잉수용 실태 등 미국형벌에 대해 사회가 안고 있는 문제가 부각되었다.

28) 김상균, "전자감시제도의 문제점과 개선방안," 한국범죄심리학회 한국범죄심리연구 10(1), 2014, 5~25면.

29) 미국 헌법에 추가되거나 이를 수정하는 조항 https://americancenterjapan.com/aboutusa/laws/2569 (2020. 3. 27).

30) 최정학, "전자감시제도의 적용확대에 따른 문제점 및 개선방안," 충남대학교 법학연구소 법학연구 25(3), 2014. 12, 179~220면.

31) 김혜정, "전자감시제도의 도입 및 운영을 위한 예비연구," 한국형사법무정책연구원 형사정책연구원 연구총서 2000. 12, 11~172면.

32) 정철호·권영복, "전자감시제도의 확대와 소급형벌금지의 원칙," 위기관리 이론과 실천 Crisisonomy 9(11), 2013, 309~328면.

에 의한 프라이버시 등의 인권 제약은 시설 내 처우에서도 동일하게 부과될 것으로 예상되는 것이다.

전자감시에 의해 새로운 인권 제약이 부과되지는 않을 뿐만 아니라 전자감시가 인권 제약의 정도는 작다고도 할 수 있다. 그러나 인권 제약의 정도가 보다 완화되고 있는 것만을 이유로, 권리 제약을 정당화할 수 있는지에 대해서는 의문 없이 한다. 프라이버시권을 비롯한 인권을 부당하게 제약하고 있는 것에 대해, 주로 두 가지 면으로 나누어 생각할 수 있다.

첫째, 대상자가 '전자감시를 받을 수 없다면 수감된다'는 이유로 전자감시를 받는 것이 대상자의 의미의 진실한 표현으로 간주할 수 있느냐이며, 둘째, 대상자가 전자감시를 받은 것으로 당연히 그가 자신의 프라이버시권 등을 어느 정도 포기했다고 간주되는가, 만약 답이 긍정적이면, 그 한계는 어디에 있는가이다.

최초의 문제에 대해서, 대상자의 진실한 의미 표현은 주관적인 면에 관련되어 있기 때문에 대상자의 객관적 표현에 근거해 종합적으로 판단할 필요가 있다. 실제로는 가급적 감옥에서 멀리 떨어지려는 생각에 자발적으로 감옥 밖 집행을 포기하고 감옥내 집행을 택하는 사람은 극히 적다. 대상자들이 수감생활을 선택한 원인은 주로 전자감시를 받아 경제적 압력을 원하지 않는 것이다. 최근 미국의 각 법원이 낸 프라이버시 권력에 관한 판결로 보아 소송 당사자가 전자감시를 받고 있는 사람일 때, 수정헌법 제4조에 보장되어 있는 프라이버시의 권리는 해석상 어느 정도 애매한 공간으로 되어 있다.[33] 예를 들어, 간호사가 피랍자에 대해 채뇨검사를 실시할 때 인디아나 법원은 '유죄판결을 받아 자택에서 구속된 사람의 사생활에 대한 기대가 부적절한 행위로 의심받은 적이 없는 학생선수에 대한 기대보다 낮음이 분명하다'고 생각했다.[34] 그린 버틀(Green v. Butler) 사건에서는 가석방 주관기관은 노크 앤 발표(Knock-and-announce)라는 헌법과 형사소송 절차의 요구를 지키지 않았다,

가석방자는 '가석방 기관이 언제든지 주소 검색에 들어갈 수 있도록 동의한다'는 협정에 서명했음에도 불구하고, 법원은 '가석방 기관이 누구에게도 신분이나 목적을 알릴 필요가 없다'며 거주에 들어가는 것에 대해 가석방자들은 동의하지 않는다고 주장했다.[35] 마찬가지로 헌법 제4차 개정안에 의거하여 합리적 회의나 수사영장 등도 상기 협의에 의해 제외되지 않는다.[36]

---

33) 한 학자는 감시자의 주소가 이미 '공공적인 감금시설의 유사품'(quasi-public detention facility)으로 전환됐다고 지적했다. 蕭宏宜, "電子監控與性犯罪者一借鑒美國經驗?" 高大法學論叢 第7卷 第2期, 3/2012, 99~144頁 参照.

34) Kopkey v. State, 743 N.E.2d 331(Ind. Ct. App. 2001).

35) Green v. Butler, 420 F.3d 689(7th Cir. 2005).

36) U.S. v. Francis, 183 F.3d 450(5th Cir. 1999).

2. 수정헌법 제8조에 관한 문제

미국 수정헌법 제8조(잔혹하고 비정상적인 형벌의 금지)[37]에 따라 과대한 액수의 보석금을 요구하며, 과대한 벌금을 부과하거나 잔혹하고 비정상적인 형벌을 가해서는 안 된다.[38] 미국에서는 전자감시가 이러한 문제들을 주로 구금형의 대체 수단이라는 점에 촉구하고 있다. 즉, 구금형에 비해 전자감시가 인권 제약의 정도는 작다는 이유로 수정헌법 제8조 위반의 문제를 회피하는 것이다. 그러나 이 이유만을 가지고 합헌성 판단의 결정적인 이유로 삼을 수는 없다.

권리 제약의 정당화 근거는 전자감시는 구금형의 대체 수단이며, 그 대상이 본래라면 감옥에 수감되어야 한다는 전제에 의거하고 있다는 점에 유의할 필요가 있다. 그러나 석방된 자에 대하여 전자감시를 계속 사용하는 경우, 상기 이유는 정당성이 없다고 생각될 수 있는 즉, 본래라면 시설수용이 필요 없는 자에게까지 전자감시가 붙여져 있는 경우에는 타당하지 않다고 해야 한다. 그러한 정황 하에서는 전자감시에 의한 인권 제약의 정도와 비교되어야 하는 것은 사회 내에 있는 다른 사람의 인권 제약의 정도이다.

비교 결과, 전자감시에 의한 인권 제약의 정도가 크다고 생각될 경우, 수정헌법 제8조 위반은 피할 수 없다. 미국에서는 상기의 문제는 출소 후의 전직 성범죄자에 대해서 계속 전자감시를 실시하는 경우에 발생한 사례가 많고, 성범죄자에 대한 전자감시는 상관 법률이 통과되기 전에 유죄판결이 확정된 경우에 많이 적용되기 때문에, 형벌 불소급의 원칙에 반하는 것인가 하는 의문이 생기고 있다.[39] 미국 형법에서 형벌불소급의 원칙은 범죄자가 형벌을 받은 '후'에는 법이 변화하여 소급하여 발효하는가 즉, 법률의 변화에 따라 범죄자에 대한 처벌이 무거워지는가를 가리킨다.[40]

헌법 제9차 개정인에 의해서 형벌불소급의 원칙이 명문화 되었다.[41] 그 이유에 있어서, 미국의 실무와 학설은 대략 3가지 면에서 분석하고 있다.[42]

---

37) 미국 헌법에 추가되거나 이를 수정하는 조항. https://americancenterjapan.com/aboutusa/laws/2569(2020. 3. 26)

38) 한 학자는 감시 대상자가 감시장비를 사용하다 부상을 당했을 때 이 조문을 이용하여 구제받을 수 있고 지금까지 수정 8조에서 구제받은 성공 사례가 없는 현실을 지적했다. 蕭宏宜, 前揭注(33), 99~144頁 参照.

39) 정철호·권영복, "특정범죄자에 대한 위치추적 전자감시제도의 정당성에 관한 고찰," 한국민간경비학회 한국민간경비학회보 12(4), 2013, 243~268면.

40) Doe v. Otte, 259 F.3d 979, 985 (9th Cir. 2001).

41) 원문은 "No Bill of Attainder or ex post facto law shall be passed"에 있다.

42) MILLER v. FLORIDA (1987). No. 86-5344. Argued: April 21, 1987 Decided: June 9, 1987. https://caselaw.findlaw.com/us-supreme-court/482/423.html(2020. 4. 7) 및 Weaver v. Graham, 450 U.S. 24,28~29, 1981.

(ⅰ) 형벌불소급의 원칙에 의하여 개인이 합법적인 행위의 한계에 관한 공평한 경고를 얻을 수 있고 개인이 행위를 할 때 합법적인 상황을 신뢰할 수 있는 것이 확보된다.

(ⅱ) 불소급의 원칙은 국가권력의 검증이다. 즉, 불소급의 원칙에 의해서 입법기관이 어느 집단이나 개인에 대해서 자의적인 룰을 적용하는 것이 불가피하며, 기본법과 사법권 사이의 권한 배분도 보호될 수 있다.

(ⅲ) 불소급의 원칙에 따라 국가가 직접 작성한 법률에 의해 규제되고 법률의 형평성도 보장된다.

2007년에 발생한 도우 브레이즈든(Doe, v. Bredesen)안을 예로 한다.[43] 범죄자들은 테네시 주의 성범죄자에 관한 새로운 법안이 발효되기 전에 유죄 판결을 받았으나, 소급 원칙에 따라 새 법안의 등록과 분류에 관한 규정을 적용할 것으로 전망된 결과 '폭력적 성범죄자'로 분류되었고, 테네시 주 조사국의 성범죄자 등록 규정을 종신 준수하도록 요구됨과 동시에 GPS 감시장치도 종신 배치해야 한다고 요구되었다.

관련 법률의 입법목적에 따라 이 조치는 이미 민사통제방안이며 형벌이 아니라고 밝혀졌기 때문에 지방재판소가 입법기관은 공중피해를 피하는 방법에 대해 민사규범 이외에 요구할 생각이 없다고 인정하였고, 상기 대응수단도 대상자에 대한 '연장감금'으로 해석할 수 없다고 보았다.

관련 법률에 의해서, 성범죄자가 이직하거나 주소를 바꾸거나, 여행으로 다른 곳에 가는 것 등도 금지되어 있지 않기 때문에 형벌 불소급의 원칙에 관한 문제가 없다고 하는 태도를 취했다. 이러한 생각은 제6순회 법원의 지지를 받은 안건 조서에 대한 청구가 대법원에 기각된 결과, 본 건이 최종적으로 결정되었다. 단, 전자감시를 사용하는 것이 형벌불소급의 원칙에 위반되는지에 대해 상기 안건에서 논의되지 않은 것에 대해 매사추세츠주 대법원은 커먼웰스 대 코리 사건에서 성범죄자에게 GPS 감시장치를 장착시킬 것을 요구하는 것은 구속효과가 있으므로 '징벌'이라고도 할 수 있다고 판단한다.[44] 그러나 다른 케이스에서는 위와 다른 생각도 나타났다.[45]

미국 위스콘신 주의 72세 남성 마이클 벨(Michael Belleau)이 1990년대에는 아동을 성적

---

43) John DOE, v. Phil BREDESEN, Governor of the State of Tennessee, Charles M. Traughber, Chairman, Tennessee Board of Probation and Parole, Mark Gwyn, Director of the Tennessee Bureau of Investigation, and Randall Nichols, District Attorney General 6th Judicial District, Defendants-Appellees. No. 06-6393. Decided: November 16, 2007. https://caselaw.findlaw.com/us-supreme-court/482/423.html (2020. 4. 7).

44) Supreme Judicial Court of Massachusetts, Bristol. COMMONWEALTH v. Russell M. CORY. SJC-10314. https://caselaw.findlaw.com/ma-supreme-judicial-court/1189682.html(2022. 4. 27).

45) 鄭浣, "美國의 電子監視制度," 한국형사법무정책연구원 형사정책연구 1999. 3, pp.185~209.

으로 공격한 혐의로 10년간의 감금을 선고받았다. 2000년 가석방된 후 아동과 접촉했기 때문에 구류되었고, 같은 주의 법률에 따라 2004년 민사범으로 확정되었다. 해당 주의 법률상 성범죄자가 민사범에 속하는 경우에는 감시장치를 종신 착용해야 한다고 규정하고 있기 때문에 벨은 2012년에 소송을 제기하고 감시장치를 장착시키는 것은 단순히 사후 처벌이며 위헌 결정이라고 주장했다.

연방지방법원은 '주정부의 개인에 대한 권력이 무한하지 않다'고 판단하여 이 주장을 인정했으나, 미국 연방 제7순회법원은 이 판결을 뒤집었다. 순회 항소법원 판사는 성범죄자에게 GPS 측위 시스템에 기초한 전자발찌를 종신 착용하도록 요구한 것은 헌법의 불소급 원칙을 위반하지 않았다고 지적했다. 그 이유는 성범죄자에게 전자발찌를 착용한다고 요구하는 것은 귀찮고 불편한데, 이는 순경에 의한 면허증 제시를 요구하는 것이나 성범죄자의 등록을 요구하는 것과 상당하며, 벌칙이 아닌 아이를 보호하는 것이나 범죄를 예방하는 수단 때문이다.[46] 따라서 상당수의 주는 전자감시가 민사벌이라고 해도 불소급의 원칙에 위반되지 않는다는 태도를 취한 것으로 밝혀졌다.[47] 즉, 전자감시가 불소급의 원칙에 위반되는지에 대해서 기존의 쟁의를 종합적으로 생각하면, "실질적으로 처벌 효과가 있다"가 있는가가 문제를 해결할 때에 주목해야 할 점이다, 현 단계에서는 전자감시가 불소급의 원칙에 위반하는가에 대해서 부정적인 경향에 있다고 보여 불소급의 원칙에 위반되지 않는다고 생각된다.

3. 수정헌법 제14조에 관한 문제

미국 수정헌법 제14조(시민권, 법의 적정한 과정, 평등권) 제1항에 따라 합중국에서 태어나거나 합중국에 귀화하거나 미국영토 관할에 복무하는 자는 합중국의 시민이자 그 거주하는 주의 시민이다. 어느 주도 미국 시민의 특권이나 면제를 제약하는 법을 제정하거나 시행해서는 안 된다. 어떤 주도 법의 적정한 과정에 의하지 않고, 누구든지 그 생명, 자유 또는 재산을 빼앗아서는 안 된다. 어떤 주도 관할 내에 있는 자들에게 법의 평등한 보호를 부정해서는 안 된다.[48]

미국에서는 전자감시를 실시할 때 원칙적으로 대상자에게 비용 부담을 요구하고 있기

---

46) 美性罪犯终身锈电子脚镣做法被判定不违宪, 環球網, https://world.huanqiu.com/article/9CaKrnJTGuR(2022. 4. 25).

47) STATE of North Carolina v. Freddie Junior BARE. No. COA08-818. Court of Appeals of North Carolina. https://www.courtlistener.com/opinion/1318820/state-v-bare(2022. 4. 27).

48) 미국 헌법에 추가되거나 또는 이를 수정하는 조항. https://americancenterjapan.com/aboutusa/laws/2569(2022. 4. 26).

때문에 평등권 보호를 주장한 수정헌법 제14조 위반이 야기될 가능성이 있다. 즉, 전자감시 대상자에게 비용부담을 요구하는 시스템 하에서는 경제적으로 가난한 자가 전자감시를 받을 수 없게 되어[49] 그 일이 평등권 침해를 구성하는 것이 될 수도 있는 것이다.

수정헌법 제14조 위반을 회피하려면 지불능력에 근거한 슬라이드제를 도입하는 등 무수입자·저수입자라도 전자감시를 이용할 수 있는 체제를 구축하는 것이 필요해진다고 해석된다.[50] 그러나 상기의 판결에 의해서도 전자감시의 실시의 정당성은 자명한 이치가 아니다. 법률 해석에 있어서의 전자감시의 성질의 도출은 법철학에 있어서의 전자감시에 대한 증명이나 다름없다. 따라서 전자감시에 관한 합헌성의 기반은 반드시 견고한 것은 아니며 재검토의 여지를 남겨두고 있다고 해석되는 것이다.[51]

Ⅲ. 미국 형사정책의 변용

전자감시의 역사 및 그로 인한 합헌성 논쟁을 회고한 결과, 전자감시에 대한 응답 방식으로서 미국 형사 정책에서 뚜렷한 특징이 두 가지가 있다고 볼 수 있다.

첫째, 피감시자에 대해서는 형사정책의 적용범위를 확장하는 것, 둘째, 선도계획을 통해 조치의 유효성을 증명하는 것이 아니라 정책에 대한 조정을 통해 논쟁에 응할 것이다. 이 특징은 미국 성범죄 대책에서 특히 현저하다. 1944년 캘리포니아에서 최초로 강제 유죄가 된 성범죄자에 대한 등록제도가 통과되었고, 비슷한 제도가 그 후 다른 주에서도 확립되었다. 1994년 미국 국회가 '아동범죄와 성침해자 등록법안'을 통과시켰다.[52] 2006년 애덤 월시 아동보호안전법(Adam Walsh Act)의 가결에 따라 '아동범죄와 성침해자 등록법안'의 범위가 더욱 확대되었다.[53] 이 법안과 후문에 있는 '메건법'(Megan's Law)이 지금까지 미국에서

---

49) 일부 대상자들은 비용지불이 어렵다는 이유로 스스로 구금형을 택하고 전자감시를 이용할 수 없다고 주장한다. http://www.chinanews.com/gj/2015/12-01/7650594.shtml(2022. 4. 26).

50) 예를 들어, 플로리다 주는 비용 부담이 어렵다는 이유로 전자감시와 성과급 비용 중 일부 또는 모든 지불이 면제될 수 있다. The 2019 Florida Statutes. CHAPTER 948 PROBATION AND COMMUNITY CONTROL. 948.09. Payment for cost of supervision and other monetary obligations.
http://www.leg.state.fl.us/statutes/index.cfm?App_mode=Display_Statute&URL=0900-0999/0948/0948.html(2022. 4. 26).

51) 이상 외에도 전자감시는 불합리한 수색(unreasonable search), 이중의 위험(double jeopardy), 자기부죄거부 특권(right against self-incrimination), 적법절차(due process)에 관한 법률상의 문제가 생길 수 있다. Matthew DeMichele & Brian Payne, supra note 32), pp.99~103.

52) 이 법안의 영어 이름은 "the Jacob Wetterling Crimes Against Children and Sexually Violent Offender Registration Act"이다.

53) 그 입법 이유에 의하면, 공중을 성적 침해로부터 보호하고, 자녀에 대한 폭력적인 공격을 막기 위해

가장 중요한 형사 기본법의 성과로 여겨지고 있다. 그 사례는 미국 형사정책의 사회적 처우에 대한 감독강화 과정을 보여 준다. 전자감시도 그 기초 위에서 발전했고 여전히 광범위하게 적용되고 있다. 미국의 형사정책의 발전을 종합적으로 되돌아보고, 전자감시의 성질과 그 사회적 환경을 보다 명확히 인식하고, 나아가 전자감시의 배후에 숨겨진 형사정책의 장래에 대해 보다 과학적인 논단을 내릴 수 있는 것이다.

1. 보복형부터 사회 내 처우까지

고대에는 법을 위반한 자가 보복적 수단으로 대처되었다. 부락의 법규, 종교의 계율과 국가의 법률도 이러한 방법을 격려하고 있었다.[54] 이러한 보복이 제3자에 의해 대행되는 것은 형벌이라고 불린다. 생산력이 매우 낮은 시대에 열악한 생활환경, 짧은 생명, 곤궁한 자원으로 인해 생활의 비용을 매우 높였으며 사람들의 생명에 대한 평가도 낮아졌다. 또한 미신과 종교 사상도 범죄의 악을 과장하고 있었다. 따라서 동서고대 사회는 무지한 범죄관과 낙후된 생산력을 바탕으로 형벌의 잔학주의, 위협주의를 실행하고 있었다.

형벌의 주된 목적은 비난, 응보, 위협, 치욕을 주는 것이고, 나아가 목숨을 빼앗음으로써 범죄자의 재범 능력을 박탈하는 것이었다. 그 시대의 사회는 계통적이고 과학적으로 범죄의 원인을 탐구할 수 없었고, 형벌은 개조, 갱신, 회복 등의 기능을 기다리지 않았다.

한편, 잔학과 공포의 형벌로 인해 금령위반에 의거한 처벌을 받은 사람에게는 분명히 범죄행위를 부정할 수 있기 때문에 범죄의 중대한 결과가 사람들에게 의식되어 유사한 행위를 하지 않도록 하는 작용도 있었다. 16세기 말 유럽에서 계몽운동이 시작되었다. 계몽기의 사상가들은 인권, 이성의 사상을 계승하여 이 방식을 강하게 비판하고 형의 역할을 가장 먼저 이론화했다.

홉스는 '가능한 한 관대하고 관대하게 행동할 수 있는 것도 자연법의 요구'라고 명했다.[55] 공평, 정의, 자유, 이성에 기초한 신보사상은 범죄의 성인 및 형벌의 폐해를 깊이 분석하고, 그리고 적시, 필요, 명확, 대등한 형사법 이론체계의 원칙에 사상의 기초를 제공했다. 벤덤은 모든 처벌이 악하다고 생각하고, 무리한 이유, 무효, 무익, 필요가 없는 경우에는 처벌이 실시되어서는 안 된다고 생각했다.[56] 그리고 베카리아는 순발적이고 강력한 형벌보

다음 사람에 대해 국회는 국가종합등록제도를 구축한다. One Hundred Ninth Congress of the United States of America AT THE SECOND SESSION H. R. 4472.
https://www.govinfo.gov/content/pkg/BILLS-109hr4472enr/pdf/BILLS-109hr4472enr.pdf(2020. 3. 26).

54) クレメンス·バルトラス(龍学群訳),『罪犯矯正概述』4頁, 北京群衆出版社, 1987.

55) トマス·ホッブズ(黎思複訳),『リヴァイアサン』, 北京商務印書館, 1985, 229頁.

56) 唐代興, "ベンサムの功利主義思想," 北京社会科学 第2期, 2007, 4頁.

다 약하더라도 언제까지나 계속되는 형벌이 사람의 정신에 미치는 영향이 크다고 생각했다.[57] 베카리어와 벤덤의 이론은 '이성주의'의 시대로 접어들게 하여 형벌 문명과 경완화의 발생에 큰 영향을 주었다.

전통적인 치욕형, 육체형, 사형 등의 형벌이 점차 구금형으로 대체된 결과, 구금형에 대해서 범죄 대등의 원칙을 충족시키고, 교도소의 질서를 어떻게 지키고, 그리고 어떻게 범죄자를 관리에 따르게 하는지 등의 문제도 부상하기 시작했다.

한편, 구금형의 악영향이나, 출소자가 어떻게 사회에 녹아들 것인가 등의 문제도 형벌 실무자나 학자 앞에 놓이기 시작하여, 이러한 문제에 대한 사고와 해결에 의해서, 가석방, 집행유예, 출소자 보호 등의 사회내 처우의 조기 형태가 생겨났다.[58] 1832년 누진제도를 기초로 한 석방제도가 영국에 나타났다. 범죄자들에 대해 최초로 엄격한 감독 및 관리를 하였으나, 그들이 충분한 '점수'를 쌓음으로써 석방될 자격을 획득할 수 있기 때문에 더 높은 수준으로 할 수 있는 노력이 장려되었다. 이 제도는 가석방 제도의 기원으로 여겨진다.

1853년 영국의 유명한 감옥 관리 전문가인 월터 코프턴(Walter Corfton)이 아일랜드 감옥 총감위원회의 회장을 맡고 있는 동안 비교적 완비하는 아일랜드 가석방 제도를 창설했다. 이 가석방 제도에는 조건부 석방, 조건 위반 후의 수감, 사회 내 처우 등의 규정이 포함되어 현대 가석방 제도의 기본적인 요소에 매우 가깝다고 보이는 것이다.[59] 1869년 미국이 정식으로 아일랜드 가석방 제도를 도입하여 가석방법을 제정하였다. 이로써 근대 가석방 제도가 확립되고 그 이후의 발전에 있어서 사회 내 처우 제도의 전통적인 프로젝트 중 하나가 되었다.

사회 내 처우의 또 다른 주요한 형식으로서 현대적인 집행유예는 영국의 판결 집행유예 제도(suspended sentences of imprisonment)와 14세기에 영국에서 탄생하였으며, 그 후 미국에 전해진 서약에 의한 석방제도(release on recognizance)에서 나왔다. 1841년 존 오거스터스(John Augustus)라는 미국인이 한 음주범을 구조하기 위해 현지 법원에 교도소 밖에서 협조와 지도를 신청하여 그 음주범의 갱생을 촉구했다. 이는 집행유예로 되어 있는 사법실천의 첫 시도로 보이며, 아주 좋은 효과를 거두었다.[60]

존 오거스터스의 일생 동안 남자 범죄자 1,152명과 여자 범죄자 794명의 갱생을 도왔

57) チェーザレ・ベッカリーア(黄風訳),『犯罪と刑罰』, 中国大百科全書出版社, 1993, 42頁.
58) 정신교, "보호감호의 전자감시 활용," 중앙대학교 법학연구원 法學論文集 36(2), 2012, 117~145면.
59) 坂田仁, "スウェーデンの19世紀以降の刑法の歴史－P.E.ヴァレン,『スウェーデン刑法史』を中心に," 常磐大学大学院学術論究 第4号, 2017, 54頁.
60) 菊田幸一, "欧米諸国におけるプロベーション法制の史的考察," 明治大学社会科学研究所紀要 第6号, 1968, 32頁.

다. 이들 범죄자들 중에 재범을 한 사람은 거의 없었다. 존 오거스터스의 이런 방식은 사회로부터 널리 인정받았고 사회 자원 봉사자들이 범죄자 교정에 참여하는 데 앞장섰던 그 자신도 '집행 유예의 아버지'라고 불렸다. 그 후, 1870년에는 세계 최초의 집행유예법이 미국 보스턴에서 통과되었고, 집행유예 제도도 각국에 받아들여져 현재의 제도로 발전해 왔다.[61]

한편, 구금형이 형벌의 주된 수단이 된 결과, 형기 만료로 석방된 범죄자의 생존도 문제가 된 일부 사회인에게 주도되어 출소자를 지원하는 것을 목표로 하는 사업기구는 점차 미래의 사회 내 처우 제도에서의 '출소자 보호 제도'의 원형을 구성하고 있었다. 1845년에 교우파 신도가 뉴욕시에 지은 아이작 T. 호퍼의 집(Isaac T. Hopper)은 미국의 하프웨이 하우스의 병아리 형태로 여겨졌으며 유사한 기관도 그 후 차례로 설립된다.[62] 그러나 미국 내에서는 이러한 기관에 대한 반발이 높아지고 있으며, 미주교도소협회는 하프웨이 하우스가 영구적인 미움을 받는 시민층을 만들 것이라고 지적했다.[63] 그럼에도 불구하고 하프웨이 하우스는 범죄자의 사회복귀를 위한 완충의 일환으로 형기만료 후 석방자의 재범죄 방지에 중요한 역할을 했으며, 항상 사회 내 처우 제도의 중요한 구성부분으로 발전해 왔다.[64]

2. 사회 내 처우의 위협화 진화

1) 종교의 영향

미국 사회 내 처우 제도의 발전 역사에서 보면 종교의 힘은 훨씬 사회 내 처우 제도의 전체적인 발전 과정을 거쳤다. 종교의 특유한 마음의 보도기능에 의해서, 사회내의 수형자가 종교와 커뮤니티의 지지 아래, 부분적으로 참회를 통해서 마음의 해탈을 획득하고, 그리고 마지막으로 사회에 복귀할 수 있다.

한편, 서구 국가들이 '면밀하지만 엄격하지 않다'는 형사정책을 실행하고 있기 때문에 법망은 엄격하고 사회 대중은 범죄에 둘러싸여 있는 것 같지만 형사정책 자체의 독특한 상징을 감안하여 많은 시사를 얻을 수 있었다. 따라서 전체 사회대중은 범죄에 대해 우려가 있음에도 불구하고 일부 경건한 종교인들은 인도, 관용, 연민의 가치관을 이어받아 커뮤니

61) 菊田幸一, 前掲注(60), 32頁.

62) 거주자들은 수감자나 전직 수감자와 구별하기 위해 불렸기 때문에 직업, 교육, 또는 고용기회 추구하고 알코올 중독 익명 등 전문 치료 프로그램에 참여하기 위해 커뮤니티에 잠정적인 접근이 허용되었다. 이러한 노력은 범죄행위는 다양한 생물학적, 심리적, 환경적, 사회적 요인에 의해 결정되며, 따라서 개별적인 치료를 통해 시정되기 쉽다는 신념과 일치했다고 여겨진다. https://delphipages.live/ja/%E3%81%9D%E3%81%AE%E4%BB%96/halfway-house(2022. 4. 26).

63) デビッド·E·ダフィー(呉宗憲訳),『アメリカの矯正政策と実践』, 中国人民公安大学出版社, 1992, 251頁.

64) 조윤오, "GPS 전자감시 성범죄자의 사회복귀 의지에 대한 연구," 원광대학교 경찰학연구소 경찰학논총 8(1), 2013, 411~435면.

티 안에서 커뮤니티 공동체를 계발하는 도덕사상을 견지하고, 커뮤니티에서의 수감자와 공존한다는 관념을 살포하여 사회 수감자의 죄책감을 해소하고 회개의식을 계발하는 한편, 더 많은 종교인도 조직된 커뮤니티 교정에 참여했다. 이것에 의해서 사회내 처우 제도도 제도적으로 가벼운 형벌을 유지하는 한편, 구미 제국의 사회 대중 중에도 넓게 민의의 기초가 존재하고 있는 것이다.

2) 통계수리적 사법이론의 대두

억제력을 갖추지 못한 사회 내 처우 제도는 곧 폐해가 생겼다. 예를 들어, 최초 집행유예는 형벌을 경감하고 범죄자 교정을 촉진하기 위한 구체적인 운영 조치일 뿐이다. 20세기 이후 구금형의 단점이 서서히 밝혀졌기 때문에 범죄의 정상이 비교적 가벼운 범죄자, 그리고 일부 중범죄자도 집행유예를 받았다. 1936년 미국 15개 주에서 가석방이 적용되었고 1939년에 모든 유죄가 확인된 사람 중 3분의 1이 집행유예를 선고받았다.

교정관이 담당하는 집행유예와 가석방에 관한 실제 사례의 수도 상당한 양을 넘어섰고, 전 미국에서는 교정관 1인당 성인 가석방 감독 케이스의 부하가 70건 내외로 미성년자 가석방 감독 케이스의 수는 평균 60건을 넘었다.[65] 동시에 당시의 집행유예제도는 범죄자에 대해 위협과 컨트롤이 부족했기 때문에 엄격한 정도로는 구금형과의 사이에 과도와 접속이 부족하고, 정상이 가벼운 범죄분야에서 위협 진공이 나타났다.[66] 또한 가석방 적용이 늘어남에 따라 교정관들이 업무 부하가 매우 크고 가석방범 관리에 대한 많은 규제 조치들이 실행되기 어렵게 되었다. 여러 요인이 겹친 결과 범죄율이 상승했다. 20세기 1960년대 이후 서구 국가들의 범죄율이 크게 높아졌으며 특히 형사처벌을 받은 범죄자들의 재범죄 현상도 심각했다.

의료 모델, 교육형론, 사회 내 처우 제도의 효과를 의심받기 시작했고, 교육이나 교정, 치료를 통해 범죄를 방지하거나 재범할 수 있다고 믿을 수 없다고 생각했다. 대중과 학자들은 사회적 처우의 효과에 대해 강한 회의적인 태도를 가지고 있었다. 1945년 1월부터 1967년 말 사이의 1,000여 경우에 대해 두 동료와 함께 연구를 다시 한 후 미국 사회학자 마틴슨(Martinson)은 1974년에 소수의 프로젝트에 의한 적극적인 영향이 있는 것 이외에 사회내

65) 학자들의 연구에 따르면 한 관리자가 관리하는 범죄자는 원칙적으로 35명을 넘지 않아야 한다. 劉強, 『アメリカにおける社区矯正の制度的進化』(法律出版社, 2009), 131~132頁.

66) 학자들은 더 놀라운 숫자를 들 수 있었다. 미국 전역에서 볼 때, 1인당 관리자가 담당하는 성인 집행유예 대상자는 260명이었고 일부 관리자의 업무량은 수천 명에 달했다. 로스앤젤레스에서는 3분의 2의 관리자가 1,000명 이상의 대상자를 감독하고 있었고, 그들은 매달 문자메시지로 연락하고 있었다. ロナルド·J·バーガーほか (劉仁文訳), 『犯罪, 司法と社会-犯罪学入門』, 北京清華大学出版社, 2009, 586頁.

처우 제도는 재범방지에 효과가 없다고 제창한 이 유명한 '교정무용론'이라는 논단은 형벌의 위협 부족에 대한 비판을 고조시키고 있으며, 사회내 처우도 가장 심한 비판을 받고 있었다.[67]

마틴슨 보고서는 20세기 1970년대 이후 미국의 형벌이론을 징벌과 억제효과를 주장하는 고전주의로 전환시켰다. '비치료범식'과 '형량공정'의 목소리가 날로 증가하고 강해짐에 따라 사회 내 처우기관에 의한 '조언, 협력과 우호적인 대응'의 사회복지 원칙이 범죄자 관리에 있어서의 경제적 합리성과 '개조는 날마다 복지의 틀 대신 리스크의 틀에 편입된다'는 리스크 구동 의제로 대체되어 왔다. '유벌론'에 기초한 '형벌주의'와 '신고전주의'는 교정주의 대신 형벌집행 활동을 주도하는 핵심 지도사상이 되었다. 통계수리 사법이론은 형벌집행론에서 주류를 차지하기 시작했다.

1960년대부터 1970년대까지의 시대는 인종문제를 비롯한 미국사회의 구조적 모순이 드러나고 분출된 시대로 범죄나 비행을 통제하는 메커니즘과 그 모순에 날카로운 비판의 눈길을 보내면서 범죄라는 현상의 본질은 법을 어기는 행위에 있는 것이 아니라 사람들이 범죄로 정의하는 사회적 정의 과정에 있다고 주장하는 라벨링 이론이 극히 우세한 시대였다.[68]

몇몇 통계수리적 사법이론을 지지하는 학자들은 형벌학은 개인 범죄자의 책임, 과실, 도덕감, 진단, 개입 또는 처리에 관심이 적어야 한다, 위험 그룹의 식별, 분류, 관리에 많은 관심을 가져야 한다, 통계수리 사법이론의 임무는 개조적이지 않고 관리적이며, 일탈행위에 대한 관리수준을 요구하며, 개인의 위법자나 사회 이상에 대한 관여나 응답이 아니라고 본다.[69] 따라서 전통적인 응보식 형사사법은 통계수리 사법으로 대체될 가능성이 있다.

통계수리 사법이란 범죄기회와 위험에 대한 관리이지 개별 범죄자와 행위에 대한 관리가 아니라고 생각되어 일부 학자들은 이 이론을 감재 전략으로 설명하고 있었다. 예를 들어, 제로 용인, 목표강화, 감시, 선택적 행동능력 박탈과 배척 등의 특징을 갖춘 '범 통제의 보험개념'이다.[70] 이를 토대로 교도소가 교정 효과를 얻지 못한 결과 교도소의 역할은 필요한 교정 계획을 세우는 것이 아니라 범죄자와 사회를 격리하고 재범 능력을 박탈하는 것뿐이다. 사회내 처우가 누범률을 낮추는 효과를 얻기 어려운 이상, 사회내 처우의 주된 목표는

---

67) 高昇,『監獄学(含概要)系統整理』, 千華数位文化, 2018, 473頁.

68) T·ハーシ(森田洋司 訳), "非行の原因：家庭·学校·社会のつながりを求めて," 文化書房博文社, 1995, 368頁.

69) ヘイゼル·ケムシャル(李明琪訳)『刑事司法における危険』, 中国人民公安大学出版社, 2009, 31頁.

70) 전병문·이희철·윤홍준 외 3명, "PC를 이용한 중앙 집중 환자 영상 및 전자감시 시스템의 개발," 대한전자공학회 대한전자공학회 학술대회 1993. 11, 623~626면.

더 이상 교정과 사회복귀가 아니라 사회 공보의 안전을 보장해주는 것이라고 생각되었다.

3) 단계적으로 강화된 사회내 처우제도

미국에서 사회복귀 이념이 사회통제 정책의 분야에 있어서 '법과 질서'를 중시하는 '겟 터프' 정책(get-tough policy)으로 대체되었다. 이 '겟 터프' 정책은 결과적으로 엄격한 처벌 형식, 즉 구금형의 현저한 증가, 사형 부활 등을 가져왔다. 지역사회 제재 분야에서는 엄격한 감시체제와 집중 감독능력의 요건을 엄격히 할 것이 요구되기까지 했다.[71] 통계수리 사법 이론이 형벌집행론의 주류를 차지하기 시작한 배경 아래 미국 정부는 강경한 형사정책을 펴기 시작했다.

캘리포니아는 스리 스트라이크스 앤드 유어 아웃법(삼진으로 아웃법)이라는 저명한 법안을 통과시켜 가석방 적용을 제한했다. 일부 주는 가석방 제도가 직접적으로 중지되었다. 1977년에 주와 연방 교도소 범죄자의 72%가 가석방되었다.[72] 이 숫자는 1983년에 48%, 1988년에 40%, 1993년에 39%로 떨어졌다. 한편, 그 석방은 감독형식으로 풀려난 범죄자의 비율도 82%에 달했다.[73]

사회 내 처우의 적용률이 떨어짐에 따라 사회 내 처우에 관한 감독도 더욱 강화되었다. 미국은 성범죄자들에 대한 논쟁적인 '메건법'도 공표했다. 이 법안은 정식으로 작성된 성범죄 사건의 자료를 인터넷상에 두고 판독에 제공한다고 규정하고, 관련된 범죄자는 석방된 후 안건의 기록이 인터넷에 보존되어야 한다고도 규정한다.[74] 따라서 형기가 만료되어 석방된 성범죄자는 미국을 떠나야만 자신의 자료가 등록과 공개될 운명을 피할 수 있다. 이 법안에 의해 성범죄자가 사회에서 완전히 배제되었지만, 이 법안도 형법의 서민주의 지지자들로부터 강한 지지를 얻었다.[75] 미국의 형사정책은 공적 보호와 격리 정책에 치우친 정도를 이 법안에서 볼 수 있다.

4) 사회 내 처우 감독 강화

감옥의 무거운 짐을 견딜 수 없는 현실적인 압력과 미국의 형사정책이 공중에 대한 보호 및 격리 정책의 편향을 시작하면서 집행유예 감독강화, 쇼크 감금, 가정 감금, 사회 내 처우 센터를 통한 교정을 비롯한 일련의 사회 내 처우 강화 감독들이 등장했다. 그것들은 '중간제재'라는 통일적인 호칭을 가지고 있으며, 전자감시도 '중간제재'의 일종이다.[76]

---

71) 허경미, "지역사회교정 관점의 전자감시제의 한계 및 개선방향," 한국교정학회 교정연구 42, 2009, 75~107면; 藤本哲也, "諸外国の修復的司法," 中央大学出版部, 2004, 400頁.

72) 鄭祥ほか, "アメリカの仮釈放制度の発展," 福建警察学院学報 第5期, 2014, 31頁.

73) 劉強, 前掲注(65), 158頁.

74) 松井茂記, "メーガン法について," 阪大法学 第55巻 第5号, 2006, 205頁.

75) 松井茂記, 前掲注(59), 206~210頁.

본래 강화되는 사회 내 처우 감독은 교도소 구금을 통해 실현되어야 하지만 교도소 용량이 부족하거나 형기가 만료되는 이유로 구금을 계속할 수 없는 범죄자에게 적용된다. 그러나 미국의 큰 범죄권으로 인해, 범죄자의 수가 증가하고 있는 한편, 국가의 사법 재력에도 한계가 있어, 자연스럽게 범죄자를 교정하는 임무는 사회내 처우 시스템이 부담해야 하는 상황이 된다. 그것은 엄격한 정책과 사법비용의 과중 부담 사이의 모순이다. 그러므로 전자감시 본질적으로는 교정기능을 담당하고, 또 일정한 징벌성도 가지고 있다.[77]

최근 공식적으로 미국의 범죄통계 수가 감소하고 있지만, 사회에서의 절대범죄 수는 여전히 방대하고 수백만 명이 아직도 교도소나 다른 시설에서 처벌을 받고 있다. 미국의 사회 내 처우 시스템은 여전히 큰 압력에 직면해 있으며, 이러한 배경에서 리스크 관리 모드를 제창하는 통계 수리적 사법부는 미국의 사회 내 처우 제도를 포함한 교정 시스템에서 보다 큰 주도적 역할을 할 것으로 예상되는 수감자의 위험에 대한 선별이나 위험범에 대한 관리는 여전히 사회 내 처우의 핵심 임무이며, 전자감시도 사회 내 처우 강화의 산물로서 미래의 적용 수는 여전히 확대될 가능성이 있다.

Ⅳ. 마치며

1. 조정기에 접어든 사회 내 처우

20세기의 많은 경우, '형벌복지종합체'의 개조의 이상에 따라 미국의 사회내 처우기관이 범죄자를 '정상화'시키는 중요한 기관으로 여겨졌던 이 사회내 처우제도 발전의 고속기에 교정모드를 실행하는 사회내 처우기구는 다양한 교정프로그램을 통해 다양한 교정프로젝트를 발전시키고 사회내 수형자의 사회복귀를 추진하는 것에 지나치게 주목하고 있다. 그러나 상한 업무 부담 하에 사회 내 처우 교정방안은 다종다양하지만, 실질적인 감시 프로젝트가 전개되지 못했다. 수감자의 권리보장을 강조해서는 사회 내 처우 제도가 무거운 짐을 견딜 수 없게 되고, 그로 인해 사회 내 처우 제도도 무의미해지고, 효과가 없어진다, 결과 반드시 집행유예가 '무형'이 되고, 가석방이 '진정한 석방'이 되는 현상이 나타난다.

영국은 '사회 내 처우' 명칭을 '사회 내 형벌'로 바꾼 후 사회 내 처우의 핵심적인 의미는 '교정 모드'에서 '처우 모드'로 전환하기 시작했다. '교정 무용론'이 일시적으로 미국 내에

---

76) 김종구, "인간의 존엄과 형사사법개혁 - 새로운 형사제재수단과 관련하여," 조선대학교 법학연구원 법학논총 26(2), 2019, 171~204면.

77) 조윤오, "GPS 전자감시 성범죄자들의 처벌수준 인식에 관한 연구," 한국정책과학학회 한국정책과학학회보 17(2), 2013. 6, 27~48면.

서 일반적으로 받아들여지고 통계 수리적 사법부가 형사정책의 주류를 차지한 후 사회 내 처우도 형법의 서민주의와 리스크 관리론의 영향 아래 조정기간을 맞이하고 있었다. 어떻게 사회 내 처우에 대한 감독의 힘을 증가하는 것이 사회 내 처우 제도가 이 기간 내에 해결해야 할 근본적인 문제가 되었다. 전자감시 그 자신이 가지는 고효율 및 저비용이라는 특성은 어느 정도에서 '순리적 성장'에서 사회 내 처우 제도의 새로운 구성 부분으로 하고 있었다.

〈표 10-3〉 미국의 사회 내 처우 인원 및 교정시설 수용 인원 추이(2010~2014년)[78]

연도별	2010년	2011년	2012년	2013년	2014년
Probation	4,053,600	3,969,400	3,940,800	3,910,600	3,864,100
Parole	840,700	854,600	857,800	855,200	856,900
Jail	748,700	735,600	744,500	731,200	744,600
Prison	1,613,800	1,599,000	1,570,400	1,577,700	1,561,500
총인원	7,086,500	6,989,200	6,945,100	6,903,200	6,851,000

사회 내 처우 제도의 조정 기간에도 사회 내 처우는 미국 형벌 시스템의 핵심지위라는 데는 변화가 없었다. 2010년부터 2014년까지 집행유예, 가석방, 감옥 기관, 경죄 구치에 관한 변용도를 통해 가석방을 엄격히 제한하는 정책은 가석방범 수의 상승률이 교도소에 구금되어 있는 범죄자의 수보다 낮다는 것을 알 수 있다. 그러나 가석방범의 수가 증가하는 추세는 여전했다. 한편, 집행유예는 가석방을 엄격히 제한하는 정책의 영향을 받지 않았고, 오히려 그 지위가 더 중요해졌다. 사회 내 처우의 적용률은 여전히 높고, 여전히 미국 범죄에 대한 처우 정책의 주류이다.

2. 사회 내 처우 제도의 기능 회귀

사회 내 처우가 조정 기간에 들어간 것이 사회 내 처우의 기능에 대한 부정이 아니라, 마침 사회 내 처우의 기능에 대한 일종의 회귀이다. 사회 내 처우 자체의 기능은 유한하고, 또한 그 한정된 기능은 적절하게 운용될 수 있는 전제 하에서 최대의 정도를 발휘할 수 있어야 한다. 사회 교정 자체에는 '교정' 두 글자가 포함되어 사회 내 처우 기관이 사회 내 수감자에게 교정 서비스를 제공해야 한다는 것을 의미한다. 영미 등의 나라에서 발원한 당초의 사회 내 처우 제도도 정부 자신이 개입하지 않은 상태에서 종교단체나 자선단체 등이 압

78) 교도소는 연방과 주 교도소의 피수용 인구를 합산한 것이다. 왕평 외·앞에서 서술한 주 21), 4면 참조.

력을 넣어 확립된 것이다.

정부의 힘이 사회 내 처우에 개입한 후, 사회 내 처우 제도의 프로젝트는 점점 많아지고, 교정기관은 힘이 부족한 상황에서 대량의 수형자를 받아들인 결과, 신중하게 선택된 극소수의 수형자가 교정 서비스를 받은 많은 수형자가 실제로 사회 내 처우 기관의 감독 하에 있지 않고, 결국 범죄의 파고가 계속 야기되었다. 이러한 상황이 직접적으로 야기된 것은 사회 대중이 사회적 처우에 대한 강한 불만이다. 사회 대중들은 대다수의 사회 내 처우 활동을 조금 꾸짖고 의미 있는 형량의 경향이 아니라고 생각했다.[79] 이와 같이, 국가는 범죄자에 대해 너무 관대하다고 느끼고, 사회내 처우 감독이 너무 느긋하다고 사회대중은 불만을 표출하며, 한정된 사회내 처우 프로젝트는 누범률을 낮추기 어렵다고 생각하며, 사회내 처우는 마땅한 효과를 발휘하지 못하고 있다고 전문가학자도 만족하지 않는다. 따라서 선거의 성공을 위해서, 민중의 지지를 얻어야 하는 정치가들도 보다 강한 형사정책으로 사회 내 처우 제도에 있어서의 감독능력을 강화해야 한다고 생각했다. 이상과 같이, 사회내 처우가 조정기간에 들어간 것이 사회내 처우에 대한 부정이 아니라, 사회내 처우의 '교정'으로의 회귀에 지나지 않는다.

또한 현재 미국 사회 내 처우를 실천하는 데 있어서도 막대한 수의 수감자들이 여전히 비교적 느슨한 감시 하에 놓여 있기 때문에 이러한 '회귀' 과정은 계속될 것으로 예상된다. 미국의 새로운 비구금 조치(중간 제재)로서의 전자감시는 과잉구금 문제에 대한 해결책이라는 기대에 따라 도입되었으며, 이후 급격한 발전과 확대 추세를 보여 왔다. 전자감시는 그 자체의 사회복귀 효과의 유무나 대상자와 감독자와의 인간적 접촉 빈도 등의 점에 있어서 논의가 활발해지고 있지만 감시적 제재적 통제적 측면에 역점이 놓여 이용되고 있다고 할 수 있다.[80]

최근 미국에서는 범죄에 대한 불안을 부추김으로써 시민 모두를 잠재적인 범죄 가해자·피해자로 만들고 교육격차의 문제나 복지문제 등을 모두 범죄문제로 바꿔 형벌로 해결하려 해왔다. 이러한 경향의 결과는 문제가 생겼을 때 즉시 구금하라는 방침이라는 것이다. 미국이 범죄자에 대한 전자감시의 개념은 사회적 피해를 해소하고 범죄자들이 재범하지 않기 위한 '사회방어' 심리에서 비롯되었다. 미국의 사회 처우 업무에서 처벌, 교정, 서비스 기능이 가장 중요한 것은 가장 위험한 범죄자에 대한 관리이다. 만일 가능하다면 커뮤니티 내

79) 줄리안 로버츠, 마이크 허프(이명기 역), 『社会における公衆からの刑事司法に対する態度』, 中国人民公安大学出版社, 2009, 95頁.

80) 野尻仁将, "アメリカにおける非拘禁的措置としての電子監視と社会奉仕命令," 刑事立法研究会(編) 『非拘禁的措置と社会内処遇の課題と展望』, 現代人文社, 2012, 315頁.

에서 격리하는 것도 항상 채택되고 있는 수단이며, 전술한 '메건법'도 대표적인 것 중 하나이다. 그러나 미래에는 통계 수리적 사법부가 얼마나 걸을 수 있을지에 대한 문제로 다뤄지고 있다.

전자감시를 예로, 보호관리에 보충하는 수단의 하나로서 교도소 밖에서 실행되는 대상자에 대해 사용되는 전자감시 조치는 사회 내 처우에 대한 조성을 부정할 수 없다.[81] 그러나 미국 전자감시의 사용 상황과 쟁의로 볼 때, 미국 형사사법 시스템에서는 관리나 감독강화, 범죄자의 사회복귀를 추진하는 것에 비해 전자감시의 출발점은 여전히 감시에 중점을 두고 있다. 감시효과는 실제로 사회전체의 피해에 대한 두려움만 줄어들 뿐이다. 이처럼 책임의 범주를 벗어나 리스크 관리를 논의하고 범죄자를 '위험'으로 '관리'하는 것이 사회 효과로부터 일정한 효과를 얻을 수 있지만 윤리의 범주에서 정당한지는 더욱 논증해야 한다. 이러한 배경에서 탄생한 전자감시 제도를 논증한다면, 특히 그 배후에 숨겨진 이론과 신중하게 거리를 둬야 한다.

참고문헌

<국내문헌>

김상균, "전자감시제도의 문제점과 개선방안," 한국범죄심리학회 한국범죄심리연구 10(1), 2014, 5~25면.

김성언, "전자감시의 성격에 대한 세 가지 담론과 그 경험적 분석," 한국공안행정학회 한국공안행정학회보 25(2), 2016, 9~52면.

김종구, "인간의 존엄과 형사사법개혁 – 새로운 형사제재수단과 관련하여," 조선대학교 법학연구원 법학논총 26(2), 2019, 171~204면.

김혜정, "전자감시제도의 도입 및 운영을 위한 예비연구," 한국형사법무정책연구원 형사정책연구원 연구총서 2000. 12, 11~172면.

배미란, "사회내처우로서의 전자감시제도에 관한 검토," 경상대학교 법학연구소 법학연구 22(4), 2014, 159~176면.

신진수, "자유의 도구로서 바라본 전자감시 – 재판 전(Pretrial Release) 구금완화를 중심으로," 건국대학교 법학연구소 일감법학 29, 2014, 191~218면.

유주성, "프랑스 형사절차상 전자감시 재택구금에 관한 연구," 한국비교형사법학회 비교형사법연구 23(1), 2021, 79~106면.

81) 조윤오, "형기종료 후 보호관찰에 대한 효율적 운영방안 : 미국 사례를 중심으로," 한국형사정책학회 형사정책 25(3), 2013, 239~262면.

이지영, "전자정보의 수집 이용 및 전자감시와 프라이버시의 보호 : 미연방헌법 수정 제4조를 중심으로," 국립중앙도서관 국립중앙도서관 연계자료 5, 2015.

전병문·이희철·윤홍준 외 3명, "PC를 이용한 중앙집중 환자영상 및 전자감시 시스템의 개발," 대한전자공학회 대한전자공학회 학술대회, 1993. 11, 623~626면.

정신교, "보호감호의 전자감시 활용," 중앙대학교 법학연구원 法學論文集 36(2), 2012, 117~145면.

鄭 浣, "美國의 電子監視制度," 한국형사법무정책연구원 형사정책연구, 1999. 3, pp.185~209.

정철호·권영복, "전자감시제도의 확대와 소급형벌금지의 원칙," 위기관리 이론과 실천 Crisisonomy 9(11), 2013, 309~328면.

정철호·권영복, "특정범죄자에 대한 위치추적 전자감시제도의 정당성에 관한 고찰," 한국민간경비학회 한국민간경비학회보 12(4), 2013, 243~268면.

조윤오, "GPS 전자감시 성범죄자의 사회복귀 의지에 대한 연구," 원광대학교 경찰학연구소 경찰학논총 8(1), 2013, 411~435면.

조윤오, "GPS 전자감시 성범죄자들의 처벌수준 인식에 관한 연구," 한국정책과학학회 한국정책과학학회보 17(2), 2013. 6, 27~48면.

조윤오, "형기종료 후 보호관찰에 대한 효율적 운영방안 : 미국 사례를 중심으로," 한국형사정책학회 형사정책 25(3), 2013, 239~262면.

최정학, "전자감시제도의 적용확대에 따른 문제점 및 개선방안," 충남대학교 법학연구소 법학연구 25(3), 2014. 12, 179~220면.

허경미, "미국 전자감시제의 효과성 및 정책적 시사점연구," 한국교정학회 교정연구 59, 2013, 35~60면.

허경미, "지역사회교정 관점의 전자감시제의 한계 및 개선방향," 한국교정학회 교정연구 42, 2009, 75~107면.

<영미문헌>

Criminal Justice: New Technologies And The Constitution: Special Report. Congress of The United States Office Technology Assessment, 1988, pp.33~34.

Examine Technological Advances and other Issues in Electronic Monitoring of Probationers. The Florida Senate Interim Report 2012-117, 2011, p.1.

John DOE, v. Phil BREDESEN, Governor of the State of Tennessee, Charles M. Traughber, Chairman, Tennessee Board of Probation and Parole, Mark Gwyn, Director of the Tennessee Bureau of Investigation, and Randall Nichols, District Attorney General 6th Judicial District, Defendants-Appellees.No. 06-6393. Decided: November 16, 2007. https://caselaw.findlaw.com/us-supreme-court/482/423.html(2020. 4. 7).

Keeping Track of Electronic Monitoring. National Law Enforcement and Corrections Technology

Center, https://www.justnet.org/InteractiveTechBeat/Winter-1999.pdf(2020. 3. 26).

Matt Black & Russell G. Smith, Electronic Monitoring in the Criminal Justice System, Trends & Issues in crime and criminal justice(2003). No.254, p.1.

Matthew DeMichele & Brian Payne, Offender Supervision with Electronic Technology: Community Corrections Resource Second Edition(2009), Bureau of Justice Assistance p.17.

One Hundred Ninth Congress of the United States of America at the second session H.R. 4472. https://www.govinfo.gov/content/pkg/BILLS-109hr4472enr/pdf/BILLS-109hr4472enr.pdf(2020. 3. 26).

Robert T. Sigler & David Lamb, Community-Based Alternatives to Prison: how the Public and Court Personnel View them, Federal Probation(1995), Vol.59, Issue 2, p.3.

STATE of North Carolina v. Freddie Junior BARE. No. COA08-818. Court of Appeals of North Carolina. https://www.courtlistener.com/opinion/1318820/state-v-bare(2020. 4. 7).

Supreme Judicial Court of Massachusetts, Bristol. COMMONWEALTH v. Russell M. CORY. SJC-10314. https://caselaw.findlaw.com/ma-supreme-judicial-court/1189682.html(2020. 4. 7).

The 2019 Florida Statutes. CHAPTER 948 PROBATION and COMMUNITY CONTROL. 948.09. Payment for cost of supervision and other monetary obligations. http://www.leg.state.fl.us/stat－utes/index.cfm?App_mode＝Display_Statute&URL＝0900-0999/0948/0948.html(2020. 3. 26).

THE WAR on CRIME: THE END of THE BEGINNING. Department of justice, 1971, p.3.

Todd R. Clear & Michael D. Reisig, American Corrections (8th edition), 2009, CENGAGE Learning, p.174.

William Bales & Karen Mann, A Quantitative and Qualitative Assessment of Electronic Monitoring. The U.S. Department of Justice, 2010, p.1.

<미국판례>

Doe v. Otte, 259 F.3d 979, 985 (9th Cir. 2001).

Green v. Butler, 420 F.3d 689 (7th Cir. 2005)

Kopkey v. State, 743 N.E.2d 331 (Ind. Ct. App. 2001).

MILLER v. FLORIDA(1987). No. 86-5344. Argued: April 21, 1987 Decided: June 9, 1987.

https://caselaw.findlaw.com/us-supreme-court/482/423.html(2020. 4. 7).

U.S. v. Francis, 183 F.3d 450, 5th Cir., 1999.

Weaver v. Graham, 450 U.S. 24, 28-29, 1981.

<일본문헌>

甘利航司, “拘禁の代替策としての電子監視,” 刑法雑誌 第59巻 第2号 (2020), 242頁.

林順昌, “破除‘電子監控’之迷思－論回帰實益性之犯罪者処遇政策,” 亜洲家庭暴力与性侵害 第12号 (2009), 240頁.

汪南均, “電子監控技術設備於刑事司法之實務運用,” 法務通訊 第2398期 (2008), 3頁.

唐春楊, “アメリカにおける終身刑の最新動向について,” 一橋法学18(3), 2019, 153頁.

王平ほか, “欧米における社区矯正が直面している調整期及び啓示,” 宜賓学院学報 第17巻 第4期, 2017, 3頁.

張崇脈, “欧米の社区矯正における電子監視,” 中国監獄学刊 第3期, 2011年, 160頁.

孫宏, “GPS及びRFIDに基づく電子監視及びアメリカの社区矯正における電子監視,” 安防科技 第3期, 2008, 45頁.

蕭宏宜, “電子監控與性犯罪者—借鑒美國經驗?” 高大法學論叢 第7巻 第2期(03/2012), 99-144頁 参照.

美性罪犯终身铐电子脚镣做法被判定不违宪, 環球網, https://world.huanqiu.com/article/9CaKrnJTGuR (2020. 3. 25).

アメリカ电子脚镣收费太贵, 有些犯人宁愿选择坐牢.中国ニュース網

http://www.chinanews.com/gj/2015/12-01/7650594.shtml(2022. 4. 26).

クレメンス・バルトラス(龍学群訳), 『罪犯矯正概述』, 北京群衆出版社, 1987, 4頁.

トマス・ホッブズ(黎思複訳), 『リヴァイアサン』, 北京商務印書館, 1985, 229頁.

唐代興, “ベンサムの功利主義思想,” 北京社会科学 第2期, 2007, 4頁.

チェーザレ・ベッカリーア(黄風訳), 『犯罪と刑罰』, 中国大百科全書出版社, 1993, 42頁.

坂田仁, “スウェーデンの19世紀以降の刑法の歴史－P.E.ヴァレン『スウェーデン刑法史』を中心に,” 常磐大学大学院学術論究 第4号, 2017, 54頁.

デビッド・E・ダフィー(呉宗憲訳), 『アメリカの矯正政策と実践』, 中国人民公安大学出版社, 1992, 251頁.

劉　強, 『アメリカにおける社区矯正の制度的進化』, 法律出版社, 2009, 131~132頁.

ロナルド・J・バーガーほか(劉仁文訳), 『犯罪,司法と社会：犯罪学入門』, 北京清華大学出版社, 2009, 586頁.

高昇, 『監獄学(含概要)系統整理』, 千華数位文化, 2018, 473頁.

T・ハーシ(森田洋司訳), 『非行の原因：家庭・学校・社会のつながりを求めて』, 文化書房博文社, 1995, 368頁.

ヘイゼル・ケムシャル(李明琪訳), 『刑事司法における危険』, 中国人民公安大学出版社, 2009, 31頁.

藤本哲也, 『諸外国の修復的司法』, 中央大学出版部, 2004, 400頁.

鄭祥ほか, “アメリカの仮釈放制度の発展,” 福建警察学院学報 第5期, 2014, 31頁.

松井茂記, “メーガン法について,” 阪大法学(2006), 第55巻 第5号, 205頁.

ジュリアン・ロバーツ,マイク・ハフ(李明琪訳), 『社会における公衆からの刑事司法に対する態度』, 中国人民公安大学出版社, 2009, 95頁.

野尻仁将, “アメリカにおける非拘禁的措置としての電子監視と社会奉仕命令,” 刑事立法研究会(編) 『非拘禁的措置と社会内処遇の課題と展望』, 現代人文社, 2012, 315頁.

菊田幸一, “欧米諸国におけるプロベーション法制の史的考察,” 明治大学社会科学研究所紀要 第6号, 1968, 32頁.

제 11 장

드론 추적

제11장

드론 추적

Ⅰ. 개 요

매년 평균 3천여 명의 실종아동과 장애실종자가 발생하고, 실종아동 등의 귀가가 장기화되는 경우 가정의 해체 등 심각한 문제가 초래되므로 아동 등의 실종으로 인한 본인 및 그 가족의 신체적·정신적·경제적 고통을 제거하고, 가정해체에 따른 사회적·국가적 손실을 방지하기 위하여 아동 등의 실종예방과 실종아동 등의 복귀 및 복귀 후 지원 등을 위하여 국가 차원에서 체계적이고 효율적인 실종아동 관련 시스템을 마련하려는 목적으로 2005. 5. 31.자(법률 제7560호). 실종아동등의 보호 및 지원에 관한 법률이 제정되었다.[1] 실종아동법이 제정되어 총 21회의 개정이 이루어져 현재 시행되고 있다.

현행 실종아동법에서의 "아동등"이란 실종 당시 18세 미만인 아동, 「장애인복지법」 제2조의 장애인 중 지적장애인, 자폐성장애인 또는 정신장애인 그리고 「치매관리법」 제2조 제2호의 치매환자를 말하며, 이러한 '아동등'이 약취(略取)·유인(誘引) 또는 유기(遺棄)되거나 사고를 당하거나 가출하거나 길을 잃는 등의 사유로 인하여 보호자로부터 이탈(離脫)된 아동등을 "실종아동등"이라 규정하고 있다. 이처럼 실종아동법의 적용대상은 ① 실종 당시 18세 미만인 아동, ② 지적장애인, 지폐성장애인, ③ 치매환자이다.[2] 실종신고를 접수한 지 48시간이 경과한 후에도 발견되지 않아 찾는 실종아동등을 "장기실종아동등"으로 분류하고 있다(실종아동등 및 가출인 업무처리규칙 제5호).

---

1) 이하 이를 '실종아동법'이라 한다.

2) 신고 당시 18세 이상의 사람을 가출인이라 하는데 이는 실종아동법상 적용대상이 아니지만 실종아동등및가출인업무처리규칙을 근거로 하여 수색할 수 있다(실종아동등및가출인업무처리규칙 제2조 제6호, 제18조).

경찰이 조기에 실종아동등을 발견하지 못한다면, 범죄의 피해나 실종아동등의 생명, 신체의 위해를 가져올 수밖에 없으므로 신속하게 수색하는 것이 최상이다. 하지만 한정된 경찰인력으로 수색을 하기에는 현실적으로 많은 어려움이 있다. 따라서 이를 극복하기 위하여 무인비행장치인 드론[3]을 이용하여 수색을 한다면 시간과 인력 등의 부족을 완화할 수 있기 때문에 무인비행장치인 드론을 사용하여 수색하자는 주장[4]이 제기되었고 2019. 9. 26. 자(경찰청훈령 제952호)로 경찰무인비행장치운용규칙이 시행되고 있다.

하지만 경찰무인비행장치운영규칙이 시행되어 형식적 정당성이 갖추어졌다고는 하나, 무인비행장치인 드론은 상공을 비행하면서 촬영을 하게 되므로 국민의 기본권을 침해할 소지는 여전히 남아 있다. 따라서 본 논문에서는 무인비행장치인 드론을 사용할 수 있는 법적 근거는 무엇인지, 촬영을 하는 경우 개인정보나 위치정보를 수집하게 되어 법률위반이 발생하는 것은 아닌지 그리고 무인비행장치를 사용할 수 있는 요건에 대하여 검토해 보고자 한다.

Ⅱ. 무인비행장치 드론 활용의 필요성과 근거

1. 드론 활용의 필요성

실종아동 등이 위치확인되지 않은 경우에는 실종아동 등을 발견하기 위해서는 수색[5]을 하여야 한다. 실종아동 등에 대한 수색은 일선에서는 경찰서 내의 여성청소년과에서 담당하고 있다. 하지만 여성청소년과의 인원으로 넓은 장소 가령, 놀이공원이나 산 등을 수색하기에는 인력뿐만 아니라 많은 시간이 소비 된다. 실종아동등을 조기에 발견하지 못한다면 자칫, 생명이나 신체에 크나큰 위해를 가져올 수 있고 범죄에 노출이 되어 피해를 당할 수도 있기 때문이다. 또한 실종아동 등의 보호자에게도 실종아동등을 인계받기 전까지는

---

3) 드론이란 사람이 직접 탑승하지 않고 사전에 미리 프로그래밍된 비행경로에서 원격으로 또는 자율적으로 조정이 가능한 항공기를 의미한다(Taly Matiteyahu, "Drone Regulations and Fourth Amendment Rights: The Interaction of State Drone Statutes and the Reasonable Expectation of Privacy", Columbia Journal of Law and Social Problems, Vol. 48, No. 2, 2015, p.266(김강한, "공공부문에서 드론 활용에 따른 개인정보 처리 관련 법제도 개선방안 연구", IT와 법연구 제21집, 경북대학교 IT와 법연구소, 2020.8.31. 84면 각주 재인용).

4) 경찰활동에서 대리인 이론을 활용하여 드론 활동이 적합한 경찰분야를 실종자 수색으로 보고 있다(강욱·이병석, "경찰활동에서 드론의 이용방안에 관한 연구, 대리인 이론을 중심으로", 경찰학회보 제18권 제5호, 한국경찰학회, 2016. 10, 24~25면).

5) 탐문·수색과 관련하여 자세히는 이윤호·김대권, 경찰의 아동실종사건 처리방안에 관한 연구, 한국경찰연구 제8권 제4호, 한국경찰연구학회 2009, 186면.

고통의 시간이 된다.

따라서 실종아동 등에 대한 수색을 함에 있어서 인력이나 시간 등의 문제를 해결하기 위해서는 드론을 이용하여 수색한다면 실종아동 등을 조기에 발견할 수 있을 것이다. 드론은 상공을 비행하게 되므로 교통신호 등에 의해 제한을 받지 않아 시간이 단축되고, 넓은 지역이나 험난한 지형이나 골짜기 등을 수색하기 용이하므로 드론을 사용하여 수색한다면 실종아동등에 대한 수색이 효율성을 높일 수 있을 것이다(이임걸, 2019: 44 이하).[6] 미국도 무인비행장치인 드론을 이용하여 실종자 수색을 하고 있다(J. Reagon, 2016: 최상기·우대식, 2019, 198).[7]

따라서 드론을 이용한 수색은 실종아동 등을 발견하기 위한 최상의 방법으로써 이를 이용할 경우 한정된 인원으로 넓은 장소를 빠른 시간 내에 수색할 수 있으므로 이를 활용하는 것은 매우 필요하다(최상기·우대식, 2019, 206).[8]

2. 사용할 수 있는 근거

드론을 이용하여 실종아동 등을 수색하는 것은 장소나 시간적 그리고 인력적으로 매우 효과적인 방법이다. 그렇다면 드론의 법적 지위는 어떻게 되는지 살펴볼 필요가 있다.

일반적으로 드론은 상공을 비행하므로 항공안전법의 적용대상이다. 항공안전법 제2조 제3호에서 "초경량비행장치"란 '항공기와 경량항공기 외에 공기의 반작용으로 뜰 수 있는 장치로서 자체중량, 좌석 수 등 국토교통부령으로 정하는 기준에 해당하는 동력비행장치, 행글라이더, 패러글라이더, 기구류 및 무인비행장치 등을 말한다'고 규정하고 있다. 무인비행장치란 사람이 탑승하지 아니하는 것으로서 무인동력비행장치[9]와 무인비행선이 있다(항공안전법 시행규칙 제5조 제5호). 따라서 드론은 초경량비행장치로 분류되고 무인비행장치라 볼 수 있다. 하지만 경찰용 무인비행장치와 이에 관련된 업무에 종사하는 사람에 대하여는

6) 드론을 이용한 장점과 단점에 대해서 자세히는 이임걸, "경찰분야 드론의 활용방안에 관한 연구", 한세대학교 대학원 박사학위논문, 2019. 8, 41면 이하.

7) 미국에서도 2016년 6월 집 근처에서 실종된 여성을 수일간의 수색에도 성과가 없자 드론을 이용하여 수색작업을 실시하여 몇 시간 만에 구조가 되었다(Reagon, J., Drones Save Lives of Missing People, Drone Life, 2016)(최상기·우대식, "실종자 신속구조를 위한 효율적인 드론수색방법에 관한 연구", 경찰학연구 제19권 제2호, 경찰대학 2019. 6, 198면에서 재인용).

8) 드론을 활용한 실종자 수색에 있어서 가장 큰 문제점은 초기수색 단계에서 드론의 활용성 저조, 나. 수색계획 수립을 위한 체계적인 정보처리 미흡, 표준화된 드론 수색매뉴얼 부재라고 보고 있다(최상기·우대식, "실종자 신속구조를 위한 효율적인 드론수색방법에 관한 연구", 경찰학연구 제19권 제2호, 경찰대학 2019. 6, 206면 이하).

9) 연료의 중량을 제외한 자체중량이 150킬로그램 이하인 무인비행기, 무인헬리콥터 또는 무인멀티콥터이다(항공안전법 시행규칙 제5조 제5호 가항).

이 법을 적용하지 아니한다고 규정하고 있다(항공안전법 제131조의2 제1항). 따라서 경찰용 드론은 초경량비행장치 중 무인비행장치라 볼 수 있지만 항공안전법의 적용을 받지 않는다.[10)]

항공안전법은 경찰용 무인비행장치와 이에 관련된 업무에 종사하는 자를 배제시키고 있으므로 경찰용 무인비행장치인 드론을 사용할 수 있는 근거를 살펴보고자 한다. 경찰제복 및 경찰장비의 규제에 관한 법률에서 "경찰장비"를 규정하고 있는데, 경찰장비에는 중항공기를 규정하고 있고(경찰제복 및경찰장비의 규제에 관한 법률 제2조 제2호, 경찰관직무집행법 제10조 제2항), 하지만 이는 경찰이 직무수행을 함에 있어서 사용할 수 있는 장비에 관하여 규정하고 있을 뿐 이러한 장비를 사용할 수 있는 권한을 부여하고 있지는 않다(김강한, 2020: 102; 박원규, 2018: 11).

하지만 경찰관은 '국민의 생명·신체 및 재산의 보호'라는 직무가 있고(경찰관직무집행법 제2조 제1호) '경찰관서의 장은 실종아동 등에 대한 신고를 접수하였을 때에는 즉시 소속 경찰공무원을 현장에 출동시켜 주변을 수색하는 등 실종아동 등을 발견하기 위한 조치를 하여야 한다'고 규정하고 있다(실종아동법 제9조 제5항, 실종아동 등의 발견 및 유전자검사 등에 관한 규칙 제7조 제1항 단서). 따라서 경찰관직무집행법 제2조의 일반적 수권조항과 실종아동법 제9조를 근거로 하여 경찰항공운영규칙에 따라 항공기를 사용할 수 있으나 경찰항공운영규칙에서는 무인비행장치인 드론에 대한 명시적인 규정이 없어 사용할 수 있는지에 대한 논란이 있었다(이임걸, 2019: 50~53; 조정우, 2019: 3).

그러다가 2019. 9. 26.자(경찰청훈령 제952호)로 경찰 무인비행장치운용규칙의 시행으로 인하여 드론을 사용할 수 근거가 마련되어 있다. 더욱이, "실종아동 등"을 발견하기 위한 수색 목적에 필요한 최소한의 범위에서 무인비행장치를 운용하여야 한다고 명시하고 있다(경찰무인비행장치운용규칙 제9조). 따라서 이러한 근거를 통하여 무인비행장치인 드론을 이용하여 실종아동등을 발견하기 위한 근거는 최소한 마련되어 있다. 그렇다고 하더라고 실종아동 등을 수색의 방법으로 무인비행장치인 드론을 법률에서 명시하는 것이 법률유보의 원칙상 더 부합하리라 본다.

Ⅲ. 무인비행장치를 이용한 영상수집 허용여부와 법적 취급

경찰관서의 장은 실종아동 등의 발생 신고를 접수하면 조속한 발견을 위하여 필요한 때에는 실종아동 등에 대한 개인위치정보, 인터넷주소, 통신사실확인자료의 제공을 요청할

10) 군용항공기에 대한 감항인증에 대해서는 경찰용 항공기에도 준용하도록 하고 있다(군용항공기비행안전성인증에 관한 법률 제2조의2).

수 있고 이를 토태로 하여 실종아동 등을 수색할 수 있다(제9조 제1항, 제2항). 즉, 실종아동 등에 대한 개인정보나 위치정보를 수집할 수 있도록 명문의 규정을 두고 있다.

하지만 실종아동 등이 아닌 제3자의 개인정보나 위치정보 등의 수집여부에 대한 명시적 규정은 없다. 따라서 무인비행장치인 드론을 사용하여 제3자의 영상을 촬영하는 것은 개인정보보호법과 위치정보의 보호 및 이용 등에 관한 법률[11]에 위배되는지 살펴보고자 한다.

1. 영상수집 시 검토하여야 할 법률

1) 위치정보법 적용 여부

위치정보법은 누구든지 개인위치정보주체의 동의를 받지 아니하고 해당 개인위치정보를 수집·이용 또는 제공하여서는 아니 된다(위치정보법 제15조 제1항 본문). 여기서 "위치정보"라 함은 이동성이 있는 물건 또는 개인이 특정한 시간에 존재하거나 존재하였던 장소에 관한 정보로서 「전기통신사업법」 제2조 제2호 및 제3호에 따른 전기통신설비 및 전기통신회선설비를 이용하여 수집된 것이다(위치정보법 제2조 제1호).

위치정보법에서의 위치정보 개념은 '전기통신사업법에 따른 전기통신설비 또는 전기통신회선설비를 이용'하여야 한다. 하지만 무인비행장치인 드론은 전기통신설비 또는 전기통신회선설비가 아니기 때문에 위치정보를 수집하더라도 위치정보법에는 위배되지는 않는다고 보아야 할 것이다.

2) 개인정보보호법 적용 여부

개인정보보호법상 "개인정보"란 살아 있는 개인에 관한 정보로서 성명, 주민등록번호 및 영상 등을 통하여 개인을 알아볼 수 있는 정보를 말한다(개인정보보호법 제2조 제1호). 이러한 개인정보는 자신에 관한 정보가 언제 누구에게 어느 범위까지 알려지고 또 이용되도록 할 것인지를 그 정보주체가 스스로 결정할 수 있는 권리가 바로 개인정보자기결정권이다. 개인정보자기결정권의 보호대상이 되는 개인정보는 개인의 신체, 신념, 사회적 지위, 신분 등과 같이 개인의 인격주체성을 특징짓는 사항으로서 그 개인의 동일성을 식별할 수 있게 하는 일체의 정보라고 할 수 있다. 또한 개인정보를 대상으로 한 조사·수집·보관·처리·이용 등의 행위는 모두 원칙적으로 개인정보자기결정권에 대한 제한에 해당한다.[12]

따라서 경찰이 무인비행장치인 드론을 이용하여 수색하는 과정에서 실종아동등과 무관한 제3자에 대하여 촬영할 수밖에 없고 이는 결국 개인정보를 침해할 수밖에 없다는 결

---

11) 이하 '위치정보법'이라 한다.

12) 헌법재판소 2018. 8. 30. 선고 2014헌마843 결정; 헌법재판소 2009. 9. 24. 선고 2007헌마1092 결정; 헌법재판소 2005. 7. 21. 선고 2003헌마282 결정.

론에 이른다. 다만, 개인정보보호법은 '공공기관이 법령 등에서 정하는 소관 업무의 수행을 위하여 불가피한 경우'에는 개인정보를 수집할 수 있으며 그 수집 목적의 범위에서 이용할 수 있다고 규정하고 있다(개인정보보호법 제15조 제1항 제3호).

그렇다면 무인비행장치인 드론을 이용하여 수색하는 과정에서 촬영이 '공공기관이 법령 등에서 정하는 소관 업무의 수행을 위하여 불가피한 경우'인지 살펴볼 필요가 있다.

우선, 공공기관[13]이 '법령 등에서 정하는 소관 업무'라야 한다. 무인비행장치인 드론을 사용하여 실종아동 등을 발견하기 위하여 영상촬영이 '법령 등에서 정하는 소관업무'로 볼 수 있는지 여부이다.

경찰관직무집행법 제2조에서 경찰관의 직무의 범위를 '국민의 생명·신체 및 재산의 보호, 범죄의 예방·진압 및 수사, 범죄피해자 보호, 경비, 주요 인사(人士) 경호 및 대간첩·대테러 작전 수행, 치안정보의 수집·작성 및 배포, 교통 단속과 교통 위해(危害)의 방지, 외국 정부기관 및 국제기구와의 국제협력, 그 밖에 공공의 안녕과 질서 유지'라고 규정하고 있다. 즉, 국민의 생명·신체 보호를 경찰관의 직무로 규정하고 있으나 이는 사무의 범위나 관할 등을 일반적 수권조항이므로 국민의 기본권을 침해하는 경찰작용이라면, 경찰관 직무집행법 제2조는 근거가 될 수 없다고 보아야 할 것이다(권양섭, 2919: 6; 박주희, 2020: 132; 박원규, 2018: 12).

그러나 실종아동법 제9조에서는 '경찰관서의 장은 실종아동 등의 발생 신고를 접수하면 지체 없이 수색 또는 수사의 실시 여부를 결정하여야 한다'고 규정하고 있다. 이처럼 경찰관직무집행법 제2조의 일반적 수권조항과 실종아동법 제9조를 근거로 하여 경찰이 소관 업무로 보아 무인비행장치인 드론으로 영상을 촬영하여 개인정보를 수집할 수 있다고 보여진다.[14]

더욱이, 개인정보보호법은 단순히 법령이라고 규정하고 있지 않고 '법령 등'이라 규정하고 있으므로 법령 이외의 훈령도 포함될 수 있다고 보아야 할 것이다. 나아가, 경찰무인비행장치운용규칙에서는 무인비행장치 운용의 목적 중 하나로 '실종아동 등을 발견하기 위한 수색'이라고 규정하고 있으므로 이를 근거로 하여 개인정보를 수집할 수 있다고 보아야

---

13) "공공기관"이라 함은 국회, 법원, 헌법재판소, 중앙선거관리위원회의 행정사무를 처리하는 기관, 중앙행정기관(대통령 소속 기관과 국무총리 소속 기관을 포함한다) 및 그 소속 기관, 지방자치단체, 그 밖의 국가기관 및 공공단체 중 대통령령으로 정하는 기관을 말한다(개인정보보호법 제2조 제6호).

14) 경찰관이 옷이나 안경 등에 부착하여 영상촬영을 할 수 있는 웨어러블 카메라를 이용하여 영상을 수집할 수 있는지에 대하여 개인정보위원회는 "웨어러블 카메라를 사용하여 영상·음성정보를 수집하지 아니하면 공무집행방해죄의 수사가 불가능하거나 현저히 곤란한 경우에 필요한 최소한의 범위에서 이를 사용할 수 있다"고 결정하였다(개인정보보호위원회, 제2015-10-18호, "경찰청의 웨어러블 카메라 사용의 개인정보보호법령상 가능여부 질의 건", 2015. 6. 8. 결정).

할 것이다(경찰무인비행장치운용규칙 제9조 제1호).[15] 물론, 경찰무인비행장치운영규칙이 실종아동법이나 경찰관직무집행법으로부터 구체적인 위임을 받아 제정한 것이 아니고 행정조직 내부에서 상급행정기관이 하급행정기관에 대하여 발하는 업무처리지침으로서의 효력을 갖는 행정규칙이지만 개인정보법에서 '법령 등'에서 정하는 소관업무가 아니라고 볼 수는 없을 것이다.

다음으로 공공기관이 법령 등에서 정하는 소관 업무의 수행을 위하여 '불가피한 경우'라야 한다. 여기서 '불가피한 경우'란 무인비행장치인 드론을 사용하여 영상촬영을 하지 아니하고는 실종아동 등을 발견하기 불가능하거나 다른 방법으로는 실종아동 등을 발견하는 것이 현저히 곤란한 경우를 의미한다. 따라서 실종아동 등에 대한 신고가 접수되었다고 하여 즉시, 무인비행장치인 드론을 사용하여 촬영은 할 수 없고 경찰이 입장에서 실종아동 등을 발견하기 불가능하거나 다른 방법으로는 실종아동 등을 발견하는 것이 현저히 곤란한 경우에 한하여 무인비행장치인 드론을 사용할 수 있다.

더욱이, 2020. 11. 24.자로 서영교 의원의 대표발의안 개인영상정보의 보호 등에 관한 법률안[16]에서도 '법률에 특별한 규정이 있거나 법령상 의무를 준수하기 위하여 불가피한 경우'나 '공공기관이 법령 등에서 정하는 소관 업무의 수행을 위하여 불가피한 경우'에는 이동형 영상촬영기기로 개인영상정보를 촬영할 수 있다고 규정하고 있다(제9조 제1항 제2호).

따라서 경찰이 '법령 등에서 정하는 소관업무'로 실종아동 등을 수색의 방법으로 무인비행장치인 드론으로 개인정보를 수집할 수 있다고 볼 수 있다.

하지만 무인비행장치인 드론을 사용하여 실종아동 등을 발견하기 위한 영상촬영이라고 하지만 제3자의 개인정보를 침해할 수밖에는 없으므로 이를 최소화하기 위하여 구체적으로 무인비행장치인 드론을 사용할 수 있는 근거를 경찰무인비행장치운용규칙이 아니라 실종아동법이나 시행령에서 명시적으로 규정할 필요가 있다. 개인정보법이나 개인영상정보의 보호 등에 관한 법률안에서도 '법령 등'이라고 규정하고 있지만 국민의 기본권을 침해하는 경찰행정작용에는 국회가 제정한 법률의 근거가 있어야 하는 법률유보의 원칙에서 보더라도 이를 법률로써 규정할 필요가 있다. 법률로서 규정이 어렵다면 경찰청장의 책무 중 하나인 실종아동 등의 조속한 발견과 복귀를 위하여 실종아동등의 발견을 위한 수색 및 수사를 위하여 필요한 사항을 시행하도록 규정하고 있다(실종아동법 제3조 제2항). 실종아동법상 경찰청장의 책무를 근거로 하여 최소한 시행령에서 무인비행장치인 드론을 사용할 수 있도

15) 경찰무인비행장치운영규칙은 실종아동법이나 경찰관직무집행법으로부터 구체적인 위임을 받아 제정한 것이 아니고 행정조직 내부에서 업무처리지침으로서의 효력을 갖는 행정규칙이다

16) 서영교 의원 대표발의, "개인영상정보의 보호 등에 관한 법률안", 의안번호 5683, 발의연월일(2020. 11. 24).

록 하는 규정이 필요하다.

2. 무인비행장치의 운용절차와 법적 취급

1) 운용절차

무인비행장치인 드론은 운용에 대하여 현재 경찰 무인비행장치 운용규칙이 시행되고 있다. 무인비행장치에는 기관명칭(기체 앞면 및 아랫면에 소속 경찰관서 표시), 운용부서 및 연락(기체 뒷면), 기체 외부에 CI 등 경찰 상징물 부착하여 외부에서 쉽게 알아볼 수 있도록 표시하여야 한다(제8조). 무인비행장치인 드론을 운용하기 위해서는 현장통제관[17] 그리고 조종자와 부조종자로 구성[18]되어 있다(경찰무인비행장치운용규칙 제5조 제1항). 조종자는 수색목적 범위 이외로 무인비행장치를 임의로 조작하여서는 아니되며, 녹음 기능은 사용할 수 없다(경찰무인비행장치운용규칙 제15조 제4항). 녹음기능을 사용하게 된다면 이는 통신비밀보호법상 전기통신 불법감청에 해당이 되므로 되기 때문이다(통신비밀보호법 제3조 제1항 본문).[19]

무인비행장치를 이용하여 개인영상정보등을 촬영하는 경우에는 불빛, 소리 등 가능한 방법으로 촬영 중임을 표시하여야 한다(경찰무인비행장치운용규칙 제16조 제1항). 다만, 촬영 사실을 표시하면 업무 수행이 현저히 어려운 경우에 한하여 촬영 사실을 표시하지 아니할 수 있지만 사후에 소속 경찰관서의 홈페이지에 공지하여야 한다(경찰무인비행장치운용규칙 제16조 제2항, 제3항).

무인비행장치 운용시 개인영상정보등을 필요한 최소한의 범위에서 수집하여야 하며, 무인비행장치에 의한 수색을 시작하는 시점부터 마치는 시점까지의 모든 과정을 영상녹화하여야 하지만 수색지역 이외의 장소에 대한 촬영을 금지한다(경찰무인비행장치운용규칙 제20조).

수집한 개인영상정보등을 관리시스템에 안전하게 저장하여야 30일을 초과하여 보관할 수 없다(제21조 제1항, 제2항). 하지만 단순가출, 조난 등 명백히 범죄혐의가 없어 사건이 종료된 경우나 요구조자가 수색지역이 아닌 다른 지역에서 발견되는 등 수색지역에 요구조자가 없다는 사실이 명백한 경우에는 지체 없이 수집한 개인영상정보 등을 파기하여야 한다(경찰무인비행장치운용규칙 제21조 제1항, 제2항, 제3항).

---

17) 현장통제관은 수색·구조 구역에서의 무인비행장치 비행통제 및 현장지휘, 안전사고 예방을 위한 현장 통제의 임무를 수행한다(경찰무인비행장치운용규칙 제12조 제1항).

18) 조종자와 부조종자의 자격은 「항공안전법」 제125조에서 정하는 초경량비행장치 조종자 증명을 받은 사람, 경찰 교육기관에서 운영하는 무인비행장치 교육과정을 이수한 사람이어야 한다(경찰무인비행장치운용규칙 제5조 제3항).

19) 누구든지 이 법과 형사소송법 또는 군사법원법의 규정에 의하지 아니하고는 우편물의 검열·전기통신의 감청 또는 통신사실확인자료의 제공을 하거나 공개되지 아니한 타인 간의 대화를 녹음 또는 청취하지 못한다(통신비밀보호법 제3조 제1항 본문)

2) 법적 취급

무인비행장치인 드론은 현재 경찰 무인비행장치 운용규칙을 근거로 운용되고 있다. 그러나 무인비행장치 즉, 드론에 영상을 촬영할 수 있는 장치를 부착하여 운영되는데 이때 촬영되는 것은 개인영상정보와 개인위치정보이다[20](제2조 제8조). 이처럼 개인영상정보와 개인위치정보를 취득하는 것으로 도로 등에 설치된 폐쇄회로 텔레비전(Closed Circuit Television[21])이 있다. 그렇다면 무인비행장치인 드론도 개인영상정보와 개인위치정보를 취득하는 것이기 때문에 CCTV와 동일하게 취급을 할 수 있는지 여부이다.

CCTV는 개인정보보호법에서 영상정보처리기기로 개념규정을 하고 있다. 개인정보보호법상 "영상정보처리기기"란 일정한 공간에 지속적으로 설치되어 사람 또는 사물의 영상 등을 촬영하거나 이를 유·무선망을 통하여 전송하는 장치로서 폐쇄회로 텔레비전 및 네트워크 카메라를 말한다(제2조 제7호 시행령 제3조[22]).

개인정보보호법상 영상정보처리기기로 분류하기 위해서는 '일정한 공간'에 설치되어 있어야 한다. 일정한 공간에 설치되어 있으면 그 촬영 범위도 일정한 공간이나 구역에 한정된다. 다음으로 '지속적'으로 설치가 되어야 한다. 즉, 고정적·항구적(恒久的)으로 운영할 목적으로 설치된 것을 말한다.[23]

무인비행장치인 드론을 영상정보처리기기로 분류하기 위해서는 일정한 공간에 지속적으로 설치되어야 하는데 무인비행장치인 드론은 상공을 일시적으로 정지하기도 하지만 고정적으로 설치되어 있지 않고 일정한 공간이나 구역을 지속적으로 촬영하는 것이 아니므로 개인정보보호법상 영상정보처리기기로는 볼 수 없다. 따라서 무인비행장치인 드론을 CCTV 즉, 폐쇄회로 텔레비전의 경우와 동일하게 취급을 할 수는 없다.[24]

---

20) 개인영상정보라 함은 살아 있는 개인 또는 그 개인과 관련된 사물을 촬영한 것으로서, 초상이나 형태, 행동 등을 통하여 해당 개인을 알아볼 수 있는 정보(해당 영상만으로는 특정 개인을 알아볼 수 없더라도 다른 정보와 쉽게 결합하여 알아볼 수 있는 것을 포함한다)를 말한다. 그리고 개인위치정보라 함은 「위치정보의 보호 및 이용 등에 관한 법률」 제2조 제2호에서 규정된 것으로서, 특정 개인이 특정한 시간에 존재하거나 존재하였던 장소에 관한 정보(다른 정보와 용이하게 결합하여 특정 개인의 위치를 알 수 있는 것을 포함한다)이다(경찰무인비행장치운용규칙 제2조 제8조).

21) 이하 'CCTV'라 한다.

22) 폐쇄회로 텔레비전은 일정한 공간에 지속적으로 설치된 카메라를 통하여 영상 등을 촬영하거나 촬영한 영상정보를 유무선 폐쇄회로 등의 전송로를 통하여 특정 장소에 전송하는 장치 또는 전송된 영상정보를 녹화·기록할 수 있도록 하는 장치를 말한다(개인정보보호법 시행령 제3조 제1호).

23) 개인정보 보호법령 및 지침·고시 해설, 2020. 10, 개인정보보호위원회, 26~27면.

24) 2020. 11. 24.자로 서영교 의원의 대표발의안(의안번호 5683) 개인영상정보의 보호 등에 관한 법률안에서는 사람이 신체에 착용 또는 휴대하거나 이동 가능한 물체에 부착 또는 거치(据置)하여 사람 또는 사물의 영상 등을 촬영하는 기기로서 대통령령으로 정하는 기기를 이동형 영상촬영기기라 규정하

Ⅳ. 경찰의 실종자 수색을 위한 영상촬영 요건

무인비행장치인 드론을 이용한 영상촬영은 실종아동 등을 찾는데 상당히 효과적이고 중요한 방법이다. 그러나 무인비행장치인 드론은 CCTV와 달리 고정적으로 특정된 범위만을 촬영하는 것이 아니라 이동하면서 촬영을 하는 것이기 때문에 개인정보침해의 소지가 더 크다. 현재 경찰무인비행장치운용규칙에 의해 운용[25]되고 있으나 이는 절차나 운용방식에 관한 규정이다.

앞에서 설명한 것처럼 무인비행장치인 드론으로 촬영하는 경우에는 CCTV와 달리 상공에서 비행하면서 촬영되기 때문에 초상권, 개인정보자기결정권 그리고 사생활의 비밀과 자유 등의 기본권을 침해[26]하게 되고 CCTV와 달리 상공에서 촬영되기 때문에 개인정보 침해가 더 크다고 볼 수 있다. 따라서 무인비행장치인 드론을 사용하기 위해서는 어떤 요건이 필요한지 검토해 볼 필요가 있다.

현재 무인비행장치인 드론을 사용하기 위한 요건과 관련해서는 명시적 규정이 없을뿐더러 대법원 판례가 존재하는 것은 아니다. 더욱이, 개인영상정보의 보호 등에 관한 법률안에서도 '법률에 특별한 규정이 있거나 법령상 의무를 준수하기 위하여 불가피한 경우', '공공기관이 법령 등에서 정하는 소관 업무의 수행을 위하여 불가피한 경우'(제9조 제1항 제2호, 제3호)라고 규정하고 있으나 이 법률안 역시, 무인비행장치인 드론을 사용하기 위한 요건을 규정한 것이 아니라 개인정보를 수집 허용범위만 규정하고 있다.

현재, 무인비행장치 도론을 사용하기 요건으로 참고해볼 만한 대법원 판례로는 집회 및 시위 현장에서 경찰이 영상을 촬영한 경우, 촬영한 자료는 집회 및 시위와 관련된 범인의 검거와 범죄 입증에 중요한 증거방법이 되므로 이를 허용하고 있다.[27] 이때 영상촬영 기준은 ① 현재 범행이 이루어지고 있거나 ② 행하여진 직후이고, ③ 증거보전의 필요성 및 ④ 긴급성이 있으며, ⑤ 일반적으로 허용되는 상당한 방법에 의한 경우로 제한되어야 한다. 그러한 경우라면 그 촬영행위가 영장 없이 이루어졌다 하더라도 위법하다고 할 수 없다.[28]

그렇다면 범죄수사에 있어서 영상촬영의 허용요건이 위와 같다면 이를 무인비행장치

고 있다(제2조 제5호 나목).

25) 무인비행장치 운용을 지원받고자 하는 요청부서의 장은 무인비행장치 지원요청서를 무인비행장치 운용부서의 장에게 사전에 제출하여야 한다. 다만, 긴급한 경우에는 지원요청서를 사후에 제출할 수 있다. 지원요청을 받은 운용부서의 장은 현장상황, 비행여건, 무인비행장치의 성능 등을 종합적으로 판단하여 무인비행장치 운용을 지원하여야 한다(경찰무인비행장치운용규칙 제11조)

26) 대법원 2006. 10. 13. 선고 2004다16280 판결.

27) 헌법재판소 2018. 8. 30. 선고 2014헌마843 결정.

28) 대법원 1999. 9. 3. 선고 99도2317 판결.

인 드론을 사용하여 위한 요건으로 사용될 수 있으리라 본다.

1. 필요성

우선, 실종신고가 접수되었다고 하여 무인비행장치인 드론을 사용하게 된다면 개인정보 침해의 소지가 다분히 크므로 이를 사용하기 위해서는 우선, 무인비행장치인 드론을 사용할 필요성이 있어야 한다. 여기서 필요성이란 수색하기 위한 인원이 부족으로 인하여 넓은 장소 가령, 계곡, 호수 그리고 산처럼 넓은 장소를 수색하는 것이 곤란하거나 현저히 불가능한 경우에는 드론을 사용할 필요성이 있어야 한다.

2. 긴급성

다음으로 긴급한 경우라야 한다.[29] 실종신고가 112신고가 접수되면 1차적으로 위험성 판단[30]을 하여 고위험군, 중위험군, 저위험군으로 판단하고 하고 12시간 이내 여성청소년과와 형사과가 합동심의를 통해 범죄 관련성 여부를 최종 판단한다.[31] 여기서 고위험군은 강력범죄 피해 위험이 높은 상황이고 중위험군은 안정 확인이 우선인 상황, 저위험군은 단순 가출상황으로 분류한다.[32] 따라서 고위험군과 중위험군에 속하는 경우라야 한다. 즉, 실종 당시의 구체적 상황은 실종자에 대한 사전 정보 가령, 실종자의 병력,[33] 실종장소,[34] 실종자의 실종전의 상황,[35] 실종자의 가출경력, 실종자의 나의 등을 종합적으로 검토해야 한다.

3. 공개된 장소

결론적으로, 무인비행장치인 드론을 사용하기 위해서는 필요성과 긴급한 경우라 하더라도 공개된 장소[36]에서 일반적으로 허용되는 상당한 방법에 의한 경우로 제한되어야 한

29) 무인장비에 의한 제한속도 위반차량 단속은 범죄의 성질·태양으로 보아 긴급하게 증거보전을 할 필요가 있는 상태에서 행하여진 것으로 일반적으로 허용되다(대법원 1999. 12. 7. 선고 98도3329 판결).

30) 위험성판단과 관련해서 자세히는 이건수, "초기 실종사건 위험성 판단에 따른 대응절차 개선방안", 법학연구 제20권 제3호, 한국법학회, 2020. 9, 1면 이하; 이건수·이권철, "실종사건 대응절차 개선을 위한 비교법적 기초연구, 영미법계 국가의 대응절차를 중심으로", 법학연구 제20권 제2호, 한국법학회, 2020. 6, 4면 이하.

31) http://www.jemin.com/news/articleView.html?idxno=639673

32) http://www.jemin.com/news/articleViewAmp.html?idxno=639673

33) 심근경색이나 뇌졸중 등으로는 일정시간 내에 약을 복용해야 하지 않으면 생명이나 신체에 크나큰 위해가 발생할 우려가 있는 경우이다.

34) 등산이나 암벽등반 중에 실종된 경우 등이다.

35) 애인과 헤어져 심한 우울증인 상태인 경우 등이다.

36) 그 촬영 장소도 차량이 통행하는 도로 또는 식당 앞길, 호텔 프런트 등 공개적인 장소인 점 등을 알 수 있으므로, 이러한 촬영이 일반적으로 허용되는 상당성을 벗어난 방법으로 이루어졌다거나, 영장

다.[37] 여기서 공개된 장소란 공원, 도로, 지하철, 상가 내부, 주차장 등 정보주체가 접근하거나 통행하는 데에 제한을 받지 아니하는 장소를 말한다(법무부개인정보보호지침 제2조 제10호). 따라서 공개된 장소에서 무인비행장치인 드론을 사용하여 촬영[38]하는 경우는 가능하다.

하지만 공개된 장소에서 무인비행장치인 드론을 이용하여 실종아동 등을 수색하는 과정에서 사유지 상공을 비행이 가능한지 여부 또한 검토하여야 할 사안이다. 토지의 소유권은 정당한 이익이 있는 범위 내에서 토지의 상하에 미친다(민법 제212조). 따라서 토지의 상공도 정당한 이익이 있는 범위내 소유권이 미치므로 무인비행장치인 드론이 사유지 상공을 비행하는 경우 토지소유권이 토지소유권을 침해하게 된다.

이는 무인비행장치인 드론만이 문제가 아니라 항공기도 동일한 문제이다. 이와 관련하여 대법원은 "토지의 상공으로 어느 정도까지 정당한 이익이 있는지는 구체적 사안에서 거래관념에 따라 판단하여야 한다. 항공기가 토지의 상공을 통과하여 비행하는 등으로 토지의 사용·수익에 대한 방해가 있음을 이유로 비행 금지 등 방해의 제거 및 예방을 청구하거나 손해배상을 청구하려면, 토지소유권이 미치는 범위 내의 상공에서 방해가 있어야 할 뿐 아니라 방해가 사회통념상 일반적으로 참을 한도를 넘는 것이어야 한다. 이때 방해의 침해 한도를 넘는지는 피해의 성질 및 정도, 피해이익의 내용, 항공기 운항의 공공성과 사회적 가치, 항공기의 비행고도와 비행시간 및 비행빈도 등 비행의 태양, 그 토지 상공을 피해서 비행하거나 피해를 줄일 수 있는 방지조치의 가능성, 공법적 규제기준의 위반 여부, 토지가 위치한 지역의 용도 및 이용 상황 등 관련 사정을 종합적으로 고려하여 판단하여야 한다." 고 판시하고 있다.[39]

따라서 무인비행장치인 드론이 해당 토지 상공을 배회하거나 머물거나 또는 정기적으로 상공을 비행하는 것도 아니고 실종아동등을 수색하기 위한 일환이며 비행기 즉, 항공기나 헬리콥터에 비해 소음이 크다고 할 수 없으므로 사인의 토지에서도 사용할 수 있다(조정우, 2019: 5)[40]고 보아야 할 것이다.[41]

없는 강제처분에 해당하여 위법하다고 볼 수 없다(대법원 2013. 7. 26. 선고 2013도2511 판결).

37) 참조판례로는 헌법재판소 2018. 8. 30. 선고 2014헌마843 결정; 대법원 1999. 9. 3. 선고 99도2317 판결.

38) 공개된 장소에서 민사소송의 증거를 수집할 목적으로 이루어졌다고 하더라도 초상권 및 사생활의 비밀과 자유의 보호영역을 침범한 것으로서 불법행위를 구성한다(대법원 2006. 10. 13. 선고 2004다16280 판결).

39) 대법원 2016. 11. 10. 선고 2013다71098 판결.

40) 재산법적 측면에서도 토지의 소유자가 그 비행의 금지를 구할 사법적인 근거는 약하다고 보고 있다(신홍균, "토지 상공에서의 드론의 비행자유에 대한 제한과 법률적 쟁점", 한국항공우주정책·법학회지 제35권 제2호, 한국항공우주정책·법학회, 2020. 6, 104면).

41) 조정우 교수는 실종자 수색을 위해서 공공장소에서 개인을 특정할 수 있는 영상촬영 및 사유지에서의 건조물이 촬영되는 것은 구체적인 법적 근거 없이도 허용될 수 있는 것으로 보고 있다.

4. 상당성

다음으로 공개된 장소에서 일반적으로 허용되는 상당한 방법에 의한 경우라야 한다. 따라서 무인비행장치를 이용하여 개인영상정보등을 촬영하는 경우에는 불빛, 소리 등 가능한 방법으로 촬영 중임을 표시하여야 한다. 다만, 촬영 사실을 표시하면 업무 수행이 현저히 어려운 경우에 한하여 촬영 사실을 표시하지 아니할 수 있지만 이 경우에는 사후에 소속 경찰관서의 홈페이지에 아래와 같이 공지하여야 한다(경찰무인비행장치 운용규칙 제16조 제1항).

이처럼 무인비행장치인 드론을 사용하기 위해서는 요건 즉, 필요성, 긴급성 공개된 장소[42]에서 일반적으로 허용되는 상당한 방법에 의한 경우로 한정하여야 한다.

무인비행장치인 드론은 상공에서 비행하면서 촬영되기 때문에 초상권, 개인정보자기결정권 그리고 사생활의 비밀과 자유 등의 기본권을 침해할 소지가 다분히 있다. 경찰권의 발동은 법률에 근거에 의해 이루어져야 한다는 법률유보의 원칙에 의해 이루어져야 한다. 하지만 실종아동법, 경찰법, 경찰제복 및 경찰장비의 규제에 관한 법률에서는 무인비행장치인 드론을 사용하기 위한 요건을 규정하고 있지 않고 단지, 경찰무인비행장치운용규칙을 통해서 사용될 뿐이다. 더욱이, 개인영상정보의 보호 등에 관한 법률안에서도 무인비행장치인 드론을 이동형 영상촬영기기기로 분류하고 있지만 사용요건에 대한 명시적 규정을 두지 않고 있다. 따라서 무인비행장치인 드론을 사용하면 국민의 기본권을 침해하게 되므로 이를 명시적으로 법률에서 사용요건을 두고 이를 운용하는 것이 합리적이라 사료된다.

Ⅴ. 마치며

실종신고가 접수가 되면 경찰 실종아동등을 찾기 위해 위치추적 등을 이용하여 실종아동등을 발견하여 보호자에게 인계를 한다. 하지만 실종아동등이 인터넷이나 휴대폰 전원이 꺼져 있는 경우라면 주변을 수색하여야 한다. 하지만 경찰의 인력 등의 한계로 인하여 수색의 한계가 있다. 따라서 실종아동등을 조속히 발견하기 위해 무인비행장치인 드론을 활용할 필요가 있고, 경찰무인비행장치운영규칙을 통해 사용할 수 있다.

그렇다고 하더라도 무인비행장치인 드론을 사용하여 촬영하는 경우에는 개인정보를 침해하게 된다. 물론, 개인정보보호법은 ‘공공기관이 법령 등에서 정하는 소관 업무의 수행

42) 그 촬영 장소도 차량이 통행하는 도로 또는 식당 앞길, 호텔 프런트 등 공개적인 장소인 점 등을 알 수 있으므로, 이러한 촬영이 일반적으로 허용되는 상당성을 벗어난 방법으로 이루어졌다거나, 영장 없는 강제처분에 해당하여 위법하다고 볼 수 없다(대법원 2013. 7. 26. 선고 2013도2511 판결).

을 위하여 불가피한 경우'에는 개인정보를 수집할 수 있으며 그 수집 목적의 범위에서 이용할 수 있다고 규정하고 있다(개인정보보호법 제15조 제1항 제3호). 더욱이, 개인영상정보의 보호 등에 관한 법률안에서도 '법령 등'의 소관업무라고 규정하고 있으므로 경찰무인비행장치 운영규칙 등을 근거로 하여 개인정보를 수집할 수 있다.

하지만 국민의 기본권을 침해하는 경우에는 이를 명시적으로 법률에서 규정하는 것이 타당하다. 즉, 경찰권의 발동은 법률에 근거에 의해 이루어져야 한다는 법률유보의 원칙에 의해 이루어져야 하므로 경찰관직무집행법이나 실종아동법에서 무인비행장치를 사용할 수 있는 근거규정을 신설할 필요가 있다. 법률로서 정하기 곤란하다면 최소한 시행령에서 이를 규정할 필요가 있다. 실종아동법에서는 '경찰관서의 장은 실종아동 등에 대한 신고를 접수하였을 때에는 즉시 소속 경찰공무원을 현장에 출동시켜 주변을 수색하는 등 실종아동 등을 발견하기 위한 조치를 하여야 한다'고 규정하고 있다(실종아동법 제9조 제5항, 실종아동 등의 발견 및 유전자검사 등에 관한 규칙 제7조 제1항 단서). 따라서 이를 근거로 하여 시행령에서 수색의 방법으로 무인비행장치 드론을 사용할 수 있도록 규정하는 것도 방법이 될 수 있을 것이다. 이는 무인비행장치인 드론만이 문제가 아니라 이동식 촬영장치를 이용한 촬영도 명시적인 근거 규정이 없어 단지 대법원 판례에 의존하고 있는 실정이므로 이를 사용하기 위한 요건을 법률에서 명시적으로 규정할 필요가 있다.

CCTV는 개인정보법에서 영상정보처리기기로 분류를 하지만 무인비행장치인 드론과 같은 이동식 영상촬영장치에 대해서는 명문에 규정이 없고 단지, 개인영상정보의 보호 등에 관한 법률안에서 이동형 영상촬영기기로 분류하고 있으나 사용하기 위한 요건을 명시적으로 규정하고 있지는 않다. 따라서 실종아동법에서 이를 사용하기 위한 요건 역시, 규정할 필요가 있다. 특히, 무인비행장치인 드론이나 이동식 촬영장치는 국민의 기본권을 침해할 소지가 더 크므로 경찰이 이를 사용하기 위해서는 법률유보의 원칙에 입각하여 필요성, 긴급성 일반적으로 허용되는 상당한 방법 등에 의한 경우에 한하여 사용할 수 있도록 구체적으로 규정할 필요가 있다.

참고문헌

개인정보보호위원회, 「개인정보 보호법령 및 지침·고시 해설」, 2020.

서영교 의원 대표발의, "개인영상정보의 보호 등에 관한 법률안", 의안번호 5683, 발의연월일(2020. 11. 24).

강욱·이병석, "경찰활동에서 드론의 이용방안에 관한 연구: 대리인 이론을 중심으로", 「한국경찰학회보」 60(0), 한국경찰학회, 2016, 3~30면.

권양섭, "범죄 예방 및 수사에 있어서 드론(Drone)의 활용과 한계에 관한 연구", 「법학연구」 19(1), 한국법학회, 2019, 255~272년.

김강한, "공공부문에서 드론 활용에 따른 개인정보 처리 관련 법제도 개선방안 연구", 「IT와 법연구」 21, 경북대학교 IT와 법연구소, 2020, 83~118면.

박원규, "경찰의 신체부착형 영상촬영기기 사용에 관한 법적 연구: 경찰작용법상 수권조항 및 기본권 보장적 관점을 중심으로", 「입법과 정책」 10(2), 국회입법조사처, 2018, 5~32면.

박주희, "폴리스캠·드론 활용에 따른 공공부문 개인영상정보 규율체계 방향", 「법조」 69(2), 법조협회, 2020, 114~143면.

신홍균, "토지 상공에서의 드론의 비행자유에 대한 제한과 법률적 쟁점", 「한국항공우주정책·법학회지」 35(2), 한국항공우주정책·법학회, 2020, 75~111면.

이건수, "초기 실종사건 위험성 판단에 따른 대응절차 개선방안", 「법학연구」 20(3), 한국법학회, 2020, 549~571면.

이건수·이권철, "실종사건 대응절차 개선을 위한 비교법적 기초연구: 영미법계 국가의 대응절차를 중심으로", 「법학연구」 20(2), 한국법학회, 2020, 475~501면.

이윤호·김대권, "경찰의 아동실종사건 처리방안에 관한 연구", 「한국경찰연구」 8(4), 한국경찰연구학회, 2009, 181~198면.

이임걸, 「경찰분야 드론의 활용방안에 관한 연구」, 한세대학교 대학원 박사학위논문, 2019.

조정우, "경찰의 드론 운용의 법률적 검토", 「법학연구」 19(2), 한국법학회, 2019, 381~406면.

최상기·우대식. "실종자 신속구조를 위한 효율적인 드론수색방법에 관한 연구", 「경찰학연구」, 19(2), 경찰대학, 2019, 191~216면.

Reagon, J., Drones Save Lives of Missing People, Drone Life, 2016.

Taly Matiteyahu, "Drone Regulations and Fourth Amendment Rights: The Interaction of State Drone Statutes and the Reasonable Expectation of Privacy", Columbia Journal of Law and Social Problems, Vol. 48, Issue 2, Winter 2015, pp.265~308.

제 12 장

탐정 추적

제12장

탐정 추적

Ⅰ. 개 요

OECD국가 중에서 한국을 제외한 대부분의 국가에서는 민간조사 제도를 허용하고 있으며, 기업과 개인 등의 사건을 해결하는데 긍정적 역할로 많은 기여를 하고 있다. 민간조사(Private Investigation)는 타인으로부터 의뢰를 받고 적법한 범위 내에서 필요한 자료 및 정보를 수집하여 의뢰인에게 제공하는 서비스 활동이다.[1] 1996년 한국이 OECD회원국으로 가입한 후 실질적으로 민간조사업을 외국시장에 개방하여 많은 외국의 민간조사업체들이 컨설팅회사라는 이름으로 대기업관련 민간조사업무를 공공연히 수행하고 있다.[2] 이러한 부분은 아직 해결되지 않은 문제로 남아있다. 민간조사업무는 국민 개인의 권리보호에 필요하며, 국가차원에서는 치안서비스의 확대와 국가경제 큰 도움이 될 수 있는 것이다. 미국의 일부 주에서는 엄격한 자격시험과 교육을 통해서 민간조사 자격을 부여하고 있고, 일본에서는 2006년부터 '탐정업 업무의 적정화에 관한 법률'을 제정해 국가가 민간조사업을 관리·감독하고 있다. 이에 따라 외국은 우수한 인적자원이 확보되고 컴퓨터 보안, 범죄예방조사, 경비분야 등 각 분야의 전문가가 많이 나오고 있다. 또한 민간조사원들은 변호사의 조력자, 동반자로서 중요한 역할을 감당하기도 한다. 그러나 우리나라는 민간조사제도 자체가 금지되어 있어서 많은 수요자들은 음성적으로 심부름센터, 흥신소 등에 사건을 의뢰하고 있어서 오히려 국민들에게 피해가 고스란히 전달되는 부작용이 나타나고 있는 실정이다. 우리나라에 불법 민간조사업체가 약 4,000~5,000개 정도로 파악되고 있으며, 심부름센터

1) 나영민, "민간조사업의 전망과 대응", 「한국경호경비학회」, 23(1), p.23.
2) 이주락, "민간조사제도의 도입 필요성", 「시큐리티월드」 6월호, 2011, p.19.

일명 "흥신소"에서는 최소 200만원에서 300만원까지 받고 배우자의 뒷조사를 통해 간통사실을 확인하거나 민사사건관련자가 돈을 받기 위해 추적 요구하는 경우, 상대방의 약점을 잡아 선거 및 사업에 유리한 조건을 받기 위한 의뢰, 통신사에 등록된 개인정보를 불법조회해서 매매한 경우, 만나는 사람, 하는 일, 개인의 대한 자료, 취미, 사업 관계업자 등 정보, 음주운전이나 전과기록여부, 위치추적, 도청, 스마트폰 해킹, 폭행, 납치, 감금, 살인, 해결사를 사칭한 사기에 이르기까지 온갖 불법적 활동을 해왔다. 심부름센터나 흥신소 등을 제도적으로 정비·규제하고 국가 차원의 자격인증 및 관리감독을 통해 민간조사업을 건전하게 육성함으로써 국민에 대한 사생활침해 및 불법행위를 예방하여야 한다고 이인기 의원은 강조하고 있다.[3)]

우리나라가 향후에도 민간조사와 관련하여 특별한 법률을 제정하지 않고 방치하고 묵시적으로 허용하는 정책을 취한다면 국민에 대한 직무유기로 볼 수 있다고 생각한다. 또한 현재 "신용정보이용 및 보호에 관한 법률"에는 신용정보회사 등이 채권추심만을 조사할 수 있도록 규정하고 있어서, 일반인 및 민간조사원 들이 증거조사, 사실조사, 채권추심 등을 할 경우 법적 근거가 없는 불법행위로 보고 있다. 이러한 문제점 해결을 위해 우리나라에서도 그동안 국회에서 민간조사법 관련 발의가 수차례 이루어졌지만 경찰청과 법무부 등 각 기관 등과의 이견으로 10년 넘게 법안철회와 폐기를 반복하고 있다. 민간조사원의 역할은 법적 테두리 내에서 사생활침해 등 문제를 최소화하면서 국민의 권익을 위해 공익침해 사실조사, 실종자 소재조사, 기업의 보안관리 및 지적재산권 침해조사, 보험금 부당 청구 등 보험관련 사항 조사, 소송사건 등 변호사의 위임 사항에 대한 사실조사, 온라인상 자료수집, 불법행위 감시, 각종피해 예방과 회복을 위한 사실조사 등 다양한 업무를 자격요건을 갖춘 민간인에게 사실조사를 할 수 있도록 권한을 부여하는 것이다. 따라서 미국, 영국, 프랑스, 일본 등의 탐정제도에 대하여 살펴보고, 우리나라 민간조사제도 도입과 관리방안 법률을 연구해 보고자 한다.

Ⅱ. 주요국의 탐정(민간조사)제도 도입 및 관리

1. 미국의 탐정(민간조사)제도 도입 및 관리방안

1) 탐정(민간조사) 제도 도입

미국의 51개주 중에서 뉴욕주 민간조사업에 대한 법률형태는「민간조사업 보석집행관

3) 이인기, "공인탐정, 민간조사제도의 필요성 및 추진현황",「한국치안행정학회」 제11호.

감시·경계·순찰업체 및 보안요원의 면허에 관한 법률」(Private Investigators, Bail Enforcement Agents, Watch, Guardor Patrol Agencies and Secutiry Guards Licensing Law)이 있다. 이법은 민간조사업과 여타 보안산업 관련 종사자 및 업체에 대한 면허와 업무규정을 하나의 법안에 규정하여 시행하고 있으며, 주정부의 내무부(Department of State)가 민간조사업에 대한 면허발급기관이다. 민간조사면허시험에 응시하려면 일정한 경력이 있어야 하고, 범죄전력이 없고 미국 시민권자이어야 응시가 가능하다. 미국의 44개의 각 주에서는 주 또는 지방정부에서 발행하는 면허증을 발급받거나 국가기관의 감독을 받는 위원회(commission)에서 발급하는 민간조사면허를 발급받을 수 있으며 민간조사업에 대한 관리·감독을 하고 있다. 나머지 6개의 주들(Alabama, Alaska, Idaho, Mississippi, SouthDakota, and Wyoming)은 각 주 안에 있는 특정 지방정부에서 별도의 면허제도 규정을 시행하고 있다. 또한 주 정부 차원에서 면허를 발급하지 않는 주들은 대부분 세금 징수를 위해 의무적으로 영업신고는 하도록 규정하고 있다.

2) 탐정(민간조사) 업무와 활동현황

미국 최초의 민간조사회사는 1850년 시카고에서 영국출신의 앨런 핑커튼(Allan Pinkerton)은 열차 강도사건을 전문적으로 처리하는 핑커톤 민간조사 회사를 설립했다. 현재 미국은 다른 선진 각국에 비하여 민간조사제도가 가장 발달되어 있는 국가이며, 민간경비업체에서 민간조사업무를 병행하고 있다.

업무활동을 보면 규모가 큰 민간조사회사는 대규모 프로젝트를 수주 받아서 조사활동을 하고 있지만, 대부분의 민간조사업자들은 신원조회, 행방불명된 사람 찾기, 이혼 등에 관련된 조사, 감시 등을 주로 하는 조사업무가 대부분을 차지하고 있다. 민간조사업자들은 범죄행위조사, 신원 및 습관 행위, 위치추적, 소속 협회 거래, 평판 및 성격, 소속집단, 회사 등에 대한 조사, 증인 또는 다른 사람의 신뢰도 조사, 실종인의 위치에 대한 조사, 잃어버리거나 도난당한 물건의 위치 파악 및 회수, 화재, 명예훼손, 손실, 사고, 대물손실, 대인 상해의 원인, 책임자에 대한 조사, 개인이나 회사 또는 법인의 노동조합 조직, 여타 여러 사회조직과의 관계 및 소속여부에 대한 조사, 구직자에 대한 신원조사, 회사 직원 및 계약업체 또는 하청업체에 대한 행위 조사, 대상자의 성실성, 효율성, 충성도에 대한 조사, 대상자의 징계여부 확인, 포상에 대한 조사, 민·형사사건의 재판에 필요한 증거의 확보 등이 다양하게 있다. 현재 미국의 전체인구 약 3억 1천만 명 중 약 6만 명의 민간조사자들이 근무를 하고 있다. 이 민간조사자들의 평균매출액은 1억 달러~5억 달러에 달하고 있다.

3) 탐정(민간조사) 시험응시 및 자격요건

미국의 대부분의 각 주에서는 법률에 의해 규제 및 관리가 이루어지고 있으며, 자격 및 관리에 각 주별로 약간의 차이를 나타낸다. 민간조사자들이 되기 위하여 면허시험에 응시하려면 자격요건으로 전과전력, 마약 및 약물복용, 정신병력, 경찰경력자중 근무하다가 불명예 퇴직자나 징계전력이 있는 자 등은 결격사유자로서 응시자격을 제한하고 있다. 워싱턴 디시, 아이오와, 캔사스, 뉴햄프셔 등은 범죄경력이 있는 경우 민간조사자 자격을 취득할 수 없으며, 콜로라도 주의 경우에는 2012년 민간조사업 신고 제도를 도입하여 4,000시간의 조사경력과 범죄경력서만 제출하면 누구든지 민간조사자로 활동할 수 있다. 미국 전체 주의 약 70%에 해당하는 36개주에서는 일정한 요건을 갖추고 시험이나 교육 등으로 민간조사 자격을 취득할 수 있다. 각 주마다 민간조사자가 되기 위한 최소한 자격기준은 21~25세 이상, 미국 시민권자 또는 영주권자, 고등학교 졸업자 또는 동등한 자격 소지자, 범죄경력이 없는 자, 군대로부터 불명예 전역을 하지 않는 자 등이다. 뉴욕 주 민간조사자격 관리 제도를 살펴보면, 민간조사자격을 취득하기 위해서는 최소한 3명 이상의 수사관이나 조사원을 3년 이상 관리·감독한 경력, 경찰관으로 20년 이상 근무한 경력, 소방관으로 20년 이상 근무한 경력, 3년 이상 민간조사 경력, 3년 이상 경찰 수사경력 또는 군 수사경력 등이 있으면 민간조사 시험을 응시할 수 있는 자격이 부여되고, 이후 형법, 형소법, 수사기법, 수사관련 제한규정, 문서의 해석능력, 문서작성법 등 필기시험에 합격해야 한다. 알라바마, 알라스카, 아이다호, 미시시피, 사우스다코다 등 주에서는 민간조사자가 되는데 별도의 자격요건이 필요 없으며, 경력조회 등도 거의 하지 않고 간소한 서류절차로 시험 없이 민간조사 면허를 발급해 주고 있다.

4) 탐정(민간조사) 관리 및 감독권

미국의 민간조사 관리 및 감독권은 50개 주중에서 6개주(Alabama, Alaska, Mississippi, South Dakota, Wyoming)를 제외한 44개의 주에서는 주나 지방정부에서 직접 관할 또는 위원회(Commission, Board)가 민간조사자 면허와 사업에 대한 관리 및 감독을 하고 있다. 주정부의 민간조사 관리부서와 위원회에서는 민간조사자격증 발급업무 전반에 대하여 관리·감독을 하고 있다. 관리·감독기관은 민간조사원의 자격증 발급에 대한 업무 전반을 관리·감독하고 있는데, 민간조사원의 자격증 소개 및 취득방법, 자격증 발급 요금 등을 공지하고 응시자로부터 관련서류를 제출받아 범죄경력 등을 확인하여 응시자가 자격취득에 결격사유가 없이 요건을 제대로 갖추었는지를 심사한다. 그리고 자격증 소지자의 위법행위를 감시하며 위반행위의 경중에 따라 자격을 취소 또는 정지하거나 면허갱신을 제한하기도 한다.[4] 미국에서 변호사 시험 합격률이 80%를 상회함에도 민간조사원의 면허시험 합격률은 20~30%

4) 박해주, 공인탐정제도의 국내 도입방안에 관한 연구, 2014.

정도로 매우 낮다고 한다.5)

미국의 민간조사 직업적 정보는 노동성 근로통제국(Bureau of Labor Statistics)에서 발표하고 있다. 2016년 5월 민간조사원의 중간연봉은 48,190달러였고 시급 23.17달러로 조사되었다. 2014년에 등록 인원은 34,900명이었고 미국에서 민간조사원은 2024년까지 타 직종의 평균보다 약 5퍼센트 증가할 것으로 분석되며, 동기간 예상되는 증가인원은 1,800명 수준으로 전망한다.6)

2. 영국의 탐정(민간조사)제도 도입 및 관리방안

1) 탐정(민간조사)제도 도입

2001년도에 영국은 민간 보안산업법(Private Security Industry Act 2001)이 제정되면서 잉글랜드 및 웨일즈의 민간보안산업의 규제가 예고되었다. 현금수송차량 근접경호, 정문경호, CCTV관리, 보안경호, 민간조사 업무 면허규정 등을 규정하였다. 이후에 스코틀랜드와 북아이랜드로 확대되었다. 법안의 제정목적은 범죄와 무질서 감소를 위한 보안업의 표준화와 규제를 도입하는 것으로 경찰과의 협력방범의 내용을 내포하고 있다. 영국 전체인구는 약 6,300만명이고 그중 민간조사업에 종사하는 인원은 약 1만여 명과 500여 개의 민간조사 업체가 활동하고 있다. 민간조사 회사들은 연간 수입금으로 벌어들이는 총수익금은 약 3억 1,400만 달러로 추산하고 있다.

2) 탐정(민간조사)제도 업무와 활동현황

영국에서의 민간조사의 업무범위는 특정 인물에 대한 정보, 훼손 또는 망실된 재산자료 수집, 금융기관 또는 변호사들의 재판관련 의뢰 건, 보험사기를 방지하기 위한 조사의뢰건, 교통사고조사, 산업재해조사, 친부모를 찾아달라는 의뢰건, 배우자의 부정 등에 대한 조사 의뢰건, 유산 상속 의뢰 건 등이 해당된다.

3) 탐정(민간조사) 시험응시 및 자격요건

영국의 정부기관 보안산업국에서 발행하는 면허를 발급받아 영업을 할 수 있는데 민간조사면허의 기본적인 요건은 신원증명 확인서, 범죄경력증명서 등을 서류로서 검증하여 면허를 발급하고 있다. 민간조사업무를 하고 싶어 하는 일반인들은 민간조사학교에 입학하여 범죄심리학을 통한 범죄이해, 사람 찾기 및 실종자 추적, 조사개시, 감시 시험 및 전문가 상담을 통한 결과 얻기, 결혼조사, 감시 및 감독 감시, 상업간첩, 진술서 작성 및 보고, 사기

5) 권창기·김홍제·김영숙, 탐정학, 진영사, 2011.

6) 미국 노동성 노동통계국 홈페이지(http://www.bls.gov/ooh/protective-service/private-detective-and-investigators.htm).

및 기타 사례조사, 공공기록검색, 개인조사 및 비즈니스 등 프로그램을 온라인과 오프라인으로 배우고 있다. 영국정부는 민간조사업체 간의 경쟁으로 인한 문제를 줄이기 위해, 공인된 평가기관에서 시험을 주관하는 국가직업면허자격시험을 통과해야 국가직업인증을 취득할 수 있다. 보안산업국이 민간조사자격증 취득을 위한 시험으로 전문능력시험(IQ Level 3)이 있다. 전문시험은 민간조사관련 법률 및 표전절차에 대한 이해와 윤리적 사항으로 구성된다. 구체적 과목은 조사방법, 고객관계, 인터뷰기술, 사례관리, 사고현장 및 보존, 조사, 감시, 기록, 법절차이다. 이 자격증은 민간조사사무소를 개업하는데 꼭 필요한 요건으로 규정하고 있다.[7)]

4) 탐정(민간조사)제도 관리 및 감독

2001년도 민간 보안산업법(Private Security Industry Act)에 근거하여 독립된 정부기관인 보안산업국(Security Industry Authority)을 구성하여 민간조사업무와 경비업, 현금수송차량, 근접경호, 정무경호, CCTV관리, 열쇠관리 등에 대한 면허발급 등 전반에 관한 관리·감독업무를 담당하게 하고 있다. 민간보안산업법에서는 특정인에 관한 정보 또는 활동이나 소재에 관한 정보수집, 분실재산 및 물품파손에 대한 정보취득 활동을 위해 보안산업국이 라이선스 요구를 상정하고 있다. 민간조사 면허가 불필요한 활동은 독점적으로 시장조사의 목적을 위한 활동, 독점적으로 신용조사와 관련된 활동, 변호사 및 변호사 운동 전문가 활동, 실무 회계사의 전문적 활동, 언론인 및 방송사의 전문적 활동, 언론인 및 방송인을 위한 정보획득과 관련된 활동, 일반에게 공개된 기록부에 대한 독점적인 활동, 개인이 접근권을 갖는 등록부 또는 기록, 조사 대상자의 지식이나 동의하에 수행된 활동 등은 면허를 요구하지 않는다. 영국에서는 근로의 권리가 있으면 면허신청이 가능하고 시민권은 필수적 요건에 해당하지 않는다. 허가받지 않고 민간조사원으로 일할 경우 처벌수준은 최대 6개월 징역형 또는 최대 5,000파운드 벌금에 처하도록 정하고 있다.[8)]

3. 프랑스의 탐정(민간조사)제도 도입 및 관리방안

1) 탐정(민간조사)제도 도입

프랑스에서는 2003년 전까지 민간조사업은 신고제로 운영되었으나, 2003년 「국내치안에 관한 법률」에서 경비업과 민간조사업을 함께 규정하면서 민간조사업이 허가제로 전환되었고 민간조사원의 인가제 제도와 자격제도 등을 규정하고 있다.[9)]

---

7) 최종상, 공인탐정제도의 안정적 도입을 위한 자격시험 및 교육훈련 방안, 대한민간조사연구학회 학술세미나, 2017.

8) 영국 보안산업국 홈페이지(https://www.sia.homeoffice.gov.uk/Pages/licensing-private-investigations.aspx).

2) 탐정(민간조사)제도 업무와 활동현황

프랑스는 「국내치안에 관한 법률」 제20조에서 민간조사업의 업무를 "제3자의 이익을 보호할 목적으로 정보를 수집하여 제3자에게 제공하는 자유로운 업무"라고 포괄적으로 규정하고 있다. 대규모의 민간조사업체는 기업을 대상으로 회사 내의 도난 또는 정보유출 등의 사내범죄 조사, 보험회사 고객의 보험사기 조사, 지불능력 등 개인의 신용 및 채용후보자의 신변조사, 도피 채무자 발견 등의 업무를 주로 하며, 소규모의 탐정업체들의 경우는 개인을 대상으로 소송관련 자료나 정보의 수집, 결혼전 신원조사, 이혼, 양육비 관련 조사나 소재파악 등의 업무가 주를 이룬다.[10)]

3) 탐정(민간조사) 시험응시 및 자격요건

프랑스에서는 공인 민간조사자격증을 취득하기가 매우 어렵다. 왜냐하면, 수없이 많은 관련법을 모두 알아야 하는 어려움이 있다. 프랑스의 최대 민간조사단체인 S.N.A.R.P에 의하면, 2012년도 기준 약 1,000명 정도의 민간조사원이 정식회원으로 활동하고 있을 뿐이라고 한다.[11)]

4) 탐정(민간조사)제도 관리 및 감독

프랑스에서 민간조사업에 대한 관리·감독 및 자격제도를 관할하는 주무관청은 내무성이다. 민간조사업을 운영하고자 하는 자는 민간조사원의 자격을 취득하고 사무소마다 개별 허가를 받아야 한다. 개인사업자는 사업자등록을 한 지방장관으로부터 허가를 얻어야 한다. 다만 수도 파리의 경우에는 경시총감에게 받도록 되어 있다.

4. 일본의 탐정(민간조사)제도 도입 및 관리방안

1) 탐정(민간조사)제도 도입

일본에서는 1920년대에서 30년대 사이에 흥신소 등이 생기기 시작하다가 제2차 세계대전 이후의 전후(戰後)복구와 함께 민간조사업이 성장하기 시작하였다. 현재 일본에서는 민간조사업 또는 민간조사자가 되려면 자격요건이나 규제를 받지 않는 상태에서 주무관청에 서비스업으로 신고만으로 민간조사업을 할 수 있다. 일본은 민간조사업을 독립적인 하나의 단일 법률로 2006년에 민간조사업 업무의 적정화에 관한 법률을 제정하여, 2007년부터 현재까지 국가가 관리·감독하도록 규정하고 있다. 즉 민간조사업을 하려면 영업소의 소재지를 관할하는 도도부현 공안위원회에 신고서를 제출하여야 민간조사업을 할 수 있다. 신고

---

9) 경찰청, 민간조사업 도입, 대한민간조사연구학회·한국경찰학회 공동국제학술세미나 자료, 2013.
10) 최현락, 민간조사업의 도입 모델에 관한 연구, 동국대학교 박사학위논문, 2008.
11) 경찰청, 민간조사제도 법제화 필요성과 바람직한 도입방안, 미래발전담당관실, 2013.

서 첨부내용은 영업정보수준을 요구한다. 상호·명칭·성명·주소, 영업소의 명칭 및 소재지와 당해 영업소가 주된 영업소인 이유, 해당 영업소에서 광고 또는 선전을 할 때 사용하는 명칭, 법인인 경우에는 그 임원의 성명 및 주소 등이다. 신고내용의 변경과 폐지된 경우에도 신고해야 한다. 신고를 접수받은 공안위원회는 증명서를 교부해야 한다.

2) 탐정(민간조사) 업무와 활동현황

민간조사업무는 특정인의 소재나 행동에 대한 정보, 탐문과 미행, 잠복, 현장조사, 감정업무, 바람기조사, 법인이나 개인의 신용상태 조사, 증거수집, 사람 찾는 조사, 가출인, 실종자, 채무자, 은사, 옛 친구, 첫사랑의 행방을 조사, 각종 보험의 보험금 지급청구에 관한 조사, 왕따조사, 스토커행위조사, 배우자 폭력행위조사, 피해자 조사, 사이버범죄 조사, 사이버스토커, 부정접속 행위 조사, 소비자 조사, 지적재산범죄조사, 산업스파이조사, 시장조사, 자산조사, 권리침해대응조사, 해외조사, 감정·분석지문 조사, 성문조사, 필적조사, DNA감정조사, 거짓말탐지기조사, 재판증거수집, 위기관리, 정보누설조사, 프라이버시, 방위, 도청기·도촬기 발견 등 하는 업무가 다양하다.

일본의 민간조사업은 일반적으로 고소득 직종으로 분류되고 있으며, 민간조사자의 경우 1개월에 한 건의 조사활동으로 생활할 수 있다고 소문이 확산되면서 경제 불황으로 인해 평범한 직장을 다니는 사람이나 직업을 구하지 못한 대부분의 사람들이 민간조사업에 뛰어들면서 민간조사업의 경쟁이 치열해지고 있다. 반면에 고객에 대한 서비스의 질이 떨어지고 여러 가지 사회적 문제를 일으키고 있다.

3) 탐정(민간조사) 시험응시 및 자격요건

2006년 이전까지 일본은 민간조사제도와 관련된 법 제도가 없어서 특별한 관리를 하지 않았다. 이에 따라 민간조사 회사, 흥신소 사이에 계약을 둘러싼 분쟁이 빈발하고 불법도청, 미행 등이 만연하였다. 2006년 6월 8일 민간조사업을 하기 위해서는 해당 영업소를 관할하는 도도부현 공안위원회에 신고서를 제출해야 하고, 성년피후견인과 피보좌인 또는 파산자로서 복권되지 않은 자, 금고 이상의 형에 처해지거나 민간조사업법 규정에 위반하여 벌금의 형을 선고받아 그 집행을 마치거나 집행을 받지 않게 된 날로부터 기산하여 5년을 경과하지 않은 자, 최근 5년 사이에 영업정지·영업폐지명령에 위반한자, 폭력단 또는 폭력단원이 아니게 된 날로부터 5년을 경과하지 않은 자, 영업에 관하여 성년자와 동일한 능력을 가지지 않은 미성년자 등을 민간조사자 결격사유로 정하는 「민간조사업 업무의 적정화등에 관한 법률」을 제정하였다. 이 법률의 위반행위별 벌칙규정은 '공안위원회의 운영의 정지 또는 폐지명령에 위반한 자'(1년 이하의 징역 또는 100만 엔 이하의 벌금), '신고를 하지 않고 민간조사업을 한 자, 명의를 빌려주어 타인에게 민간조사업을 하게 한 자, 공안위원회의 지시에 위반한 자'(6개월 이하의 징역 또는 30만 엔 이하의 벌금), 신고서 혹은 첨부서류에 허위의 기재를 해서 제출한 자, 폐지 및 변경신고를 하지 않은 자, 폐지 및 변경의 신고서 혹은 첨부서류에 허위의 기재를 해서 제출한 자, 계약에 관련된 서면의 교부 등을 하지 않거나 허위 기재한 서면을 교부한 자, 종업원명부를 비치하지 않거나 필요사항을 기재하지 않거나 허위의 기재를 한 자, 공안위원회가 요청한 보고 및 자료 제출에 응하지 않거나 허위의 보고 또는 허위의 자료를 제출한 자, 공안위원회의 입회검사를 거부하거나 방해 혹은 기피한 자(30만 엔 이하의 벌금)를 규정하고 있다. 즉 일본은 민간조사업무를 하려고 하는 자에게 국가에서 어떤 자격요건이나 면허를 요구하지 않고 서비스업으로 공안위원회에 신고만 하면 누구라도 민간조사업을 할 수 있다.

4) 탐정(민간조사원) 관리·감독권

민간조사원 관리·감독은 각 지역공안위원회에서 민간조사실무 역할을 담당하는 경찰공무원이 이에 대한 관여를 하고 있다. 공안위원회에서는 타인에 대한 민간조사업자의 명의대여금지, 명부비치, 업무내용기재, 장부비치, 현행법 내에서 민간조사업무를 하고 있는지 여부, 자료제출 확인 등을 통해 관리하고 있다. 공안위원회는 지시사항 등을 위반할 경우에는 영업정지, 영업폐지명령 등을 하고 있다. 2016년 일본 경찰청 생활안전국 생활안전기획과에서 발표한 '민간조사업현황'에 따르면 2014년도에서 2016년까지 민간조사업의 영업폐지 명령은 2건, 영업정지명령은 4건, 지시 53건 등이 있었다. 민간조사업 신고건수는 2013년 5,600건에 진입한 이후 2016년까지 유사한 건수가 유지되고 있다. 민간조사업의 신고는 법인에 비해 개인의 신고가 73%로 나타났다.

Ⅲ. 우리나라 탐정(민간조사)제도 도입에 따른 문제점

1. 탐정(민간조사)제도 도입 과정 어려움

사회가 발전함에 따라 각종 사건과 전문화된 범죄가 증가하고 이에 따른 개인과 기업의 피해가 급증하고 있으나 수사 인력의 한계로 인해 경찰이나 검찰이 필요한 민금 사건을 해결해 줄 수 없는 현실이다. 우리나라 범인 검거율은 형사범 전체 사건중 약 20%가 미결상태로 남아있고, 기업범죄와 신종 인터넷 범죄 증가에 따른 전문 수사영역에 대한 수요증대, 민·형사상의 소송자료 수집과 조사에 대한 필요성 등에 따라 전국 3,000개가 넘는 수많은 불법 심부름센터나 흥신소를 방문해 일을 맡기고 있는 실정이다. 이에 대한 근거 법률 및 관리하는 기관이 없어서 사생활 침해, 불법 업무처리 등이 난무하고 있다. 우리 사회에서 흥신소나 심부름센터 등이 음성적으로 사실상 일종의 민간조사업무를 담당하고 있으며 이들에 의한 사생활침해, 불법채권추심, 심지어 청부살인 등 각종 불법행위가 큰 사회문제로 대두되고 있어 이들의 활동에 대한 적절한 통제와 규제 필요성이 있다.[12] 이러한 불법·음성화된 업무를 양성화하는 방법으로 국가에서 민간조사제도를 도입하자는 움직임이 지난 20년간 민간조사제도 법제화란 이름으로 단독법안, 법률개정법안 등으로 계속되어 왔다.

1998년 15대 국회 하순봉 의원의 「공인탐정에 대한 법률」 단독법안, 17대 국회 이상배·최재천 의원의 「민간조사법」 단독법안, 18대 국회 이인기 의원의 「경비업법일부 법률」, 강성천 의원의 「민간조사법」 단독법안, 19대 국회 윤재옥 의원의 「민간보안산업일부 법률」, 송영근 의원의 「민간조사업법」 단독법안, 20대 국회 윤재옥 의원의 「공인탐정법」 단독법안 등이다. 발의된 법안이 국회심사과정에서 도입법안형태, 업무범위, 관리·감독기관 등에 대한 경찰청과 법무부 간의 이해관계로 법제화 되지 못하고 현재까지 표류하고 있다. 특히 대한 변호사 협회는 성명을 통해 국민의 사생활을 침해하고 개인정보유출이 많아짐에 따라 국민의 기본권을 침해하고 전관비리 조장 등 각종 문제를 야기할 수 있어서 민간조사제도 도입을 반대한다는 입장을 내놓고 있다.

2. 탐정(민간조사)제도 도입에 대한 법적 제한 및 업무활동 범위에 대한 과도한 규제

최근 제출된 민간조사업 관련 법안을 살펴보면, 이인기·강성천·윤재옥·송영근 의원의 발의안들은 민간조사업의 업무범위를 상대적으로 축소시켜 발의하고 있다. 현재 계류 중인 윤재옥 의원 발의안의 업무범위를 보면, 가족의 의뢰에 의하여 실종아동 등 및 가출인의 소재파악과 관련된 조사, 도난·분실·소재가 불분명한 물건의 소재확인과 관련된 조사, 의뢰인의 피해확인 및 그 원인에 관한 사실조사로 한정하였다. 송영근 의원 발의안의 업무범위는 미아, 가출인, 실종자, 소재 불명의 불법행위자에 대한 소재 파악과 관련된 조사, 도난·분실·도피자산의 추적 및 소재 확인과 관련된 조사, 의뢰인의 피해사실에 대한 조사, 변호사가 수임한 사건과 관련하여 해당 변호사로부터 의뢰받은 자료의 수집 등에 한정하고 있다.

법적 제한 사항을 살펴보면, 「신용정보의 이용 및 보호에 관한 법률」 제40조(신용정보회사 등의 금지사항)는 '특정인의 소재 및 연락처(이하 "소재 등"이라 한다)를 알아내거나 금융거래 등 상거래관계 외의 사생활 등을 조사하는 일, 정보원, 탐정, 그 밖에 이와 비슷한 명

12) 강동욱, 민간조사제도의 도입에 관한 논의, 한국법정책학회 제13집 제3호, 2013.

칭을 사용하는 일을 하여서는 아니 된다'고 규정하여 민간조사업을 적극적으로 할 수 없도록 하고 있다. 변호사법은 1993. 3. 10. 법률 제4544호로 개정되면서 비변호사의 금지대상사건에 "기타 일반의 법률사건"과 금지대상행위에도 "법률상담 또는 법률관계 문서작성 기타 법률사무" 등을 추가하였기 때문에 민간조사원이 주로 다루어야 할 업무의 내용이나 성격을 볼 때 본질적으로 법률관계와 연관성을 피하기 어렵기 때문에 현행 변호사법이 규제하는 분야에서 여러 문제가 발생할 수 있다.[13] 즉 민간조사원의 업무영역이 상당부분 변호사법 제109조에서 뜻하는 일반의 법률사건이나 법률사무라는 개념에 포함될 여지가 있으므로 민간조사업의 법적 상충되는 부분을 해결해야 할 과제가 있다.

외국의 사례를 살펴본다면, 미국, 영국, 일본 등 민간조사제도에 따른 업무범위는 사고조사(항공기, 차량, 산업, 건설, 개인), 조정(채무 청구의 경우), 독점금지 활동, 재산의 소재파악, 추적, 계약위반(사실과 가능한 손해의 결정), 경쟁적인 정보수집, 컨설팅, 유용(타인의 재산에 대한 통제), 저작권 및 상표위반, 사이버범죄, 전자 대응책, 직원의 경력조사, 산업스파이, 화재사건, 사기(부정행위), 명령, 보험청구, 반대 소송청구, 실종자 소재파악, 해운업조사, 인수 및 합병, 과실, 개인적 손해, 특허권 침해, 거짓말 탐지기 조사, 제품부담, 재산 및 순수가액 청구, 공공기록 조사(인구통계, 재산, 신용, 범죄, 채무, 교육), 채용조사, 성희롱, 감시, 재판준비, 비밀활동, 근로자 배상, 근무 및 근무지 위반 등 하는 업무가 광범위하고 다양하다.[14]

민간조사제도가 국가를 대신하는 활동임을 고려할 때 업무활동부문에 대해 일정부분 규제는 필요하다. 그러나 이러한 규제를 위해서는 사회가 추구하는 공동의 목적과 가치의 실현이 요구되는 공익성과 효율성을 따져야 한다. 하지만 지금까지 처음 도입하고자 하는 우리나라 민간조사제도 법안을 살펴보면 민간조사업의 업무범위를 대폭 축소하고, 실종업무 등에 일부 한정하는 등의 과도한 규제 법안을 제출하는 것은 민간조사제도 실효성 차원에서 도입 취지를 무색하게 만들 우려가 있으며, 사회에 공헌할 수 없도록 하는 문제가 있다고 보여진다.

3. 탐정(민간조사) 시험응시 및 자격요건 관련 문제

민간조사원으로 활동하기 위해서는 인권보호장치 마련, 공인자격시험 시행, 부당한 비용 청구 금지, 사건부 작성·보관, 서면으로 계약내용 교부, 수집·조사의 제한, 손해배상책임, 비밀의 준수, 교육의무 등 문제가 해결되어야 한다. 또한 국민이 요구하는 서비스 제공을 위한 전문성이 확보되기 위해서는 시험과목선정, 일정한 자격 요건, 결격요건, 시험면제

---

13) 황정익, 공인조사(공인탐정)제도의 도입에 관한 연구, 치안연구소, 2005.
14) 이상원·이승철, 탐정학, 진영사, 2019.

사유가 필요하다. 국민들 대부분은 이러한 문제점이 해결 가능한가에 대한 의구심을 가지고 있다. 자격제도는 규제를 동반한다. 그 자체로 배타적 업무영역을 설정하고 법률적 근거에서 활동을 제한한다. 규제는 제도시행을 전후하여 주의사항이 변화된다. 시행 이전에는 신설하는 자격제도의 합리적 운영을 도모해야 하고 이후에는 소비자와 국민의 보호에 주의를 기울여야 하는 것이다. 이러한 규제는 적정성 유지가 중요하다. 과소규제는 공공성을 침해하게 되고 과잉규제는 자격제도를 통한 사회적 기대가능성을 무산시키게 된다. 따라서 선행연구와 외국의 탐정제도 검토를 통해 자격시험의 신설에 있어서 시험과목, 선발방식, 시험내용, 자격과 면제요건 등의 검토 필요성이 확인이 필요하다.[15] 민간조사제도의 법제화에 대한 기대가 증가하면서 자격과 교육에 관한 연구주제도 수행되었다. 선행연구 당시에 발의되었던 법안에 민간조사의 직무범위를 근거로 시험과목과 교육훈련의 내용이 검토되었다. 그동안 선행연구에서 제시된 탐정 자격시험안을 살펴보면, 2010년도 정웅은 1차 자격시험과목으로 민간조사학, 민간조사법(형사법등 관련법), 범죄학, 2차 시험과목으로 민간조사운용론, 정보 및 조사실무, 민간조사운용론, 경제금융조사실무(보험·회계 등), 민간조사운용론, 사이버조사실무을 주장하였으며,[16] 2014년도 박해주는 1차 및 2차 시험과목으로 법률과목, 전문성 관련 과목, 직업윤리과목, 선택과목으로는 보험, 사이버, 기업분야 과목을 주장했다.[17] 2015년도에 이성용·최천근·최대현은 1차과목으로 민간조사기초법(헌법중 기본권, 민법총칙과 계약법, 형법총칙), 개인정보보호론(개인정보보호법·통신비밀보호법·위치정보의 보호 및 이용 등에 관한 법률), 2차과목으로는 민간조사실무론(구 민간조사업법안, 부정경쟁방지 및 영업비밀보호에 관한 법률, 산업기술의 유출방지 및 보호에 관한 법률, 정보통신망 이용촉진 및 정보보호 등에 관한 법률), 증거조사론(민사소송법·형사소송법의 증거이론과 법령 및 판례지식)을 주장했다.[18] 이러한 선행연구에서 제시한 자격시험과 과목을 살펴보면 1차는 대부분 기초법률 2과목, 2차는 실무활동관련 2과목으로 편성되어 있다. 민간조사 자격시험 합격 후에 받게 되는 교육훈련 안은 2010년 정웅은 기본교육교과로 소양과목(민간조사와 인권·민간조사관의 직무윤리·의뢰인 만족), 실무과목(관련 법규의 이해, 사법절차실무, 정보수집 및 관리의 이해, 경제금융조사의 이해, 정보보안의 이해, 실종자 탐문기법, 장비운용기법, 현장조사활동, 사건분석, 현장재구성 및 증거수집, 분석기법, 상담기법, 진순분석, 범죄심리 분석, 조직경영 관리, 의뢰사건 개인연

15) 김정규, 공인탐정 자격운용 및 교육훈련 방안에 관한 연구, 2017, 44면.
16) 정웅, 민간조사관 자격시험 및 교육훈련 제도 모형에 대한 연구, 치안정책연구 제24권, 2010, 251면.
17) 박해주, 공인탐정제도의 국내 도입방안에 관한 연구, 한세대학교 대학원 박사학위 청구논문, 2014, 100면.
18) 이성용·최천근·최대현, 민간조사업의 관리에 관한 입법정책과 자격시험·교육의 구체화 방향, 계명대학교 산학협력단, 2015, 174~176면.

습, 조사보고서 작성 실습), 경제금융·사이버정보보안, 전문직무교육 편성 등 18과목 147시간을 편성하고, 교육기관으로는 민간조사관련협회, 한국금융연수원, 보험연수원, 회계연수원 등을 주장했다. 2015년도에는 이성용·최천근·최대현은 60시간의 이론과 실무수습교육(민간조사법안, 형법과 형소법의 이해, 민법과 민소법이해, 직업윤리, 프라이버시와 개인정보보호, 조사기획, 조사의 실행, 보고서 작성, 사례연습, 정보의 수집과 분석, 형사증거론, 형사증거수집연습, 민사증거론, 면접조사방법론, 감시와 미행의 이해, 보고서 작성)이 필요하고, 교육기관으로는 민간조사관련협회, 경찰교육기관, 경찰청장이 지정한 관련 학과 개설된 대학 등을 주장했다. 이러한 선행연구 교육훈련안을 살펴보면, 신임 민간조사자 교육시간은 60시간에서 147시간을 제시했으며 해당 직능기관의 심화교육을 이수하는 방안을 제시했다, 이러한 내용 등을 살펴볼 때 객관적 지표를 가지고 명확히 시험과목 및 교육훈련과목을 확정해야 하는 문제점을 가지고 있다.

4. 탐정(민간조사)제도 관리 및 감독

민간조사업은 개인정보 및 사생활 침해 등의 문제를 수반할 수 있으며, 민간조사 기관이 처리하는 업무 중에서 불법도청, 감청, 과도한 비용수령, 이념문제 업무에 대한 철저한 관리 감독하기가 어렵다. 또한 민간조사업이 허용될 경우 빈부의 격차에 의한 민간조사원 활용기회 차이로 인해 양극화가 발생하고 합법을 가장한 인권침해 등 불법행위가 심화된다. 경미한 범죄에서 기업범죄에 이르기까지 수많은 범죄들이 민간영역에서 조사되고 타협됨으로써 국가의 형벌권 행사가 감소할 우려가 있다. 따라서 민간조사업에 대한 적절한 관리·감독을 통하여 시행착오나 역작용을 최소화해야 되는 문제를 가지고 있다.

국민이 요구하는 서비스 제공을 위해서는 전문성이 확보되기 위해서는 일정한 자격 요건, 결격요건, 시험면제사유, 교육기관 등이 필요하다. 이러한 종합적인 민간조사업을 어느 부서에서 전담하여 책임을 지고 처리할 것인지가 논란이 되고 있다. 그동안 법무부와 경찰청은 서로 첨예하게 대립을 하고 있으며, 민간조사제도 관리 및 감독 관할에 대해 다른 견해를 가지고 있다.

변호사협회는 "민간조사제 관련 법안은 흥신소, 심부름센터의 음성적 불법행위를 제도적으로 합법화하겠다는 법안"이라며 "변호사법은 변호사 아닌 자가 대가를 받고 소송, 심판 및 조사 사건 등에 대한 정보를 제공할 경우 처벌하는데, 민간조사 업무는 사건에 관한 사실조사 등 법률사무에 해당하므로 변호사법에 저촉된다"고 강조하며 민간조사제도 도입 자체를 부정하고 있는 상태이다.

Ⅳ. 우리나라 탐정(민간조사)제도의 도입과 관리방안

1. 탐정(민간조사)제도 도입 필요성

미국, 프랑스 등은 대체로 민간조사원 자격취득, 영업시 신고등록 등 엄격한 관리감독을 하고 있다. 영국은 민간조사원을 국가가 인증하는 국가 민간조사원 자격인증제를 시행하고, 일본도 최근 민간조사업의 부작용을 국가적 차원에서 관리할 필요성을 인식하고 탐정업의 신고 등 엄정한 관리규제를 규정하는 법률안이 입법 발의되었다는 점을 인식해야 한다. 그동안 우리나라는 경찰청과 법무부 간의 이견, 변호사 협회의 반대, 현행법과의 충돌 등으로 민간조사제도 도입에 많은 어려움이 있어왔다. 그러나 기관 간 서로 협력하고 도움을 줄 수 있는 민간조사제도는 대한변호사협회가 주장하는 의견과 달리 오히려 변호사들이 민간조사원에게 일감을 의뢰하여 증거자료 및 증인을 찾거나 피해자 구제, 진실규명, 실체적 진실발견 등에 도움을 줄 수 있다. 국민 설문조사에서 참여자의 85%가 탐정제도 도입에 긍정한다는 조사결과도 있다.[19]

민간조사란 "민간인 또는 민간기업의 주체가 타인 또는 법인으로부터 의뢰를 받아 보수를 받고 합법적 범위 내에서 의뢰인에게 사실관계조사 및 정보를 수집하고 분석하여 제공하는 것"이라고 정의할 수 있다.[20] 선행연구 사례를 살펴본 결과, 우리나라도 하루빨리 민간조사제도 관련 법률을 제정해야 한다. 등록제 형태를 통해 민간조사원 자격요건 및 자격시험을 강화하고, 관리·감독은 행정안전부 소속으로 해야 된다고 본다. 또한 민간조사원 자격의 취득 사항을 심의하기 위하여 행정안전부에 민간조사심의위원회를 두어야 한다. 민간조사 자격시험 시행 초기에는 현재 수요를 충족할 수 있도록 요건 대상자들에 대해 적극적으로 자격증을 발급할 필요가 있고 시장 수요가 충족될 때 시장 가치 및 상태를 고려하여 전문성 유지선에서 적절하게 통제가 되어야 한다. 또한 민간조사제도 자격유지를 위해서는 자격대상 법률 과목 중 개정이 이루어진 사항, 새롭게 발생된 민간조사 업무 사례, 새로운 민간조사 기법 등에 대해 일정기간 의무적 보수 교육을 이수하도록 해야 할 것으로 본다.

향후 우리나라에 민간조사제도가 도입될 경우, 2012년도 기준 민간조사업 시장규모는 종사자 수 3,055명, 매출액 1천 7백억 규모로 나타나고, 일본과 같이 GDP대비 0.1% 수준까지 성장할 경우 그 매출은 1조 2,724억 규모로 커질 것으로 기대된다.[21] 또한 경찰청이 2016년도에 발간한 '민간조사업' 관련 입법정책 설명자료를 살펴보면, 민간조사업 도입시에

19) 장현석·이상원 "민간조사제도 도입 필요성에 대한 연구", 한국경찰학회보 16권, 2014, 16면.
20) 경찰청, 민간조사제도 법제화 필요성과 바람직한 도입방안, 2013, 4~7면.
21) 경기대학교 산학협력단, 민간조사제도 법제화 필요성과 바람직한 도입방안, 2013, 99~100면.

1만 5,000개의 일자리 창출효과가 생길 것으로 예상된다고 하였다.

2. 탐정(민간조사)제도 업무범위를 효율적으로 활성화

우리나라는 OECD 35개 가입국 중 유일하게 민간조사제도가 없는 나라이다. 미국의 연방수사국(FBI)조차도 수사를 위해 사전에 많은 정보나 첩보 수집이 필요하지만 자체적으로 한계가 있는 점을 인정하고, 중요한 사건이 있을 때는 민간조사자들과 같이 업무를 협조하여 공동으로 해결해 나가는 상황이다. 외국 민간조사업의 업무내용을 살펴보면, 미아·가출인·행불자 소재파악, 의뢰인의 권리보호 및 피해자와 관련한 민사소송, 형사소송에 따른 증거자료 수집, 보험사건에 따른 조사·협조 및 증거자료 수집, 교통사고에 따른 조사·협조 및 증거자료 수집, 유전자(DNA)에 따른 조사·협조 및 증거자료 수집, 필적감정 분석에 따른 조사·협조 및 증거자료 수집, 인장감정 분석에 따른 조사·협조 및 증거자료 수집, 공개수배자에 따른 검거·협조 및 증거자료 수집, 영상음성 분석에 따른 조사·협조 및 증거자료 수집, 공개수배자에 따른 검거·협조 및 증거자료 수집, 증거물 관련 수집 및 보관, 각종 수사 협조분야, 도감청 탐지업무에 따른 협조분야, 몰래카메라 발견 탐지분야, 거짓말·헛소문·유언비어 관련 탐지 업무분야, 개인·요인 신변보호 경호 업무분야, 차량·호송 경호 업무분야, 시설경비 업무분야, 기계경비 업무분야, 특수경비 업무분야, 경호경비 업무분야, 민원에 의한 행정절차 업무분야, 일반행정 지원분야, 각종미제 사건에 따른 조사·협조 및 증거자료 수집, 피의자 검거에 따른 조사·협조 및 증거자료 수집, 일반행정 지원 업무분야, 각종미제 사건에 따른 조사·협조 및 증거자료 수집, 피의자 검거에 따른 조사·협조 및 증거자료 수집 인계, 기타 각종 공권력이 미치지 못하는 부분들과 분야 등 법률이 허용하는 범위에서 이 같은 업무수행이 가능하다고 한다.[22)]

민간조사제도 도입을 통해서 국민의 권리보호, 국가안전보장, 질서유지, 공공복리 등에 기여하기 위해서는 명확한 법률적 근거를 확립할 필요가 있다. 현행 우리나라 변호사법은 변호사만 담당할 수 있는 업무범위가 지나치게 광범위하고 포괄적이다. 따라서 타인의 법률문제에 개입할 수밖에 없는 민간조사업의 업무분야와는 상호 상충할 가능성이 충분히 있다. 현행 신용정보이용법에서도 탐정(민간조사원), 정보원 등과 이와 유사한 용어사용과 특정인의 소재를 탐지, 금융거래 등 상거래, 사생활조사 등의 일을 금지하고 있다. 민간조사업의 도입과 관련하여 입법과정에서 변호사법과 신용정보이용법 등의 제·개정을 통해 충돌이 없도록 우선적으로 고려되어 처리되어야 한다.

최근 증가하는 개인과 기업에 대한 신종피해 사항 등이 발생하고 있지만 국가의 예산

22) 정덕영, 공인탐정제도의 발전방향, 2017, 17~18면.

및 인원부족으로 인해 치안활동만으로 대응하는데 한계가 있다. 국민의 권익 보호를 위해서라도 민간조사업 효율적으로 활성화될 수 있도록 업무 활동범위를 폭넓게 지정하고 정부기관과 민간조사업체가 협의체 구성을 통해 상호 이해와 협력을 높여서 효율적으로 대응하고, 활성화해야 한다.

3. 탐정(민간조사) 자격시험 및 자격요건

1) 탐정(민간조사) 자격시험

민간조사 활동 자체가 국민의 사생활침해 등 기본권 보장과 밀접한 관계가 있으므로 민간조사원의 자격은 국가자격으로 신설하는 것이 바람직하다. 민간조사활동은 국민의 생명과 안전, 사생활침해금지, 비밀엄수, 계약내용에 대한 충실한 이행 등을 특성으로 하고 있어서 엄격하게 그 자격과 면허가 관리되어야 하기 때문이다. 선행연구 등을 검토한 결과, 국민이 요구하는 민간조사제도 적절한 서비스 제공을 위해서는 민·형법, 개인정보관련 법률, 금융·회계 관련법 등의 법적 지식, 사생활 등 기본권을 보호할 수 있는 윤리성, 적정하게 업무를 수행할 수 있는 조사능력과 분석능력, 서류작성 등 다양한 전문성이 확보되어야 한다. 민간조사제도 운영을 위한 민간조사제도 운영위원회를 통해 1차 시험과 2차 시험, 일정한 자격 요건, 결격요건, 시험면제사유 등이 체계적으로 관리되어야 한다. 이곳에서는 민간조사 자격시험 과목 등 시험에 관한 사항, 자격시험 선발 인원의 결정에 관한 사항, 자격시험의 일부면제 대상자의 요건에 관한 사항, 그 밖에 민간조사원 자격의 취득과 관련한 중요 사항을 처리하여야 하며, 민간조사자격심의위원회의 구성 및 운영에 필요한 사항은 대통령령으로 정해져야 한다.

민간조사원 자격시험은 행정안전부장관이 실시하여야 하며, 자격시험은 제1차 시험과 제2차 시험으로 구분하여 실시되어야 한다. 또한 행정안전부장관은 민간조사원 자격시험의 관리에 관한 업무를 「한국산업인력공단법」에 따른 한국산업인력공단에 위탁하는 것도 전문성을 위해 필요하다. 민간조사원 자격시험의 시험과목, 시험방법, 그 밖에 시험에 관하여 필요한 사항은 대통령령으로 정하면 될 것이다. 선행연구와 외국 민간조사제도를 종합하여 본 바, 시험과목은 필기시험으로 1차는 일반·기초지식 2차는 전문·심화분야로 정하는 것이 적당하다. 1차 과목은 탐정학개론(탐정이론, 유관기관의 탐정관련 업무이해, 가정폭력방지 및 피해자보호 등에 관한 법률, 경범죄처벌법, 실종아동 등의 보호 및 지원에 관한 법률, 유실물법), 사생활보호 및 정보이용 법규(개인정보보호법, 신용정보의 이용 및 보호에 관한 법률, 부정경쟁방지 및 영업비밀보호에 관한 법률, 위치정보의 보호 및 이용 등에 관한 법률, 정보통신망 이용촉진 및 정보보호 등에 관한 법률, 주민등록법, 통신비밀보호법), 2차 과목은 민간조사 직무수행법규(형법, 민법,

형사소송법, 민사소송법, 소비자 기본법), 민간조사 실무론(탐문기법, 면접 및 정보수집, 추적미행, 보고서작성법 등)이 적정할 것이다.

민간조사원 자격시험 면제는 제1차 시험면제의 경우는 경력직공무원(특정직공무원 중 대통령령으로 정하는 공무원과 기능직공무원은 제외한다. 이하 같다)으로 10년 이상 근무한 사람 중 7급(이에 상당하는 계급을 포함한다) 이상의 직에 근무한 사람, 대통령령으로 정하는 특수경력직공무원으로 10년 이상 근무한 사람 중 7급 이상에 상당하는 직에 근무한 사람, 「고등교육법」에 따른 대학에서 외국 전공 학사학위를 받은 후 그 외국 민간조사 업무에 5년 이상 종사한 경력이 있는 사람, 「고등교육법」에 따른 대학원에서 외국 민간조사전공 석사학위 또는 박사학위를 받은 후 그 외국 민간조사 업무에 3년 이상 종사한 경력이 있는 사람, 행정사 자격이 있는 사람, 민간조사자격법 시행이전에 이미 「민간자격증 법률」에 따라 '민간조사원 자격'을 취득한 사람 등을 면제대상으로 해야 할 것이다. 또한 15년 이상 근무한 사람 중 7급(이에 상당하는 계급을 포함한다) 이상의 직에 근무한 사람, 5급(이에 상당하는 계급을 포함한다) 이상의 직에 5년 이상 근무한 사람, 대통령령으로 정하는 특수경력직공무원으로서 15년 이상 근무한 사람 중 7급 이상에 상당하는 직에 근무한 사람, 5급 이상에 상당하는 직에 5년 이상 근무한 사람 등은 제1차시험의 전과목과 제2차시험의 과목 중 2분의 1을 넘지 아니하는 범위에서 대통령령으로 정하는 과목을 면제한다. 특히 민간조사 활동은 의뢰인의 권리보호와 사생활 등 기본권 보호유지를 필수로 해야 하기 때문에 헌법상 기본권에 대한 이해를 바탕으로 폭넓은 직무범위 중심으로 시험과목을 설정할 수 있도록 해야 한다.

2) 자격요건 및 업무신고 등

(1) 자격요건

민간조사원 응시 결격사유는 국민을 상대로 하는 업무인 점을 감안한다면, 공무원에 준하는 자격요건이 필요하다. 피성년후견인 또는 피한정후견인, 파산선고를 받고 복권(復權)되지 아니한 사람, 금고 이상의 실형을 선고받고 그 집행이 끝나거나(집행이 끝난 것으로 보는 경우를 포함한다) 집행이 면제된 날부터 3년이 지나지 아니한 사람, 금고 이상의 형의 집행유예를 선고받고 그 유예기간이 끝난 날부터 2년이 지나지 아니한 사람, 금고 이상의 형의 선고유예를 받고 그 유예기간에 있는 사람, 공무원으로서 징계처분에 따라 파면되거나 해임된 후 3년이 지나지 아니한 사람, 민간조사원 자격이 취소된 후 3년이 지나지 아니한 사람 등은 민간조사원이 될 수 없어야 한다.

(2) 업무신고

민간조사 자격이 있는 사람이 민간조사원로서 업무를 하려면 대통령령으로 정하는 바에 따라 주된 사무소의 소재지를 관할하는 특별자치도지사·시장·군수 또는 자치구의 구청장(이하 "시장 등"이라 한다)에게 대통령령으로 정하는 신고 기준을 갖추어 신고(이하 "업무신고"라 한다)하여야 한다. 신고한 사항을 변경할 때도 또한 같다. 이 경우 업무신고 기준 및 절차 등에 관하여 필요한 사항은 대통령령으로 정한다. 업무신고의 수리 거부 사항은 시장 등은 업무신고를 한 민간조사원이 '민간조사 자격이 없는 경우', '결격사유에 해당하는 경우', '실무교육을 받지 아니한 경우' 등에 해당하면 업무신고의 수리를 거부할 수 있어야 한다. 다만, 시장 등이 업무신고를 받은 날부터 3개월이 지날 때까지 민간조사원 업무신고확인증(이하 "신고확인증"이라 한다)을 발급하지 아니하거나 업무신고의 수리 거부 통지를 하지 아니하면 3개월이 되는 날의 다음 날에 업무신고가 수리된 것으로 보아야 하며, 업무신고의 수리가 거부된 사람은 그 통지를 받은 날부터 3개월 이내에 업무신고의 수리 거부에 대한 불복(不服)의 이유를 밝혀 시장 등에게 이의신청을 할 수 있어야 한다. 이 경우 이의신청이 이유 있다고 인정하면 신고확인증을 발급하여야 한다. 이의신청에 필요한 사항은 행정안전부령으로 정하면 될 것이다.

(3) 사무소의 설치 및 실무교육

민간조사원은 민간조사 업무를 하기 위한 사무소를 하나만 설치할 수 있다. 민간조사원은 그 업무를 조직적이고 전문적으로 하기 위하여 3명 이상의 민간조사원으로 구성된 합동사무소를 설치할 수 있으며, 소속 민간조사원 수를 넘지 아니하는 범위에서 분사무소(分事務所)를 설치할 수 있어야 한다. 민간조사원이 사무소를 이전할 때에는 10일 이내에 이전 후의 사무소 소재지를 관할하는 시장 등에게 신고하여야 하고, 신고를 받은 시장 등은 종전의 시장 등에게 관련 서류를 보내 줄 것을 요청하여야 한다. 이 경우 종전의 시장 등은 지체 없이 관련 서류를 이전 후의 사무소 소재지를 관할하는 시장 등에게 보내야 한다. 기타 사무소의 설치·운영 및 신고와 그 밖에 필요한 사항은 행정안전부령으로 정한다. 민간조사원의 교육은 민간조사원 자격이 있는 사람이 민간조사 업무를 시작하려면 대통령령으로 정하는 바에 따라 업무신고를 하기 전에 실무교육을 받아야 한다. 행정안전부장관, 사무소의 소재지를 관할하는 특별시장·광역시장·도지사(이하 "시·도지사"라 한다) 또는 시장 등은 민간조사원의 자질과 업무수행능력 향상을 위하여 필요하다고 인정하면 직접 또는 대통령령으로 정하는 기관·단체 등에 위탁하여 민간조사원에 대한 연수교육을 실시하여야 한다. 교육의 과목·시기·기간 및 이수방법 등에 관하여 필요한 사항은 대통령령으로 정한다. 또한 자격의 갱신과 보수교육도 검토되어야 한다. 미국의 민간조사면허는 많은 주에서 갱신제를 적용한다. 오클라호마주는 2년간의 면허기간 동안 16시간의 교육훈련을 요구한다. 아이오와주에서는 면허유효기간 2년 동안 12시간 교육이 부과된다. 만약 12시간 교육을 이수하지 않으면 30일간 임시면허가 발급되고 그 기간 교육을 반드시 이수해야 한다. 알라바마는 2년

면허 유효기간 내에 16시간 교육을 이수해야 하고 이 중 2시간은 윤리과목으로 정하고 있다. 텍사스주는 최소 15년의 면허를 소지한 개인 조사관이 2년마다 12시간의 교육을 이수해야 하며 8시간은 허가받은 민간조사업 전문 분야이고 2시간은 윤리, 2시간은 법률 및 규정에 관련된 과목으로 정한다.

우리나라는 업무와 관련된 다양한 법률의 변경주기 등을 고려하여 3년 갱신제로 하고 보수교육은 변경된 법률, 위법사례, 효율적 활동요령, 새로운 기술과 응용 등을 내용으로 14시간(2일) 수준에서 편성하는 것이 바람직할 것이다.[23)]

(4) 업무의 내용과 범위

민간조사원의 업무의 내용과 범위는 외국사례와 선행연구를 통해 사고조사(항공기, 차량, 산업, 건설, 개인), 조정(채무 청구의 경우), 독점금지 활동, 재산의 소재파악, 추적, 계약위반(사실과 가능한 손해의 결정), 경쟁적인 정보수집, 컨설팅, 유용(타인의 재산에 대한 통제), 저작권 및 상표위반, 사이버범죄, 전자 대응책, 직원의 경력조사, 산업스파이, 화재사건, 사기(부정행위), 명령, 보험청구, 반대 소송청구, 실종자 소재파악, 해운업조사, 인수 및 합병, 과실, 개인적 손해, 특허권 침해, 거짓말 탐지기 조사, 제품부담, 재산 및 순수가액청구, 공공기록 조사(인구통계, 재산, 신용, 범죄, 채무, 교육), 채용조사, 성희롱, 감시, 재판준비, 비밀활동, 근로자 배상, 근무 및 근무지 위반 등 조사가 되어야 한다.

4. 탐정(민간조사)제도 관리 및 감독

1) 관리·감독기관 선정

민간조사업에 대한 관리감독을 하기 위해서는 다음과 같은 요건이 고려되어야 한다. 첫째, 민간조사업은 현장성과 실질적인 감독이 가능해야 한다. 민간조사업은 사생활과 밀접한 관계가 있고, 그 수단이 즉시성이 있어서 불법행위 시 즉각적인 법적조치를 해야 한다. 따라서 전국적인 조직과 인력을 갖추고 적극적인 지도감독과 현장대응이 필요하다. 둘째, 유사직종의 공인 민간조사업 전환이 고려되어야 한다. 민간조사업이 도입될 경우, 외국 민간조사기업도 한국에 진출하게 되며, 현재 국내에 많은 경비업체에서도 민간조사업까지 사업이 확장될 것으로 예상된다. 셋째, 외국의 민간조사업 관리감독기관 관리업무를 참고해야 한다. 일본은 경찰조직인 도도부현 공안위원회, 스펜인은 경찰, 미국은 주경찰 15개주, 별도 면허전담부서 21개주 등에서 민간조사업을 관리하고 있다. 또한 영국은 내무부 보안산업위원회, 프랑스는 내무부에서 관리하고 있다. 따라서 우리나라도 이러한 조건들을 참조해서

---

23) 김정규, 공인탐정 자격운용 및 교육훈련 방안에 관한 연구, 2017, 48면.

관리 부서를 정해야 할 것으로 본다면, 행정안전부로 담당부서를 지정하여 관리하도록 하는 것이 무난할 것으로 본다. 행정안전부에서는 민간조사원의 영업활동에 따른 등록, 영업장부 비치, 폐업시 신고, 의무교육 등을 통해서 법익침해, 계약자인 의뢰인과의 서비스분쟁, 공무방해 등을 방지해야 한다.

2) 체계적인 관리감독 필요

민간조사업 관리를 위해서는 전국적인 행정력과 인력·조직이 필요하다. 일본의 경우 2006년 「민간조사업무의 적정화에 관한 법률」 제정을 통해서 무신고영업, 각종 신고서류 허위기재, 서면수리·교부위반, 지시처분 위반, 교육의무위반, 자료 부정 등 이용 사항에 대하여 행정규제를 하고 있으며, 주거침입, 협박 등에 대해서는 관련 법률에 의해 사법처리를 하고 있다. 주거침입죄의 주거는 단순히 주택만을 의미하는 것이 아니라 침식에 사용되는 장소이면 종류에 관계없이 별장·선박·항공기·토굴 등도 모두 해당되며 일시적으로 점유하는 건조물 내의 구획된 장소나 축조물도 해당된다.[24] 일본의 경우 민간조사업에 대해 실태파악 및 지도처리를 강화하고 민간조사업자의 영업소를 입회 검사하였으며, 그 통계를 보면 2007년 974건, 2008년 806건, 2009년 2,903건이다. 국가의 규제를 수용함으로 인해 얻게 되는 이익은 경제적 이익뿐만 아니라 도덕적 권위까지 획득하게 된다.[25] 향후 우리나라도 민간조사업에 대해 적극적인 현장방문을 통한 관리감독이 필요하다. 지금까지 우리나라에 많은 불법 심부름센터 등 업소들이 관리감독 없이 불법행위를 지속해오고 있다. 공식적으로 민간조사업을 양성화하고 체계적인 관리감독을 통해 의뢰인들이 양질의 서비스혜택을 받을 수 있도록 해야 한다.[26]

민간조사원이 거짓이나 그 밖의 부정한 방법으로 민간조사원 자격을 취득한 경우, 민간조사업 신고확인증을 양도하거나 대여한 경우, 민간조사업 업무정지처분을 받고 그 업무정지 기간에 민간조사 업무를 한 경우, 민간조사업법을 위반하여 징역형이 확정된 경우 등은 행정안전부에서는 청문 절차를 거쳐서 그 자격을 취소하여야 한다. 행정안전부장관 또는 사무소의 소재지를 관할하는 시장 등은 민간조사원에 대한 감독을 위하여 필요하다고 인정하면 해당 민간조사원에 대하여 업무에 관한 사항을 보고하게 하거나 자료의 제출 또는 그 밖에 필요한 명령을 할 수 있으며, 소속 공무원으로 하여금 그 사무소에 출입하여 장부·서류 등을 검사하거나 질문하게 할 수 있어야 한다. 이 경우에 출입·검사 등을 하는 공무원은 행정안전부령으로 정하는 증표를 지니고 상대방에게 이를 보여주어야 한다. 두 개

24) 최선호, “주거침입죄에 관한 소고”, 「법학연구」, 2008, p.297.
25) Keith M. “The sociology of the professions”, London: SAGE Publications, 1995.
26) 경찰청, “민간조사제 어떻게 도입해야 하나”, 2015.

이상의 사무실을 설치한 경우, 휴업신고를 하지 아니한 경우, 위임인으로부터 보수 외에 금전 또는 재산상 이익이나 그 밖의 반대급부를 받은 경우 등은 사무소의 소재지를 관할하는 시장 등은 6개월의 범위에서 기간을 정하여 업무의 정지를 명하도록 해야 한다.

V. 마치며

우리나라는 국가기관의 공권력에 대한 누수 현상이 많이 발생하고 있어 공권력의 낭비를 최소화하여 사회적인 약자와 서민을 위한 민생치안의 문제를 해소하고, 국민들의 보험사기, 채무자의 소재파악, 사실조사, 증거조사 등 다양한 권리구제가 반드시 필요한 상황에서 민간조사제도가 도입됨으로써 국민들이 불법 심부름센터 등에 의뢰하는 것을 국가가 인증한 업체에 의뢰함으로써 여러 가지의 피해도 예방되고 적은비용으로 권리구제를 받는 등의 피해를 회복할 수 있다. 따라서 우리나라도 법과 제도를 정비하여 하루빨리 민간조사원을 활용해서 참여시킬 필요가 있다. 민간조사제도 필요성은 자신의 권익보호와 조속한 피해회복을 위해서 민간조사원을 통해 전문적으로 사실조사·정보수집 활동의 도움을 받을 수 있고, 현재 이루어지고 있는 심부름센터 등의 불법행위로부터 국민을 보호하고 자격요건 강화를 통해 일자리를 창출할 수 있다.

새로운 일자리 창출면에서도 특정 전문분야에 대한 전문적인 지식과 경력을 가진 사람들을 많이 양성하여 현대 사회의 복잡하고 다양한 사건과 문제들을 신속하게 처리할 수도 있다. 민간조사제도 도입 시 한국은 약 1만 5천 명의 민간조사원이 종사하고, 1조 2,724억원 규모의 매출액이 발생할 것으로 예상된다.[27)]

대부분의 선진국가들은 민간조사제도를 채택하여 자격시험제도와 체계적인 교육제도를 통하여 유효하게 잘 운영되고 있다. 따라서 우리나라에서도 국민의 신뢰를 바탕으로한 자격시험 및 교육훈련제도 운영을 위해서는 행정안전부 소관 하에 등록제 형태로 이루어져야 한다. 국가에서 엄격한 관리·감독을 하면서 전문성과 윤리성을 고루 갖춘 민간조사원을 선발하게 된다면, 국민들에게 양질의 서비스를 제고할 수 있을 것으로 판단한다.

---

27) 장현석·이승철·이상원·한성일, “민간조사제도 법제화 필요성과 바람직한 도입방안”, 2013, p.103.

참고문헌

<단행본>

권창기·김홍제·김영숙, 탐정학, 진영사, 2011.

강영숙, “탐정(민간조사)학 개론”, 2009.

이상원·이승철, “탐정학”, 진영사, 2018.

<논문>

1. 국내문헌

김정규, 공인탐정 자격운용 및 교육훈련 방안에 관한 연구, 2017, 44면.

강동욱, 민간조사제도의 도입에 관한 논의, 한국법정책학회, 제13집 제3호, 2013.

경기대학교 산학협력단, 민간조사제도 법제화 필요성과 바람직한 도입방안, 2013, 99~100면.

경찰청, 민간조사제도 법제화 필요성과 바람직한 도입방안, 2013, 4~7면.

경찰청, 민간조사업 도입, 대한민간조사연구학회·한국경찰학회 공동국제학술세미나 자료, 2013.

경찰청, “민간조사제 어떻게 도입해야 하나”, 2015.

나영민, “민간조사업의 전망과 대응”, 「한국경호경비학회」, 23(1): 23, 2006.

박동균·김태민, “미국 민간조사산업의 특징 및 함의”, 「한국민간경비학회보」, 2012, 114~120면.

박해주, 공인탐정제도의 국내 도입방안에 관한 연구, 한세대학교 대학원 박사학위 청구논문, 2014, 100면.

신현주, “탐정제도의 도입방안에 관한 연구”, 「석사학위 논문」, 광운대학교 일반대학원, 2007.

이성용·최천근·최대현, 민간조사업의 관리에 관한 입법정책과 자격시험·교육의 구체화 방향, 계명대학교 산학협력단, 2015, 174~176면.

이주락, “민간조사제도의 도입 필요성”, 「시큐리티월드」, 2011년 6월호, 2011.

이영래, “선진외국 민간조사제도의 시사점”, 한국치안행정논집 5권(2호).

이인기, “공인탐정, 민간조사제도의 필요성 및 추진상황”, 「한국치안행정학회」, 제11호, 2008.

정일석, “민간경비 영역확장을 위한 민간조사제도 도입 방안”, 「박사학위논문」, 용인대학교 대학원, 2008.

정웅, 민간조사관 자격시험 및 교육훈련 제도 모형에 대한 연구, 치안정책연구 제24권, 2010, 251면.

정덕영, 공인탐정제도의 발전방향, 2017, 17~18면.

장현석·이승철·이상원·한성일, “민간조사제도 법제화 필요성과 바람직한 도입방안”, 2013, 103면.

최선호, “주거침입죄에 관한 소고”, 「법학연구」 29, 2008, 289~310면.

최원태, “실종아동정책의 효과적 확립방안에 관한 연구”, 2007, 214면.

최종상, 공인탐정제도의 안정적 도입을 위한 자격시험 및 교육훈련 방안, 대한민간조사연구학회 학술세미나, 2017.

최현락, 민간조사업의 도입 모델에 관한 연구, 동국대학교 박사학위논문, 2008.

황정익, 공인조사(공인탐정)제도의 도입에 관한 연구, 치안연구소, 2005.

2. 국외문헌

Keough. M. E., Simmons, T., & Samuels, M. (2004). "Missing persons in post-conflict settings: best practices for integrating psychosocial and scientific approaches", The journal of the Royal Society for the Promotion of the Royal Socoety for the Promotion of Health, Vol. 124, No. 6, 2004, p.272.

Macdonald, Keith M. 1995, "The sociology of the professions", London: SAGE Publications

財団法人 社会安全研究財団, 諸外国における探偵業の実態調, 査報告書, 平成17年6月, 59면.

3. 기 타

미국 노동성 노동통계국 홈페이지(http://www.bls.gov/ooh/protective-service/private-detective-and-investigators.htm)

영국 보안산업국 홈페이지(https://www.sia.homeoffice.gov.uk/Pages/licensing-private-investigations.aspx)

제13장

데이터 융합 추적

제13장

데이터 융합 추적

Ⅰ. 개 요

‘실종자’ 문제가 발생하는 상황도 매우 많고 다양하다. 여기에는 황색경보, 자연재해 중 가족의 통일에서 벗어난 가출 또는 행방불명된 사람들이 포함된다. 실종자 수색은 가출자, 인지장애 성인, 실종자 등을 위해 비슷한 작업을 수행해야 한다. 경찰은 용의자든 피해자든 범죄와 관련된 이해관계자를 수색할 때도 같은 문제를 안고 있다. 위에 열거된 각 상황에 대해 당국은 그 사람에 대한 신체적인 설명을 가지고 있다(예: 중간 체격의 백인 남성, 파란색 셔츠와 검은색 청바지를 입고 있다).[1] 물리적 속성은 사람의 검색을 위한 부드러운 마커로 사용된다.[2] 실종자에 대한 추가정보는 가족, 트위터 게시물, 페이스북 업로드, 대중의 전화 등에서 나온다. 사용 가능한 차량정보는 자동차부(DMV) 기록과 공동으로 관련될 수 있다.

정보출처와는 상관없이 그것은 검색이 수행되는 실종자의 몇 가지 식별 특징을 가질 것이다. 경찰학회지 실종자 관련 저작에 따르면 실종자 사건을 다루는 첫 번째 단계 중 하나는 인근의 감시카메라 영상을 검색하는 것이다. 예를 들어, 웨스트 라파예트 IN은 모든 도시 버스, 도심 지역의 많은 교차로, 대부분의 지역 비즈니스 빌딩 및 모든 경찰차에 카메라를 장착한다. 게다가 경찰 스스로도 근무할 때 신체부착 카메라(body cam)을 장착하고

1) M. Stonebraker, B. Bhargava, M. Cafarella, Z. Collins, J. McClellan, A. Sipser, T. Sun, A. Nesen, K. Solaiman, G. Mani, K. Kochpatcharin, P. Angin, and J. MacDonald, “Surveillance video querying with a human-in-the-loop,” in Proceedings of the Workshop on Human-In-the-Loop Data Analytics with SIGMOD, 2020.

2) J. Wang, X. Zhu, S. Gong, and W. Li, “Attribute recognition by joint recurrent learning of context and correlation,” in Proceedings of the IEEE International Conference on Computer Vision, 2017, pp.531~540.

있다. 웨스트 라파예트 경찰은 이미 실종자를 찾기 위해 수동으로 비디오를 검색하는 데 몇 시간을 소비하고 있다.[3] 이러한 이질적인 데이터 소스로부터의 데이터 융합은 자동 정보검색 및 질의에 귀중한 기능 추가가 될 것이다.

Find-Them이라는 시스템을 구축하여 이러한 데이터 소스들 사이에서 비디오 캡처, 트윗 및 팁 수집, 특징인 식별 및 정보융합을 수행하는 시스템을 설명하고자 한다. Find-Them에서는 누구나 멀리서 찍은 비디오가 해상도가 낮고 보통의 경우 조명 조건이 좋지 않기 때문에(눈, 비 또는 어둠 때문에) 얼굴인식을 시도하지 않는다. 대부분의 관심 있는 사람들은 실종자 수색을 담당하는 업무에 있어서 얼굴인식의 의존을 불가능하게 만드는 카메라로부터 배경에 있거나 멀리 떨어져 있을 수 있다.[4] 그러므로 연구자의 관심은 대신 성별, 의류(예: 야구모자, 셔츠), 표시(예: 문신)와 같은 다른 특징에 초점을 맞춘다.

우선, 실종자를 식별하는 것은 데이터 캡처 문제이다. 이전에 명시된 바와 같이, 실종자에 대한 정보는 감시 카메라, 트윗, 가족 구성원 및 이전 사건과 같은 여러 출처에서 나올 수 있다. 이러한 다중 모드 데이터를 저장하는 것은 규모에 따라 스토리지 문제에 해당한다. 데이터는 여러 모드에서 많은 양으로 나오기 때문에 제안된 스토리지 시스템은 대규모로 서로 다른 모드의 데이터를 정규화해야 한다.

다중 모드 데이터에서 특정 실종자에 대한 관련 정보를 찾는 것은 각 모드에서 시스템별 특성 식별과 이러한 모드를 통한 복합 쿼리(query)를 위한 컨텍스트 기반 데이터 통합이 필요하다. Stonebraker 등이 논의한 바와 같이, 자산 식별을 위한 훈련 데이터는 획득하는 데 비용이 많이 들고, 실제 애플리케이션의 입력 데이터는 종종 잡음이 발생한다. 실종자 문제의 경우, 전통적인 딥 러닝 방법은 엄청난 양의 특정 교육 데이터를 필요로 하기 때문에 비용이 많이 든다. 따라서 전통적인 기계학습 방법은 주문형 실종자 식별을 위한 특정 기능을 추출하는 데 실패할 수 있다.

마지막으로, 실제 애플리케이션에는 테라바이트의 정보가 있다. 따라서 모든 데이터 융합은 여러 데이터 소스를 수용하면서 대규모로 수행되어야 한다. Find-Them은 멀티 모달 데이터 캡처 및 스토리지 문제를 해결하기 위해 스트리밍 데이터 캡처 및 다운샘플링 방법을 구현해야 한다. 확장성을 달성하기 위해 Find-Them은 원시 데이터와 획득된 속성을 모두 Postgres 데이터베이스에 로드한다. 원시 데이터 및 속성은 냉장 저장소와 온라인 속성 서버 사이에 별도로 저장되어 속도 및 확장성을 달성한다.

---

3) Stonebraker et al., supra note 1.
4) Wang et al., supra note 2.

Ⅱ. 관련 작업

실종자 수색은 사회적, 계산적 측면의 여러 분야에서 작업을 이끌어내는 중요한 현실적인 문제이다. 실종자 찾기에서는 누락된 사용자 검색 응용프로그램이 이용될 수 있다.

1. 실종자 찾기 앱

실종자 찾기 앱인 People Locator(PL),[5] Myosotis,[6] NamUs,[7] Google Person Finder[8]와 같은 응용프로그램은 서로 다른 레벨을 허용한다. 이것들은 실종자 검색 및 비교 기능을 파악할 수 있다. 가족 통일 후 재난을 위한 검색 응용프로그램인 People-locator[9]는 구조화된 웹 양식, 앱(App) 기반 커뮤니티 보고서(ReUnite), 이메일의 비구조화된 텍스트, 이미지 기반 병원보고서(TriagePic), PFIF(People Finder Interchange Format) 데이터 형식과 같은 실종자를 검색하고 보고하기 위한 여러 가지 양식을 결합한다.

Find-Them과 유사하게 관련성 매칭을 위해 PL은 SQL 쿼리(query) 기반 데이터베이스 검색과 Apache Soler[10] 기반 인덱싱 및 검색 문자열 매칭을 사용했다. 그러나 이러한 툴들은 얼굴 매칭 또는 다중 모드 검색기능이 부족하다. NamUs는 (1) 실종자의 인구통계, 설명자 및 고유한 특성을 검색할 수 있다. (2) 지리, 날짜 및 물리적 특징에 따라 자동으로 사례를 비교하고 연결 및 조사의 단서를 찾는 데 도움이 된다. (3) 맞춤형 사례지도를 생성한다. NamU는 Find-Them과 유사한 비교 및 검색기능을 가지고 있다. 구글 Person Finder는 실종자 지위를 게시하고 검색하는 재난 시간 등록부이다. 최근 Myosotis[11]는 이질적인 실종자 데이터베이스의 데이터를 수집하고, 대화식 지도를 통해 시각화를 허용하며, 새로운 실종발생 확률의 추정을 추론하기도 한다. NamUs도 Google Finder도 Myosotis도 이종 데이터 스트리밍에서 멀티 모달 또는 주문형 검색을 허용하지 않는다.

2. Person Re-identification(RE-ID)

Person Reid는 텍스트 또는 이미지 쿼리(query)를 통해 비디오 피드에서 사람을 검색하

5) G. Pearson, M. Gill, S. Antani, L. Neve, and G. Thoma, "People locator: A system for family reunification," IT Professional, Vol.14, No.3, pp.13~21, may 2012.
6) R. S. Ferreira, C. G. de Oliveira, and A. A. Lima, "Myosotis: An information system applied to missing people problem," in Proceedings of the XIV Brazilian Symposium on Information Systems, 2018, pp.1~7.
7) https://nij.ojp.gov/topics/articles/solving-missing-indigenous-person-datacrisis-namus-20.
8) https://en.wikipedia.org/wiki/Google Person Finder.
9) Pearson et al., supra note 5, pp.13~21.
10) http://lucene.apache.org/solr
11) Ferreira, supra note 6, pp.1~7.

는 것을 의미한다. 기존 사람 재유도 방법은 감독된 학습과 감독되지 않은 학습,[12] 기술을 모두 사용한다.[13] Identityaware 주석,[14] [15] 및 제로 샷 학습은 텍스트 속성 쿼리(query)를 사용하여 인물 재아이디(re-id)에 대한 이미지와 텍스트 설명 간의 일치된 성능을 증가시켰다. 위의 모델에서 속성 인식은 상당한 양의 훈련 샘플을 필요로 한다. 다중 모드 검색은 쿼리(query) 응답형식의 사용자 재아이디(re-id)와 다르다. 크로스 모달 검색을 통해 다른 데이터 모달리티를 쿼리(query) 및 응답으로 사용할 수 있다.[16]

증강자는 퍼지(fuzzy) 규칙 기반 계층 분류기를 사용하여 얼굴 속성과 의미 색 정보를 속성에 융합하여 얼굴 스케치로 다시 유도한다. Find-Them은 얼굴 인식을 수행하지 않고 오히려 색상정보를 포함한 다양한 의미 속성을 통해 사람을 재유도한다. 텍스트 속성 추출을 위한 기존방법은 명사구문을 잠재적 속성값으로 간주한다.[17] Aggarwal은 관련 이미지를 사용하여 후보 구문을 필터링한다. Wang 등은 사전 클러스터링 접근법에 따라 명사구(noun phrases)를 상체와 같은 특정 속성구로 분류한다. 이러한 접근방식은 스트리밍 문서의 소음과 음성 태그(parts-of-speech tagger)의 성능 병목현상을 고려하지 않는다. 또한 속성 이름과 값 추출을 구분하지 않다.

3. 상호 모달 매칭과 상관 학습

멀티 모달 매칭에서의 이전 작업들은[18]은 대부분 다른 모달리티의 특징들을 모달리티

12) Stonebraker et al., supra note 1.
13) H.-X. Yu, W.-S. Zheng, A. Wu, X. Guo, S. Gong, and J.-H. Lai, "Unsupervised person re-identification by soft multilabel learning," in Proceedings of the IEEE/CVF Conference on Computer Vision and Pattern Recognition, 2019, pp.2148~2157.
14) S. Aggarwal, V. B. Radhakrishnan, and A. Chakraborty, "Text-based person search via attribute-aided matching," in Proceedings of the IEEE/CVF Winter Conference on Applications of Computer Vision, 2020, pp.2617~2625.
15) Z. Wang, Z. Fang, J. Wang, and Y. Yang, "Vitaa: Visualtextual attributes alignment in person search by natural language," in European Conference on Computer Vision. Springer, 2020, pp.402~420.
16) M. Khan and A. Jalal, "A fuzzy rule based multimodal framework for face sketch-to-photo retrieval," Expert Systems with Applications, Vol.134, 5/2019.
17) Aggarwal, supra note 14, pp.2617~2625.
18) J. Rupnik and J. Shawe-Taylor, "Multi-view canonical correlation analysis," in Conference on Data Mining and Data Warehouses (SiKDD 2010), 2010, pp.1~4; L. Zhang, B. Ma, G. Li, Q. Huang, and Q. Tian, "Generalized semi-supervised and structured subspace learning for cross-modal retrieval," IEEE Transactions on Multimedia, Vol.20, No.1, pp.128~141, 2017; Y. Peng, J. Qi, X. Huang, and Y. Yuan, "Ccl: Crossmodal correlation learning with multigrained fusion by hierarchical network," IEEE Transactions on Multimedia, Vol.20, No.2, pp.405~420, 2017; W. Wang, R. Arora, K. Livescu, and J. Bilmes, "On deep multi-view representation learning," in International conference on machine

특정 변환을 사용하여 공유 임베딩 공간으로 투영하는 아이디어를 따랐다. 정준 상관분석은 쌍 정보를 사용하여 선형 투영을 학습하기 위한 상관학습에 중점을 둔다.[19] 이와는 대조적으로 장(Zhang) 등은 클래스 레이블과 같은 쌍방향 및 의미정보를 모두 사용하여 공통 하위공간을 학습한다. 왕(Wang) 등은 다중 모달 데이터 객체의 비선형 표현에 대한 자동 인코딩기 정규화 용어와의 깊은 표준상관분석을 확장하였다. 펑(Fang) 등은 계층적 네트워크와의 모드 내 및 인터모달리티 상관관계를 더 잘 인코딩하였다. 최근 몇몇 방법들은 인코더 네트워크를 사용하여 다른 양식에 대한 더 풍부한 의미 표현을 배운다. 이전에는 인코딩 네트워크를 구축하기 위해 주의 메커니즘,[20] 그래프 표현,[21] 생성모델을 사용했다.[22] Deep Relational Similarity Learning은 관계학습을 통합하여 암시적인 비선형 거리 메트릭을 캡처함으로써 공통 공간을 명시적으로 학습하는 것을 피한다.[23]

위에서 언급한 학습방법은 주로 바이모달 데이터 세트에서 좋은 성능을 나타내지만, 많은 양의 훈련 데이터가 필요하며 규모가 잘 조정되지 않는다. 데이터 표현은 여러 모달리티 또는 데이터 소스에 걸쳐 일반화 기능이 부족하다. 또한 기존의 많은 응용 도메인들은 이미 확립된 특징 학습 방법을 가진 사전 유도된 도메인 특정 특징을 가지고 있지만, 위의 모델은 이러한 소스를 통합할 수 없다. 또한, 메트릭스 학습방법에 대해 제안된 많은 마이닝 전략은 단일한 매칭을 위한 것이다. 이러한 방법은 사용자 지정 데이터 관련성을 교육 샘플 또는 클래스 레이블과 통합할 수 있다.

Find-Them에 기술된 데이터 융합 방법론은 위의 문제에 대한 해결책에 초점을 맞추고 있다. 여러 모달리티들 간의 데이터 융합은 정서분석,[24] 이미지 텍스트 매칭,[25] 얼굴 검색,[26]

---

learning. PMLR, 2015, pp.1083~1092.

19) Rupnik and Shawe-Taylor, supra note 18, pp.1~4.

20) S. Sah, S. Gopalakrishnan, and R. Ptucha, "Aligned attention for common multimodal embeddings," Journal of Electronic Imaging, Vol. 29, pp.023013-023013, 2020.

21) K. Li, Y. Zhang, K. Li, Y. Li, and Y. Fu, "Visual semantic reasoning for image-text matching," in Proceedings of the IEEE/CVF International Conference on Computer Vision, 2019, pp.4654~4662.

22) F. Wu, X.-Y. Jing, Z. Wu, Y. mu Ji, X. Dong, X. Luo, Q. Huang, and R. Wang, "Modality-specific and shared generative adversarial network for cross-modal retrieval," Pattern Recognit., Vol.104, pp.107~335, 2020.

23) X. Wang, P. Hu, L. Zhen, and D. Peng, "Drsl: Deep relational similarity learning for cross-modal retrieval," Inf. Sci., Vol.546, pp.298~311, 2021.

24) S. Poria, E. Cambria, N. Howard, G.-B. Huang, and A. Hussain, "Fusing audio, visual and textual clues for sentiment analysis from multimodal content," Neurocomput., Vol.174, No. PA, pp.50~59, Jan. 2016. [Online]. Available: http://dx.doi.org/10.1016/j.neucom.2015.01.095

25) K. Li, Y. Zhang, K. Li, Y. Li, and Y. Fu, "Visual semantic reasoning for image-text matching," in Proceedings of the IEEE/CVF International Conference on Computer Vision, 2019, pp.4654~4662.

26) Khan and Jalal, supra note 16.

그리고 문맥에 대한 더 나은 이해를 위해 시각적 질문 응답과 같은 많은 응용영역에서 사용되어 왔다. 이러한 접근방식은 각 응용프로그램 도메인에 대해 잘 수행되었지만 일반화 기능이 부족하다. Find-Them[27]과 유사하게 비디오에서 탐지된 객체를 지속적으로 질의하고 텍스트에서 객체를 일치시킴으로써 다중 모드 관계 지식기반을 구축했다. 그러나 속성별 검색을 수행하지 않으며 다중 모드 사용자 검색에 대해 일반화할 수 없다.

Ⅲ. 시스템의 개요

[그림 13-1]은 Find-Them의 아키텍처를 보여준다. Find-Them은 데이터 섭취, 특징 식별, 관련 모델링 및 데이터 검색의 네 가지 모듈로 나뉜다. 데이터 섭취는 데이터 캡처 및 데이터 저장의 문제를 다룬다. 시스템은 스트리밍 데이터를 캡처하여 필요한 전처리 후 서버 끝의 Postgres에 로드한다. 특징 추출은 각 데이터 소스에 대해 유형이 적절한 모델을 사용하여 로드 시간 동안 수행한다. 추출된 속성은 엔티티-속성-관계 모델에 의해 결정된 스키마에 따라 포스트 그레스에 삽입된다. 정의된 스키마는 관련성 모델링 단계에서 여러 소스 간의 데이터 통합을 만드는 데 사용된다. 사용자는 데이터 검색 단계에서 시스템에 원샷 및 스탠딩 쿼리(query)를 발행한다. 섭취 및 검색 시스템은 병렬로 작동할 수 있다. 사용자 선호 모델은 사용자 질의의 이력으로부터 구축되고 데이터 검색을 위한 관련성 모델과 함께 사용된다.

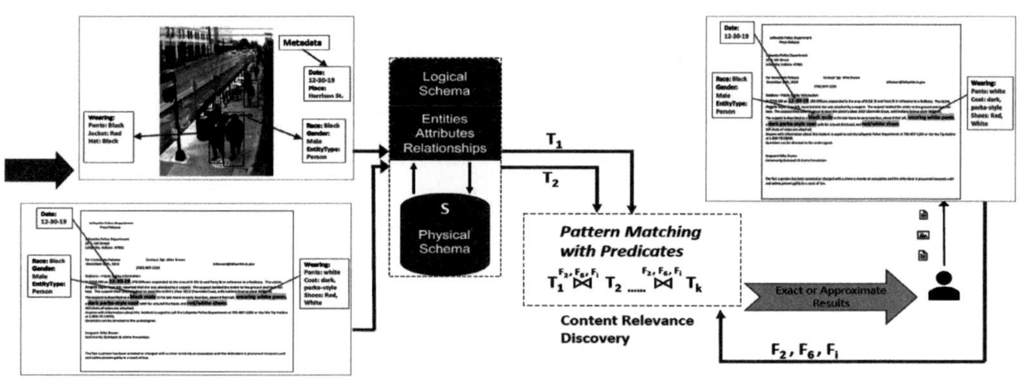

[그림 13-1] 찾기를 위한 시스템 아키텍처

27) S. Palacios, K. Solaiman, P. Angin, A. Nesen, B. Bhargava, Z. Collins, A. Sipser, M. Stonebraker, and J. Macdonald, "Wip-skod: A framework for situational knowledge on demand," in Heterogeneous Data Management, Polystores, and Analytics for Healthcare. Cham: Springer International Publishing, 2019, pp.154~166.

1. 데이터 캡처

Find-Them에서 연구자는 비디오, 비구조화된 텍스트 및 트윗을 위한 스트리밍 데이터 캡처 시스템을 사용한다. 트윗을 캡처하는 동안 해시태그(#wetip, #FultonMissing)와 사용자 프로필(@CambMA, @WLPD)로 트윗을 필터링했다. 우리는 트위터 검색 API를 사용하여 역사적인 트윗에서 특정 해시태그나 사용자 ID가 있는 트윗을 찾는다. 스트리밍 API는 검색 태그와 일치하는 스트리밍 트윗을 캡처했다. 마지막으로, 연구자는 카프카를 배치하여 그것들을 포스트 그레스 데이터베이스에 취합하여 데이터 캡처 모듈에서 보듯이 각 케이스를 주제로 하여 실종자 사례를 분리하도록 한다. 카프카 소비자들은 주제에서 읽고 API에서 Postgres까지 JSON 출력을 저장한다.

트윗 전처리 모듈은 또한 JSON 출력을 입력으로 사용한다. 카프카를 사용하여 각 케이스에서 별도로 읽으면 여러 실종자의 병렬처리가 보장된다. 각 모드에 대해, 우리는 높은 수준의 특성 식별을 가진 다른 전처리 시스템을 적응시킨다. 추출된 속성은 애플리케이션 도메인의 요구사항에 기초하여 선택된다. 이 추가적인 특징의 식별단계는 복잡한 쿼리(query) 동안 응답시간을 줄이기 위해 로드 시간에 수행된다.

후속 특징의 식별단계는 전처리 단계의 출력을 입력으로 사용한다. 입상 특징은 더 복잡하고 종종 계산의 오버헤드를 포함한다. 따라서 사용자는 주문형 기능을 추출해야 한다. 예를 들어, 실종자의 경우 당국은 인간의 속성을 찾고 있기 때문에 사람들은 비디오 피드를 위한 데이터 취합 중에 식별된다. 특징 식별의 후기 단계에서는 성별, 인종, 의상(착용)의 색상과 같은 사람의 다른 특성을 추출한다.

2. 비디오 피드의 전처리

Find-Them은 비디오 피드에 대한 SurvQ과 유사한 침입 단계를 따른다.[28] 비디오가 실시간 또는 수동의 벌크 업로드로 서버에 도착하면 현재 형식에서 MP-4로 변환되고 추가 처리를 위해 초당 하나의 프레임으로 샘플링된다. YOLO[29]는 Pascal VOC 데이터 세트(http://host.robots.ox.ac.uk/pascal/VOC/)에 설명된 객체를 식별하기 위해 이들 프레임 각각에 적용된다.

고수준 객체 탐지를 위해 Find-Them은 많은 수의 객체 클래스를 가진 사전 훈련된 모

---

28) Stonebraker et al., supra note 1.

29) J. Redmon and A. Farhadi, "Yolov3: An incremental improvement," CoRR, vol. abs/1804.02767, 2018. [Online]. Available: http://arxiv.org/abs/1804.02767

델의 실행 시간 효율성과 가용성 때문에 YOLO를 사용한다. 파스칼 VOC 데이터 세트에는 사람 및 7가지 유형의 차량을 포함한 20가지 클래스 레이블이 포함되어 있어 실종자 문제에서 사전 훈련된 모델에 대한 좋은 후보자가 된다. 그 후 각각의 YOLO-검출된 물체는 더 미세한 입상 물체의 특성을 식별하기 위해 특징 추출단계에서 더 조사된다.

3. 비구조화된 텍스트 및 트윗에 대한 사전 처리

문서는 들어오는 형식에서 일반 텍스트로 변환된다. 전처리 모듈은 데이터 수집의 출처에 따라 전문용어, 기사, 약어, 짧은 형태의 정규 영어단어를 제거하여 문서의 텍스트를 표준화한다. 나머지 텍스트는 하위 사례로 변환된다.

트위터 API의 결과는 많은 메타데이터와 함께 나오는데, 이는 데이터 융합과정에서 도움이 된다. API로부터 출력되는 원 JSON 객체는 메타데이터와 원문 텍스트를 분리하기 위해 파싱된다. 트윗의 텍스트는 구조화되지 않은 텍스트와 유사하지만 전문용어, 해시태그, 사용자 태그 및 약어를 포함한다. 그래서 트윗을 문서로 처리하기 전에 트윗의 텍스트는 전문용어를 제거하거나 가장 가까운 영어단어로 대체한 후에 청소된다. 다음 단계로, 해시태그와 사용자 태그가 텍스트에서 제거된다. 문서용으로 설계된 특징 추출 모듈은 이러한 청소 및 구문분석된 텍스트를 입력으로 사용한다.

Find-Them에는 비디오 및 텍스트용 기능 추출기 라이브러리가 확장되어 있다. 실세계 애플리케이션의 데이터 세트 검증에 사용된 실험결과와 함께 특징 추출 섹션에서 실종자 문제에 필요한 추출기를 자세히 설명한다. 그러나 Find-Them은 다른 양식 및 특징 추출기로 확장할 수 있다. 다른 양식에 대한 기능 추출기는 Find-Them의 플러그 및 재생 모드에서 추가 및 사용할 수 있다. 또한 동일한 출력 특성을 가지고 있기 때문에 본 논문에서 사용된 것과 다른 특징 추출기를 사용할 수도 있다.

4. 데이터 저장소

데이터 저장소에는 확장성과 빠른 응답시간을 달성하기 위해 사용자는 각 양식에 대한 별도의 Postgres 테이블에 특징 추출기의 출력을 저장하고, 보관된 원시 비디오 및 텍스트에 대한 포인터와 함께 저장한다. 트윗 메타데이터와 사용자 메타데이터는 서로 다른 테이블에 저장된다. 이 솔루션을 사용하면 SQL 쿼리(query)를 통해 실시간 관련 데이터 개체를 찾을 수 있다.

Ⅳ. 관련성 모델링과 데이터 융합

1. 스키마 매핑을 사용한 엔티티-속성-관계 모델

실시간 데이터 융합을 위해, 우리는 각 응용 도메인에 대한 엔티티-속성 관계(EAR) 모델을 구축한 다음, [그림 13-2]에서 보듯이 스키마 S를 가진 관계형 데이터베이스에 매핑하는 것을 제안한다. 각 소스는 정의된 스키마를 따라야 한다. 시스템에 새 데이터 소스를 추가하려면 EAR 모델과 스키마를 확장해야 한다. 예를 들어, 그림 3a와 그림 3b는 웨스트 라파예트 경찰서의 개인식별 문제에 대한 사건 보고서와 비디오의 개별 스키마를 보여준다. 그림 3c에서는 관심 있는 사람을 설명하는 관련 데이터 객체를 마이닝하기 위해 교차 모달 검색을 위한 제안된 조합 스키마를 보여준다. 데이터 저장 중에 비디오 및 텍스트에서 추출한 모든 기능을 위의 스키마로 변환했다.

2. SQL 결합을 통한 데이터 융합

본 논문에서는 데이터 융합을 위해 SQL 질의(ERS)를 이용한 엔티티-속성 관계 모델을 제안한다. 각 소스의 데이터는 스키마 매핑 후 동일한 스키마를 가지므로 다른 양식의 데이터 객체 간의 일치는 테이블 간의 JOIN 쿼리(query)로 변환된다. 결과는 JOIN 쿼리(query)에 부과된 조건에 따라 정확하거나 근사적인 일치로 제시될 수 있다. 간략한 예로서 [그림 13-2]에서는 비디오 피드에서 나온 기능을 표 T1로 변환하고, 사건 보고서에서 추출한 기능을 스키마 매핑 후 표 T2로 변환한다.

사용자가 F2, F6, … Fi 기능을 가진 사람에게 관심이 있는 경우, F2의 모든 번역된 테이블에 위에 F2, F6, … Fi에 대해 JOIN 쿼리(query)를 작성한다.

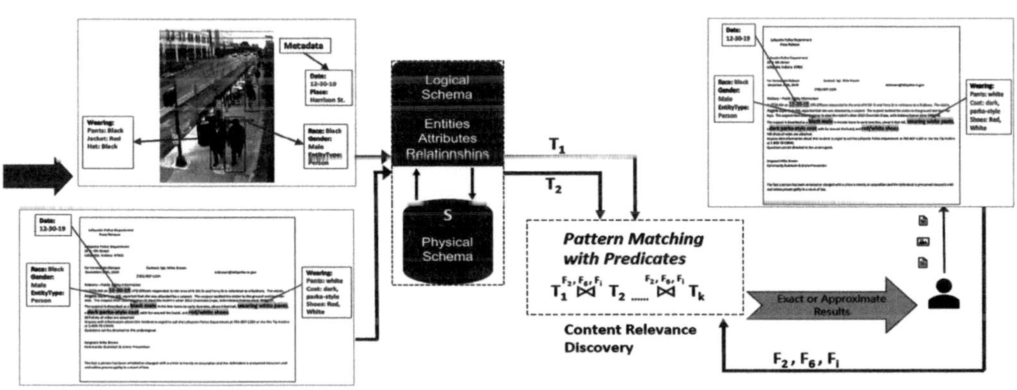

[그림 13-2] 관련 데이터 추천을 위한 데이터 융합

3. 사용자 선호 모델링

Find-Them은 사용자 요구사항의 변경사항을 추적하기 위해 단순화된 사용자 선호 모델링을 사용한다. 누구나 사용자가 작성한 역사적 쿼리(query)에 대한 기록을 보관해야 한다. 스트리밍 데이터 전송 중에 현재 사용자 쿼리(query)에 대해서만 알림을 발신한다. 향후 개선을 위해 사용자 질의의 내역을 사용하여 예측 모델을 구축하고 있다. 이 모델은 컨텍스트와 현재 사용자의 쿼리(query)를 기반으로 더 나은 주문형 데이터 전달 및 알림 생성을 보장한다.

Ⅴ. 데이터 검색

데이터 검색 중에 Find-Them은 사용자가 실종자 사건을 만들거나 실종자를 설명하는 예제 비디오/이미지/문서/플라이어([그림 13-4])를 업로드할 것으로 예상한다. [그림 13-5]에서 보듯이 사고발생을 위해 성별, 인종, 상체색, 하체색, 머리/머리색 등을 실종자에 대한 설명으로 업로드한다. 사용자들은 또한 그들이 검색하는 데 관심이 있는 날짜 범위와 검색 영역을 언급할 것이다. 전자의 경우, 모달리티 특정 특징 추출기를 사용하여 예제를 구문분석하고 추출된 특징을 사용자 입력으로 사용한다. [그림 13-1]에서 보듯이 사용자가 언급한 기능은 SQL 쿼리(query)의 술어로 간주되며 Postgres DBMS의 트리거로 정의할 수 있다. 1-샷과 스탠딩 쿼리(query)를 사용하면 과거 데이터와 스트리밍 데이터 모두에서 원하는 결과를 찾을 수 있다. 1-샷 쿼리(query)는 스키마 S를 위해 SQL로 즉시 변환되어 실행된다. 스탠딩 쿼리(query)는 트리거에 의해 처리되며, 트리거는 일치하는 데이터가 도착하면 자동으로 호출된다. 쿼리(query)가 하나의 양식에서만 정보를 포함할 때 검색은 간단한다. 유사한 데이터가 다른 모드에서 미래에 도착하면 융합 모델과 관련된 트리거가 그들을 연결하고 스트리밍 데이터 객체를 스탠딩 쿼리(query) 결과로 전달한다.

Ⅵ. 특징 추출

실종자를 위한 연구자의 주된 적용 사례는 웨스트 라파예트 경찰서의 신원 확인이었다. WLPD는 비슷한 방법으로 실종자와 용의자를 찾는다. 관심있는 사람들은 성별, 인종, 신체구조, 키, 머리 색깔, 옷의 색상 및 인물묘사와 같은 다른 신체적 특성 및 신체의 다른 가시적인 특징을 가지고 설명할 수 있다. 이러한 설명은 보도자료와 실종자 전단지를 통해 유포된다. 911 전화가 걸려 올 때마다 당국은 일련의 사건을 설명하는 사건 보고서를 작성한다. 적법한 조사가 끝난 후 관련 경찰관들은 그 사건에 대한 조사보고서를 작성한다. 이 두

보고서 모두 위에서 언급한 바와 같이 사람 설명을 포함한다. 우리는 사건 텍스트와 WLPD가 공유한 조사 보고서를 분석했다. WLPD는 식별정보의 적절한 익명화를 거쳐 이러한 보고서를 공유했다.

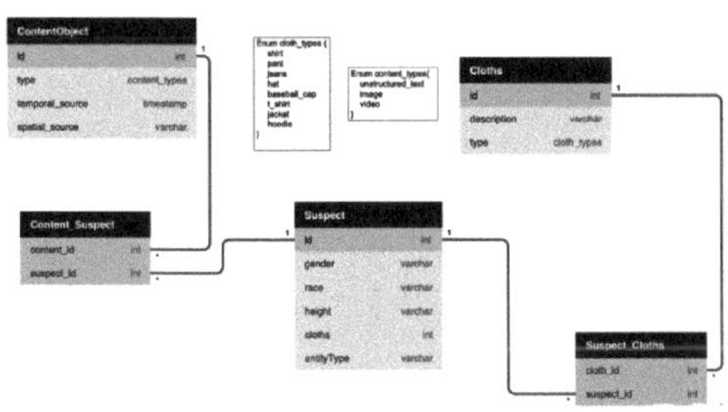

(a) 사건보고를 위한 도식

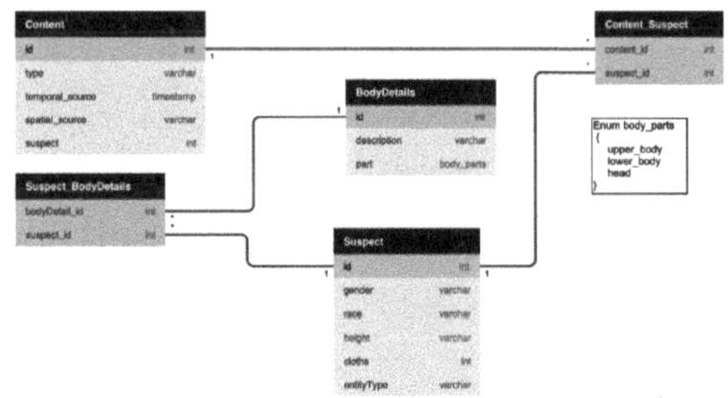

(b) 비디오 피드용 스키마

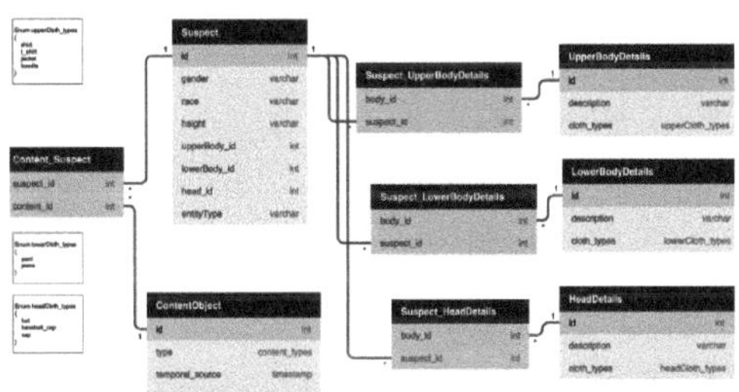

(c) 다중모드간 융합을 위한 복합적 스키마

[그림 13-3] 데이터 저장을 위한 스키마 모델

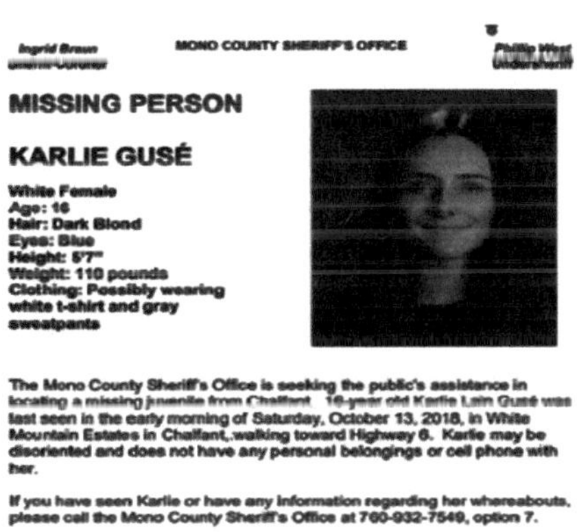

(a) Flyers

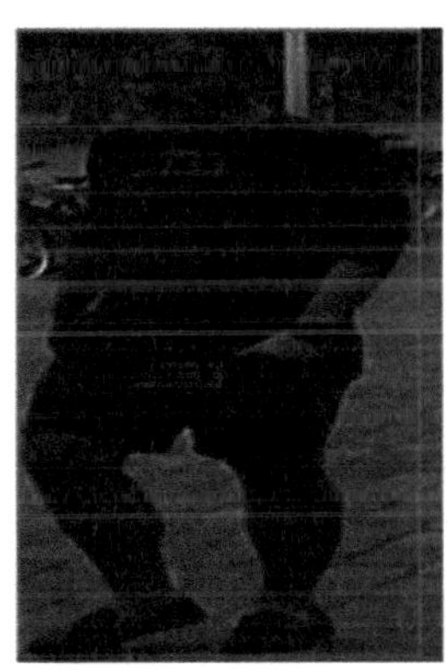

(b) Screenshots

[그림 13-4] 데이터 객체의 업로드 예제

문서에서 개인 프로파일링을 위한 다른 속성의 상위 빈도는 다음과 같다. 거의 모든 문서는 성별과 인종을 사용하며, 보고서의 78%는 옷을 사용하고(셔츠, 청바지, 바지, 재킷 등), 약 57%는 사람을 묘사하기 위해 키를 사용한다. 따라서 본 논문에서는 비디오와 텍스트에서 성별, 인종, 옷의 색상을 추출하는 데 사용된 특징 식별자만을 다음과 같이 기술한다. 영상 피드에서의 의복 색상을 식별하고 사람을 추적하기 위해 배경 객체 식별자로 YOLO를 이용한 휴리스틱 기반 컬러 샘플링 방법을 사용하였다.30) 이 방법은 프라이버시를 침해하지 않고 외부 식별자에 근거해서만 사람을 식별하고 추적할 수 있게 해준다. 비디오에서의 성별과 의복 검출을 위해 기존의 딥 러닝 객체 검출방법과 새로운 클래스 레이블을 사용하여 재교육된 YOLO에 의존하였다.

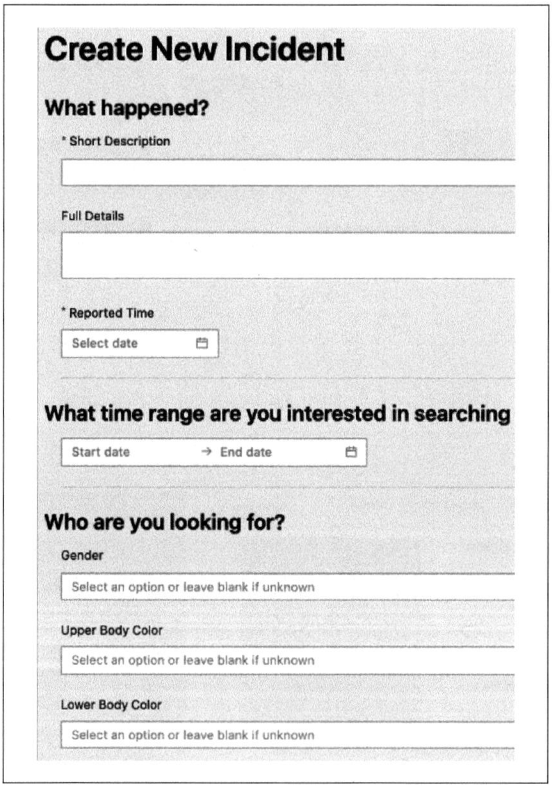

[그림 13-5] 사고 발생 페이지

30) Stonebraker et al., supra note 1.

비구조화된 텍스트에서 성별, 인종, 의복 세부사항 검출을 위해 정규표현 검색, Word 2 Vec 임베딩, 패턴 인식을 기반으로 한 HART 모델을 사용하였다. 또한, 동영상에서 객체를 설명하는 트윗이나 텍스트를 찾기 위해 주제 기반 유사도 검색기법을 사용하였다. 연구자는 이러한 모델을 실제 데이터 세트에서 벤치마킹하고 데이터 융합 동안 추출기 결과를 사용했다.

1. 신체 상세정보에 대한 색상 분석

색상 샘플링이 YOLO 검출로부터의 사람들의 경계상자를 사용한다.[31] 경계박스는 머리, 상부 섹션, 하부 섹션의 세 신체 부분으로 구획된다. 해부학에서 인체비율에 따라 경계상자에 대한 각 부분의 비율을 추정하여 신체부위를 세분화한다. 먼저, 분할된 영역의 각 픽셀로부터 RGB 값들을 추출한다. 추출된 RGB 값과 표준 RGB 값 사이의 가장 작은 거리를 계산하여 각 세그먼트에 대한 색상을 할당한다. 한 지역의 여러 색상의 경우 그 지역의 색상을 고려한다.

2. WLPD-Video-Dataset

연구자는 웨스트 라파예트 시의 다른 카메라와 위치에서 20시간 이상의 비디오를 수집하고 라벨을 붙였다. 12,200개가 넘는 이미지를 가진 6개의 사용자 지정 클래스는 성별, 옷 및 색상을 탐지하기 위해 YOLO 네트워크를 재훈련하고 테스트하기 위해 수동으로 레이블을 지정했다. 비디오의 각 1분짜리 청크는 약 20 프레임으로 구성되어 있으며 3초 간격으로 샘플링된다. WLPD-Video-Dataset의 검사 세트에서 의류색은 고정밀하게 인식되었고, 표본 머리 영역의 색상은 [그림 13-6]에서와 같이 배경의 색상에 영향을 받기 쉽다.

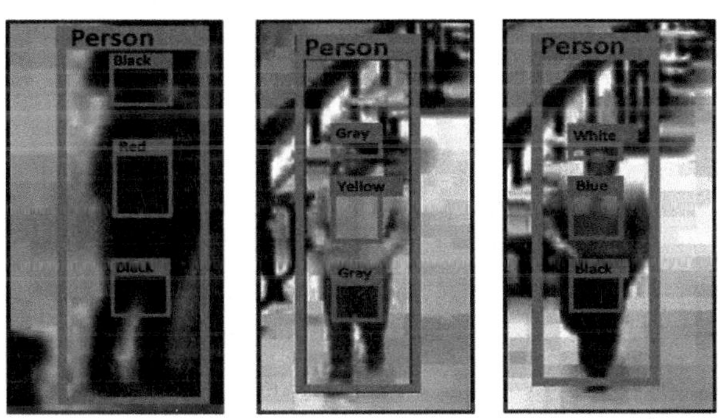

[그림 13-6] WLPD-비디오-데이터셋의 색 인식

31) Id.

색상정보를 기반으로 연속 프레임을 가로지르는 보행자의 움직임을 추적할 수 있다. [그림 13-7]은 두 보행자가 서로를 향해 걸어가는 이동경로를 보여준다. 각 보행자 뒤에 있는 점선은 그들의 이동방향을 표시한다. 도시에서는 여러 대의 카메라가 동일한 교통 단면에 설치되어 보행자를 다른 각도에서 관찰하며 각 뷰는 추가정보를 제공한다. 우리는 실종자 수색을 위해 여러 곳에 설치된 여러 카메라를 통해 같은 사람을 추적하고 싶었다. [그림 13-8]은 세 지역을 통과하는 동일한 보행자를 추적하는 두 가지 예를 보여준다. 왼쪽에는 1번에서 3번까지 지나가는 빨간 셔츠를 입은 사이클링 선수를 추적한다. 그가 자전거를 타는 데는 39초밖에 걸리지 않는다. 오른쪽에는 빨간 셔츠를 입은 사람이 3번에서 1번 위치로 반대 방향으로 지나가는 것을 따라간다. 시간은 6분 정도 걸리게 된다. 그래서 우리는 옷의 변화가 없는 한 사람의 걷는 궤적을 지도화할 수 있다.

[그림 13-7] 길을 건너는 보행자의 추적

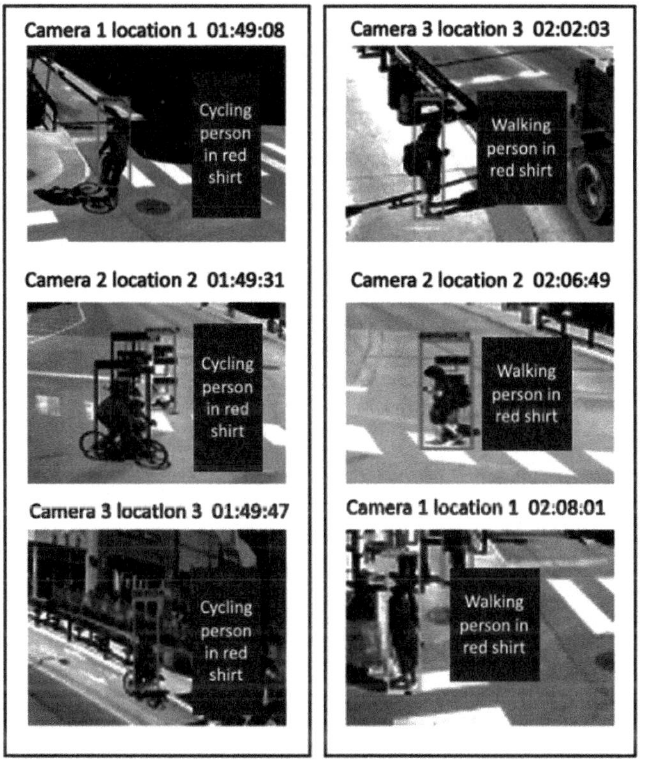

[그림 13-8] 여러 카메라로 여러 장면에서 보행자 추적

3. 욜로 재훈련(Re-training YOLO)

비디오 피드에서의 성별과 옷 탐지를 위해, 우리는 비디오 피드에서 성별과 옷(셔츠와 재킷)을 식별하기 위해 YOLO를 다시 훈련시켰다.[32] 각 프레임에 대한 휴, 포화 및 밝기(HSB)를 분석하여 야간 및 기상 조건의 변화와 함께 물체 감지 및 인식을 개선하였다. HSB 값의 범위는 시간이 지남에 따라 각 색상에 대해 추적되고 업데이트된 값은 보다 정확한 객체 탐지 및 인식에 사용된다. 우리는 향후 개선을 위해 세밀한 YOLO 모델을 만들고 있다. 본 연구에서는 <표 13-1>에서 YOLOv3와 YOLOv4를 이용하여 성별과 전의 검출을 모두 수행하였다. 성별과 의복검출은 YOLO를 사전 훈련된 특징 없이 재교육하였을 때 각각 68% mAP와 67% mAP를 달성하였다. 비구조화된 텍스트의 인적 속성이다.

32) Redmon and Farhadi, supra note 29.

〈표 13-1〉 WLPD-Video-Dataset에서 성별 및 옷 감지에 대한 YOLO의 평균 정밀도

Object	YOLO v.3	YOLO v.4
성별	0.59	0.68
의상(옷)	0.56	0.67

4. 구조화되지 않은 텍스트의 인간 속성

HART 모델의 스택형(Regular Expression(RE)+Word2Vec) 변형을 사용하여,[33] 연구자는 청소된 문서와 트윗의 텍스트에서 후보 문장(Cs)을 확인했다. 연구자는 Cs를 찾기 위해 문장에 규칙적인 표현이 있는 옷을 찾았다. 결과가 없으면 옷이 검색 토큰으로 사용되는 문장의 모든 토큰 간의 유사성 검색으로 문제가 공식화된다. 각 토큰에 대해 사전 훈련된 Word2Vec을 특징으로 사용하였다. 문장의 토큰과 검색 구 사이의 코사인 유사성이 경험적 임계값에 도달하면 연구자는 Cs로 간주한다. Cs로부터의 속성값 검출을 위해 성별과 인종을 인식하기 위해 특정 패턴을 검색하였다. 의류 식별을 위해 토큰의 POS(Parts-of-Speech) 태그를 사용하여 설명을 식별하는 방식의 의류 이름 및 가치 식별 알고리즘을 따랐다.[34]

5. FemmIR-텍스트 데이터셋

텍스트 특징에 대한 벤치마크 결과를 위해, 연구자는 사건 보고서, 보도자료, 역사적 사례의 장교, 서술로 구성된 방식의 텍스트 데이터의 일부를 사용했다.[35] 13개의 보도자료, 40개의 장교 내러티브, 5개의 사건보고서가 수록되어 있다. 사생활 침해로 인해, WLPD는 수정된 보고서의 일부만 공개적으로 발표했다.

〈표 13-2〉 FEMMIR 텍스트에 대한 인간 속성 추출 평가([Solaiman and Bhargava]에서 보고된 결과)

Attributes	Gender	Race	Clothes Attr-only	Clothes Attr-value
Precision	0.94	0.94	0.93	0.92
Recall	0.73	0.73	0.65	0.87
F1-Score	0.82	0.82	0.77	0.90

33) K. Solaiman and B. Bhargava, "Feature centric multimodal information retrieval in open world environment (femmir)," unpublished.

34) Id.

35) Id.

<표 13-2>에서 보듯이 비구조화된 텍스트의 경우, HART 모델은 온 디맨드 탐지 모델에 대해 적절하게 수행된다. 의복에 대한 결과는 속성 전용 및 속성 값의 두 가지 평가 메트릭에 대한 (RE+Word2Vec+POS) 모델에 대해 보고하고 있다. 주제별 의미 유사성 검색이다.

6. 주제 기반 유사성 검색

연구자는 주제 기반 유사성 검색을 사용하여 비디오에서 발견된 동일한 객체와 속성을 설명하는 문서를 추출했다. 후보 문장을 찾기 위한 추가적인 방법으로 주제 기반 유사성 검색을 사용하였다. 문서의 각 문장이 일부 주제의 혼합이라고 가정할 때, 해당 주제 중 하나가 검색 문구를 설명하는 경우, 연구자는 문장이 후보 문장이라고 가정한다. 연구자는 LDA(Latent Dirichlet Allocation)를 사용하여 문서와 질의어(예: 옷, 자동차, 사람, 남성)에 숨겨진 문장의 주제를 식별했다. LDA는 문서가 보이지 않는 주제에 대해 무작위 혼합물로 표현되는 생성 주제 모델링 기술이며, 문서의 모든 단어에 대한 분포를 계산하여 주제를 도출한다. 이 경우 연구자는 문서의 각 문장과 쿼리(query) 구를 주제의 개별적인 혼합으로 표현했다. 분포 측정을 위해 각 문장의 모든 토큰의 용어, 주파수 대역, 문서 주파수(Tf-idf)(https://en.wikipedia.org/wiki/Tfidf) 벡터를 유니그램 특징으로 사용하였다. 문장의 코퍼스의 주제들에 대한 질의 문구 주제의 코사인 유사성은 질의와 일치하는 가장 가까운 문장을 측정한다. 연구자는 케임브리지-공공-자동 트윗(CPAT) 데이터 세트에서 케임브리지, MA와 관

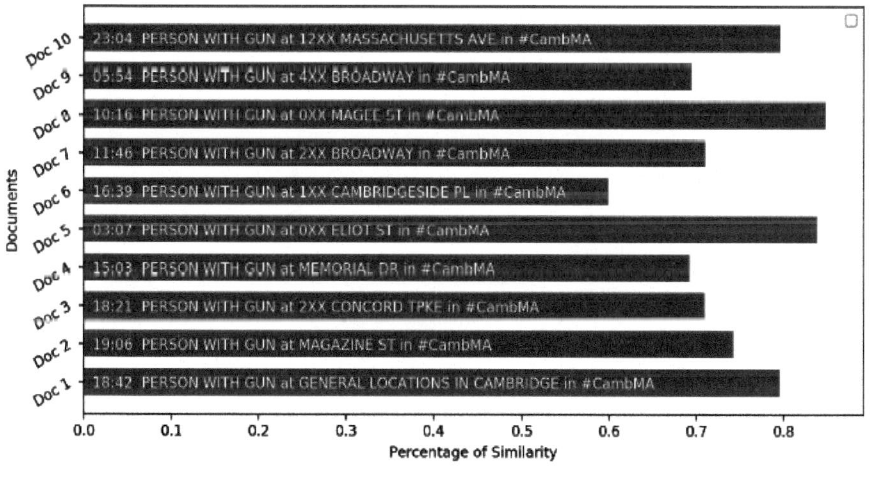

[그림 13-9] 주제별 의미 유사성 검색과 관련된 트윗

련된 주제를 설명하는 77,943명의 사용자들로부터 249,857개의 트윗을 수집했다. [그림 13-9]는 캠브리지 지역의 GUN을 가진 사람을 설명하는 CPAT 데이터 세트의 관련 트윗을 보여준다.

Ⅶ. 증 명

마지막으로, 연구자는 웨스트 라파예트 경찰서의 사건 보고서, 보도자료, 비디오 피드에 대한 Find-Them을 보여준다. 비침습적 물성을 바탕으로 실종자를 정확하게 탐지하고 추적할 수 있는 방법을 보여주고, 실종자를 찾기 위한 조사 노력을 최소화한다. 연구자는 WLPD의 장교를 가장하여 6단계를 통해 사용자의 상호작용을 설명한다. 연구자는 [그림 13-10]에 원을 그리며 각 단계에 주석을 달았다.

1. 1단계(실종사고 발생 또는 업로드 예제 작성)

첫째, 사용자는 1단계(1b)에서 실종자에 대한 물리적 설명과 함께 사고 보고서, 전단지 또는 트윗을 업로드 한다. 그들은 또한 실종자의 비디오 클립이나 스냅 샷을 업로드할 수

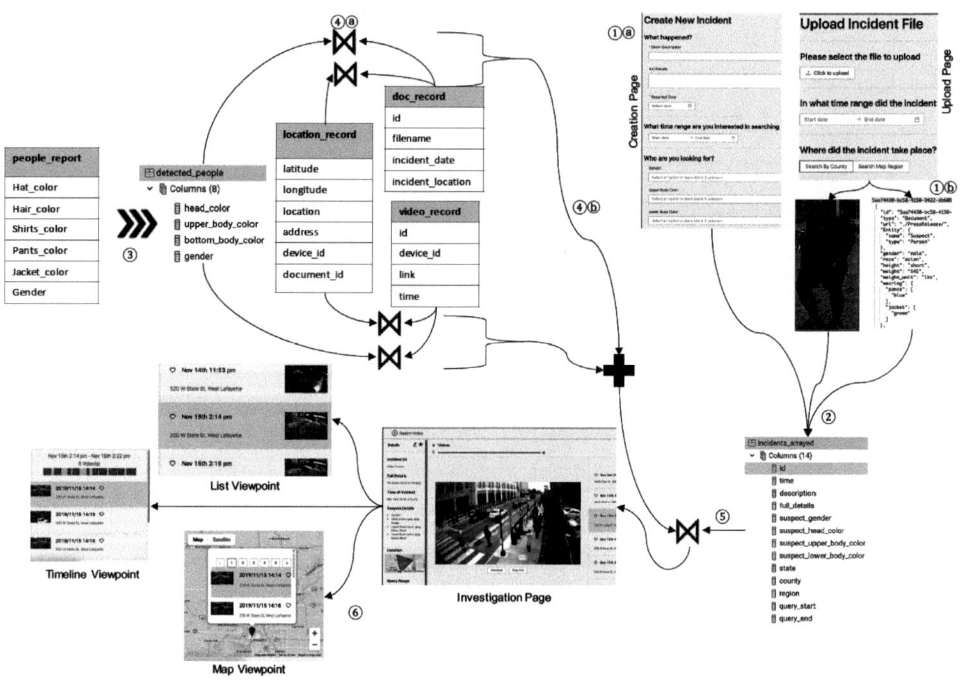

[그림 13-10] Find-Them Demo

있다. 이 경우 연구자는 적절한 특징 추출기를 그들의 양식에 기초한 예에 적용한다. 그런 다음 추출된 특징(모습)으로 검색 쿼리(query)에 대한 술어가 생성된다. 사용자가 예가 없을 때 그들은 단계(1a)에서 보듯이 사람의 세부사항, 검색영역, 시간표를 작성함으로써 실종자를 만들 수 있다.

2. 2단계(예측의 작성)

사람을 검색하기 위해 WLPD 장교는 1 단계에서 식별 속성을 지정했다. 이러한 입력을 이용하여, 연구자는 단계 (2)에서 현재 및 미래의 스트리밍 데이터에 대한 검색 기준이 되는 인시던트 스키마를 만들었다. Postgres의 트리거들은 사건과 유사한 기능을 가진 데이터를 스트리밍하기를 기다리고 있으며, 그것은 경찰관에게 일치하는 비디오 피드나 트윗을 통보한다. 경찰관은 항상 그들의 수색 기록에서 그 사건들을 다시 볼 수 있다.

- 사람들의 보고 내용: 모자색, 머리카락 색상, 셔츠 색, 바지 색, 재킷 색, 성별
- 소재 기록: 위도, 경도, 위치, 주소, 기기 id, 문서 id
- 문서기록: id, 파일명, 사고일자, 사고장소
- 비디오 기록: id, 기기 id, 연결, 시간, 조사 면, 창작 면, 업로드 면, 맵 관점, 시간대 관점, 명단 관점

3. 3단계(EAR Mapping)

[그림 13-3a]에서 보듯이 사건보고는 옷을 개별 실체로 출력한 다음 그 내용을 추출하는 특징 추출기를 가지고 있는 반면, 그림 3b에서는 세부사항이 신체부위로 추출되는 것을 볼 수 있다. 이 두 가지 양식은 그림 3c에 표시된 일반적인 EAR 모델에 매핑해야 한다. 시스템은 들어오는 문서기능을 다음과 같이 일반 EAR 모델에 매핑한다. (셔츠, 재킷)! 상체, (팬츠, 청바지)! 하체, 그리고 (챙모자, 모자)! 머리.

4. 4단계(데이터 소스 중 결합)

이 단계 이전에 각 양식의 데이터는 원자 방식으로 포스트 그레스 테이블에 저장된다. 데이터 저장 스키마는 실종자 문제에 필요한 다양한 범주의 기능을 고려하여 구축되었다. 예를 들어, 실종자에 대한 물리적 세부 사항은 한 테이블에 저장되었지만 사건의 위치는 다른 테이블에 저장되었다. 스토리지 분리를 통해 한 가지 유형의 정보만 신속하게 요구하는 간단한 질의에 응답할 수 있다. 질의가 여러 유형의 정보를 포함할 때, 연구자는 다른 양식으로부터의 특징을 나타내는 별도의 테이블들 사이에서 JOIN을 수행하기 위해 SQL 질의를

생성한다. 단계(4a)의 제1 조인은 각각의 모드성으로부터의 1차 결과를 별도로 생성한다. 단계(4b)에서 연구자는 모든 양식의 결합을 수행했다.

5. 5단계(데이터 소스 중 결합)

마지막으로, 단계 (5)에서는 사용자 검색기준에 부합하는 데이터 객체의 서브세트를 추출하고, 조사 페이지에서 다중 모드 결과를 보여주기 위해 축적된 결과와 이전에 생성된 인젝트 테이블 사이에 조인(JOIN)을 수행한다.

6. 6단계(다른 관점)

Stonebraker et al.과 유사하게,[36] 사용자가 결과 목록, 지도 및 타임 라인을 보기 위해 선택할 수 있는 세 가지 가능한 관점이 있다. 시간 표시줄 뷰는 조사시간 표시줄을 모방하기 위해 생성되었지만, 지도 뷰는 위치를 정확히 파악할 수 있게 해준다. 사용자는 또한 자신이 좋아하는 결과를 선택할 수 있으며 나중에 필터링된 결과를 볼 수 있다.

7. 확장성, 보편성 및 다중 사용자

Find-Them은 여러 데이터 소스에 걸쳐 공통정보 모델, 관계형 스키마를 설정하고 별도의 데이터 표현 및 연결방법에 대한 필요성을 제거한다. 이러한 모델은 특징을 관계형 테이블로 변환하는 것은 선형 프로세스이기 때문에 추가 오버헤드 없이 모든 양식에 보편적이다. EARS에 대한 연결 프로세스는 데이터 개체로부터 많은 수의 속성으로 확장될 수 있으며, EARS는 어떠한 훈련도 필요로 하지 않는다. 시스템 시연은 추론 시간 동안 역사 데이터(수천 개의 레코드)와 스트리밍 데이터를 실시간으로 조회할 수 있음을 보여준다. 공간 제약조건의 경우, 여기에서 시간 비교를 포함하지 않다.

Find-Them은 쿼리(query)와 데이터 객체의 형태로 각각 자신의 선호 집합을 가진 여러 사용자로 확장할 수 있다. 각 사용자는 쿼리(query)와 함께 검색 세트에 대한 매핑을 가지므로 쿼리(query)는 별도로 유지된다.

Ⅷ. 마치며

본 논문에서는 실종자를 찾기 위한 다른 데이터 양식과의 비디오 피드를 분석하기 위한 특징 기반 다중 모드 데이터 융합 시스템인 Find-Them을 소개했다. 연구자는 빠른 응답

---

36) Stonebraker et al., supra note 1.

시간과 함께 상당히 많은 양의 데이터 볼륨으로 확장할 수 있는 스키마 및 관계형 쿼리(query) 기반 융합방법과 함께 데이터베이스 백엔드(backend)를 설명했다. 실험결과, 일반적으로 사용되는 실종자 특징에 대한 특징 식별자에 대한 만족스러운 성능을 보였다.

Find-Them은 또한 역사적 사건과 들어오는 실종사건 사이의 연관성을 식별할 수 있어 법 집행관들이 수사에 우위를 점할 수 있다. 앞으로는 모바일 카메라 영상(차량 내·체적 탑재), 도시정비 기록, 자동차등록국 기록 등을 통해 영상과 텍스트 데이터 세트를 키울 계획이다. 연구자는 또한 더 많은 데이터 양식을 포함하고 루프(loop)에 있는 인간이 성능향상에 미치는 영향을 평가하는 미래의 목표를 가지고 있다. 마지막으로, 연구자의 향후 작업은 엔드 투 엔드(end-to-end) 깊은 신경망 아키텍처에서 관련성 모델링의 일환으로 특징 추출을 포함시키기 위한 접근방식을 확장하고 그들의 역사적 질의에 기반한 사용자 관심사를 모델링하는 것을 포함할 것이다.

참고문헌

F. Wu, X.-Y. Jing, Z. Wu, Y. mu Ji, X. Dong, X. Luo, Q. Huang, and R. Wang, "Modality-specific and shared generative adversarial network for cross-modal retrieval," Pattern Recognit., Vol.104, pp.107~335, 2020.

G. Pearson, M. Gill, S. Antani, L. Neve, and G. Thoma, "People locator: A system for family reunification," IT Professional, vol. 14, no. 03, pp.13~21, may 2012.

H.-X. Yu, W.-S. Zheng, A. Wu, X. Guo, S. Gong, and J.-H. Lai, "Unsupervised person re-identification by soft multilabel learning," in Proceedings of the IEEE/CVF Conference on Computer Vision and Pattern Recognition, 2019, pp.2148~2157.

J. Redmon and A. Farhadi, "Yolov3: An incremental improvement," CoRR, vol. abs/1804.02767, 2018. [Online]. Available: http://arxiv.org/abs/1804.02767.

J. Rupnik and J. Shawe-Taylor, "Multi-view canonical correlation analysis," in Conference on Data Mining and Data Warehouses (SiKDD 2010), 2010, pp.1~4.

J. Wang, X. Zhu, S. Gong, and W. Li, "Attribute recognition by joint recurrent learning of context and correlation," in Proceedings of the IEEE International Conference on Computer Vision, 2017, pp.531~540.

K. Li, Y. Zhang, K. Li, Y. Li, and Y. Fu, "Visual semantic reasoning for image-text matching," in Proceedings of the IEEE/CVF International Conference on Computer Vision, 2019, pp.4654~4662.

K. Solaiman and B. Bhargava, "Feature centric multimodal information retrieval in open world environment (femmir)," unpublished.

L. Zhang, B. Ma, G. Li, Q. Huang, and Q. Tian, "Generalized semi-supervised and structured subspace learning for cross-modal retrieval," IEEE Transactions on Multimedia, Vol.20, No.1, pp.128~141, 2017.

M. Khan and A. Jalal, "A fuzzy rule based multimodal framework for face sketch-to-photo retrieval," Expert Systems with Applications, Vol.134, 5/2019.

M. Stonebraker, B. Bhargava, M. Cafarella, Z. Collins, J. McClellan, A. Sipser, T. Sun, A. Nesen, K. Solaiman, G. Mani, K. Kochpatcharin, P. Angin, and J. MacDonald, "Surveillance video querying with a human-in-the-loop," in Proceedings of the Workshop on Human-In-the-Loop Data Analytics with SIGMOD, 2020.

R. S. Ferreira, C. G. de Oliveira, and A. A. Lima, "Myosotis: An information system applied to missing people problem," in Proceedings of the XIV Brazilian Symposium on Information Systems, 2018, pp.1~7.

S. Aggarwal, V. B. Radhakrishnan, and A. Chakraborty, "Text-based person search via attribute-aided matching," in Proceedings of the IEEE/CVF Winter Conference on Applications of Computer Vision, 2020, pp.2617~2625.

S. Poria, E. Cambria, N. Howard, G.-B. Huang, and A. Hussain, "Fusing audio, visual and textual clues for sentiment analysis from multimodal content," Neurocomput., Vol.174, No. PA, pp.50~59, Jan. 2016. [Online]. Available: http://dx.doi.org/10.1016/j.neucom.2015.01.095.

S. Palacios, K. Solaiman, P. Angin, A. Nesen, B. Bhargava, Z. Collins, A. Sipser, M. Stonebraker, and J. Macdonald, "Wip-skod: A framework for situational knowledge on demand," in Heterogeneous Data Management, Polystores, and Analytics for Healthcare. Cham: Springer International Publishing, 2019, pp.154~166.

S. Sah, S. Gopalakrishnan, and R. Ptucha, "Aligned attention for common multimodal embeddings," Journal of Electronic Imaging, Vol. 29, pp.023013~023013, 2020.

W. Wang, R. Arora, K. Livescu, and J. Bilmes, "On deep multi-view representation learning," in International conference on machine learning. PMLR, 2015, pp.1083~1092.

X. Wang, P. Hu, L. Zhen, and D. Peng, "Drsl: Deep relational similarity learning for cross-modal retrieval," Inf. Sci., Vol.546, pp.298~311, 2021.

Y. Peng, J. Qi, X. Huang, and Y. Yuan, "Ccl: Crossmodal correlation learning with multigrained fusion by hierarchical network," IEEE Transactions on Multimedia, Vol.20, No.2, pp.405~420, 2017.

Z. Wang, Z. Fang, J. Wang, and Y. Yang, "Vitaa: Visualtextual attributes alignment in person search by natural language," in European Conference on Computer Vision. Springer, 2020, pp.402~420.

제14장

변사체 추적

제14장

변사체 추적

Ⅰ. 개 요

전남 순천시 서면 송치재 휴게소 인근 매실밭에서 형체를 알아볼 수 없을 정도로 심하게 부패된 변사체는 세월호 실소유주로 꼽히던 유병언 전 세모그룹 회장으로 확인됐다. 2014년 6월 12일 오전 9시 6분경 당시 순천경찰서는 강력팀과 과학수사팀이 현장 감식을 했지만 심한 부패로 신원을 파악할 수 없었다. 2차에 걸쳐 지문 채취도 시도했지만 성과가 없었다. 다음날 국립과학수사연구원 광주과학수사연구소에 머리카락과 대퇴부뼈를 채취해서 DNA 감정을 의뢰했고, 변사체와 그간 검·경 수사활동으로 확보한 (유병언 회장의) DNA가 일치한 것을 확인했다. 사건 당시 현장에는 세모그룹 계열사에서 만든 스쿠알렌 빈 병 하나와 유 전회장의 저서 제목 '꿈같은 사랑'이 쓰인 가방 하나가 있었다. 또한 유 전회장의 신체 특징 중 하나로 '왼쪽 두 번째 손가락이 절단된 상태'라는 점을 확인했지만 변사체가 유 전회장일 가능성을 염두에 두지 않았다. 이러한 경찰의 초동수사의 부실함, 겨울점퍼와 신발이 많이 훼손되긴 했지만 고급품이란 것, 이동동선 파악 등을 간과하여 미궁에 빠졌던 사건이다.[1] 경찰의 변사자 초동조치에 대한 미숙함과 제도적 문제점으로 신원불상 변사자 처리에 불신이 가중되었다. 신원불상 변사자 발생 등 다양한 형태의 실종사건은 혼란을 가중시키고 경찰의 수색 및 사건수사에 의문을 제기한다. 신원불상 변사자 신고접수에 대한 전문검시관의 현장출동, 부패된 사체에 대한 부검 시 전문적인 수사관의 지문 융선 채취, 얼굴분석, 변사자 특성분석, 빅데이터를 근거로 하는 신고접수, 분석, 추적을 하여야 함에도

---

1) http://www.ohmynews.com/NWS_Web/View/at_pg.aspx?CNTN_CD=A0002015922(최종방문 2020년 7월 27일, 오마이뉴스, 2014년 7월 22일 보도).

이러한 접수와 처리절차에 많은 문제점이 발견되었다. 오늘날 융합기술 발전에 따른 과학수사, IT기술을 활용한 빅데이터 구축, 신속한 현장기동성, 신속한 기관 간 자료공유가 가능한 사회이다. 따라서 시민과 국가가 공유하고 협력하는 신원불상 변사자 통합 시스템을 구축하여 자료 등을 공유할 수 있어야 하며 법과 제도상 문제점이 무엇인지 우선 확인하고 개선해야 할 필요가 있다.

Ⅱ. 변사체 발견 신고 출동 법적 적용범위·보완 및 외국사례 검토

1. 변사체 법적 적용범위

변사자란 자연사 또는 병사가 아닌 사체, 즉 범죄 혐의가 있는 사체를 말한다. 우리나라 형법 제163조(변사체검시방해)에는 '변사자의 사체 또는 변사의 의심있는 사체를 은닉 또는 변경하거나 기타 방법으로 검시를 방해한 자는 700만원 이하의 벌금에 처한다.'고 규정되어 있다. 또한, 형사소송법 제222조(변사자의 검시) ①항에 '변사자 또는 변사의 의심 있는 사체가 있는 때에는 그 소재지를 관할하는 지방검찰청 검사가 검시하여야 한다.'라고 규정되어 있다. 검찰사건사무규칙 제11조(검시) ①항에 '사건사무담당직원은 사법경찰관으로부터 변사자 또는 변사의 의심 있는 사체를 발견하였다는 보고가 있는 때에는 별지 제14호서식에 따른 검시사건부에 해당 사항을 기재하고 즉시 검사에게 이를 보고하여야 한다. ② 검시는 검사가 직접 행함을 원칙으로 하고, 필요한 경우 사법경찰관에게 검시를 명할 수 있으며, 검사는 지체 없이 사체에 대한 처리를 지휘하여야 한다.'라고 규정되어 있다. 그러나 이 규정처럼 담당 검사가 현장에 나와 확인하는 경우는 거의 없다. 즉 현실과 다르게 운영되고 있으며 사문화된 규정으로 볼 수 있다. 해마다 다양한 형태의 신원불상 변사 사건이 발생하고 있고 현실적인 법규와 제도운영이 필요하다. 범죄의 의심이 있는 경우에 신원불상변사체를 보존하면서 신원확인을 해야 할 근거가 없다는 것이 가장 큰 문제점이라 할 수 있다. 행정검시 또는 사법검시 후 사체를 인수할 자가 없거나 그 신원이 판명되지 아니할 때에는 사체 현존지의 시·군·구·읍면장에게 인도하도록 되어 있고 인도받은 행정기관은 일간신문 등에 공고하고, 매장 또는 납골의 기간은 10년으로 하며 기간이 종료된 경우에는 화장한 후 일정한 장소에 집단으로 매장한다. 일간신문이나 장사정보시스템에 공고하는 것으로는 실종자 신고를 한 가족이 발견하여 찾기는 어렵다. 또한 현재 운영되고 있는 방식은 일방적인 공고문 형태이지 신원불상자의 가족을 찾기 위한 공고로 볼 수 없을 정도로 간단명료하게 작성되어 있어서 신원불상자가 누구인지 추정할 수 없도록 되어 있다.

2. 변사체 발견에 따른 처리과정 문제

신원불상 변사사건에 대해서는 발생형태와 종류, 연령, 성별, 특정대상 등 다양한 형태로 접근 및 수사가 이루어져야 한다. 많은 변사사건이 법의학 전문가 확인 없이 함부로 처리되고 있다. 또한 검시 관련 자세한 법령이 없어 법의관이 현장에 가려 해도 갈 수 없어서 사인의 진실이 묻히는 경우가 허다하다. 우리나라는 1년에 25만 명 정도 사망한다. 병원에서 15만 명 정도 죽고 나머지 10만 명은 병원이 아닌 곳에서 사망한다. 그런데 신원불상 등 변사자에 대한 자세한 법령이 없어서 사건 현장에 초동조치를 위해 현장에 경찰관이 출동한다. 이후 전공과 무관하게 아무 의사나 불러 간단한 의견을 청취한 다음 검사에게 보고하고 판사가 부검 영장을 발부하고 있는 것이 현실이다. 특히 신원 불상자의 신원을 밝히는 일은 인간의 존엄성과 권리를 유지하고 애타게 가족을 찾는 실종자 가족에게는 중요한 문제이다. 또한 이러한 신원확인은 범죄사건 여부를 확인하는 중요한 단서가 된다. 그러나 변사체에 대한 철저한 조사나 처리없이 이루어지고 있는 것이 현실이다.

3. 외국사례의 검토

1) 영국 사례 검토

세계 여러 국가들은 자국 내에서 발생한 모든 사망의 정확한 사인을 규명하기 위해 효율적인 검시제도 방안 마련에 힘쓰고 있다. 전통적인 검시관 제도는 영국에서 기원된 것으로 왕에 의하여 임명된 관리인 검시관이 변사의 현장조사에서부터 부검의 결정, 증인의 심문, 범인의 체포 및 재판에 이르기까지 광범위한 권한을 갖고 죽음을 처리하는 제도로 과거의 검시관은 현재보다 직무범위가 훨씬 넓었으며 성격도 달라 검시 업무는 검시관 업무의 일부에 지나지 않았다. 1846년에 Coroner's Society(검시관 학회)가 창립되었고 1887년에 Coroner's Act(검시관 법령)가 선포되었으며 이 법은 사회의 이익을 위하여 사망을 조사하는 것이라고 명문화하였다. 이런 사회의 이익이라는 명문규정에 의하여 죽음이 과거에는 사고사, 자살 또는 살인 등 사회적 목적으로만 구분되던 것이 의학적 견지 특히 공중보건학적 통계자료의 수집이라는 면도 고려하여 분류하게 되었다. 그 후 거의 100년이 지나 1977년과 1980년에 형법, 검시관법 및 검시관 규칙이 개정되어 검시관의 권한이 살인자를 구금할 권한, 시체를 필수적으로 검사할 수 있는 권리가 삭제되었으며 증인에게 출두를 명하여 구두 증언을 들을 수 있었던 것이 서면증언으로 대신할 수 있고, 범죄와 관련된 죽음의 경우 검찰에 사안을 이첩하게 됨으로써, 그 권한이 과거보다 축소된 상태에서 오늘에 이르고 있다.[2] 그러나 영국은 변사체 처리 전문검시관을 통해 전문적으로 변사체를 신원확인, 현장조사 및 범죄 여부를 조사하고 처리를 하고 있는 점에서 우리나라와 비교가 되고 있다.

2) 미국 사례 검토

미국도 법무부가 나서서 신원미상 변사체 확인을 위한 'NamUS'(The National Missing and Unidentified Persons System)를 운영, 2009년부터는 실종자 가족 등 일반인들에게도 공개하고 있다. 신원미상 사망자 자료에는 신체특징표, 신체도면, 지문, 사후치아 검사기록부, 사후치아 방사선사진, 부검감정서가 포함되어 있다. 신체특징표에는 발견된 날짜, 연령범위, 시신이 발견된 장소, 사망 추정 날짜, 성별, 인종, 혈액형, 신장범위, 몸무게 범위, 머리색깔, 안경 또는 콘택트렌즈 착용 여부, 사망의 원인, 흉터, 마크, 문신(위치 및 기술), 소지품(가방, 귀걸이, 목걸이 착용 상태, 핸드폰, 기타 사항에 대하여 종류를 표시하고 기술), 기타 정보(건강상태, 옷 등)를 표시하도록 되어 있다. 시신상태 및 부분 시신상태에는 온전, 부패, 탄화, 백골 등 상태를 표시하고 신체도면에는 각 신체부위별 표시를 하여 훼손된 경우를 알 수 있게 하였다. 미국에서 신원불상변사체의 개인식별을 위해서 NCIC(National Crime Information Center) 컴퓨터에 관련 자료를 기입하도록 되어 있다.[3] 이러한 제도는 실종자 가족들이 직접 자료를 등재하고 시스템에 등재된 변사자 자료 등를 확인하여 경찰에 신고함으로써 실종자 발견율을 높이고 있다. 그러나 우리나라에는 아직 이러한 시스템이 설치되지 않고 있어서 향후 개선이 필요한 부분이다.

3) 일본 사례 검토

일본은 각 지방청 단위 홈페이지에 관할 지역에서 발견된 신원미상 변사자 정보를 공개하고 검색하도록 한다. 일본의 감찰의제도(監察医: medical examiner)는 '사체해부보존법' 제8조 제1항에 의거하여, 지역을 관할하는 도도부 현 지사는 그 지역 내에서 전염병, 중독 혹은 재해로 사망하였다고 의심되는 사체 기타 사인불명의 사체에 대하여 그 사인을 규명하기 위하여 감찰의를 두고 이들에게 검안하도록 하거나, 검안에 의해서도 사인이 판명되지 않는 경우에는 부검할 수 있다고 규정하고 있다.[4] 일본에선 지방청 단위 홈페이지에 관할 지역에서 발견된 신원미상 변사자의 착의와 소지품 사진 등의 정보가 공개된다. 추후 과학적 신원확인을 위하여 신원 미상 사망자의 여러 자료를 통합하여 보관하고 있어야 한다. 일본에서 지방청 단위 홈페이지를 통한 변사자 공개는 큰 의미가 있다고 본다. 우리나라에서

---

2) 조은주, "경찰 변사통계의 정확성 확보를 위한 방안", 경북대학교 석사학위 논문, 2011. 12, p.14.

3) Bell GL. "Computer aided forensic odontology"In, Bowers CM, Bell GL(Ed). Manual of forensic odontology(Colorado Springs, A publication of the American society of forensic odontology, 1995), pp.200~226.

4) 이상원·이승철, '한국 콘텐츠 학회' 2011. 6. 23, 11권 제8호, p.243.

도 경찰청 단위의 홈페이지를 통해 변사자의 착의, 소지품, 사진, 기타 특징, 유류물 등을 공개하여 신원을 적극적으로 확인할 필요가 있다.

Ⅲ. 실종수사와 변사체 수사대응 상호연계에 따른 문제점

1. 변사체 발견에 따른 국가 제도 운영 상태

발견된 변사체가 자살이나 고독사 등 별다른 혐의점이 없는 시신이 발견됐는데도 신원 파악이 안되거나 유족이 장례를 치르는 것조차 거부할 경우에는 구청에 행정통보를 한다. 이들은 '무연고자 사망자'로 집계된다. 이중에는 실종자 가족이 애타게 찾는 실종자가 많이 있을 것으로 추정된다. 변사자가 발생할 경우, 발생지역, 신원파악, 취약계층 여부, 질병으로 인한 사망 여부 등 간단한 몇 가지만 파악할 뿐 특성이나 발생요인을 추론할 수 있을 만한 구체적인 현황자료는 존재하지 않는다. 이러한 허술한 처리는 변사자에 대한 존엄성을 인정하지 않는 것으로 파악될 수 있다. 철저하게 변사자의 신원확인, 사인규명, 주변인과의 관계확인 등 여러 가지 상황을 조사한 후에 처리되어야 할 문제이다. 행정기관에서 보관되어 있는 신원불상 변사자 처리자료, 경찰청에 보관된 신원불상 변사자 수사자료, 실종자 신고 자료 등을 통합된 시스템으로 관리하고 실종자 가족들이 이 통합시스템에 로그인하여 자료를 검색확인하고 실종자의 특징 등을 제공할 수 있는 형태의 시스템으로 이루어져야 한다.

2. 변사체 처리에 따른 대응 시스템

2014년도 세월호 사건관련 유병언 회장 사건으로 인해 실종자 프로파일링 시스템에 변사자의 일부자료를 연동시켜서 경찰관을 통해 확인 작업이 가능하도록 하고 있다. 그러나 이는 아직도 실종자 발견에 대한 대응으로 현저하게 부족하다. 변사체 발견에 따른 실종담당자, 강력사건 담당자가 지정되어야 한다. 실종자 담당경찰관은 프로파일링 시스템상 등재되어 있는 실종자 신고자료 등을 확인하고 신원파악, 공개수배에 주력해야 한다. 또한 강력사건 담당자는 범죄연루의혹 수사, 환경수사 등을 해야 할 것이다. 과거 변사자 자료와 실종자 자료 간에 비교할 수 없는 것에 비하면 그나마 진일보했다고 보이지만 더욱더 개선되어야 할 부분이다. 신원 불상 변사자에 대한 신체적 특징, 발견장소, 신발, 착의상태, CCTV 기록, 목격자 기록, 발견자 발견내용, 유류물 등 모든 부분을 신원확인에 활용할 수 있도록 시민참여, 빅데이터 형태의 자료분석이 가능하도록 이루어져야 한다.

3. 시신에 대한 관리소홀

신원미상 변사자를 발견하거나 관련사건 신고가 들어오면 현장에 출동한 경찰은 서장에게 사건을 보고한다. 필요시 검시를 진행하는데 검안의 참여와 관련 예산은 경찰청에 예편되어 있으나 지휘권은 검사에게 있다. 또 검시에 지장이 없는 한 변사자의 가족이나 동거인, 지자체 공무원 등도 검시에 참여할 수 있으며 조사가 끝난 뒤 사체 소지금품은 24시간 이내에 유족에게 인도하는 것이 일반적인 사법부검 처리 과정이다. 그럼에도 '병사'가 '타살'로, 혹은 '타살'이 '병사'로 둔갑하는 어처구니없는 일이 벌어지는 이유는 간단하다. 부검까지의 절차가 불필요하게 복잡하고 긴 까닭이다. 현장의 시신이 국과수로 이송되기까지는 많은 절차를 거치는데 이 과정에서 여러 이유로 훼손되는 경우가 많다. 관리 소홀로 시신이 훼손된다고 해도 누구의 잘못으로 어느 부분이 훼손됐는지 현실적으로 알기 힘들다. 사망 직후 시신은 가까운 병원으로 이송되는데 119 구급대원, 경찰, 민간 장례업자, 검안의, 영안실, 검사 등 거쳐야 하는 곳이 많고 만나는 사람도 많다. 국과원 부검의가 시신이 만나는 가장 마지막 사람이다. 시신 이송 절차는 길고 때로는 비위생적이다. 우리나라의 경우 모든 시신 보관이 민간 장례업자 혹은 병원에 맡겨져 있다. 시신을 옮기는 이는 대개의 경우 국가기관이 아닌 변사현장에 가장 먼저 도착한 사설 구급차라고 불리는 민간 이송업자다. 이렇게 이송된 시신은 병원 영안실과 민간 장례식장에 보관되어 있다가 검안 등 절차를 거쳐 부검이 결정되면 그제야 부검실로 재이송된다. 이 과정은 길면 최대 5일까지 걸린다. 부검대에 오르기까지 시신이 훼손되고 있는 것이다. 또한 가장 큰 문제는 잘못된 보관으로 인한 부패다. 모든 것이 민간에 맡겨져 있다 보니 시신 운구 차량이나 장례식장 안치실 내 시신 보관 냉동 창고 상태에 대한 기본적인 파악도 되지 않고 있다. 파악할 의무가 있는 기관도 없다. 실제로 적정 온도에서 보관되지 못해 부패한 시신이 국과수로 이송돼 사인 규명에 어려움을 겪는 일도 많다. 부검 장소에 도착한 시신을 보면 심한 부패로 시신이 2~3배로 부풀어 오르는 등 변사 현장에서 찍은 사진 속 시신 상태와 부검 직전 시신의 상태가 너무나 다를 때가 있다. 부패가 심한 시신은 정확한 부검이 어려울 뿐만 아니라 법원에서 증거로 인정하지 않을 가능성도 상당히 높다. 사인 규명을 위해 부검을 실시했는데 보관 과정에서 되레 진실이 은폐되는 모순이 생기는 셈이다. 국민의 기본권 보장을 위해 국가가 시신 관리에 적극적으로 나서야 한다.

4. 접수처리 이후 타 기관과의 자료 및 정보공유 부족

각 행정기관과 경찰청은 신원미상 변사자 정보검색 사이트를 제작하고 세부 운영지침을 마련해 자료을 공유하고 신원변사자 사인과 신원파악에 노력을 해야 한다. 그러나 아직까지 우리나라는 이러한 시스템이 준비되어 있지 않다. 연평균 실종자가 1,500여 명에 달하고 변사자로 발견되는 4만여 명 가운데 신원미상자가 127명(0.3%) 수준에 이르는 상황에서 정보공개를 통해 실종자와 변사자 확인에 나서야 한다. 결코 작은 숫자가 아니다. 이러한 문제점이 있음에도 관계당국은 개선하지 않고 있다. 실종자 발견을 위해서는 변사자의 명예를 훼손하지 않는 범위 내에서 신체특징이나 유류품 등 변사자의 정보를 공개해 실종가족들 가족이나 지인들이 모두 확인할 수 있도록 개선해야 한다. 현재 경찰은 신원불상자에 대해 수배 전산 입력 후 수배전단지를 작성하여 인접서 등 전국 관서에 배포하고 있는 실정이다. 이러한 방법은 구시대적인 방법으로 시민들과 실종자 가족들은 전혀 공감을 하지 못하는 절차이다. 이러한 문제점을 우선 개선해야 할 것이다.

5. 변사체 처리 통일된 시스템 부재

경찰이 현재 사용하는 변사관련시스템은 형사사법정보시스템(KICS), 경찰청 범죄정보관리시스템(CIMS), 실종프로파일링 시스템 등이다. KICS(형사사법정보시스템, Korea Information System of Criminal Justice Services)는 형사사법기관 간 정보를 공동으로 활용하는 시스템으로 약식사건 절차를 전자화하고 국민에게 형사사건 정보를 제공한다. 경찰청 범죄정보 관리시스템(CIMS : Crime Inform ation Management System)은 사건수사·범죄통계·범죄분석·형사사법정보망이 연계·통합된 전산 시스템으로 이 중 변사자 관리는 경찰관서에서 발생한 '사망사건'과 '단순 변사 사건'에 대하여 사망구분 및 처리구분으로 나뉘어 사건 담당자가 입력 후 처리하도록 되어 있다. 실종프로파일링 시스템은 실종자 신고자료, 변사자 자료, 복지부와 기관연계자료가 되어 있다. 이러한 시스템 등에는 발견된 신원불상 변사자에 대한 착의상태, 키, 유류물, 신발, 신체적인 이상유무, 치아상태, 주변에 흉기 여부 등 다양한 자료들이 포함되어 있다. 특히 신원불상 변사자에게서 발견되는 치아는 중요한 사건의 단서가 되기도 한다. 법치의학적 개인식별은 신원 미확인 사망자의 치아를 검사하고 생전 치과진료기록을 확보하여 비교 검사하여 동일인 확인을 하거나 치아를 이용한 연령감정, 치아나 보철물의 특징으로 신분, 직업 등 신원확인에 도움이 되는 프로필을 구성하는 것으로 나눌 수있다.[5] 우리나라 경찰이 활용하는 이러한 시스템은 오직 경찰관만이 활용가능하고 부서별로 독립된 시스템인 것이다. 시민과 경찰이 공유하는 변사자 발견 전문시스템을 통해서 신원

5) Sweet D. "Why a dentist for identification"(In) The dental clinics of north America(Philadelphia: W.B.Saunders Company, 2001), pp.237~251; Rothwell BR. "Principles of dental identification", pp.253~270.

불상 변사자를 발견하고 사건 처리하는 시스템 마련이 필요한 실정이다.

6. 변사체 처리 전문검사관 부족

최근 발생하는 변사체 발견에 따른 사건을 보면, 가족이 신고하지 않았다면 사망의 진실이 밝혀지지 않고 단순 병사로 묻혔을 죽음에는 우리나라 검시제도 문제점이 고스란히 나타나 있다. 신원불상 변사자에 대해서는 법치의학적 개인식별, 의료감정, 교흔분석, 손상분석 등 여러 영역을 다루고 있다.[6] 검시대상을 법으로 정하지 않고 검사의 판단에 맡겨두고, 법의학자가 적어 전문 지식 없는 일반의사가 검안하는 일이 많은 한국에서는 억울한 죽음이 언제라도 생길 수 있다. 시체 외부와 발견현장을 조사하는 검안을 한 뒤 추가로 시체를 해부해 살피는 부검이 필요할지 결정하는 건 검사다. 그러나 정작 검사 대부분에겐 시체 상태를 살필 법의학 전문성이 없다. 외국은 다르다. 일차적인 판단을 법의관이 하거나 반드시 검시해야 하는 죽음의 종류를 구체적으로 20여 개씩 아예 못 박아 놓은 경우가 많다. 검사의 직접 검시율은 지난해 4.1%에 불과했다. 초동수사 격인 현장검안은 거의 경찰이 검사를 대행한다. 현장에 나가는 경찰도 법의학 전문성은 없다. 변사체 대부분은 일반 의사가 검안한다. 법의학자가 검안하는 일은 극히 드물다. 전국 법의학자는 50여 명이다. 범죄 연관성이 뚜렷한 부검 요청을 감당하기도 벅찬 숫자라 현장 출동할 여력이 없는 상황이다. 변사체의 검시에서 부검을 하는 목적은 사망자의 신원을 파악하고, 사망의 원인과 방법, 손상의 평가, 각종 검사와 증거보존을 위한 인체조직 채취, 각각의 증거에 대한 전문가 평가를 위해서이다.[7] 그러나 우리나라는 이러한 변사체 처리 전문담당 검시관의 부족과 제도상 운영 문제점으로 실종사건과 연루된 변사자가 증가하고 있는 실정이다.

Ⅳ. 변사체 발견에 따른 실종사건 효율적인 개선방안

1. 전국적인 변사체 처리 시스템 구축

신원미상 변사자 정보검색 사이트를 별도로 제작해 경찰 관련 홈페이지에서 바로가기로 연결되도록 하고 웹 보안프로그램을 활용해 공개된 정보의 무단 복사와 이용을 방지해야 한다. 변사체 처리 사이트는 지방청별로 공개수배가 필요한 신원미상 변사자를 선별, 심사해 변사자 신원 공개정보 카드를 작성해 게시하는 방식으로 운영되어야 한다. 카드에는

---

6) Whittaker DK, McDonald DG. A colour atlas of forensic dentistry(London: Wolfe Medical Publications Ltd., 1989), pp.1~13.

7) Knight B., Forensic pathology(London: Oxford University Press, 1996), pp.2~3.

관리번호, 발견일시, 발견장소, 사망추정 일시, 성별, 연령(추정), 혈액형, 착의상태, 신체특징, 치과치료 등 수술흔적, 소지품·유류품 목록, 담당부서, 담당자(연락처), 변사자 소지품·유류품 사진, 얼굴몽타주 등을 공개하는 형태이다. 대부분 백골 시신은 사망 후 시간이 오래 지난 뒤 발견된다. 살점이 없는 백골 시신의 경우 신원을 확인하는 방법이 DNA 감식밖에 없다. 그러나 이마저도 신원이 정확하게 나오기는 힘들다. 결정적인 단서가 없으면 사건을 해결하기가 쉽지 않다. 따라서 이 부분은 시민들에게 자료를 공개하고 협력을 유도해야 할 것이다. 또한 실종가족들은 변사자 의심 실종자를 직접 등록함으로써 분석자료를 통해 가족을 찾을 가능성이 높아지는 것이다.

2. 시체 공시소 운영을 통한 변사체 처리와 자료 개방

변사체가 발견되면 현장보존, 변사체 원상보존, 유류물 보존 등은 필수이다. 그러나 우리나라는 신원불상 변사체에 대해서는 현재 증거 보관실과 시체 공시소가 없어 변사체 보존이 불가능함에 따라 재수사가 불가능한 상황이다. 최근 이춘재(57)가 자백한 '1989년 화성 초등생 실종사건' 피해자의 어머니가 2020년 9월 11일 세상을 떠났다. 화성 초등생 실종사건은 지난 1989년 7월 7일 화성 태안읍에서 당시 초등학교 2학년이었던 김모(8)양이 학교 수업을 마치고 귀가하다 사라진 사건이다. 이춘재는 지난해 자신이 김양을 성폭행한 뒤 살해했다고 자백했다. 이춘재의 자백을 토대로 재수사를 벌인 경찰은 당시 형사계장 등 경찰관들이 유류품과 유골 일부를 발견하고도 유족에게 알리지 않았으며 유골을 은닉한 혐의가 상당하다며 사체은닉 및 증거인멸 등 혐의로 입건했다. 이러한 일이 가능한 것은 신원불상 변사자에 대한 처리 법률 미비와 제도적으로 큰 문제가 있다는 사실을 암시한다. 살인혐의 변사체를 은닉한 범죄는 중범죄로 보아야 한다. 억울한 피해자 죽음과 발견 시까지 애타게 찾고 있는 실종자 가족의 아픔, 국가가 신원파악과 죽음의 원인을 밝혀 억울함이 없도록 해야 하는 국가의 책무를 포기하는 중범죄이다. 변사체 처리 소홀, 변사체 신원파악 수사, 범죄여부 수사 등을 철저하게 하여야 한다. 또한 사건이 해결될 때까지 적절한 곳에서 시신을 보관하고 있다가 합리적으로 수사하고 돌려드리고 장례를 치를 수 있도록 법과 제도가 만들어져야 한다.

3. 신원불상 변사체 얼굴복원 및 IT 기술 접목

신원불상 변사체 처리에 대해 IT기술과의 접목을 통해 신원불상 변사자의 얼굴을 복원 및 매칭하는 기법이 이루어져야 한다. 또한 실종가족 등 보호자가 자료 검색을 통해 협력하는 방법 등이 이루어져야 한다. 발견된 신원불상 변사자가 부패되어 백골화된 경우, 머리뼈를 통해 비교할 얼굴 사진을 중첩하여 동일인 인지여부를 파악하는 슈퍼임포지션(Skull-Photo Superimposition) 기법을 더욱 개발 발전할 필요가 있다. 이러한 시스템을 위해서는 생존시에 치료받았던 치과기록, 방사선 사진, 실종자 얼굴사진 등 자료를 받아서 전문적으로 비교 검색 기능이 빅데이터 형태의 IT신원확인을 위한 '변사자 시스템'에 탑재되어야 한다. 여기에는 3D얼굴복원을 위한 최적 얼굴추론시스템, 부모유전자 기반 나이변환 예측 시스템, 신속 정밀 실종자 신원확인 시스템, 동적 시공간 및 치안정보 자료 확인 시스템, 프라이버시 얼굴마스킹 기술 등을 통한 최첨단 기술이 접목되어야 한다.

4. 변사체 처리에 따른 실종대응 프로세스 개선

신원불상 변사자가 발견되면 일정부분 경찰은 수사를 하다가 변사사건으로 자료를 탑제하고 사건을 종결하다시피 하고 있다. 탑재된 자료는 더 이상 수사하지 않고 영구미제 사건으로 남게 된다. 따라서 변사체가 발견되면, 유전정보 연계 얼굴 나이변환 기술, 얼굴복원 시스템 등을 통한 얼굴인식, 인공지능기반 신원확인 기술 도입, 동선 확인 및 위치추적, AI 자동분석 기술을 활용하여야 한다. 기존 VMS에 스마트 선별관제와 지능형 영상분석 기술을 새롭게 적용하여 관제의 효율성을 확보하고, 범죄 및 재난, 재해 발생 시 유관기관과 신속하게 대응하여 생명과 재산을 보호하는 통합관제시스템도 함께 마련되어야 한다. 우리나라는 아직까지 이러한 변화된 시스템 접목보다는 60년대에 사용했던 그대로 변함없이 처리하고 있어서 변사체 처리에 대한 실종대응 프로세스를 획기적으로 개선해야 한다. 또한 실종 변사의심 가족들의 참여활성화, 신원불상 변사자에 대한 신원확인을 위한 전문담당형사가 부재하고 추적을 위한 많은 노력이 필요함에도 이를 방치하고 있는 실정이다. 신원불상 변사자와 실종팀에 대해 업무 조정을 통해서라도 신원불상 변사체 처리에 대한 실질적인 실종대응 프로세스 개선이 이루어져야 한다.

Ⅴ. 마치며

신원불상자에 대한 변사자 처리에 있어서 현장출동하는 파출소 경찰관의 초동조치의 전문화, 검시관의 현장검시 등을 통한 대응시스템은 중요한 해결의 첫걸음이다. 신원불상 변사자 발생은 혼란을 가중시키고 경찰의 수색 및 사건수사에 의문을 제기한다. 신원불상 변사자 신고접수에 대한 전문검시관의 현장출동, 부패된 사체에 대한 부검 시 전문적인 수사관의 지문 융선 채취, 얼굴분석, 변사자 특성분석, 빅데이터를 근거로 하는 신고접수, 분석, 추적을 하여야 함에도 이러한 접수와 처리절차에 많은 문제점이 발견되었다. 오늘날 융합기술 발전에 따른 과학수사, IT기술을 활용한 빅데이터 구축, 신속한 현장기동성, 신속한 기관 간 자료공유가 가능한 사회이다. 첫째, 신원미상 변사자 정보검색 사이트를 별도로 제작해 경찰 관련 홈페이지에서 바로가기로 연결되도록 하고 웹 보안프로그램을 활용해 공개된 정보의 무단 복사와 이용을 방지해야 한다. 변사체 처리 사이트는 지방청별로 공개수배가 필요한 신원미상 변사자를 선별, 심사해 변사자 신원 공개정보 카드를 작성해 게시하는 방식으로 운영되어야 한다. 카드에는 관리번호, 발견일시, 발견장소, 사망추정 일시, 성별, 연령(추정), 혈액형, 착의상태, 신체특징, 치과치료 등 수술흔적, 소지품·유류품 목록, 담당부서, 담당자(연락처), 변사자 소지품·유류품 사진, 얼굴몽타주 등을 공개하여 실종자 가족 및 시민들이 자발적으로 참여하는 형태이다. 둘째, 공시소를 통한 시체 보관이 이루어져야 한다. 무엇보다도 신원불상 변사자에 대한 재수사가 가능하도록 관리해야 한다. 국가가 신원파악과 죽음의 원인을 밝혀 억울함이 없도록 하는 것은 당연하다. 그러나 적절한 곳에서 시신을 보관하고 있다가 합리적으로 수사하고 돌려드리고 장례를 치를 수 있도록 법과 제도가 만들어져야 한다. 셋째, 신원불상 변사체 처리에 대해 IT기술과의 접목을 통해 신원불상 변사자의 얼굴을 복원 및 매칭하는 기법이 이루어져야 한다. 실종가족 등 보호자가 자료검색을 통해 협력하는 방법 등이 이루어져야 한다. 발견된 신원불상 변사자가 부패되어 백골화된 경우, 머리뼈를 통해 비교할 얼굴 사진을 중첩하여 동일인 인지여부를 파악하는 수퍼임포지션(Skull-Photo Superimposition) 기법, 유전정보 연계 얼굴 나이변환 기술, 얼굴복원 시스템 등을 통한 얼굴인식, 인공지능기반 신원확인 기술 도입 등을 활용하여야 한다. 마지막으로 변사체 처리에 대한 실종대응 프로세스를 획기적으로 개선해야 한다. 변사체가 발견되면, 인공지능기반 신원확인 기술 도입, 동선 확인 및 위치추적, AI자동분석 기술을 활용하여야 한다. 또한 기존 VMS에 스마트 선별관제와 지능형 영상분석 기술을 새롭게 적용하여 관제의 효율성을 확보하고, 범죄 및 재난, 재해 발생시 유관기관과 신속하게 대응하여 생명과 재산을 보호하는 통합관제시스템도 함께 마련되어야 한다. 신원불상 변사자에 대한 발견 이후 신원확인을 위한 전문담당형사가 부재하고 추적을 위한 많은 노력이 필요함에도 이를 방치하고 있는 실정이다. 따라서 신원불상 변사체 담당 경찰관과 실종수사 경찰관 간의 업무 조정을 통해서라도 신원불상 변사체 처리에 대한 실질적인 실종대응 프로세스 개선이 이루어져야 한다.

참고문헌

이건수, 「휴대전화 활용 실종자 찾기 프로세스에 관한 연구」, 차세대정보서비스컨버전스기술논문지, 20(1): 6, 2019.

이상원·이승철, 「한국 콘텐츠 학회」, 11(8), 2011, p.243.

지은석, 「경찰112신고즉응정책의 집행에 관한 연구」, 서울대학교 행정대학원 석사논문, 2000.

윤경희·박동균, 「지역치안협의회의 운영실태분석 및 활성화 방향 연구」, 치안정책연구, 26(1), 2012.

조은주, 「경찰 변사통계의 정확성 확보를 위한 방안」, 경북대학교 석사학위 논문, 2011, p.14.

경찰청, 「2019 경찰백서」.

경찰청, 「실종아동·가출인 업무 매뉴얼」, 생활안전4-1, 2005.

Bell GL. (1995). 「Computer aided forensic odontology」 In, Bowers CM, Bell GL(Ed). Manual of forensic odontology(Colorado Springs, A publication of the American society of forensic odontology), pp.200~226.

Knight B., 「Forensic pathology」(London: Oxford University Press), 1996, pp.2~3.

Sweet D., 「Why a dentist for identification」 In The dental clinics of north America (Philadelphia: W.B.Saunders Company), 2001, pp.237~251.

Rothwell BR. “Principles of dental identification”, pp.253~270.

Whittaker DK, McDonald DG, 「A colour atlas of forensic dentistry」 (London: Wolfe Medical Publications Ltd.), 1989, pp.1~13.

http://www.ohmynews.com/NWS_Web/View/at_pg.aspx?CNTN_CD=A0002015922(최종방문 2020년 7월 27일, 오마이뉴스, 2014년 7월 22일 보도).

제15장

AI 복합인지 추적

제15장

AI 복합인지 추적

Ⅰ. 개 요

사회안전망(Social Safety Net)은 모든 국민을 질병, 노령, 실업, 산업재해, 빈곤 등 사회적 위험으로부터 모든 국민을 보호하기 위한 제도적 장치로 이해되고 있다. 이러한 사회안전망은 국가안보의 범위를 넘어서 개인과 집단 대상의 사회적 보호를 위한 사회정책의 일환으로 논의되어야 하며, 특히 국가 수준의 안전과는 달리 개인 및 집단 수준에서는 '안전과 보호'라는 안전지침이나 표준을 마련하여 각종 자연적·사회적 위기의 위협에서 개인과 집단의 삶을 유지시킬 수 있어야 한다. 안전은 삶의 질과 직결되는 사회문제로 국민의 평온하고 행복한 삶을 보장하기 위해서는 범죄와 사고의 위험을 최소화하기 위한 국가 차원의 노력이 필요하며, 특히 치안분야는 공공재의 성격을 지녀 민간 투자가 어려운 영역이다. 우리나라에는 많은 장기 실종가족들이 살고 있다. 갑자기 사라진 자녀들, 가족들에게 유기되어 시설로 보내진 아동들, 50년대 이후 전쟁고아들, 60년대에 식모나 일꾼으로 보내져서 실종된 자녀들, 성인 실종자들을 포함하면 통계가 파악이 안 될 정도이다. 지금까지 아동의 얼굴사진, 지문 등 사전등록 제도를 비롯한 다양한 실종정책이 실시되고 있음에도 매년 2만건 정도의 실종아동에 대한 신고 접수가 있어 효과적인 예방과 대응 체계 구축이 요구되고 있는 실정이다. 따라서 신속하고 즉각적인 실종아동 수사대응을 지원하는 실시간 신원 식별기술과 추적기술 등의 대응기술, 현장 경찰관을 통합 지원하고 대응체계 전체를 관제할 수 있는 치안 플랫폼 개발이 필요하다. ICT 기술 융합은 첨단화 되어 있다. 이를 활용하는 방안이다. 실종자 프로파일 정보에 기초하여 지자체 관할의 CCTV 영상정보를 분석하고 실종자를 식별·추적하는 시스템을 구성하는 것이다. 또한 과거 실종범죄 발생 당시의 영상으로부터 추출한 지능형이벤트를 분석하여 개발한 실종위험 예측모델을 치안 플랫폼에 적용하여 실종사고 예방 기능을 고도화하는 것이다.

Ⅱ. AI 복합인지 활용 실종자 찾기 법적 적용범위·보완 및 선진사례 검토

1) AI 복합인지 활용 실종자 찾기 법적 적용범위

사회안전망 서비스 구축을 목적으로 CCTV 등 영상물 수집 시스템을 활용한 기법이 제시되어 왔으나, 개인 프라이버시 침해로 인한 빅브라더 우려, 네트워크 트래픽량과 서버의 저장 용량 부담, 구축 및 관리비용 부담으로 인하여 실제 적용은 지연되고 있는 실정이다. 따라서 이러한 치안 플랫폼의 성공적인 정착을 위해서는 현행 법·제도상의 쟁점과 개선안 도출을 통하여 제도적 지원 방안을 마련하고, 전국 230여 개의 지자체 CCTV 통합관제 시스템과의 연동을 위한 다중 VMS 연계 표준 및 가이드를 개발하여 실용화를 촉진해야 한다.

2) AI 활용 및 법적 문제점 보완 필요성

사회안전망 서비스 구축을 목적으로 CCTV 등 영상물 수집 시스템을 활용한 기법이 제시되어 왔으나, 개인 프라이버시 침해로 인한 빅브라더 우려가 있다. 또한 네트워크 트래픽량과 서버의 저장 용량 부담이 존재하고 구축 및 관리비용 부담으로 인하여 실제 적용은 지연되고 있는 실정이다.

3) 선진사례의 검토

(1) 영국사례 검토

영국은 매년 약 200,000명의 실종자가 발생하는 것으로 파악되고 있다. 영국에서는 정부 주도의 지능형 CCTV 시스템 인증을 위한 I-LIDS(Imagery Library for Detection Systems) 제도를 도입하여 수하물 검색 출입구 감시 열화상 감시 주차차량 감시 주변상황 감시 다중 카메라 등 6개 분야에 데이터베이스를 구축하여 운영하고 있다.

(2) 미국사례 검토

미국 연방수사국(FBI)은 수사 도구에 다중 생체인식기술 도입을 골자로 하는 약 10억 달러 규모의 'Next Generation Identification(NGI)' 프로젝트를 미 방위산업체 Lockheed Martin의 주도로 2008년에 개발하였고, 소프트웨어 업체 MorphoTrust가 주요 기술인 얼굴인식 기술을 담당하고 있다. NGI 프로젝트는 얼굴·홍채·목소리·걸음걸이 등 다중생체인식을 통해 범죄자 등 특정인에 대한 초고속 신원조회를 가능하게 하는 것이다. 범죄현장 인근 CCTV를 통해 확보한 용의자의 얼굴과 FBI 데이터베이스에 수집된 사진을 대조, 얼굴의 특징을 식별하여 10분 만에 신원확인이 가능하며, FBI는 2015년까지 범인 식별용 얼굴 사진 5,100만 명

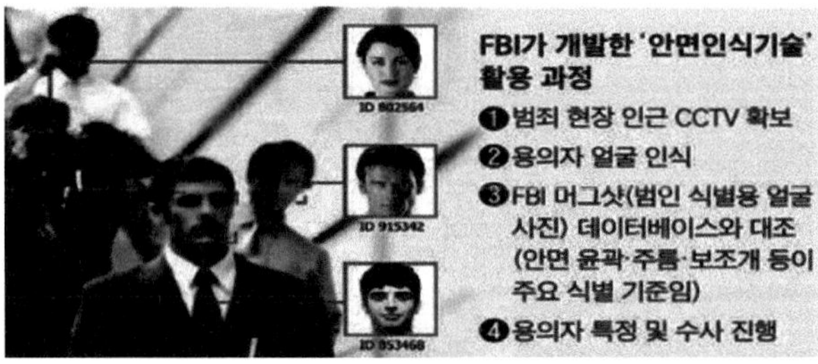

출처: NGI프로젝트 얼굴인식기술, 서울신문, 2014.

[그림 15-1] FBI가 개발한 '안면인식기술' 활용 과정

분을 확보하여 얼굴인식 성공률을 개선한 사실이 있다.

미국 뉴욕 경찰의 과학수사 지원 시스템 및 플랫폼 구축 요구에 응하여 마이크로소프트는 Domain Awareness System(DAS)을 2007년부터 6년에 걸쳐 구축하였으며, DAS 과학수사 지원체제에는 빅데이터 분석, CCTV 영상분석, 차량번호 판독, 방사능 감지, 범죄 이력 분석 등이 포함되어 있다. DAS(Domain Awareness System)는 테러와 범죄로 의심되는 행위가 발생하였을 때 여러 공공 안전 데이터베이스에서 데이터를 취합·분석하여 관련 행위에 대해 범죄 테러 여부를 판단할 수 있도록 정보 및 해당사실을 관계자(뉴욕시 경찰 소방서 및 연방경찰)에게 제공하고 있다. DAS는 600여 대의 방사능 감지기, 120여 대의 자동차 번호판 인식 장치, 국세청 세금 체납자 정보, 톨게이트 정보, 성범죄자 기록, 911 녹음 파일 등 20가지 이상의 빅데이터들이 통합되어 운용되고 있으며, 의심스러운 물체나 행동을 감시하여 그 대상자와 차량 등이 인지되면 즉시 경보를 발령하는 동시에 일선 경찰관들에게 모바일 기기를 통해 사건 발생 위치와 용의자의 동선 전과 기록 등의 정보를 제공하고 있다. 뉴욕시는 DAS를 기반으로 Real Time Crime Center를 운영하고 있으며 그 결과 운영 전에 비해 27.47%의 범죄율이 감소하였다고 한다.

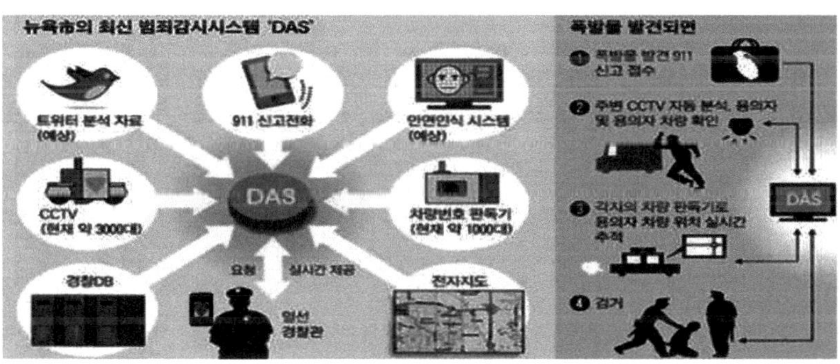

출처: 뉴욕 경찰청의 DAS 정보 수집 및 활용, 조선일보, 2012. 3.

[그림 15-2] 뉴욕시 최신범죄감시시스템 'DAS'

(3) 독일 등 유럽사례 검토

유럽 등 해외 선진국에서는 경찰의 과학치안분야의 역량 강화를 위하여 전문 연구기관을 운영하는 등 첨단 과학기술에 기반을 둔 범죄 예방 목적의 기술개발에 중점 투자하고 있다. EU의 앰버 경고는 유럽의 12개 국가의 300만 명이 참가하는 시민단체로서, 구글 내비게이션 Waze와 페이스북, 아마존, 마이크로소프트 등을 통하여 운영되는 ICT 데이터 수집 및 매핑 기술, 집단 지성에 의거하여 2017년 기준으로 앰버 경고한 실종 아이 중 93%를 성공적으로 발견하였다.

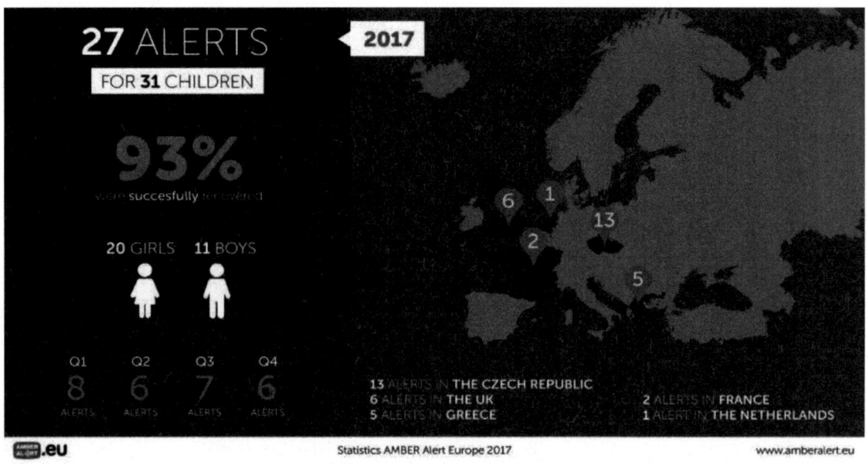

[그림 15-3] 앰버 경고 홈페이지, 2017년 성과

해외의 경우 독일에서는 그동안 독일 국내에서 발생한 테러와 테러용의자를 조기에 인식하기 위하여 2017년 8월에 베를린 Südkreuz역에서 지능형 비디오감시체계를 시험적으로 도입한 적이 있다. 얼굴인식 프로그램이 탑재된 지능형 비디오장치의 설치필요성과 관련하여 독일 집권당인 기민당 소속 국회의원들은 대체로 이러한 비디오장치가 실종자 수색에 도움을 주고 테러 등 폭파 위험으로부터 시민을 보호할 수 있는 장치로 이해한다. 특히 네더작센주에서는 기민당과 사민당의 연립정부 협약안에 "사민당과 기민당은 특정 범죄를 예방하기 위하여 비디오 감시체계를 도입하는 데 노력한다. 지능형 얼굴인식 비디오감시체계는 이에 관한 예가 될 수 있다. 그리고 지능형 얼굴인식 비디오감시체계는 네더작센주에서도 그 도입을 고려해볼 수 있다. 우리는 베를린에서의 시험도입의 결과를 평가, 심사하여 그 도입 여부를 결정할 것이다."라고 명시하여 얼굴인식 프로그램이 탑재된 지능형 비디오장치의 활용 가능성을 명시하고 있다. 그러나 네더작센주 정보보호담당관 Barbara Thiel은 테러예방을 위하여 얼굴인식 기능이 탑재된 비디오 감시체계를 도입하는 것에 대하여 비판

적인 입장을 밝히고 있다. 일단 어떤 사람의 개인정보를 새로운 얼굴인식 비디오 기술에 입력해야 하고, 별도의 사진과 생체정보를 확보하여 대조해야 하는데, 이로 인해 새로운 개인정보 침해의 위험이 발생한다는 것이다.

Ⅲ. AI 복합인지 활용에 따른 실종사건 효율적인 대응

1) AI 복합인지 활용에 따른 활용을 통한 실종자 찾기

국내에서도 최근 사회 환경 변화에 따라 정부, 지자체, 경찰 등에 실종아동 문제 해결에 대해 관심이 높아지며, 지문 등 사전등록 제도를 비롯한 다양한 실종정책 실시로 2012년 이후 실종아동 건수가 감소세로 전환하였으나, 그럼에도 불구하고 매년 2만 건 정도의 실종아동 신고접수가 있어서 효과적인 예방 및 대응 체계 구축 노력이 요구되는 실정이다.

2) 얼굴인식 기술 활용 필요

글로벌 IT 기업인 Google, Facebook, Baidu 등에서 인터넷상 수백만 장 이상의 얼굴 이미지를 활용한 인공지능(Deep learning) 기반 얼굴인식 기술 개발이 수행되고 있다.

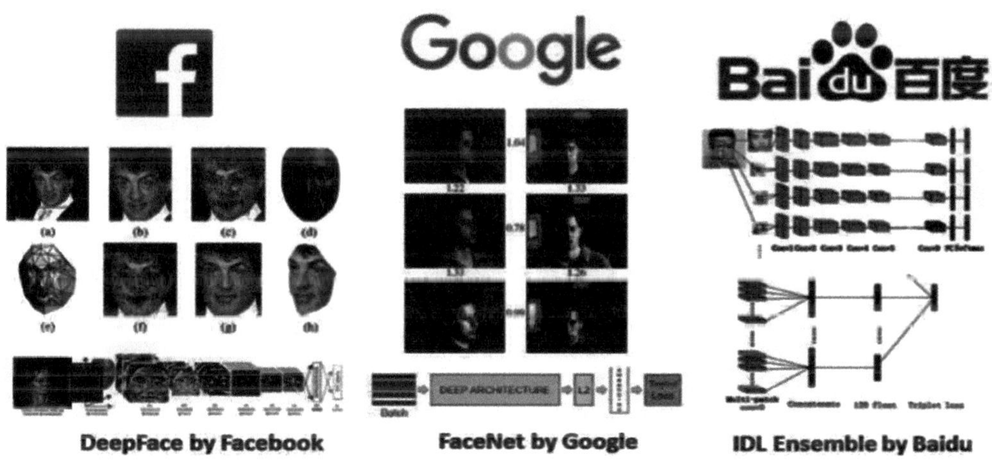

[그림 15 4] 해외 인공지능기반 얼굴인식

3) 영상분석 소프트웨어 기술을 통한 실종자 찾기

실종사건 해결을 위해서는 영상분석 소프트웨어 기술은 수집된 영상정보를 바탕으로 객체 검증, 이벤트 탐지 기능 등을 제공하는 기술로서, 강도, 유괴와 같은 강력범죄나 교통사고 등으로의 신속 대응을 목적으로 영상분석을 활용하는 스마트 치안의 중요성이 국내외에서 빠르게 증대되고 있다. 미국, 영국 등의 선진국에서는 테러 대응을 위하여 대규모 CCTV 통합관제 시스템을 설치하여 운영하고 있으며, 미국은 특히 과거 9.11 테러 이후 공 공안전용 지능형 영상분석 기술개발과 활용을 적극적으로 추진하고 있는 실정이다.

4) 시스템 구축

국내에서는 통합관제센터(김포시 스마트포피아 등)에서 일부 영상 분석을 실시하고 있으나 (번호판 감지 위주) 지능형 영상 분석 기술은 외산 기술을 도입해 사용하는 이다. 우리나라에서는 소수 국내 기업(삼성 에스원 한화 테크윈)이 참여연구를 통해 자체 기술력을 확보하고 있는 실정이다. CCTV 시스템 설치구역 내에 변화감지, 위치측정, 대상추적 등 일부 지능적 기능이 구현되었으나 지자체 통합관제센터 적용에는 성능이 미흡한 실정이어서 실제 환경에서의 성능 고도화가 필요하다. 현재 단일 CCTV 카메라를 기준으로 특정인 이상행동 감지 차선 이탈 등에 대한 연구가 이루어지고 있으나 CCTV 사각지대 감소를 위해 다중 CCTV 카메라를 연계(hand-over)하여 주변 CCTV 간 자동으로 특정 객체의 지속적인 위치 및 경로를 추적하는 기술에 대한 개발은 미비한 상황이다. 이러한 부분에 대한 개선된 시스템 구축이 요망된다.

5) 생체인식 등 신원확인 기술 기능 추가

경찰과학수사에 국한되어 적용되어 오던 생체인식기술은 AFIS 지문인식 위주로 이용되어 왔으나, 최근 ICT 기술의 발달에 힘입어 상당부분 산업화가 이루어지고 있으며 지문인식, 홍채인식, 얼굴인식이 대표적이다. 얼굴인식 기능은 얼굴 정보 획득의 용이성으로 출입통제 등의 전통적 보안 분야뿐만 아니라 범죄수사, 미아 찾기, 엔터테인먼트 등에 응용이 가능하다. 근거리에서의 얼굴인식뿐 아니라 원거리에서의 얼굴인식을 위한 기술 수요가 증대되고 있으며, 나이 변화 문제 해결 요구 및 조명/포즈/가림 등 비제약 환경 변화에 대응하는 얼굴인식 기술 수요가 증대되고 있는 실정이다. 내국인뿐 아니라 외국인에 대한 범죄 대응을 위하여 2010년부터 외국인이 출입국항에서 입국심사 시 지문 및 얼굴 정보를 제공하고 본인임을 확인하는 절차를 수행하여야 하며, 「출입국관리법」에서 제외하지 않은 외국인이 상기 생체정보를 제공하지 않은 경우에는 입국을 허가하지 않을 수 있도록 하고 있다. 글로벌 생체인식 시장의 규모는 2016년 120억 달러를 상회하였으며, 2024년까지 연평균 20%씩 성장할 것으로 예상되고 있다.

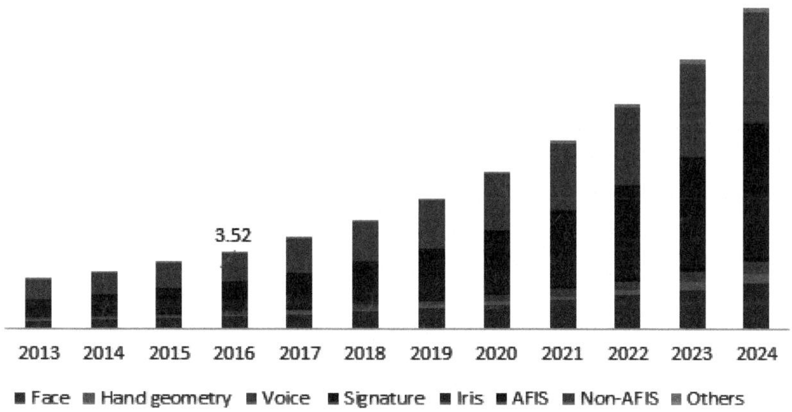

출처: 생체인식 시장규모 및 전망, Global Market Insight

[그림 15 5] U.S. Biometrics Market Size, By Product, 2013-2024(USD Billion)

6) 다양한 기능 대응방안

기존 실종자 검색 시스템은 사진 입력을 통한 검색 기능만을 제공하고 있으나, 이에 동영상 입력·분석 기능을 추가하여 동영상에서 검출된 여러 프레임의 정보를 활용하여 인식률을 증대시킬 수 있도록 성능을 개선 프로파일링 시스템으로 연계되는 실종아동 전문기관은 일부 보호시설에 한정되어 있어 보호/신고자료의 활용에 제약이 있으므로 보호시설의 자료를 연계하여 찾는 신고와 보호 신고의 교차 검색의 데이터베이스로 활용하고 검색 주기를 하루에서 실시간으로 단축하여 실종아동 수색 골든타임에 활용하는 것이다. 프로파일링 시스템의 생체정보를 이용한 신원확인 검색은 지문정보와 안면정보를 각각 검색하는 방식으로 다수의 생체인식 알고리즘의 상호 보완성 확보를 위하여 검색 결과를 통합 제공할 수 있도록 멀티모달 방식을 적용하여 신원확인 UX 기능을 개선하는 것이다.

Ⅳ. AI 복합인지를 활용한 '실종자 안전 시스템 구축'

1) 목표시스템 개념

다양한 실종자 대응에 대한 효율성을 위해서는 경찰청에서 운영하는 실종자 프로파일 정보에 기초하여 지자체 관할의 CCTV 영상정보를 분석하고, 실종자를 식별 및 추적하는 시스템을 구성하는 것이다. 나아가 과거 실종범죄 발생 당시의 영상으로부터 추출한 지능형 이벤트를 분석하여 개발한 실종위험 예측모델을 상기 치안 플랫폼에 적용하여 실종사고 예방 기능을 고도화하고자 하는 것을 목표로 가야 한다.

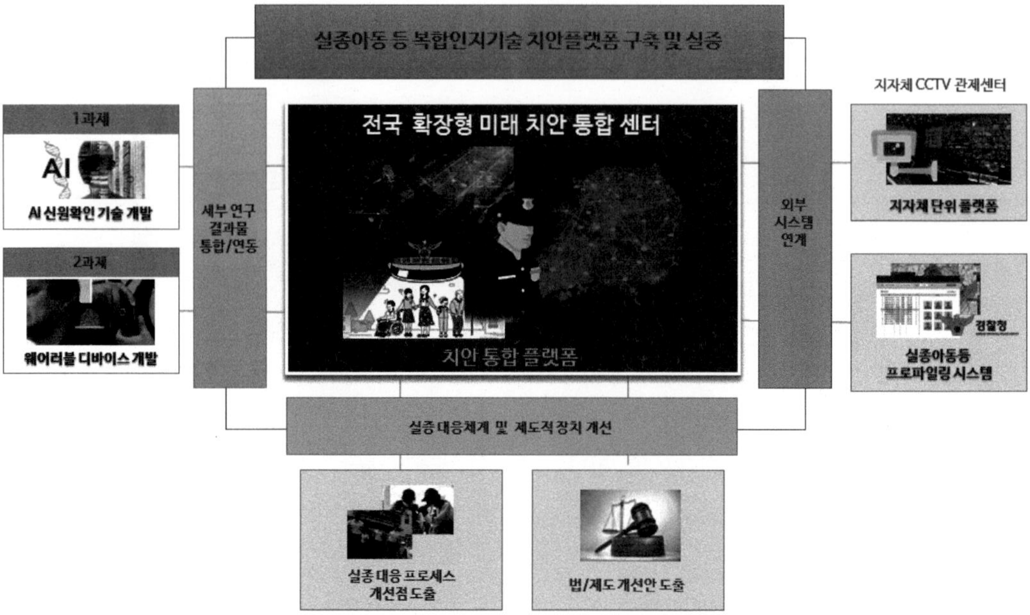

[그림 15-6] 전국 확장형 미래 치안 통합 플랫폼 개념도

2) 주요기능

(1) CCTV 관제센터 활용

사회안전망 서비스 구축을 목적으로 CCTV 등 영상물 수집 시스템을 활용한 기법이 제시되어 왔으나, 개인 프라이버시 침해로 인한 빅브라더 우려, 네트워크 트래픽량과 서버의 저장 용량 부담, 구축 및 관리비용 부담으로 인하여 실제 적용은 지연되고 있는 실정이다. 그러나 CCTV는 범죄예방과 수사에 널리 사용되는 장비로서 경찰에서도 지방자치단체와 협의하여 방범용 CCTV를 매년 확대하여 설치하고 있으며, 그 증가율은 매년 10% 이상이다. CCTV의 효율적인 관리와 운영의 중요성이 증대되면서 통합적인 관리의 필요성이 높아지고, 이로 인하여 기관 내 또는 기관 상호간의 CCTV 관리 및 정보연계를 위한 용도별·지역별 CCTV 통합 모니터링이 수행되고 있다.

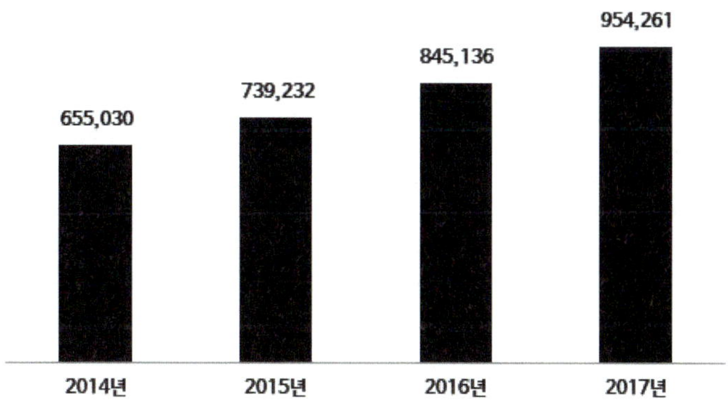

출처: 국가지표체계.

[그림 15-7] 공공기관 CCTV 설치 및 운영대수

(2) 실종자 예방 및 발견을 위한 빅데이터 활용 현황 및 운영

최근 빅데이터 분석 기술의 발전과 더불어 지역 경찰청의 범죄 발생 기록을 활용한 범죄 예측 프로그램의 실사용 사례가 증가하고 있다. 카네기 멜론 대학교의 범죄 예측 연구(Detecting and Preventing Emerging Epidemics of Crime, 2007)에서는 피츠버그 경찰서로부터 제공받은 데이터 세트를 활용하여 수행되었다. 제공받은 데이터는 살인이나 무장 강도와 같은 Violent Crimes(VC)와 경범죄, 풍기 문란과 같은 Leading Indicator(LI)에 대한 정보로 구성되어 있다. 데이터를 1990년부터 1999년까지 1주일을 간격으로 수집하여 저장하고, 범죄를 예측하고자 하는 지역을 52×64셀로 이루어진 그리드로 형태를 설정하여, 각 장소(한 개의 셀)를 가로와 세로 모두 1,000보폭의 크기로 설정하여 범죄 예측의 장소를 구분한다. 기댓값 기반이 포아송 스캔 통계(Poisson scan statistic)를 활용하여 매주 각 셀의 범죄 예상 발생 횟수를 예측하고, 이 통계는 시간-장소 예측 값과 실제 발생 횟수를 비교하는데 사용되어, 범죄 발생 예측 횟수보다 실제 발생 횟수가 더 많은 지역들에 대해서 클러스터링을 실시하는 것이다. VC와 LI간의 상관관계 분석을 통해 감지한 LI에 대한 클러스터들이 1~3주 전 VC의 클러스터들의 예측에 유용하게 활용될 수 있음을 증명해 중범죄가 발생할 가능성을 미리 예측하여 해당 지역에 순찰 병력들을 더욱 배치함으로써 발생 가능한 범죄를 예방하는 효과를 기대할 수 있었다. CompStat 프로그램은 LA에서 발생한 범죄 기록을 바탕으로 발생할 범죄를 예측함으로써 이전보다 적은 경찰관의 인력으로 더욱 많은 신고를 접수해야 하는 현재 상황에서 효율적으로 인력을 배치하여 효과적인 방범 전략을 사용할 수 있게 하는 것이다.

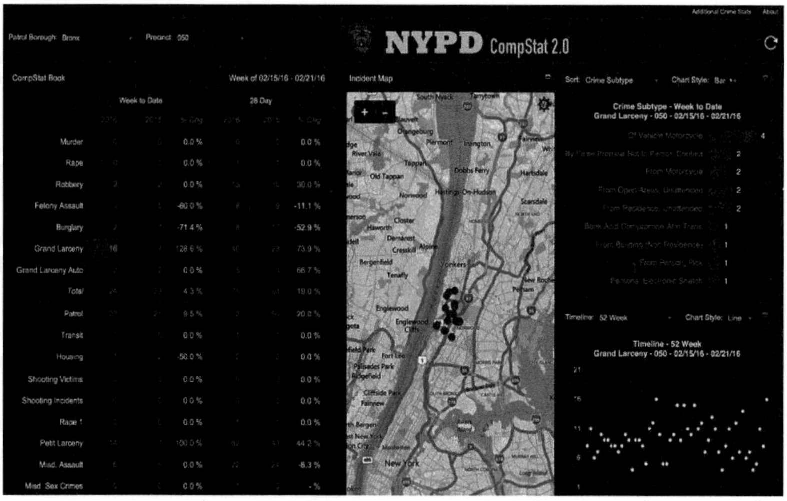

[그림 15-8] CompStat 프로그램

이 밖에도 자연재해와 범죄 발생의 상관관계에 기반한 범죄예측 프로그램도 등장하고 있으며, '프레드폴(PredPol)'은 지진 예측 알고리즘을 기반으로 개발된 범죄 예측 프로그램이다. 프레드폴은 지진이 발생하는 지역의 공통점은 '단층'이 존재하는 지역이라는 것에 착안해 범죄가 발생하는 지역의 일반적인 공통점을 추출하고 이를 활용하여 범죄 발생을 예측하는 원리로 만들어졌다. 예를 들면 지진이 다분히 자주 발생하는 지역의 공통점으로 단층이 존재한다는 것과 같이 범죄가 다수 발생하는 지역의 주변은 술집이 많다라는 사실을 통해 범죄를 예방할 수 있다. 또한 최근에는 페이스북 프로필과 같은 범죄자나 피해자의 과거 데이터, 위치, 활동 반경 등의 데이터를 분석한 뒤, 정기적으로 방문하는 프로그램을 활용함으로써 재범에 대한 범죄 예측 및 예방을 할 수 있다. 우리나라의 경우, 부족한 경찰 인력 문제를 이와 같은 범죄 예측을 통해 타개하고자 '폴리스랩'이라는 방범 과제를 기획하고 세부적으로 다양한 방범 주제에 대해 지능형 지원 시스템을 개발하고 있다. 그중 '112신고 DB 기반 범죄불안요인 예측 및 대응 시스템'은 신고 기록을 기반으로 불안요인을 분석 및 예측하여 범죄 발생 예측을 수행하고 결과적으로 범죄를 예방한다는 목적 주제이며, 이 역시 빅데이터를 바탕으로 범죄 발생에 대한 예측을 수행한다는 점에서 공통점이 있다. 서울대 연구팀과 경찰청이 공동으로 연구 중인 빅데이터 기반 범죄 분석 및 예측 프로젝트인 '클루'는 전자화된 수사 기록을 저장하는 경찰 내부망인 킥스(KICS)를 활용해 발생한 범죄를 분석하고 발생할 범죄를 예측하는 프로그램으로, 경찰이 보유한 범죄 관련 데이터와 공공 데이터(날씨, 공시지가, 연령별 및 성별 인구)가 활용되고 있다. 클루를 통해 축적된 데이터들을 바탕으로 현재 수사 중인 사건의 특징을 입력하였을 때, 과거 유사 사건을 유사도에 따

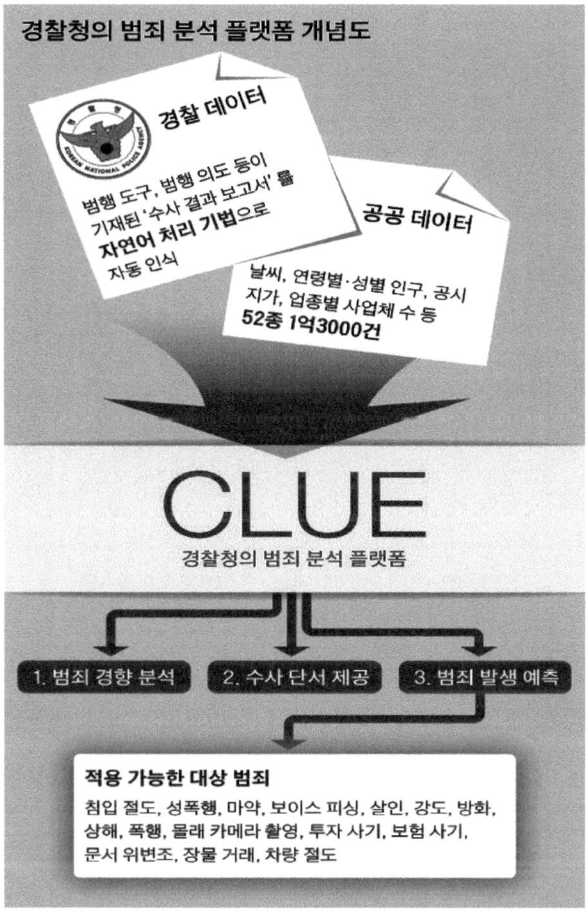

출처: 중앙일보, 2017.

[그림 15-9] 클루 개념도

라 나열해주고, 경찰은 이를 참고하여 수사 방향을 설정하고 범위를 좁히는데 유용하게 사용할 수 있다. 특정 지역, 시간, 날씨 등 조건과 범죄 유형을 입력하면 해당 범죄가 일어날 가능성이 가장 높은 지역을 반경 2km 내외의 원으로 표시하는 기능이 있어 범죄를 예방하는데 활용할 수 있으며, 이를 위해 상기한 바와 같은 다양한 종류의 공공 데이터를 사용하고 있다.

실종예방 및 발견에 착안할 필요가 있는 국내의 CCTV 전문기업 하이트론에서는 영상, 음성, 체온, SNS, 환경 등 다수의 불확실성을 갖는 데이터들을 예측 알고리즘 엔진을 통해 의미 있는 정보로 도출해 범죄를 예측하고 사전경고를 내는 시스템을 개발했다. AI기반 예측 엔진과 더불어 실시간으로 영상, 음성, SNS 등의 다양한 정보를 수집하고 범죄 유형별/

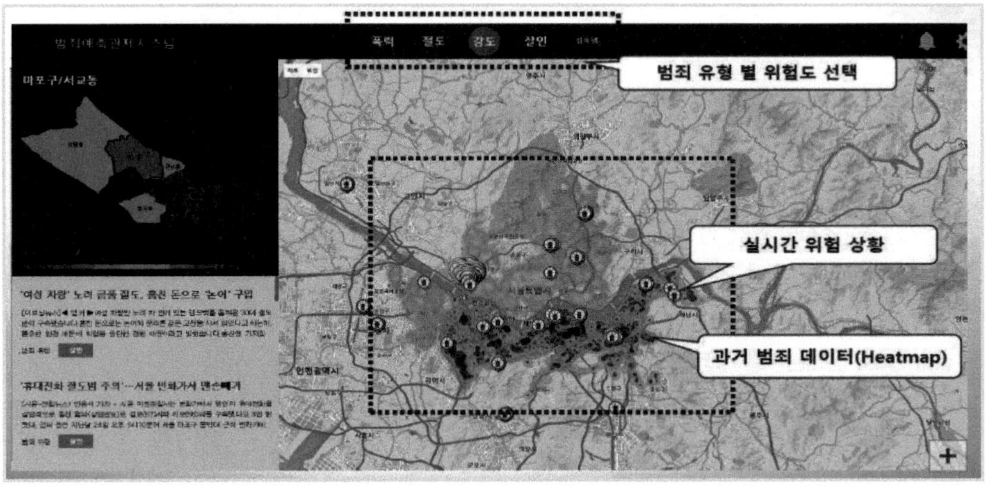

출처: CCTV뉴스, 2017.

[그림 15-10] 하이트론의 범죄예측관제시스템

지역별 위험도를 산출할 수 있는 점이 특징이다. 수집한 공공 데이터와 범죄 데이터를 기반으로 지역 감성지수와 범죄 위험도를 백분율 단위로 볼 수 있고 지역 범죄 이력에 기반한 범죄 빈도 수 등을 한눈에 볼 수 있는 UI를 개발하는 것이다. 이와 함께 범죄 이력 정보를 분석해 히트맵(Heat Map)으로도 제작하여 서울시 내 지역을 동단위로 세분화해 폭력, 절도, 강도, 살인, 성폭행 등 범죄 유형별 위험도를 지도 내에 표시, 실시간 범죄 위험 상황을 한눈에 볼 수 있게 표시할 수 있다.

(3) 실종자 발견을 위한 수사지원 시스템 구축과 지원

실종자에 대한 실시간 사건정보 제공과 새로운 자료조회 기능, 위치추적과 실시간 CCTV 정보자료 비교지원, 동일인 여부 매핑(찾는 대상자 정보와 보호 대상자 정보 매핑)시스템을 도입하여 동일인 여부 확인, 관련기관 간 협력체계 구축이 이루어져야 한다. 실종 상황 발생시 신속한 대응을 지원하는 실시간 신원 식별기술 및 추적기술 등의 대응기술 및 현장 경찰관을 통합 지원하고, 대응체계 전체를 관제할 수 있는 지자체, 경찰청 연계의 통합 치안플랫폼 개발이 필요하다.

(4) 치안플랫폼 구축

치안플랫폼은 전국 지자체 CCTV 통합관제센터와의 영상정보 공유하는 것이다. 각 CCTV 지역 정보, 지능형 영상분석 기술을 적용하고 이벤트 알람 등을 연계 지원하는 것이다. 이 플랫폼은 경찰청 프로파일링 시스템과의 상호 연동을 지원함을 통해서 실종사건을 해결하는 것이다. 각 지자체에 구축된 단위 플랫폼으로부터 영상 분석을 통해 생성된 지능형 이벤트를 치안 플랫폼에서 제공하는 연동 API를 통해 통합하고, 통합된 지능형 이벤트를 분석하여 지역별 사건 발생 위험 예측 및 초동 수사에 활용하는 것이다.

(5) 시스템 등 관리

경찰청, 지방경찰청 등에서는 수집된 데이터 정제와 통합, 데이터 보호 등이 이루어져야 하며, 원활한 실종수사 진행을 위해 주요사항을 결정, 운영관리, 장애발견 시 신속하게 HW, SW 유지보수 및 시스템 관리 등이 이루어져야 한다. 또한 수시로 구축된 시스템의 취약성을 점검하고, 운영시 적절하게 법령과 규정을 준수하는지 여부도 점검되어야 한다.

Ⅴ. 마치며

다양한 실종사건에 대응한 방안으로 통합 및 단위 플랫폼으로 구성되는 ICT 기술 기반의 전국 확장형 치안 플랫폼을 개발함으로써 실종자 수사에 필요한 각종 정보들을 고속으로 연동·처리하여 실시간 수사의 효율성 및 정확성을 향상시킬 수 있다. 이러한 개선된 신원확인 서비스를 통하여, 차후에는 실종자뿐 아니라 범죄자 등을 식별하고 추적하는 전국 통합형의 치안 플랫폼의 기반 플랫폼이자 인증 지표로 활용할 수 있다. 매년 2만 명의 아동 실종, 그리고 장기실종 아동 1인당 5억 7천만원으로 보고되고 있는 사회적 비용의 발생을 방지할 수 있다. 실종자 발생은 글로벌 공통적으로 발생하는 사회 문제로서 국내의 ICT 융합형 치안기술 모델을 해외에서도 적용가능하다. 실시간 수사, 초동 대응을 비롯하여 실종 위험 예측을 통하여 실종사건의 장기 미제화를 미연에 방지하는 것이다. 설치되어 있는 다수의 CCTV 정보를 활용하여 실시간 수사에 활용하는 등 기존의 IT, 모바일 기술의 활용도를 개선하여 사회 안전망 구축이라는 공공 이익에 기여할 수 있다. 얼굴인식 등 지능형 비디오감시를 통한 '감시 사회'의 일상화로부터 시민의 자유를 어떻게 보호하고, 공권력에 의한 기본권 침해와 개인의 프라이버시를 어떻게 조화시킬 것인지 등 빅브라더 우려를 종식하고 개인 정보의 안전하고 절제된 사용을 확보할 수 있도록 해야 한다.

참고문헌

National Police Agency, "Missing and Child Safety Task Manual", November 5-6, 2016.

Simandan, "Making sense of place through multiple memory systems", Dragos April 2011 issue, New

Zealand Geographer 67, 2011, pp.21~24.

Hyun-joon and Lee Sang-jin, "Measures to minimize infringement of basic rights of investigative agencies by introducing procedures for providing non-conformized ' telecommunication business room confirmation", and criminal policy research No. 30, 2019, pp.101~102.

Kim Bong-su, "Criminal Review for the Protection of Location Information", the 32nd largest law court, and the Institute of Law at Chonnam National University, 2012, pp.274~275.

Shin Seong-sik, "Measures to Strengthen Response in Public Security Field by Changing the Police Box in the District", "Research on Self-Governing Police", Volume 4, 65, 2011, Korean Association of Autonomous Police

U.K. Home Office, supra note 5, at §2.1.

Main Commissioner of Police, United Kingdom - 80 (5.1, 2013). Internal reporting

Chae Yong-tae, "Analysis and Compensation of RSSI on Wi-Fi based indoor location determination", Seoul City University Graduate School, Master's Degree, 14, 2010.

Hwang Moon-gyu, "The Concept of Transnational Crime and the Direction of Korean Police Correspondence", "The Study of Police in Korea", 11(4), 2011.

제 16 장

기업 추적

제16장

기업 추적

Ⅰ. 개 요

1. 실종아동찾기 활동과 CU

1) 편의점 브랜드 'CU'

대한민국 대표 편의점 브랜드 'CU'를 운영하는 BGF리테일은 1990년 가락시영 1호점을 시작으로 2012년 대한민국 독자 브랜드 CU를 새롭게 출범시켰다. CU는 좋은 친구처럼 365일 반가운 편의점을 만들어 나가겠다는 브랜드 목표를 바탕으로 "Nice to see you"를 스토리텔링한 'Nice to CU'를 슬로건으로 하여 고객의 일상에 즐겁고 편한 공간을 제공하는 라이프 플랫폼의 기능을 제공하고 있다.

CU는 BGF리테일의 기업공개(상장)((KRX : A282330))에 따라 더 이상 브랜드 로열티를 내지 않는 순수 대한민국형 편의점 브랜드가 되었다.

BGF리테일은 대한민국 대표 편의점 브랜드 'CU(씨유)' 가맹사업을 주력사업으로 하는 종합 유통 서비스 기업이다. BGF는 'Be Good Friends'의 약자로 고객의 일상 속 반가운 친구 같은 기업이 되겠다는 의지를 담고 있다. BGF리테일은 고객과 사회, 세계인의 좋은 친구를 목표로 경영의 투명성을 지향하고 미래가치를 창출하며 사회적 책임과 역할을 다하는 기업으로 성장할 것을 목표로 하고 있다.

기업은 경제 행위에 필요한 4가지, 자본, 노동, 토지, 경영을 구분하여 생산활동을 이루어내는 경제주체이다. 기업은 이윤을 추구하는 영리성을 가진다는 점에서 정부, 교회, 사찰, 시민단체 등의 비영리단체와 확연히 구분된다. 기업은 이윤을 극대화하기 위해 다양한 경

영전략을 세우고 이를 실천하는 주체인 것이다.[1)]

2) CU의 실종아동찾기 활동

CU는 아동 실종 예방 및 미아 찾기 활동과 더불어 아동 학대 예방, 장기 실종 아동 찾기 등 아동 안전을 지키기 위한 '아이CU 프로그램'을 지난 2017년부터 진행해오고 있다. '아이CU 프로그램' 시행 이후 5년간 140여 명의 아동이 가족의 품으로 안전하게 돌아갈 수 있었다.

편의점 브랜드 CU를 운영하는 BGF리테일은 우리 사회의 가장 가까운 곳에서 어린이 안전을 지키기 위한 사회 안전망 역할을 하고 있다.

특히 장기실종아동 찾기 캠페인 'CU SOON'은 장기 실종 상태였던 강영희 씨(가명)가 무려 20년 만에 극적인 가족 상봉을 하는 가교 역할을 했다. 강영희 씨 가족은 2000년 6월(실종 당시 나이 4세) 강씨를 잃어버린 후 아이를 찾기 위해 백방으로 노력했으나 최근까지도 별다른 소득이 없는 상태였다.

개인적 노력이 모두 수포가 되자 가족들은 아동권리보장원 사례관리대상자로 강씨를 등록했고, BGF리테일은 이 정보를 바탕으로 전국 1만 4,000여 CU에 강씨의 사진과 정보를 송출하기 시작했다.

추석 연휴 전날 우연히 집 인근 CU를 방문한 강영희 씨가 POS에서 자신의 어릴 적 사진과 동일한 사진이 노출되는 것을 발견한 것이다. 너무 어린 나이에 가족들과 헤어진 강씨는 자신이 실종 아동이라는 사실도 모른 채 아동보호시설에서 성인이 될 때까지 자랐다.

단순히 부모가 없다고만 알았던 강씨는 가족들이 애타게 찾고 있다는 것도 모르고 아동권리보장원 실종아동 전문센터에 자신은 실종 아동이 아니니 이를 정정해달라는 문의를 했고 확인 절차에서 극적으로 가족들을 만나게 된 것이다.

실종아동을 찾기 위한 '아이CU 프로그램'과 BGF리테일의 홍보활동을 통해 이산가족의 아픔을 해결하는 사회적 가치를 창출한 것이다.

2. 기업의 사회적 책임이란?

경영(management)이란 '조직에 관한 의사결정을 행하는 행동'을 말한다.[2)] 경영이라는 말은 대한민국의 학계나 실업계에서 그 개념이 극히 모호하게 또 추상적으로 사용되고 있

1) 이 때문에 일반적인 기업들은 합리주의, 효율성 등의 이미지를 갖는 편이다. 규모가 크고 건실한 기업일수록 그런 이미지가 강한 편이다. 다만 이를 호도하여 기업이 하는 행위는 모두 가장 합리적이고 효율적인 고민의 결과물이라고 착각하는 사람들도 있는데, 기업이 행하는 모든 의사결정이 합리적인 것은 전혀 아니다.

2) 윤종훈·송인암 외, 경영학원론, 학현사, 2013, p.7.

다. 경영한다는 것은 어느 경제단위를 그 설립목적에 부합하도록 의식적으로 계획·유도하고 지휘하는 것을 말한다. 예를 들면 학교·병원·고아원 등과 같은 비영리적 경제단위나 영리적 경제단위인 주식회사를 경영한다는 것은 이들 경영체의 설립목적에 부응하도록 계획하고 낭비 없이 밀고 간다는 것을 말한다. 모든 경제단위(비영리적 경제단위와 영리를 목적으로 하는 경제단위)는 경영체이며, 특히 영리를 목적으로 경영하는 경제단위를 기업체라고 부른다. 물론 기업체를 경영한다는 것은 기업체의 목적 달성이 성취되도록 시도한다는 것을 뜻한다.

현대 경영은 현대기업의 환경 여건을 잘 이해하지 못하면 그 기능을 원만하게 수행하기가 불가능하다. 기업은 경제사회에서의 생산기능을 수행하고 있으므로 인해서 분배·소비, 그리고 경제성장에 관한 사회적 요건과 부합되는 전제하에서 성립되는 것인 만큼 이를 위하여 경영은 대정부 관계·노사관계·소비자 봉사, 그리고 종업원 복지 등을 무시할 수가 없다. 이를 학문적으로는 기업환경론이라고 하며, 실무적으로는 경영의 사회적 책임이라고 하는 것이다.

경영활동은 환경에 적응되어야 한다. 그러나 그것은 환경의 변화에 수동적으로 순종하는 의미로서 환경적응이 아니고 경영의 주체적 활동으로서 환경에 적응하는 활동을 뜻한다. 경영은 환경의 변화 속에서 경영의 주체적 목표를 실현할 수 있는 유리한 기회를 찾지 않으면 안 된다. 이 점이 창조적 경영(創造的經營, creative management)에 있어서의 창조성의 핵심이다. 통제중심의 경영에서는 위험성을 가급적 피하는 견실경영(堅實經營)을 지향(志向)하는 것이지만 창조적 경영은 창조와 혁신을 지향하는 반면 위험성을 무릅쓰고 나가는 경영이다. 창조적 경영이 요청되는 오늘날의 상황에서는 현상에 만족하는 경영이야말로 최대의 위험성으로 간주되기까지 한다.

기업이 '사회적 존재물'이고, '사회의 공기(公器)'도 됨에 따라 기업경영은 과거와 같이 주주를 위한 이윤추구만이 아니고, 사회적인 공기로서의 역할을 수행하는 사회적 책임이 부과되게 되었다.

Ⅱ. 편의점 거점의 실종아동찾기 혁신

1. 실종아동찾기를 위한 혁신과 리더십

혁신이란 기존에 존재하지 않았던 새로운 가치를 더하는 행동. 정의에 이미 "가치를 창출한다"는 부분을 포함하고 있기 때문에 주로 긍정적인 의미로 사용되고, 최소한 보기에 따라서 억지로라도 긍정적인 부분을 만들어 낼 수 있을 때나 붙일 수 있다. 부정적으로 달라지는 내용은 혁신으로 볼 수 없다.[3)]

혁신의 횟수와 참신성은 산업에 따라 다르게 나타난다. 일반적으로 산업의 면에서는 보다 많은 기업이 경쟁하는 산업, 보다 기술의 개발이 빠른 산업, 보다 어린 산업에서 혁신이 많아지고 참신해진다. 예를 들어, IT, 소프트웨어 산업에서는 하루가 멀다 하고 신제품이 쏟아진다. 반면, 광산 채굴업 현장에서는 급진적 혁신은 찾기 힘들다. 하지만 여기서도 과정의 혁신이나 점진적 혁신을 통해 이득을 볼 수 있다.

이러한 관점에서 국내 대표 편의점 브랜드 CU의 사례가 대표적이다. BGF리테일은 1990년 1호점의 문을 열고 지난 30여 년 동안 대한민국 편의점 업계를 이끌며, 강력한 브랜드 파워와 차별화된 상품, 서비스 그리고 사회공헌으로 발전을 거듭해왔다.

CU는 PB상품의 새로운 가치와 다양한 경험을 강조한 통합 브랜드 'HEYROO(헤이루)'와 에스프레소 카페 및 디저트 브랜드 'GET(겟), 아이스드링크 브랜드 'delaffe(델라페)'에 이어 최근 득템 시리즈 등을 선보이며 편의점 PB상품의 수준을 보다 업그레이드시켰다.

생활 서비스도 막강하다. 멤버십 앱 '포켓CU'를 리뉴얼하여 배달주문, 편의점 픽업, 예약구매, 홈배송 등의 서비스를 제공하고 있고, CU에서 접수한 택배를 고객이 배송을 지정한 CU 점포에서 찾아가는 택배 서비스 'CU 알뜰택배' 등을 통해 오프라인 점포와 온라인 커머스의 연계를 바탕으로 고객들의 편의점 이용 편의성을 크게 향상시켰다.

미래형 편의점 개발에도 박차를 가하고 있다. 야간 시간대는 출입 인증과 결제와 모바일 앱을 통해 이뤄지는 하이브리드 매장 '바이셀프(Buy-self)'와 친환경적으로 운영되는 녹색매장 'CU서초그린점' 등이 대표적이다. 최근에는 업계 최초로 스마트 기기를 통해 조도와 온도가 원격으로 조절돼 전력 사용량을 자동으로 줄이는 자동화 시스템을 도입해 온실가스 배출 저감에 앞장서고 있다.

CU는 지난 30여 년 동안 축적한 편의점 브랜드 시스템의 노하우를 몽골과 말레이시아 등 해외에 적극 수출하고 있다. 2018년 몽골에 진출해 최근 300호점을 개점했으며, 2021년에는 말레이시아 진출 1년여 만에 100호점을 개점하는 등 편의점 업계의 혁신을 이끄는 선두 주자로서 K-편의점의 명성을 널리 알리고 있다.

나아가 실종아동찾기, 아동안전지킴이집 운영, 각종 범죄에 노출된 아동과 노약자를

---

3) 예외로 머튼의 아노미 이론에서 '혁신형'은 부정적으로 사용된다. 합법적인 방법으로 문화적 목표를 달성할 수 없기에 불법적인 방법을 쓰는 부류를 '혁신형'이라고 하는데, 원문의 innovation을 직역한 것이다. '혁신'이라는 단어의 좋은 이미지는 여기서는 '반역형'이 가지고 있을 수 있다('가지고 있을 수 있다'라 하는 이유는 '반역형'은 '혁명군'처럼 긍정적일 수도, '반란군'처럼 부정적일 수도 있기 때문. 때문에 '반역형'의 경우 '혁명형'이라 번역하기도 한다).

보호하기 위해 업계에서 가장 적극적인 움직임을 보여 왔다. 아동안전지킴이집은 2022년 말 현재 1천 점이 넘는 CU점포가 아동안전지킴이집으로 위촉되어 활동하고 있다. 또한 전국 각지에서 24시간 실종 아동 예방 시스템을 구축·확대하고 있다.

혁신적 CU의 실종아동찾기

"…혁신은 지금까지 존재하지 않은 것이 새롭게 창출되어 기존 가치의 결과가 아닌 진정한 결과를 얻을 수 있기 때문이다…"

◉ CU: 2022.05 사단법인 실종아동찾기협회와 서울시 11개 지하철 역사(선릉역, 고속터미널역, 신도림역, 시청역 등) 스크린도어에 총 13명의 실종아동 정보·메시지 광고 전개

→ BGF리테일은 2022년 실종아동의 날(5월 25일), 서울 지하철 11개 역사의 스크린도어에 실종아동의 사진과 실종 지역, 신체 특징 등과 함께 '우리 딸 얼른 와, 맛있는 거 해줄게' 등 실종아동의 부모가 아이에게 전하고 싶은 간절한 메시지를 담았다.

BGF리테일 커뮤니케이션실장은 "장기실종아동 광고에 10초만 관심을 가지고 살펴보는 것으로 실종 가족들이 다시 만나는 시간을 단축시킬 수 있다는 의미를 담았다"며 "이러한 노력이 실종 가족 만남의 성과를 만들고, 우리 사회의 좋은 친구처럼 진심을 다해 아이들이 행복한 세상을 만들 수 있다"고 말했다.

CU는 변화와 경쟁이 심한 사회에서 강한 리더십을 통해 조직이 변화하고 있다. 조직생활을 하는 현대인은 '리더십'이란 말의 홍수 속에서 살고 있다고 해도 과언이 아니다. 끊임없이 새로운 유형의 리더십이 등장하고 사라진다. 그렇다면 우리에게 혹은 내가 속한 조직에 진정으로 필요한 리더십은 무엇일까? 조직문화와 효과적인 리더십에 대해 연구하고 긍정적 조직문화를 주창한 대가인 로버트 퀸(Robert E. Quinn) 박사는 균형을 맞춘 통합된 리더십에 대해 주장했다. 리더십에 대한 퀸의 모형은 조직분석에 대한 경쟁가치구조(competing values framework)에 기초하고 있다.

2. 사회적 책임으로서의 <실종아동찾기> 활동

경영이란 경영의 제 요소, 즉 자본·원료·기계·설비·노동력 등을 결합하고 그것을 운영하는 관리직능을 말한다. 그러므로 경영자는 경영이라는 독자적인 관리직능을 담당하는 경영활동의 핵심적 주체 및 의사결정자라고 할 수 있다.

이와 같은 기업의 사회적 또는 공공적 성격에 비추어 볼 때, 이제 기업은 자본출자자의 이익증식만을 위한 경영이 아니고 기업에게 요청되고 있는 사회적 책임을 다하는 입장에서의 경영이어야 한다.

계속기업으로서의 현대기업이 치열한 경쟁사회에 능동적으로 대응하고 지속적인 성장과 발전을 실현하기 위해서는 먼저 기업의 이해자집단의 이해관계를 합리적으로 조정할 수 있어야 한다. 이러한 기능을 수행할 수 있는 경영자가 바로 우리가 관심을 갖고 기대하는 현대기업의 주체인 전문경영자이다. 오늘의 전문경영자에게는 그 어느 때보다도 사회적 책임의 성실한 수행을 요구하고 있다. 따라서 전문경영자는 현대기업의 성격을 올바르게 이해하고 창의적이고 혁신적인 노력으로 최대한의 경영성과를 실현하여야 한다. 뿐만 아니라 어떠한 노력이 기업과 경제와 인류에 이바지할 수 있는가를 언제나 생각하는 경영자가 되어야 한다. 즉, 건전한 경영이념과 경영철학을 가져야 한다.

경영은 기업의 비전과 목표 달성을 위해 계획하고 실행하고 이를 평가하는 일련의 과정이다. 경영자는 기업의 방향을 결정짓고 경영활동을 직접 수행하는 주체이며, 경영을 총괄하면서 경영에 대한 책임을 진다. 경영자는 기업 내 구성원의 역할 및 행동을 규정하는 사람으로서 기업경영에 없어서는 안 되는 가장 중요한 요소이다.

BGF리테일은 한 해 평균 4만여 건에 이르는 아동, 지적장애인, 치매 환자의 실종 발생을 사전에 방지하고 지역사회안전망을 강화하고자 2017년부터 CU 편의점 내 결제단말기(POS) 긴급신고 시스템 및 아이CU 프로그램을 개발 및 활용해 운영하고 있다. 전국 어디서나 24시간 이용할 수 있고, 남녀노소 누구나 쉽게 찾아올 수 있는 편의점 특성을 백분 활용해 길을 잃은 아동 등을 안전하게 보호하고 경찰·보호자에게 신속히 인계한다는 것이다.

Ⅲ. 실종아동찾기와 기업가정신

1. 기업가정신이란?

기업가는 entrepreneur(기업가)라는 '착수하다(undertake)'와 '시작하다(commence)'라는 의미의 'entreprendre'에서 유래하였다. 새로운 사업을 수행하는 사람이라는 뜻으로 17~8세기 유럽에서는 위험한 해외무역에 종사하는 모험적 상인데 대해 '기업가'라는 용어를 사용했으며, 19세기 후반에 산업혁명 후 새로운 기술의 발명을 실용화하여 기업적으로 성공한 사람들에 대해 enterpriser 또는 entrepreneur라는 용어를 사용했다(이민화, 2016).

기업가정신(Entrepreneurship)은 프랑스어 entrepreneur와 영어의 접미사 -ship이 결합되어 만들어진 신조어로서 우리말로 번역할 때 많은 논의가 있었음에도 국내의 학계, 교육계, 공공기관 등에서는 대체적으로 기업가정신과 일부 창업이라는 용어를 넓게 사용하고 있는 것으로 보인다(성상기 2015).

기업가정신은 위험이 있는 새로운 사업을 운영하기 위한 경영자들의 창의적이고 모험적인 성향을 의미한다. 즉, 현실적으로 기업가정신은 자원의 제약과 위험의 존재에도 불구하고 모험정신을 발휘하여 창업, 성장, 신사업, 신시장을 일구어 고도화를 꾀하는 기업가의 의지를 나타낸다.

기업가정신은 매우 다양한 관점에서 정의될 수 있고 따라서 한 가지 관점에서 한정하고 정의하는 것은 기업가정신의 본질을 도외시하게 되는 결과를 초래할 수 있다. 따라서 기업가정신의 핵심적이고 공통적인 의미를 살펴보는 것이 더 필요할 것이다. 그것은 '새로운 가치를 창출(결과)하려는 동기(이슈)와 이를 실천하는 활동(프로세스)'으로 볼 수 있다.

이처럼 기업가정신에 대한 개념은 기업이 처해있는 국가의 상황이나 시대에 따라 바뀌어 왔다. 그러나 어느 시대 어떤 상황에서든 기업가가 갖추어야 할 본질적 정신은 이윤을 창출하면서도 사회적 책임을 잊지 않는 정신을 가지고 있어야 한다는 점에서는 동일하다.[4)]

2. BGF리테일의 기업가정신(Social-Entrepreneurship)

기업가정신의 기존 이슈가 수익창출을 가져오는 사업기회에 대한 확인, 평가, 탐색의 과정이라면, 사회적 기업가정신은 사회적 변화와 가치창출을 가져오는 기회에 대한 새로운

4) 이신모, "4차 산업혁명시대의 기업가정신과 창직," 두양사, 2018, p.79.

과정이라고 할 수 있다. 최근 들어 관심을 받고 있는 사회적 경제의 세부 형태인 사회적 기업, 마을기업 등에도 기업가적인 태도와 역량이 적용되고 있다.

사회적 기업가정신은 오늘날 가장 필요로 하는 기업의 역할이다. CU를 운영하는 BGF 리테일은 한국ESG기준원(KCGS)의 2022년 ESG 평가에서 3년 연속 통합 등급 A를 획득했다. 2022년도 기준으로, 편의점 업계에서 환경(E), 사회(S), 지배구조(G) 모든 영역에서 A등급 이상을 받은 기업은 BGF리테일이 유일하다.

프랜차이즈 편의점 CU: 대국민 아동 안전 캠페인

CU의 아동 안전 대표 캠페인은 CU의 아동 친화 사회공헌 프로그램인 ‘아이CU’다. 아이CU는 국내에서의 우수한 성과를 기반으로 몽골에도 전파될 정도로 한국 편의점을 대표하는 공공 기능이다.

아이CU는 기존 실종 예방 및 미아 찾기 역할에서 나아가 ▲아동 학대 예방 및 관찰 ▲장기 실종 아동 찾기 ▲아동의 안전한 환경 조성 등 아동 안전 전반을 포괄하는 CU의 아동 특화 사회공헌 프로그램으로 진화 중이다.

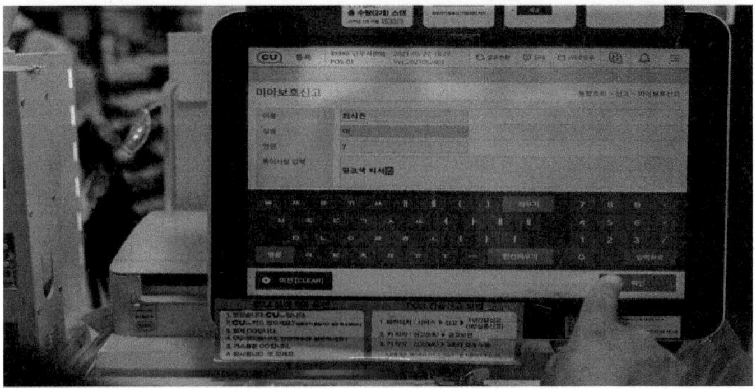

BGF리테일은 ESG 글로벌 가이드라인을 바탕으로 '지구와 사회의 좋은 친구, BGF'라는 ESG 경영 비전을 통해 △친환경 밸류체인 구축 △동반성장 생태계 조성 △건강하고 행복한 삶 지원 3대 핵심 목표를 중심으로 체계적인 ESG 경영을 펼치고 있다.

환경 부문에서는 일상에서 환경 보호를 실천하는 'Be Green Friends' 캠페인을 꾸준히 전개하고 있다. 고객들의 친환경 소비를 돕기 위해 친환경 상품 적극 도입, PB상품 재활용 등급 표기, 친환경 용기·소모품 적용 확대 등을 시행하고, 환경부 녹색매장인 CU그린스토어를 운영하며 생활 속 친환경 플랫폼 역할을 강화하고 있다. 사회 부문은 CU의 비즈니스 인프라를 활용한 공익적인 기능에서 BGF리테일은 지자체, 경찰청, 행정안전부 등 다양한 기관들과 업무 협약을 체결하고 실종·학대 예방, 장기 실종아동 찾기 캠페인, 재해·재난 시 긴급 구호 활동 등 촘촘한 사회 안전망을 구축하고 있다.

3. 기업가정신의 중요성

환경변화에 신속하고도 유연한 적응력과 혁신적 행위는 기업의 성패에 핵심이 되고 있다. 이에 따라 기업가정신의 필요성을 알 수 있으며, 기업들의 환경변화에 신속한 대응과 혁신적 행위를 하기 위한 기업가정신의 중요성이 거듭 강조되고 있다.

기업환경의 변화는 주민과 동행하는 기업으로 하여금 계속된 신기술 개발과 시장개척, 기업자원의 효율성 제고 등 지속적인 생존을 위한 노력을 요구하고 있다. 개별 경제주체로서의 기업의 활성화는 국가 전체적인 경쟁력 강화와 직결되므로 개인과 기업, 정부가 유기적인 상관관계를 가지고 있다. 경제적 어려움을 극복하기 위한 여러 가지 해결책 가운데 기업가정신이 새롭게 주목받고 있다. 경기불황을 극복하고 새로운 도약을 위한 방안으로 범국가적인 차원뿐만 아니라 개인과 기업의 활발한 기업가정신의 발휘가 요구되고 있다.

기업가정신은 새로운 과학적 지식을 제품과 서비스로 현실화함으로써 과학과 산업을 연계시키는 수단이 된다. 즉 신지식을 사업화하여 창업하고 새로운 제품과 서비스를 시장으로 보내는 역할을 하게 된다. 이러한 기업가적 행위는 경제를 활성화하고 직업을 창출하는 등 국가 경제에 중요한 역할을 한다.

기업가정신을 기를 수 있는 교육환경, 기업가정신을 체험할 수 있는 산업 환경, 사회환경, 그리고 그런 기업가정신을 중요하게 인식하고 인정하는 사회적 분위기가 반드시 필요하다. 이를 많은 연구자들이 새로운 기업가정신의 개념 정립을 위해 노력하고 있지만 아직까지 뚜렷한 성과를 나타내고 있지는 못한 실정이다. 그렇지만 시대가 새로운 기업가정신을 만들어 갈 것이다.

실종아동 찾기 돕고 재난구호 앞장

출처: 2019년 5월 방송 <희망TV SBS, 아이 낳기 좋은 대한민국>

CU는 전국 최대 1만 6,000여 점포 네트워크와 비즈니스 인프라를 바탕으로 지역사회 안전 플랫폼 역할을 하고 있다.

결제단말기(POS) 긴급신고 시스템 및 아이CU 프로그램을 통해 가족의 품으로 돌아간 사례자는 지금까지 140여 명에 이른다. '아이CU 프로그램'은 CU가 2017년부터 경찰청과 함께 전국 최대 오프라인 네트워크를 활용해 길을 잃은 아동 등을 점포에서 안전하게 보호하고 경찰 또는 가족에게 인계하는 민관 협력의 사회적 안전망이다. 길을 잃은 아동 등이 점포에 방문할 시 결제 단말기(POS) 긴급신고 버튼을 누르고 대상자의 간단한 신상정보를 입력하면 전국 CU에 정보가 공유됨과 동시에 경찰에 신고되는 실종 예방 시스템이다.

CU는 2021년 5월 몽골 울란바토르 경찰청과 업무협약을 맺고 아이CU 캠페인을 전개하고 있으며, 2022년 11월 기준 아이CU 신고 시스템을 통해 미아 등을 안전하게 경찰에 인계한 사례는 총 5건이다. 아이CU 신고 시스템은 매년 1,200여 명의 실종 아동이 발생하는 몽골 울란바토르에서 최대 아동안전 네트워크망으로 자리매김하며, 한국 편의점의 착한 수출 사례로 기록되었다.

4. 기업가정신 사례: BGF리테일의 아동안전 활동

기업가정신이란 현재 보유하고 있는 자원이나 능력에 제약받지 않고 기회를 포착하고 추구하는 과정이자 사고방식 및 행동방식이다, 아직까지 개념에 대한 통일된 정의는 없으나 문헌들을 통해 발견되는 공통된 기업가정신의 구성요소로서 혁신, 기회, 위험감수, 실천, 진취성이 제시되고 있다

기회는 기업가정신의 출발점으로서 폭넓은 환경조건을 판단하고 창업을 결정하거나

생산 및 시장조직화 과정에서 실수 및 실패를 수정하는 비즈니스 기회의 인식을 말한다. 위험감수란 새로운 비즈니스의 성공에 대한 확신이 없을지라도 과감하게 행동하고 기꺼이 새로운 비즈니스 기회를 포착하는 능력을 말한다. 다시 말해 기회를 포착하기 위해 위험을 위험으로 보지 않고 높은 불확실성 속에서도 자원을 투입하여 기회를 잡는 능력을 의미한다. 실천이란 새로운 무엇을 창출하기 위해 이를 탐색하고 행동으로 옮기는 것을 말한다. 따라서 기업가정신의 실천은 개인 차원뿐만 아니라 전체 조직 차원에서 나타날 수 있으므로 학교, 병원, 공공기관에 이르기까지 확장된다(이신모, 2018).[5]

편의점 CU를 운영하는 BGF리테일이 실종아동을 찾고, 각종 사회적 안전위협으로부터 이들을 보호하고 지원사업을 하고 있는 것은 올바른 기업가 정신의 모습을 보여 주고 있는 것이다. 소비자와 가장 밀접한 관계를 맺고 있는 유통업계가 각 브랜드의 강점을 살려 어린이 보호 캠페인을 펼치고, 외식, 식품 등 소비자와 가장 가까운 위치에서 유대감을 형성하며 사회적 관심이 필요한 아동을 대상으로 선한 영향력을 펼치며 기업의 사회적 책임을 다하고 있는 것이다.

Ⅳ. 기업가정신의 확산

1. CU의 사회적 역할과 기능

기업가정신에 대한 관심이 증가하면서 최근 그 범위가 기업과 조직으로 확대되고 있다. 사내기업정신(corporate entrepreneurship)은 초기 기업가의 개인적 특성과 역량에 대한 관심에서 확대하여 보다 큰 규모의 조직과 기업형태에서 기업가정신이 충만한 관리자를 육성하고, 사내벤처 육성과 기업가적인 조직문화를 어떻게 조성해 나갈 것인지에 주목한다. 갈수록 경쟁이 치열해지는 기업경영 환경에서 조직의 크고 작음을 떠나 기업가적인 태도와 행동이 점점 요구되고 있는 것이다(KEF, 2015).

어떠한 혁신과 창의적 발상도 대부분의 경우는 축적된 지식과 경험 그리고 협력의 네트워크상에서 잉태되고 발전하여 완벽에 접근해 가는 방식으로 이루어져 왔기 때문이다(김영수, 2019).

기업가적 사고방식이 관료적인 대규모 조직에 들어가게 되면 대규모 조직이라 할지라도 혁신이 가능할 수 있는데 크게 보면 사내 기업가정신은 기존 기업에서 신규 사업을 개발하는 경우뿐만 아니라 새로운 전략적 쇄신을 위해 전체적으로 조직을 변화시키는 활동도

---

5) 이신모, 전게서, 2018, p.84.

포함할 수 있다(이신모, 2018).[6]

BGF리테일은 각 지역사회의 CU를 거점으로 사회적 관심이 필요한 아동을 대상으로 한 어린이 보호 캠페인을 펼치고 있다. 아동과 취약계층을 돕는 활동을 지속하며 기업의 사회적 책임을 다하고 있다.

CU는 2017년부터 결제단말기(POS) 신고시스템을 활용해 길 잃은 아동을 경찰에 연계하는 아이CU 프로그램을 운영 중이다. 이를 통해 지난해까지 5년간 약 140명의 사례자가 무사히 가족의 품으로 돌아간 것으로 나타났다.

한편, BGF리테일이 이웃사랑과 나눔경영 실천을 위해 설립한 재단법인 BGF복지재단은 코로나19 확산이 시작된 2020년부터 '집으로 온(溫) 밥' 사업을 운영하고 있으며, 같은 해 총 3,200끼 식사를 아이들과 나눈 바 있다. '집으로 온(溫) 밥'은 돌봄센터 이용이 어려운 주말에 결식 및 저소득층 아동이 집에서 따뜻한 한 끼를 먹을 수 있도록 돕는 사업이다.

2. CU의 기업가정신 실현 활동

기업가정신 확산을 위해 BGF리테일은 탄소 절감 상품 기획 등 ESG활동(환경·사회적책임·지배구조개선)을 적극적으로 발굴해 실천하고 있다. CU는 업계 최초 농·축·수산물을 활용한 상품개발과 농가를 살리는 착한 소비문화 조성, 점포 시설부터 인테리어, 운영 등의 모든 요소가 친환경 콘셉트에 맞춰 운영되는 'CU그린스토어'를 운영하고 있다.

무(無)라벨 생수와 친환경 용기 확대 등을 통해 고객의 친환경 소비 여건을 마련하고 있으며, CU그린스토어는 실제 전력 소모량 감축, 지구온난화지수 축소, 미세먼지 감소 등의 효과를 입증해 환경부 산하 한국환경산업기술원으로부터 업계 최초 녹색 매장으로 인증받은 바 있다. 또한 충북 진천 중앙물류센터 태양광 발전소 설치, 배송 차량에 전기차 도입 등 유통·물류 과정에도 친환경 경영을 도입하며 기후변화 대응에 앞장서고 있다.

BGF리테일은 회사의 경제적 이윤 추구를 뛰어넘어 환경과 사회문제에 대한 기업의 사회적 책임과 사회적기업 정신 확산을 위해 노력하고 있는 것이다.

Ⅴ. CU의 아동안전 활동과 전망

1. 아이CU 프로그램 현황

"어려운 이웃에 크고 작은 행복과 희망의 바이러스를 전파하는 CU를 사랑합니다."

---

6) 이신모, 전게서, 2018, p.135.

아이CU는 '아이 케어 포 유'(I Care for you)의 약자다. 전국 단위 네트워크로 연결된 결제단말기(POS)를 이용해 길을 잃거나 위험에 노출된 아동 또는 노인 등을 일시적으로 보호하는 사회공헌 프로그램이다.

CU는 각종 범죄에 노출된 아동과 노약자를 보호하기 위해 업계에서 가장 적극적인 움직임을 보여 왔다. 전국 각지에서 24시간 운영하고 있어 실종 아동 예방 시스템을 구축·확대하고 있다는 사실이다.

작은 행복을 주는 사례 등을 살펴보면, 실종아동 찾기를 포함하여, 강원도 속초시의 한 점포에선 한 어린이가 보호자 없이 찻길로 뛰어드는 것을 근무자가 목격하고 점포에서 일시 보호하다 경찰에 인계하여 구조 조치한 사실, 외국인이 버스 목적지를 착각해 경상북도 울진군에서 길을 잃자 이를 본 버스 기사가 근처 CU점포로 안내하여 보호 안내한 조치, 치매 증상이 의심되는 70대 노인이 점포를 방문하자 긴급한 경찰 연락 및 안내 조치로 안전귀가 조치한 사례 등이 대표적이다.

2. 아이CU 프로그램 기대 효과

편의점 브랜드 CU를 운영하는 BGF리테일은 전국 임직원용 법인차량을 움직이는 아동보호 광고판으로 활용하는 공익 캠페인을 전개하고 있다. CU 임직원용 법인차량 지원제도를 도입하고 서울, 경기, 부산, 대구, 전남 등 전국에서 200여 대의 법인차량을 운영하고 있다.

CU 법인차량은 사전 신청을 통해 지급되는 개인용 법인차량과 BGF리테일 임직원이면 누구나 업무 중 차량이 필요할 때 앱으로 예약해 원하는 시간만큼 쓸 수 있는 공용 법인차량으로 운영된다.

CU는 이들 법인차량 중 공용 법인차량에 아동 실종·학대 예방 캠페인인 '아이CU'의 홍보 베너를 랩핑하여 아동보호에 대한 전 국민의 관심을 높이고 있다.

CU는 전국적인 인프라를 기반으로 민관과 협력하여 길을 잃은 아동 등을 CU에서 임시 보호하고 경찰 및 보호자에게 인계하는 '미아 예방 기능'과 아동이 학대받는 것으로 의심되는 상황을 목격할 시 결제단말기(POS)를 통해 경찰에 신고할 수 있는 '아동학대신고 기능' 등을 통해 아동을 보호하고 있다. 이러한 운영은 이웃들의 관심을 불러일으키고, 많은 사람이 아동 보호에 관심을 가질 수 있도록 공익 캠페인 홍보뿐만 아니라 사회적 기업들 양산에 큰 효과를 나타낼 것이다.

참고문헌

<국내문헌>

강기찬·김정호, 기업가정신과 창업,도서출판 두남, 2018, 49~60면.

김영수, "기업가정신: 이론과 실천," 학현사, 2019.

김화진, 『기업지배구조와 기업금융』, 서울: 박영사, 2009, 4면.

김흥길, 기업가정신과 창영경영론, 탑북스, 2017, 42면.

모겐 위첼, 『경영과 역사』, 김은령 옮김, 서울: 에코리브르, 2004, 259면.

배종태·차민석, "기업가정신의 확장과 활성화," 중소기업연구, 제31권 제1호, 2009.

배종태, 사람중심 기업가중심, 한국비전교육원, 4차산업혁명시대의 기업가정신 플러그인 중, 2018, pp.153~154.

안전보건공단, 『안전보건』, 2015년 2월호.

오해섭 외, "청소년 기업가정신 함향 및 창업활성화 방안연구 1: 기업가정신 및 창업관련 의견조사," 한국청소년정책연구원, 2014, 12면.

워렌 베니스 외, 『퓨처 리더십』, 서울: 생각의나무, 2002, 234면.

워렌 베니스, 『리더와 리더십』, 김원석 옮김, 서울: 황금부엉이, 2006, 130면.

윤종록 외, 창업과 경영, 형설출판사, 2006, 12면.

윤종훈·송인암 외, 『경영학원론』, 서울: 학현사, 2013, 7면.

이민하, "지속가능한 혁신의 리더십 기업가정신 2.0", 도서출판 창조경제연구회, 2016, 27면.

이신모, "4차 산업혁명시대의 기업가정신과 창직," 두양사, 2018, 79면.

이신모, 골드칼라 창업학, 다성출판사, 2002, 63면.

이용탁, "사회적기업가정신에 관한 이론적 고찰," 사회적기업연구 제3권 제2호, 2009, 5~28면.

임혁백 외, 사회적 경제와 사회적 기업: 한국형 사회적 일자리와 사회적 서비스 모색, 송정문화사, 2007, 17~18면.

장원봉, 사회적 경제의 이론과 실제, 나눔의 집, 2006, 25면.

제임스 맥그리거 번스, 『역사를 바꾸는 리더십』, 서울: 지식의날개, 2006, 16면.

조영복, 사회적기업의 이해와 국내외 경영사례, 노동부, 사회적기업연구원, 2007, 16~17면.

최윤미 외, "사회적기업가정신의 구성요소와 형성과정에 관한 연구," HRD연구, 2015, 193면.

한국경제신문, '생글생글' 104호, 2007년 6월 29일.

한국청년기업가정신재단, "손에 잡히는 기업가정신", 서울대학교출판문화원, 2016, 79면.

<외국문헌>

Austin, J., H. Stevenson, and J. Wei Skillern(2006), "Social and Commercial Entrepreneurship: Same, Different, or Both?," Entrepreneurship Theory and Practice, Vol.30, No.1, pp.1~22.

Baron, R. A.(2002), OB and Entrepreneurship: the reciprocal benefits of closer conceptual links, Research in Organizational Behavior, 24, pp.225~269.

Brooks, Arthur C.(2009), Social Entrepreneurship: A Modern Approach to Social Value Creation.

Cantillon, R. (1755). An Essay on Ecomonic Theory. translated by Chantal Saucier edited by Mark Thornton.

Carland, J. W., F. Hoy, W. R. Boulton, and J.A.C. Carland(1984), "Differentiating Entrepreneurs from Small Business Owners: a conceptualization," Academy of Management Review, 9, pp.354~359.

Chemers, M. M. (2002). Meta-cognitive, social, and emotional intelligence of transformational lead-ership: Efficacy and Effectiveness. In R. E. Riggio, S. E. Murphy, F. J. Pirozzolo (Eds.), Multiple Intelligences and Leadership.

Cole, A.H. (1965). An approach to the study of entrepreneurship, in Aitken, H.G. (ed.), Explorations in enterprise, Harvard University Press, Cambridge, Mass, pp.30~44.

Eagly, A. H., Johannesen-Schmidt, M. C., & Van Engen, M. L. (2003). Transformational, transac-tional, and laissez-faire leadership styles: a meta-analysis comparing women and men. Psychological bulletin, 129(4), p.569.

Gartner (1988). "Who Is an Entrepreneur?" Is the Wrong Question. American Journal of Small Business 12(4), pp.11~32.

Hormozi, M.A., G.S. Sutton, R.D. McMinn, and W. Lucio(2002),"Business Plans for New or Small Businesses: Paving to Path to Success," Management Decision, 40(7/8), pp.755~763.

Kao, C. (1999). Spurious Regression and Residual-Based Tests for Cointegration in Panel Data. Journal of Econometrics 90, pp.1~44.

Kelley, R. E. (1988) In praise of followers. Harvard Business Review 66, pp.142~148.

Kirzner, Israel M.(1973). Competition and Entrepreneurship. University of Illinois at Urbana-Champaign's Academy for Entrepreneurial Leadership Historical Research Reference in Entrepreneurship, Available at SSRN: https://ssrn.com/abstract=1496174

Knight, Frank H. (1921). Risk, Uncertainty and Profit. University of Illinois at Urbana-Champaign's Academy for Entrepreneurial Leadership Historical Research Reference in Entrepreneurship, Available at SSRN: https://ssrn.com/abstract=1496192

Koberg, Christine S., Nikolaus Uhlenbruck and Yolanda Sarason(1996), "Facilitators of Organizational Innovation," The Role of Life Cycle Stage," Journal of Business Venturing 11, pp.133~149.

LEIBENSTEIN, H. (1968). "Entrepreneurship and development", The American Economic Review, 58(2), pp.72~83.

Litzinger, W. D. (1965). The motel entrepreneur and the motel manager. Academy of Management Journal 8, pp.268~281.

Longenecker, G., C. W. Moore, and J. W.Petty(1997), Small Business Management, Cincinnati, Ohio: South-Western College Publishing.

M. E. Porter (1985), Competitive Advantage, N. Y.: The Free Press.

McClelland, D. C. (1965). N achievement and entrepreneurship: A longitudinal study. Journal of Personality and Social Psychology 1(4), pp.389~392.

Mintzberg, H. (1973). The Nature of Managerial Work. New York: Harper & Row.

Morris, M. H. & Joyce, M. (1998). On measuring entrepreneurial behavior in not-for-profit organ-izations: Implications for social marketing. Social Marketing Quarterly 4(4), pp.1~23.

Morris, Michael H., Donald F. Kuratko and Jeffrey G. Covin(2006), Corporate Entrepreneurship & Innovation, 2nd ed., Thomas South-Western, p.34.

Penrose, E. T. (1959). The Theory of the Growth of the Firm. New York: John Wiley & Sons.

Riggio, R. E., Chaleff I., & Blumen-Lipman, J. (2008). The art of followership: How great followers create great leaders and organizations. San Francisco, CA: Jossey-Bass.

Rotter (1976). A New Scale for the Measurement of Interpersonal Trust. Personality 35(4), pp.651~665.

Say, J. B. (1803), Traité d'économie politique: ou, simple exposition de la manière dont se forment, se distribuent et se consomment les richesses, Translation: Treatise on Political Economy: On the Production, Distribution and Consumption of Wealth, Kelley, New York: 1964.

Schumpeter (1912), The Theory of Economic Development, tenth printing 2004, Transaction Publishers, New Brunswick, New Jersey

Social Enterprise London, Social Enterprise Journal(2005~2007), 조영복·곽선화 옮김(2007), 사회적

기업: 성공을 위한 전략, 사회적기업연구원, p.14.

Souder, William E.(1981), "Encouraging Entrepreneurship in the large Corporation," Research Management(May), pp.18~22.

Stevenson & Jarillon (1999).

Stogdill, R. M. (1948). Personal factors associated with leadership: A survey of the literature. The Journal of psychology 25(1), pp.35~71.

Timmons, J. A. (1978). Characteristics and role demands ofentrepremeurship. American Journal of Small Businee 3, pp.5~17.

__________(1994), New Venture Creation, 4th ed., McGrow-Hill.

Timmons, J., L. Smallon & A. Dingee(1985), New Venture Creation: A Guide to Entrepreneurship, Hamate, Ill: Irwin.

Todd Jick, R. D. Marx and P.Frost, Management Live!: The Video Book, Englewood Cliffs, NJ: Prentice Hall.

나무위키(namu.wiki)

두산백과(www.doopedia.co.kr)

로버트 월터스(Robert Walters) 웹사이트의 커리어 조언 페이지(https://www.robertwalters.co.kr/career-advice/fundamentals-to-influential-management.html)

위키백과 (ko.wikipedia.org)

제17장

외국인 추적

제17장

외국인 추적

Ⅰ. 개 요

현재 우리나라에 거주하는 수많은 외국인에 대한 정확한 통계, 거주지역, 실종사건, 범죄노출 통계, 신원구축 등 모든 자료가 구축되어 있지 않다. 가장 심각한 문제는 법무부 소속 출입국관리소 외국인 자료, 경찰청 범죄사건 발생 자료 등 기관 간에 자료공유, 공조미비, 시스템 구축 등이 이루어지지 않고 있다는 점이다. 따라서 외국인 관련 범죄발생, 실종사건 등이 발생할 경우 발생 건 하나하나에 기관을 방문하고 사건을 조사하고 처리해야 하는 번거러움과 공조부족으로 대부분 사건이 미제로 남는 경우가 많다. 최근 경기도 안산에서 신원불명의 하반신 시체가 발견되고 3일 후에는 대부도 방아머리 선착장 인근에서 하반신 시체와 동일인으로 추정되는 상반신 시체가 추가로 발견되었다. 같은 날 인천에서는 건물 공사 중 공장 화장실 바닥에서 20대 여성으로 추정되는 백골 시신이 발견됐다. 언제 어디서 사라졌는지 모르는, 어쩌면 누군가의 딸이고 아들이었을지 모를 몸이 토막이 나고 백골이 되어 발견된 것이다. 안산 대부도 시신에는 왼쪽 위 어금니 1개가 금니, 변사자의 오른손 네 번째 손가락엔 은색 반지 3개가 끼워져 있다. 시신의 상반신을 발견했지만 얼굴은 부패가 상당히 진행돼 식별이 불가능하고 지문 또한 손가락이 물에 붓고 젖은 상태여서 채취하는데 오랜 시간이 걸리고 있다. 지문이 채취될 경우 피해 남성이 미성년자이거나 지문 등록을 하지 않은 외국인일 경우 신원이 확인이 불가능한 미제사건으로 남게 되는 것이다. 인천의 백골 상태 시신이 발견된 화장실은 26년 전 지어진 것으로 조사되었다. 현재 우리와 함께 거주하는 외국인은 200만 명을 넘어서고 있으나 외국인에 대한 안전보장, 신원확인, 실종사건 처리 문제 등에 대한 법적 문제 및 제도적으로 개선해야 할 문제가 남아 있다.

Ⅱ. 외국인 실종관련 법적 적용범위 및 선진사례 검토

1. 외국인 실종에 대한 법적 근거 및 실종자 찾기 적용범위

외국인이란 우리나라의 국적을 갖지 않은 사람을 말한다. 외국인의 법률상의 지위는 원칙적으로 한국인과 동일하지만 참정권, 광업 소유권, 출입국 등과 관련된 법적 권리에서는 제한을 받는다. 체류외국인이란 출입국관리법 제31조의 규정과 재외동포의 출입국과 법적지위에 관한 법률 제6조의 규정에 따라 입국한 날부터 90일을 초과하여 체류할 목적으로 출입국·외국인관서의 장에게 외국인등록이나 국내 거소신고를 한 자 및 90일 미만 체류할 목적의 단기체류외국인을 포함한 총 국내 체류외국인을 의미한다. 외국인 실종사건이 발생했을 경우 경찰청은 '가출인 및 실종아동 등 업무처리규칙'에 따라 실종신고를 접하고 실종자 발견을 위해 노력을 하고 있다. 그러나 외국인 실종자에 대한 정확한 통계부족, 관리부족, 신원파악 등이 전혀 이루어지지 않고 있다. 최근 4년간 해안가에서 발견된 변사체가 2천구를 넘어서는 것으로 나타났다. 해양경찰청 자료에 따르면 2017년부터 올해 8월까지 발생한 해안가 변사사건은 총 2천327건에 달했다. 하루평균 2구 이상의 변사체가 발견된 셈이다. 지역별로는 남·서해안에 변사사건이 집중됐다. 해경 산하 5개 지청별 통계를 보면 남해청(746건)과 서해청(603건)이 가장 빈번했고, 중부청(388건)·동해청(346건)·제주청(244건)은 비슷한 수준이었다. 변사자 중 160명이 외국인이며, 중국과 인도네시아 국적이 가장 많았다. 신원이 확인되지 않은 변사체도 68구에 달한다. 대부분 미제사건으로 종결이 되고 있다. 이러한 외국인이 우리나라에 많이 거주하고 있음에도 불구하고 외국인 실종에 대한 기관간 정보공유, 실종자 관리, 변사자 관리 등이 전혀 이루어지지 않고 있는 것이다.

2. 외국인 자료 시스템 활용 문제점과 구축 필요성

우리나라에 출입하는 외국인 관리는 출입국 관리소에서 전담하고 있다. 외국인이 한국에 입국할 경우에 관련자료, 신원파악, 범죄전과, 각종 발생 사건 등이 경찰 등 관련기관과 전혀 정보공유가 이루어지지 않고 있다. 경찰은 외국인 실종사건이 발생을 해도 외국인에 대한 소재파악, 자료공유 등이 전혀 이루어지지 않고 있어서 실종되었을 경우 신원확인 및 소재파악에 큰 어려움이 발생하고 있다. 현재 국내거주 외국인이 200만 명을 넘어서고 있는 시점에 과거 잘못된 제도를 버리고 경찰청과 출입국관리소, 외국인 정책 기관 간에 시스템을 마련하여 기본적인 사항 및 자료를 공유할 수 있도록 해야만, 외국인의 안전보호, 실종예방, 각종 범죄사건 발생시 신속하게 대처할 수 있는 것이다. 사건이 발생할 경우에만 경찰은 그 외국인에 대한 신원파악, 자료조사, 기관에 공문발송, 자료 통보 등 잘못된 관행을 답습하고 있는 실정이다. 또한 전국 어느 지역에 어떤 외국인이 거주하고, 무슨 일을 하고 있는지, 무엇을 하는지 관련 자료공유가 이루어지지 않음에 따라 외국인 인권 및 실종 등 범죄관련 안전보호에 대한 사각지대 존재하고 있는 것이다.

Ⅲ. 외국인 실종사건 대응 문제점

1. 외국인 신원자료 구축 시스템 미비와 공유 부족

현재 우리나라에는 외국인 관련 신원자료구축과 기관 간 정보공유는 이루어지지 않고 있다. 최근 경찰청 자료에 따르면, 2017년부터 올해 8월까지 지난 3년간 외국인 범죄인원이 13만5,760명이 검거된 것으로 나타났다. 코로나19로 외국인 관광객이 줄어든 올해도 작년과 비슷한 수준으로 집계됐다. 지방청별로는 경기남부청이 4만142명으로 가장 많았고 서울청이 3만8,378명, 인천청이 7,766명 순이다. 경기남부와 서울이 전국의 58%를 차지했다. 범죄유형으로는 마약범죄가 작년에 2017년 대비 72%가량 증가했다. 특히 외국인 범죄자 중 불법체류자인 경우도 매년 증가해 지난 3년간 1만5,977명으로 12% 정도를 차지했다. 지방청별로 경기남부가 3,504명, 서울 2,425명, 경남 1,328명 순이다. 이 중에 실종사건은 통계조사에서도 파악이 안되고 있다. 외국인들의 경우 신원자료 구축, 시스템 구축과 공유 등으로 외국인 체류자들에 대한 안전보호, 실종예방 및 실종자 조사 등을 강화해야 한다.

2. 국가 간 협력 연계망 부족

시대는 사람과 자본의 국경만 무너지는 것이 아니다. 범죄도 국경을 넘는다. 이제 외국인 관광객이 한 해 300만 명이 넘고, 우리나라는 거주 외국인이 200만 명에 달하는 국가, 다문화 사회로 변모해 가고 있다. 외국인 범죄가 늘어나는 건 자연스러운 현상인지 모른다. 사정이 이런데도 국가 간 협력 시스템 미비, 출입국관리소와 경찰 간의 외국국가에 대한 협력 방안 등을 찾아볼 수 없다. 이러한 변화에 따라가지 못한다면, 범죄 예방을 위한 방범 활동이나 사건 발생시 현장 수사가 부실할 수밖에 없는 것은 당연하다. 정부는 국가 간 협력 연계방안 마련과, 출입국관리소와 경찰청 간에 대응 방안을 마련하고 대책마련이 필요하다. 현재 외국인에 대한 각종 사건발생, 실종 및 범죄에 노출, 안전위협에 대한 국가 간 협력 및 연계망 구축에 대한 특단의 대책이 있어야 한다.

3. 경찰청 내부망 정보 공유 시스템 미비

경찰청이 2012년부터 외국인 범죄 통계를 별도 관리하고 있다. 경찰은 이들에 대한 정보, 신병, 관리에 철저를 기하는 한편, 국제자유도시와 관련한 범죄 통계를 구축해나갈 필요가 있다. 우리 사회는 외국인들은 많이 활동하고 있으며, 이제 우리 경제의 중요한 한 축으로 자리 잡았다. 현재 경찰은 여성수사계에서 실종자 처리문제를 담당하고 있으며, 관련 시스템은 실종자프로파일링 시스템을 운영하고 있다. 또한 외국인에 대한 문제 발생시 외사계에서 별도 처리하고 있다. 그러나 경찰 내부에서 실종수사팀, 외사계가 별도로 운영되고 관련 정보공유를 하지 않음에 따라 실질적인 실종자 조사, 처리에 소극적이고 피해를 양산하고 있는 실정이다. 국적을 떠나 내국인이나 외국인이나 누구나 법 앞에 평등하다. 경찰청 내부에서 우선 부서 간에 협력을 할 수 있도록 시스템을 개선하고, 실종자 발견을 위한 정보공유 등 네트워크를 구축할 필요가 있다. 이제는 한 부서만의 문제가 아니라, 관련 모든 부서가 서로 정보를 공유하고 함께 실종예방과 발견을 위해서 공동대응을 하여야 한다.

4. 외국인 업무 전담 대응 업무처리 문제

외국인은 한국말이 서투른데서 비롯한 소통의 문제, 서로의 생활방식 등 문화차이로 인한 갈등 등 다양한 이유로 문제가 시작된다. 이로 인한 갈등으로 인해 폭행, 폭력, 실종, 살인 사건 등이 발생한다. 외국인 범죄피해에 대해 사건상담, 처리, 각종 증거자료 등을 확보할 필요가 있고, 구체적 사건 처리 및 응대에 대해 전문가에게 도움을 받을 필요가 있다. 또한 각종 소송은 외국인 혼자서 진행하는 것이 어려울뿐더러, 상대방에게 귀책사유가 있다는 내용의 판결을 받는다 해도 별도의 행정소송을 진행할 수가 없어서 도움이 필요하다. 불법체류자 등 외국인 범죄와 관련해서는 업무전담 근무자의 신속한 대응과 신원파악, 출국정지, 신속한 대응조치가 가능하다고 본다.

5. 외국인 전용 공공 와이파이망 부족

공공 와이파이망 확충은 외국인이 자신의 스마트폰으로 필요 정보를 찾을 때도 큰 도움을 줄 수 있다. 외국인들이 국내에서 이동통신 서비스를 이용하기 위해서 여권 사본 제출 등의 번거로운 절차를 거쳐야 하기 때문이다. 또한 '공공 사물인터넷(IoT)망'도 시 전역으로 확대되어야 한다. 총 4,237km의 S-Net에 사물인터넷 기지국(LoRa통신) 1천 개소를 새로 구축하여 IoT망이 땅 바닥에 부착된 IoT 센서를 활용한 '공유주차', 위급상황 감지시 자동으로 경찰에 신고하는 '스마트가로등', 위치정보를 활용한 'IoT 실종방지' 같은 '스마트시티 서울'

정책에 활용되어야 한다. 자가통신망과 모세혈관처럼 뻗어나가는 공공 와이파이, 사물인터넷(IoT)망이 구축되면 외국인 등 모든 사람과 사물이 네트워크에 연결되는 '초연결(Hyper-connected) 도시'에 다가서게 되는 것이다.

6. 외국인 실종사건 발생과 해결에 대한 정보제공 부족

우리나라 법무부 출입국 통계에 따르면 국내 체류 중인 외국인 유학생 수는 현재 10만 3,442명을 기록했다. 이들이 체류 중 내국인과 섞이지 못하고 언어·문화적 차이를 극복하지 못해 중도 많은 어려움을 호소하고 있다. 또한 실종사건 등 사건발생시 효율적으로 대처하지 못하고 있다. 실종사건 발생과 해결에 대한 지역적 분포의 확인하고 실종의 위험이 높은 지역을 핫스팟분석을 통하여 도출해 내고 지역적 요인을 살펴볼 수 있으며, 실종자가 발견된 지역 등을 통해 실종자 발견에 분석적 토대를 제공할 수 있다. 또한 일부 난민 브로커들이 현행 난민법을 악용하여 양산시키는 가짜 난민들 때문에 우리 국민들의 일자리의 실종은 물론 범죄의 증가 및 테러리스트의 국내 침투로 말미암아 국가 경제와 안보가 위협받고 있다.

Ⅳ. 외국인 실종사건 대응 개선방안

1. 외국인 자료 공유 시스템 구축 운용

최근 외국인에 대한 인권과 평등은 제대로 보장하기 위해서는 이제는 각 기관이 협조하고 나서야 한다. 우선 외교부의 협조, 법무부 출입국관리소와 경찰 간에 정보공유, 각 지자체별 외국인에 대한 협력 방안 등이 이루어져야 한다. 그동안 외국인에 대한 무책임 정책, 범죄에 대한 노출, 실종에 대한 무방비, 안전에 대한 신속한 대처가 부족한 사건이 연일 발생하고 있다. 무엇보다도 200만 명을 넘어서고 있는 우리나라에 거주하는 외국인에 대한 신원자료파악이 급선무이다. 외국인에 대한 신원자료를 서로 공유하고 이들에 대한 배려와 조화정책을 우선 추진할 필요가 있다. 외국인이 실종되고 범죄에 노출되어 있어도 이들을 보호 해줄 장치가 부족하다. 이는 외국인에 대한 홀대, 차별로 이어지고 있는 것이다. 외국인에 대한 차별에서 벗어나 한국에서의 보호되고 안전한 삶의 방향을 스스로 결정할 수 있도록 적극 지원해야 할 필요가 있다.

2. 국가 간 외국인에 대한 협력 시스템 구축 운용

현재 우리나라 외국인 경제활동인구가 계속 증가하고 있다. 산업유학생, 고용근로자,

산업기술자, 유학생, 관광목적으로 방문하여 불법체류자 등을 포함하여 정확한 숫자가 파악이 안되고 있다. 통계청이 올해 외국인 고용 실태를 조사 결과, 외국인 취업자가 79만1,000명으로 국내 일자리 3.3%를 차지한 것으로 나타났다. 외국인 근로자 10명 중 4명이 불법체류자라는 법무부의 통계가 나올 수밖에 없는 귀결이다. 외국인의 불법체류자 전락은 우리나라에서 실종 등 각종 범죄에 노출되어 있으며, 이들이 각종 피해를 입어도 보호해 줄 수 없다는 의미이기도 하다. 우리나라를 방문하는 외국인에 대해 국가 간 긴밀한 협력과 정책이 필요한 시점이다. 외국인문제 발생에 따른 시스템 구축으로 신속하게 상호 신뢰하고 협력이 가능하다고 본다.

3. 경찰 내부 간 정보공유 시스템 구축 운용

경찰청 내에 외국인 범죄 등 각종 외사업무처리를 담당하는 외사계가 존재하고 있으나, 실제로 생활안전계 여청수사계와 업무 공유가 전혀 이루어지지 않고 있다. 서로 자료를 공유해야만 외국인 범죄, 실종사건 등에 서로 자료를 공유하고 협조할 수 있으나 이러한 시스템이 전혀 없으므로 아직도 외국인에 대한 업무처리는 과거업무처리에서 한걸음도 발전하지 않고 있다. 국내 체류 외국인이 크게 늘면서 외국인 범죄도 크게 증가하고 있다. 최근의 범죄 유형과 가파른 증가세는 우려를 자아낸다. 경찰청 자료에 따르면 지난해 한 해 동안 발생한 외국인 범죄는 1,000명당 25.6명으로 내국인 범죄 1,000당 36.3명과 비교하면 거의 2/3 수준이다. 특히 8년 전인 지난 2005년 울산에서 발생한 '나기봉 씨 실종사건'의 유력한 살해 피의자가 중국인 불법체류자로 지목되면서 충격을 준 바도 있다. 이처럼 더 이상 손을 놓고 있다가는 공권력조차 맥을 못추는 상황이 올 수도 있는 만큼 외국인 범죄 예방을 위한 철저한 관리와 함께 부서간 자료공유로 사전에 문제의 근원을 차단할 특단의 대책이 요구된다.

4. 외국인 업무처리 전담부서 구축 운용

외국인은 언어, 문화, 생활방식, 업무처리 등 각 나라별로 다양하며 인식도 서로 다르다. 따라서 외국인에 업무는 각 국가를 이해하고 문화방식에 맞게 처리하기 위해서는 외국인 업무처리 전담부서를 구축하여 운용할 필요가 있다. 출입국 관리소에서 업무, 경찰에서 업무, 지자체에서 업무, 고용부에서 업무 등 다양하게 분포되어 있는 문제이기도 하다. 외국인 업무처리에 대한 전담부서 구축이 필요한 이유이기도 하다. 이는 국가 차원에서 적극적인 정책을 지원해야 하며 기존 체류 관리법에 치중하는 데서 벗어나 사회통합법 등을 제정해 관련 법제를 정비할 필요가 있다.

5. 외국인 전용 공공 와이파이망 설치

우리나라를 방문한 외국인이 가장 불편한 것은 언어소통 능력이 부족하다. 또한 지리에 대한 이해부족으로 실종사건에 노출되어 있으며, 각종 업무처리에 어려움을 겪고 있다. 외구인의 경우 공공 와이파이망이 설치된다면 이러한 어려움을 해결할 수 있으며, 필요시에 언제든지 도움을 청할 수 있다. 외국인에 대해 사회경제 사각지대자 등을 위해 공공 와이파이망 확충은 외국인 자신의 스마트폰으로 필요 정보를 찾을 때도 큰 도움을 줄 수 있다. '공공 사물인터넷(IoT)망'도 시 전역으로 확대됨에 따라 땅 바닥에 부착된 IoT 센서를 활용한 '공유주차', 실종 등 범죄 위급상황 감지시 자동으로 경찰에 신고하는 '스마트가로등', 위치정보를 활용한 'IoT 실종방지' 같은 시스템 구축에 활용될 수 있다. 하루속히 외국인들도 전용적으로 사용할 수 있는 공공 와이파이망 설치가 필요하다.

6. 외국인 실종사건 발생과 해결에 대한 신속한 정보제공

외국인 실종사건 및 범죄사건 발생 시 체류 중인 정보제공으로 경찰은 신속하고 효율적으로 출동하고 사건에 대처할 수 있다. 특히 외국인 실종사건 발생과 해결에 대한 지역적 분포, 실종지역을 핫스팟분석을 통하여 도출해 냄에 따라 실종사건 예방을 위한 순찰과 제도를 만들어 낼 수 있다. 우리나라 지역적으로 실종관련 요인을 살펴볼 수 있음에 따라 실종자 발견에 활용할 수도 있는 것이다. 지금까지 외국인 실종에 대한 지역적 발생건수, 대처방안, 예방제도 등은 찾아볼 수 없었다. 지역적 특성과 외국인 나라별 특성, 거주 지역별 특성에 따라 외국인의 실종과 범죄를 통계적으로 관리하는 것은 외국인에 대한 인권보호, 실종 및 범죄예방, 범죄사건 등에 신속하게 대처할 수 있는 것이다. 법무부출입국 관리소에 의해 외국인 지역별 거주지에 대한 정확한 인구통계자료, 경찰의 외국인 실종사건 및 범죄 발생 자료를 통해 핫스팟으로 분석하여 실종사건 등에 활용함으로써 신속하게 실종 등 범죄예방 및 사건해결이 가능하다고 본다.

Ⅴ. 마치며

우리나라에는 많은 외국인이 거주하고 있고 실종사건 등 각종범죄에 노출되어 있어서 이에대한 대처가 필요하다. 그 방안으로는 첫째, 외교부의 협조, 법무부 출입국관리소와 경찰 간에 정보공유, 각 지자체별 외국인에 대한 협력 방안 등이 이루어져야 한다. 그동안 외국인에 대한 무책임 정책, 범죄에 대한 노출, 실종에 대한 무방비, 안전에 대한 신속한 대처가 부족한 사건이 연일 발생하고 있다. 외국인에 대한 차별에서 벗어나 기관 간 정보공유 등으로 한국에서의 보호되고 안전한 삶의 방향을 스스로 결정할 수 있도록 적극 지원해야 할 필요가 있다. 둘째, 국가 간 외국인에 대한 협력시스템 구축이다. 외국인 근로자 10명 중 4명이 불법체류자라는 법무부의 통계가 나왔다. 외국인의 불법체류자 전락은 우리나라에서 실종 등 각종 범죄에 노출되어 있으며, 이들이 각종 피해를 입어도 보호해 줄 수 없다는 의미이기도 하다. 우리나라를 방문하는 외국인에 대해 국가 간 긴밀한 협력과 정책이 필요한 시점이다. 셋째, 경찰 내부 간 정보공유 시스템 구축운용이다. 경찰청 내에 외국인 범죄 등 각종 외사업무처리를 담당하는 외사계가 존재하고 있으나, 실제로 생활안전계 여청수사계와 업무 공유가 전혀 이루어지지 않고 있다. 서로 자료를 공유해야만 외국인 범죄, 실종사건 등에 서로 자료를 공유하고 협조할 수 있으나 이러한 시스템이 전혀 없으므로 아직도 외국인에 대한 업무처리는 과거업무처리에서 한걸음도 발전하지 않고 있다. 외국인 범죄 예방을 위한 철저한 관리와 함께 부서 간 자료공유로 사전에 문제의 근원을 차단할 특단의 대책이 요구된다. 넷째, 외국인 업무처리 전담부서 운용이다. 외국인은 언어, 문화, 생활방식, 업무처리 등 각 나라별로 다양하며 인식도 서로 다르다. 따라서 외국인에 업무는 각 국가를 이해하고 문화방식에 맞게 처리하기 위해서는 외국인 업무처리 전담부서를 구축하여 운용할 필요가 있다. 다섯째, 외국인 전용 공공 와이파이망 설치운영이다. 우리나라를 방문한 외국인이 가장 불편한 것은 언어소통 능력이 부족하다. 또한 지리에 대한 이해부족으로 실종사건에 노출되어 있으며, 각종 업무처리에 어려움을 겪고 있다. 외구인의 경우 공공 와이파이망이 설치된다면 이러한 어려움을 해결할 수 있으며, 필요시에 언제든지 도움을 청할 수 있다. 여섯째, 외국인 실종사건 발생과 해결에 따른 신속한 정보제공이다. 외국인 실종사건 및 범죄사건 발생 시 체류 중인 정보제공으로 경찰은 신속하고 효율적으로 출동하고 사건에 대처할 수 있다. 특히 외국인 실종사건 발생과 해결에 대한 지역적 분포, 실종지역을 핫스팟분석을 통하여 도출해 냄에 따라 실종사건 예방을 위한 순찰과 제도를 만들어 낼 수 있다. 우리나라에는 벌써 외국인 200만 명을 넘어서고 있다. 또한 이러한 외국인의 자료 공유 및 시스템 구축 등은 실종사건 등에 활용함으로써 신속하게 실종 등 범죄예방 및 사건해결이 가능하다고 본다.

참고문헌

소호경, “학내망 PC를 보호하기 위한 격리서버와 보안 에이전트의 설계 및 구현”, 이화여자대학교 교육대학원, 2005.

임병훈, “악성코드 감염을 통한 내부 업무망의 해킹에 대응하기 위한 하이브리드 망분리 시스템에 관한 연구”, 숭실대학교 정보과학대학원, 석사학위논문, 2013.

정경웅·박은숙·나현민·박정연, “실종아동 보호 및 지원에 관한 방안연구”, 보건복지부·한국복지재단. 2005.

황문규, “초국가적 범죄의 개념과 우리나라 경찰의 대응 방향”, 「경찰학 연구」 11(4), 2011.

경찰청, “2014 경찰백서.”

경찰청 아동청소년과, 실종수사 업무 매뉴얼, 2020년 1월.

경찰청, 주요국 치안시책, 2014.

복지부, ‘실종아동 및 실종 장애인 찾아주기 종합대책’, 2005. 11. 30. 보도자료

통계청, ‘2018년 국제인구이동 통계 발표자료’

출입국관리사무소, 2020년 8월 30일자 ‘출입국 외국인 정책 통계월보’

http://missingpersons.police.uk/en-gb/home

https://www.fbi.gov/wanted/kidnap

https://www.namus.gov

찾아보기

[저자 약력]

이 건 수

담당과목
수사, 과학수사실무, 범죄수사, 경찰행정법, 행정법, 범죄학개론, 현장경찰운용론
신변보호실무, 사이버범죄수사, 범죄예방론, 범죄수사론, 형법, 형사소송법, 범죄통계학, 생활과법률

경력사항
현 백석대학교 경찰학부 범죄학전공 주임교수, 유관순연구소수석 연구위원,
대한경비협회경기북부경비원교육원 사무총장
경찰청 실종수사지도팀장(경정으로 퇴직, 20년 7월 경찰근무)
경찰교육원, 수사연수원, 중앙경찰학교 강사
경찰청 182센터장, 장기실종추적팀장
실종자 등 이산가족 5,600명 상봉 등 사건처리
KBS, MBC, SBS, MBN, OBS 등 21년간 매주 생방송 TV 출연, 방송인
03년도 모범공무원수상
10년도 청룡봉사상 수상
12년도 KBS 감동대상 수상
※ KBS−1TV 매주 금요일 생방송 "그 사람이 보고싶다" 프로 고정출연
(07년도부터~), 현재 KBS2 TV 제보자들 MC,VJ특공대, 유퀴즈 등 출연, 법률방송 고정출연 중
13년도 미국월드레코드아카데미 실종자찾기 세계공식기록등재
13년도 "참나눔 실천인"으로 선발되어 청와대 방문(복지부 추천)
14년도 "올해의 경찰관"으로 선정

연구부분
한국경찰의 실종사건 수사활동의 개선방안
실종자문제에 관한 법적고찰
실종추적팀을 활용한 실종자 수사에 관한 연구
프로파일링 시스템을 활용한 국제인신매매 수사에 관한 연구
실종치매환자 수사에 대한 개선방안
경찰운영 빅데이터를 통한 실종자 찾기 프로세스에 관한 연구
사전지문등록 의무화 방안에 관한 연구
민간조사제도 도입 및 관리에 관한 법률연구
182·112시스템 통합을 통한 실종프로세스 개선
초기 위험도 측정에 따른 실종프로세스 개선
복합인지개발기술 연구
구암리 마을사업개선 용역
보령시 하수처리 공급비용산정 용역

저술부분
눈부신 희망(182센터장 이건수 이야기)
마지막희망(실종수사)
수사학
행정법
범죄과학수사
사이버범죄학
탐정학
드론범죄수사학
범죄학개론

프로파일러 추적

초판발행 2023년 5월 1일

지은이 이건수
펴낸이 김중용

편 집 심성보 · 김인숙

펴낸곳 도서출판 **정독**
경기도 고양시 일산서구 하이파크로 113, 102-204
등록 제406-2014-000093호
전 화 031)924-7203 팩 스 02)718-8554
홈페이지 www.jeongdok.co.kr 이메일 admin@jeongdok.co.kr
ISBN 979-11-6858-133-3 93350

정 가 26,000원